Umschlag: Frau vom Volk
der San (Kalahari)

Henry Kolarz · Kalahari

Henry Kolarz

KALAHARI

Roman

Wolfgang Krüger Verlag

Umschlagentwurf: Atelier Rambow, Lienemeyer, van de Sand
Gesamtherstellung: May & Co., Darmstadt
Printed in Germany 1977
ISBN 3-8105-1005-X

Wo Elefanten kämpfen,
leidet das Gras.
Afrikanisches Sprichwort

Südliches Afrika

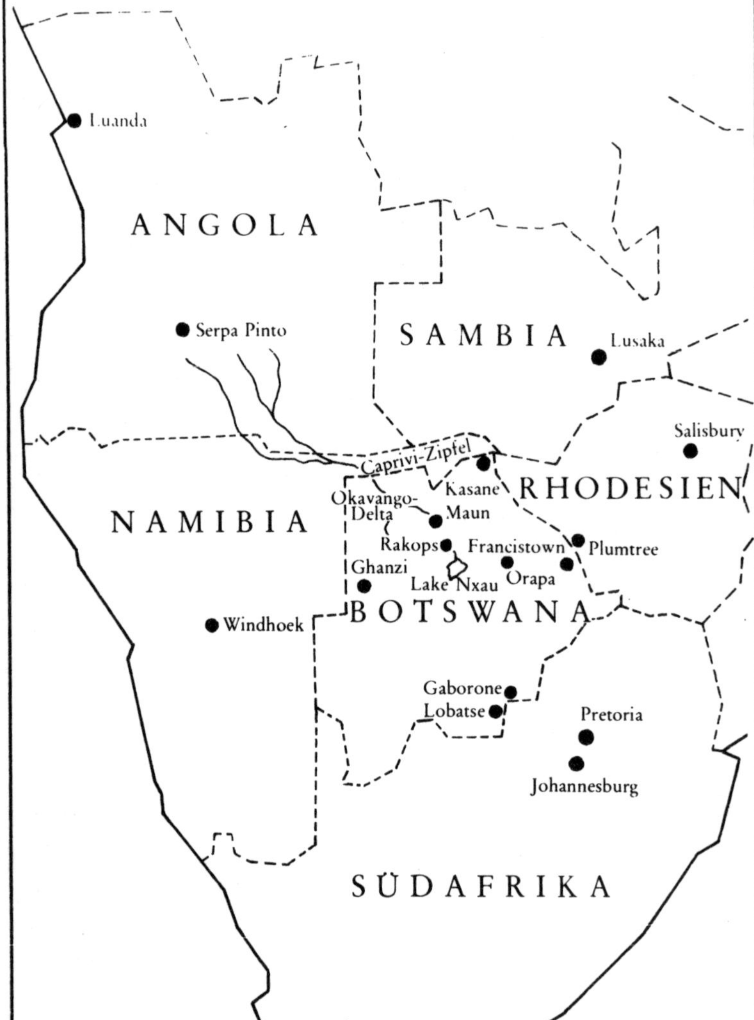

Feuchtenbeiner

»Du brauchst mir nur ein Zeichen zu geben, Jan, und ich drehe ab auf Westkurs.« Der Pilot dämpfte die Stimme, so daß nur der hinter ihm sitzende Jan Feuchtenbeiner, aber keiner der anderen Passagiere ihn verstehen konnte. »Der Sprit würde bis Südamerika reichen, und wir hätten fürs ganze Leben ausgesorgt.«
Der Pilot streifte mit einem diskreten Seitenblick die beiden Aluminiumkoffer, die mit stählernen Armbändern und Ketten an Feuchtenbeiners Handgelenke geschmiedet waren.
Es gehörte zu den Regeln ihres Spiels, daß Jan Feuchtenbeiner die Anspielung ignorierte und der Pilot sich hütete, danach zu fragen, ob die Koffer an diesem Tag mit Diamanten oder nur mit Kieselsteinen gefüllt waren.
Natürlich wußten beide, daß eine Erörterung dieser Frage, auch nur im Spaß, sie ihre hochbezahlten Jobs gekostet hätte, den Piloten der firmeneigenen Cessna King Air ebenso wie den Sicherheitschef der Diamantenmine von Orapa. Die Direktion der De Beers Botswana Mining Company, die Scherze auf Kosten der Sicherheit nicht schätzte, hatte lange Ohren.
Zwei dieser Ohren gehörten Philip de Swaert, dem technischen Direktor von Orapa, der heute den Flug in die Hauptstadt Gaborone begleitete, auf dem Weg nach Johannesburg, wo er dem Aufsichtsbeamten über die sehr erfreuliche Ergiebigkeit der Mine berichten sollte. Auf dem hinteren Sitz hatte es sich Ewald bequem gemacht, ein deutscher Schlosser, dem ein Stahlsplitter ins Auge geflogen und der zur Nachuntersuchung in eine Johannesburger Klinik bestellt war.

Die Republik Botswana verfügte über keine Spezialisten, es gab hier nur sieben praktische Ärzte – gerade einen für je hunderttausend Einwohner.
Die anderen vier Plätze der achtsitzigen Cessna King Air waren leer geblieben. In Orapa lief die Produktion auf Hochtouren, das Management konnte im Augenblick keinen Mann entbehren.
Feuchtenbeiner streckte seine Beine aus und schaute auf die Uhr. In neunzig Minuten würden sie auf dem kleinen Flugplatz in Gaborone landen; ein Landrover hätte zwei Tage gebraucht, um die fünfhundert Kilometer zwischen Orapa und der Metropole zurückzulegen. Sie flogen noch über dem Ostrand der Kalahari mit seinen verdorrten Dornenbüschen. Ein Rudel Antilopen flüchtete in einer ockerfarbenen Staubwolke vor dem Lärm der Motoren.
Im Umkreis eines der wenigen Brunnen, die noch etwas Wasser gaben, hatten die durstigen Rinder das gelbe Savannengras bis auf den letzten Halm niedergetreten. Ein schwarzer Hütejunge reckte seine Arme und rannte der Cessna ein paar Schritte hinterher. Seit acht Monaten hatte es hier nicht mehr geregnet.
Wenige Minuten später erreichte der Pilot den fruchtbaren Landstreifen am östlichen Saum Botswanas, entlang der Eisenbahnlinie, die Rhodesien und Südafrika miteinander verbindet. Er steuerte die Cessna in einem sanften Bogen auf Südkurs. Jetzt brauchte er nur noch eine halbe Stunde dem schnurgeraden Schienenstrang zu folgen, um die Hauptstadt Gaborone anzufliegen.
Links und rechts auf die Sitze neben sich hatte Feuchtenbeiner die Metallkoffer gestellt, hochkant. Auf dem Flughafen in Gaborone würde er die kostbare Fracht an die Sicherheitsbeamten der Zentrale übergeben und sie dann auf dem direkten Weg zum Tresor im Verwaltungsgebäude der Holding, der Anglo American Corporation, begleiten.
Im Laufe der Zeit hatte Feuchtenbeiner sich abgewöhnt, über die stets gleichbleibende Akribie der Prozedur zu lächeln, die er

als lästig, aber unvermeidlich empfand. Über den Nutzen von Sicherheitsmaßnahmen wurde bei De Beers ohnehin nicht diskutiert. Immerhin hatte das martialische Ritual seine innere Logik. Niemand in Gaborone wußte, ob Feuchtenbeiner an diesem Tag in den beiden Aluminiumkoffern die Monatsausbeute von Orapa oder wieder nur, wie fast immer, einen und einen halben Zentner Kieselsteine in die Tresore der Anglo-American bringen würde.
Es erfüllte Jan Feuchtenbeiner mit einer gewissen Genugtuung, daß er einer der beiden Männer war, die über diese Information verfügten. Der andere war Bill Scranton, der Generalmanager in Orapa.
Heute war es ein Leerflug.
Die King Air verlor an Höhe, und Feuchtenbeiner blickte hinunter auf Gaborone, eine der jüngsten und am wenigsten bekannten Hauptstädte der Welt: Eine vor dreizehn Jahren aus dem Busch gestampfte Reißbrettsiedlung von 25 000 Einwohnern, ein akkurates Viereck, bestehend aus der Einkaufsstraße, der Mall, einem kleinen Regierungsbezirk, dem Palast des Präsidenten, Sir Seretse Khama, sowie drei Dutzend Kirchen und einigen tausend Wohnhäusern.
Eine Straße umschloß von allen vier Seiten die Stadt wie ein Asphaltring, an dessen Rändern übergangslos der Busch begann, von den Slums im Osten einmal abgesehen, einem von der Regierung hartnäckig ignorierten Schönheitsfehler.
Gaborone war weiß Gott nicht der Nabel der Welt, aber im Laufe der Zeit hatte Feuchtenbeiner seine Bedürfnisse nach urbanem Leben den Gegebenheiten anzupassen gelernt. Immerhin war Gaborone die Metropole und das Holiday Inn der einzige Platz in dem menschenleeren Land, der zumindest einigen Komfort und Abwechslung bot.
Der Pilot drehte eine Schleife über dem Stausee, der die Stadt mit Wasser versorgte. Dann setzte er auf der Landebahn auf. Piet und Balthasar warteten schon. Als die King Air ausgerollt war,

fuhren sie mit dem gepanzerten Transportwagen der Anglo American dicht an die Maschine heran. Balthasar, die Maschinenpistole im Anschlag, blickte sich erst um, bevor er Jan Feuchtenbeiner herbeiwinkte.

Erst dann kletterte der Sicherheitschef aus der Maschine, als letzter. Die angeschmiedeten Metallkoffer unter den Armen, legte er die wenigen Meter bis zu dem Panzerwagen geduckt zurück, in kraftvollen Sätzen, so wie ein Infanterist die von feindlicher Artillerie bestrichene Gefahrenzone zwischen zwei Schützengräben bewältigt.

Zehn Minuten später quittierte der für die Sicherheit zuständige Direktor im sechsstöckigen Bürohaus der Anglo American am Ende der Mall, dem höchsten Gebäude im ganzen Land, Feuchtenbeiner den Empfang von zwei Metallkoffern, deren Inhalt er sorgfältig im Tresorraum verschloß: 79 versiegelte und verplombte Ledersäckchen mit rund 360000 Karat Kieselsteinen.

Feuchtenbeiner rieb sich die geschwollenen Handgelenke. Erst jetzt war seine Mission beendet.

Nachdem Balthasar ihn am Holiday Inn abgesetzt hatte, tauchte Feuchtenbeiner aufatmend in die keimfreie Exklave von Luxus und Zivilisation ein, Aircondition und Dämmerlicht hinter dunkelgetönten Scheiben, Golf, Tennis, Swimming-pool, Baccarat, Black Jack, Show-Band, Spielautomaten, livrierte Kellner, Roulette und diskrete Prostitution. Meggy an der Rezeption übergab ihm wortlos den Koffer, der immer für ihn bereitstand: Waschzeug, Pyjama, zwei Hemden, Tropenanzug, Schlips, Badehose. Feuchtenbeiner war im Holiday Inn bekannt.

Diesmal hatte er ein Zimmer mit direktem Zugang zu Park und Swimming-pool bekommen. Auf dem Nachttisch lag die Bibel aufgeschlagen, als hätte der letzte Gast bis kurz vor der Abreise darin gelesen. Jedesmal wenn Feuchtenbeiner ein Zimmer im Holiday Inn betrat, war die Bibel aufgeschlagen, und jedesmal

schlug er sie sofort zu, mechanisch und mit dem leisen Unbehagen eines gläubigen Mannes, dem das Wort Gottes an diesem Ort deplaciert schien.
Feuchtenbeiner drückte die Taste des Fernsehempfängers. Das Holiday Inn war der einzige Platz in Botswana, wo es Fernsehen gab, wenn auch nur schwarzweiß und closed circuit über das hausinterne Kabel. Es liefen immer neue Folgen der immer gleichen amerikanischen Serien, von 11 bis 18 Uhr, um die Gäste bis zur Öffnung des Spielkasinos im Haus zu halten.
Feuchtenbeiner sah sich eine Weile »Lassie« an. Dann zog er doch den Swimming-pool vor. Bis zur Öffnung des Restaurants war noch eine Stunde Zeit. Er drehte ein paar Runden im Pool. Dann kaufte er sich am Kiosk die gestrige Ausgabe der »Rand Daily Mail« und bereitete sich auf das Dinner vor.
Um 19 Uhr betrat er – im Leinensakko und mit Schlips – das Restaurant. Die Hoteldirektion stellte, gemessen an botswanischen Sitten, hohe Ansprüche an die Garderobe der Gäste. Wer ohne Jackett und Krawatte Einlaß in Restaurant, Bar oder Kasino begehrte, wurde von den uniformierten Hauspolizisten zurückgewiesen. Im anderen Hotel von Gaborone, dem »President«, waren die Vorschriften weniger rigoros. Dort genügte es, wenn Füße und Oberkörper bedeckt waren. Gäste ohne Socken mußten draußen bleiben.
In dem gedämpften Kunstlicht des Speisesaals entdeckte Feuchtenbeiner keinen Bekannten, zu dem er sich gern hätte setzen mögen. Er nickte dem Prospektor von De Beers zu, der mit Kollegen an einem Tisch neben der Kapelle saß. Ein englischer UN-Experte vom Okavango-Delta war noch da, ein holländischer Geologe von der Shell, Handelsvertreter und Touristen aus Südafrika, indische Geschäftsleute aus Durban und – besonders sorgfältig gekleidet – einige selbstbewußte Mitglieder der schwarzen Regierung der Republik.
So wählte Feuchtenbeiner einen Einzeltisch, bestellte zwei Martinis, südafrikanischen Räucherlachs und ein T-Bone Steak englisch mit frischen Erbsen und *baked potatoes*.

»Kein Dessert.«
»Okay, Mr. Feuchtenbeiner.«
Der schwarze Oberkellner lächelte ihn unbefangen an. Das Personal verhielt sich hier anders als zu Hause in Johannesburg. Kein unterdrückter Haß, keine Unterwürfigkeit gegenüber dem weißen Gast. Es kam oft vor, daß die schwarzen Kellner europäische Stammgäste mit Handschlag begrüßten, obwohl der Schweizer Direktor derartige Vertraulichkeiten nicht gern sah. Im Umgang mit weißen Südafrikanern hielten sich die Batswana etwas mehr zurück. Jeder Motswana hatte schon von den Apartheidgesetzen gehört; bis zur Grenze waren es keine 20 Kilometer.
Nach dem Dinner nahm Feuchtenbeiner noch einen dritten Martini an der Bar. Auch hier fand sich niemand, mit dem es sich zu reden gelohnt hätte. Feuchtenbeiner liebte es, sich treiben zu lassen, ohne Pflichten, ohne Ziel und Programm. Zu Hause in Orapa, wo er mit June ein Fertigkaus vom Typ F bewohnte, hätte er sich jetzt mit einem Drink hinter der Zeitung vergraben, um nicht mit seiner Frau reden zu müssen. Er war ihre nörgelnden Klagen über das eintönige Leben im aseptischen Diamanten-Ghetto leid, über Orapas starre gesellschaftliche Hierarchie, den Klatsch über das immer gleiche Dutzend Leute, das ewige Bridge, Squash und Golf mit immer denselben Partnern.
Jedermann in Orapa beneidete Jan Feuchtenbeiner um seinen Job als Sicherheitschef, weil es der einzige Job war, der regelmäßige Abstecher in das amüsantere Gaborone gestattete.
Feuchtenbeiner trank seinen Martini aus und schlenderte durch die vergitterte Pforte hinüber zum Spielkasino. Es war noch früh, erst drei der acht Roulettetische waren besetzt. Nur vorn bei den Spielautomaten, den einarmigen Banditen, flackerten bunte Lämpchen, rollten die Walzen, knackten die Bedienungskabel, schepperten Münzen, klingelte es von Zeit zu Zeit schrill, wenn die Glocke einen Gewinn anzeigte, den Jackpot.
Die Spielautomaten waren für die kleinen Leute da, die Schwar-

zen. Feuchtenbeiner interessierte nur das Roulette, und auch das nur mäßig. Er begnügte sich damit, 50 Rand in Chips umzutauschen und sie nacheinander beharrlich auf die Zahl 35 zu setzen. 1935 war sein Geburtsjahr.
Kam die 35, wechselte er sofort den Tisch. Kam seine Zahl 50 mal nicht, hörte er auf zu spielen. Noch nie in den vier Jahren, seit Feuchtenbeiner das Kasino besuchte, hatte er sein Limit überzogen.
Er war kein Spieler. Im Grunde reizte ihn am Glücksspiel nur, daß es zu Hause in Südafrika verboten war.
Am zweiten Tisch wechselten die Croupiers. Sheila übergab gerade an Denise. Feuchtenbeiner schob ihr fünf Zehnrandscheine hin, und sie tauschte das Geld in grüne Chips, wortlos und ohne aufzusehen. Es war ein stummer, aussichtsloser Flirt, seit zwei Jahren schon. Denise reagierte auf sein Lächeln mit freundlicher Gleichgültigkeit. Ein wenig aufgeschlossener schon als gegenüber den Schwarzen, die an ihrem Tisch spielten und ihr ungeniert in den Ausschnitt starrten.
Um den Umsatz zu heben, beschäftigte das Kasino nur junge Mädchen als Croupiers, die mit ausdruckslosen Gesichtern und unglaublicher Fingerfertigkeit nach jedem Spiel die Chips vom Billardtuch räumten und zu handlichen Stapeln häuften. Von ihnen war Denise die hübscheste.
Schon zweimal hatte Feuchtenbeiner den Hoteldirektor ohne Erfolg um diskretere Arbeitskleidung für die weiblichen Croupiers ersucht. Zu Hause in Südafrika hätte sich ein weißes Mädchen von einem Schwarzen diese Blicke nicht gefallen lassen müssen.
Feuchtenbeiner war selbstkritisch genug, seine Chancen bei Denise realistisch einzuschätzen. Er hatte mindestens acht Kilo zuviel Speck auf seinem grobschlächtigen Körper, die Haut war großporig und voller Sommersprossen, der Nacken übersät mit Furunkelnarben, und die farblosen Wimpern und Augenbrauen gaben seinem grobgeschnittenen, stets geröteten Gesicht einen fast albinohaften Zug.

Ein schwarzer Afrikaner pflasterte Nummern, Karrés und Transversalen, ohne Sinn streute er seine Chips über das ganze Feld. Seine Frau half ihm dabei, lachend gestikulierend, schwatzend.
Feuchtenbeiner beobachtete das Paar schon seit Jahren. Fast immer verloren sie, nahmen ihre großen Verluste gelassen hin und freuten sich laut über jeden kleinen Gewinn. Irgendwer hatte erzählt, die beiden hätten früher 8000 Rinder besessen, von denen ihnen seit der Eröffnung des Holiday Inn nur noch ein paar hundert verblieben sein sollten. Der Tag war abzusehen, an dem sie auch ihre letzte Kuh auf der dritten Transversale riskierten. Und dann? Der Mann würde nach Selebi-Pikwe gehen, in die Kupferminen, wo er in einem Monat soviel verdienen würde, wie er hier in zehn Minuten verlor.
Feuchtenbeiner schob seine Unterlippe vor. Diese Kaffern wollen freie Wahlen, unser Land regieren, sie wollen geschenkt, wofür wir Buren gekämpft haben; sie sind ja nicht einmal fähig, mit ihrem eigenen Besitz vernünftig umzugehen.
»Bitte, machen Sie Ihr Spiel.«
Feuchtenbeiner schob einen neuen Chip auf die 35. Auf der anderen Tischseite beugte sich eine Afrikanerin vor. Sie hielt einen gelben Chip zwischen Daumen und Zeigefinger und ließ ihn auf seinen grünen fallen.
Sie sah nicht aus wie eine der schwarzen Frauen, die hier diskret ihrem Gewerbe nachgingen, für Eingeweihte erkennbar an ihrem auffallenden Make-up und an ihren Perücken, die glattes, volles Haar vortäuschen sollten.
Sie trug die landesübliche Pfefferkorn-Frisur: winzige Haarknötchen zwischen schnurgeraden Scheitelalleen mit vielen Kreuzungen und mit abstehenden Stacheldraht-Zöpfchen. Sie sah ihn aus ihren schwarzen Augen ernst und prüfend an.
»27 rot.«
Denise räumte das Spielfeld ab, schob einem Inder seinen Gewinn zu und steckte einen Chip in den Trunk. »Fürs Personal, danke schön. Bitte, machen Sie ihr Spiel.«

Einen Augenblick lang streiften sich ihre Hände über der 35. Er zuckte zurück. Der gelbe Chip der Afrikanerin deckte wie ein Sandwichoberteil seinen grünen zu, und sie lächelte, als wollte sie deswegen um Entschuldigung bitten.
In der Berührung ihrer feingliedrigen Finger hatte so etwas wie verhaltene Zärtlichkeit gelegen. War es Absicht? Von ihrem Gesicht war es nicht abzulesen. Sie folgte gebannt dem Lauf der Kugel, und als die Kugel schließlich zur Ruhe kam, stieß sie einen hohen Triller des Entzückens aus.
»35 schwarz«.
Während Denise ihm und ihr je einen Stapel Chips zuschob, entblößte die Afrikanerin ein makelloses Gebiß. Es lag etwas wie Kumpanei, wie Unternehmungslust, in ihrem Blick.
Sollte er sie an die Bar einladen? Feuchtenbeiner hielt sich nicht gerade für einen geschickten Verführer, im Umgang mit Frauen stellte er sich immer ein wenig linkisch an. Außerdem durfte er sich nichts anmerken lassen, vor Denise nicht und schon gar nicht vor den anderen weißen Gästen. Im Holiday Inn wimmelte es von südafrikanischen Spitzeln, die, als Touristen oder Geschäftsreisende getarnt, Flüchtlinge und schwarze Exilpolitiker unter Beobachtung hielten.
Einem gewöhnlichen Buren würden sie einen Verstoß gegen die Apartheidgesetze durchgehen lassen, im Ausland jedenfalls. Für den Sicherheitschef der zweitgrößten Diamantenmine der Welt mußten andere Maßstäbe gelten.
Feuchtenbeiner war noch nie auf die Idee gekommen, mit einer Schwarzen zu schlafen. Natürlich hatte er schon davon gehört, daß viele weiße Männer davon träumten, wohl mehr aus Neugier, obwohl kaum einer offen von seinen geheimen Sehnsüchten zu sprechen wagte, als sei schon der Gedanke strafbar. Er selbst war noch nie in derartige Gewissenskonflikte geraten, und mit einer Mischung aus Bestürzung und Verlangen merkte er, daß irgend etwas mit ihm geschehen, eine innere Schranke niedergerissen war.

Zum erstenmal verspürte Feuchtenbeiner Lust auf eine Schwarze.
Er hatte ein Spiel ausgelassen, und auch die Afrikanerin hatte nicht gesetzt. Sie schien ihm den Vortritt lassen zu wollen, auf eine Reaktion von ihm zu warten. Als er verstohlen zum Ausgang blickte und ihr Lächeln Einverständnis signalisierte, zog er seinen Schlüssel mit der eingestanzten Zimmernummer aus der Tasche und legte ihn neben sein Häufchen Chips. Sie nickte. Offenbar hatte sie verstanden.
Seine Hände waren feucht, als er den Gewinn an der Kasse in Bargeld umtauschte und das Kasino verließ.
In seinem Zimmer zog er die Vorhänge zu und deckte das Bett auf. Die Bibel ließ er schnell in der Nachttischschublade verschwinden. Dann kühlte er sein Gesicht mit kaltem Wasser und griff mechanisch nach der Zahnbürste. Er legte sie wieder weg. Mit einer Schwarzen schlafen – vielleicht. Aber eine Schwarze küssen – das nun doch nicht.
Er öffnete die Tür und spähte auf den leeren Flur hinaus. Der Gedanke, daß jemand die Afrikanerin beim Betreten seines Zimmers beobachten könnte, nahm ihm den Rest von Unbefangenheit. Schweiß trat ihm in die Achselhöhlen.
Ob er eine Flasche Wein bestellen sollte? Ach was, nur kein Federlesen mit einer Schwarzen.
Ein paar Minuten später klopfte es. Nachdem er sich vergewissert hatte, daß der Hotelflur noch immer menschenleer war, zog er die Afrikanerin hinein. Seine Mundwinkel entgleisten zu einem schiefen Lächeln.
»Wie heißt du?«
»Dikeledi.«
»Was bedeutet das?« Er wußte, daß die Vornamen der Afrikaner immer etwas ausdrückten.
»Tränen.«
Er grinste. »Komischer Name für ein so hübsches Mädchen.«
Sie hob ihren Kopf. »Und du?«

»Was – ich?«
»Hast du keinen Namen?«
»Jack Griffith.«
»Kommst du aus Südafrika?«
»Aus England.«
Er bot ihr einen Sessel an und eine Zigarette. Sie hatte den geschmeidigen Gang der Schwarzen, graziös wie eine Gazelle. Als er ihr sein Feuerzeug reichte, griff sie nach seiner Hand und zog sie sanft zu sich.
Er fühlte, wie seine Hand leicht zitterte.
Sie hatte es bemerkt. »Willst du mit mir schlafen, Jack?«
Er räusperte sich. Seine Kehle war trocken. »Ja.«
Sie sah ihm offen ins Gesicht. »Warum?«
»Du bist schön.«
Sie zeigte auf den Trauring an seiner Hand. »Wo ist deine Frau?«
»In England.« Er war verblüfft, daß sie ihn so direkt danach fragte.
»Sind die englischen Frauen nicht sexy?«
Feuchtenbeiner antwortete mit einem unbestimmten Brummen.
»Ich habe dich noch nie im Casino gesehen, Dikeledi.«
»Ich möchte etwas Musik hören.« Sie sprach ein fast akzentfreies Englisch.
Feuchtenbeiner drückte auf eine Taste des Zimmerradios. Mantovani-music vom Band, die an überzuckerten lauwarmen Brei erinnerte.
Dikeledi sog schweigend an ihrer Zigarette. Dann stand sie auf und drückte die Zigarette aus.
»Wo willst du hin?«
»Ins Bad.«
»Nimm das grüne Handtuch.«
Während er das Wasser rauschen hörte, zog Feuchtenbeiner die Jacke aus, hängte sie auf den Bügel in den Schrank und band die Krawatte ab. Er knipste alles Licht aus bis auf die Stehlampe am Fenster.

Die Klimaanlage fauchte wie ein alter VW. Er stellte sie ab und füllte sich ein Glas mit Eiswasser.
Als Dikeledi aus dem Bad zurückkam, war sie nackt. Während sie prüfend durch das Zimmer ging, die Musik etwas lauter stellte und alle Lampen wieder anknipste, betrachtete Feuchtenbeiner anerkennend ihren schlanken Körper; die kleinen hochangesetzten Brüste, ihre langen Beine, die schmalen Arme, die herausstehenden Hinterbacken. Noch nie war er sich der Unvollkommenheit seines eigenen Körpers so bewußt wie in diesem Augenblick. Egal, dachte er. Schließlich bezahle ich sie.
Dikeledi schlüpfte unter die Bettdecke und musterte ihn.
Ihre Souveränität irritierte Feuchtenbeiner. Sie ließ nichts von der animalischen Sexualität ahnen, die man den Negerinnen nachrühmte. Eher die Sachlichkeit einer Hure, die sich anschickt, zu tun, was sich nicht mehr umgehen läßt.
Bis jetzt hatte sie kein Geld verlangt. Er würde ihr nachher fünf Rand zustecken – je nachdem, wieviel Mühe sie sich gab.
Er wandte ihr den Rücken zu, während er sich auszog. Es war ihm nun doch peinlich, sich vor einer Schwarzen völlig zu entblößen. Jetzt, da sie bereit war, hätte er die Sache am liebsten im Dunkeln hinter sich gebracht. Er kroch unter die Bettdecke, aber Dikeledi schob die Decke weg und ihre Hände glitten zwischen seine Schenkel, um sanft seine offenkundige Schwäche zu beheben.
»Du sollst nicht denken, daß ich keine Lust habe«, sagte er. »Es ist nur das Licht... und außerdem ging alles so schnell.«
Aber Dikeledi schien nicht gekränkt. Ihr Gesicht drückte nichts weiter aus als die unbeteiligte Aufmerksamkeit einer Arbeiterin am Fließband, doch unter ihren beharrlich streichelnden Fingern wuchs sein Verlangen. Er spürte, wie die Kraft allmählich zurückkehrte, und als er sich endlich stark genug fühlte, wälzte er sich schnell auf sie, aus Angst, wieder zu versagen.
Sobald er in sie eingedrungen war, verfiel Dikeledi in totale Passivität; mit zur Seite geneigtem Kopf ließ sie reglos alles über sich

ergehen, und als es vorüber war, in weniger als einer Minute, erhob sie sich sofort, verschwand im Badezimmer und ließ Feuchtenbeiner mit seiner Ernüchterung allein im Bett zurück.
Wenigstens schien sie nicht anhänglich zu sein, und die Aussicht, sie bald ohne Schwierigkeiten loszuwerden, erleichterte ihn ein wenig.
Er legte einen Zweirandschein auf die Kommode vor dem Spiegel. Mehr war diese Episode nicht wert gewesen. Eigentlich eine Fehlinvestition.
Als sie, wieder im Kleid und mit aufgefrischtem Make-up, aus dem Bad zurück kam, setzte sie sich vor den Spiegel, schob die Banknote beiseite und ordnete ihre abstehenden Zöpfchen, ohne von Feuchtenbeiner Notiz zu nehmen.
Es kam ihm so vor, als sei sie leicht belustigt. Feuchtenbeiner war es nicht. Man verhielt sich nett zu ihnen, versuchte, sie wie fast gleichwertige Menschen zu behandeln, und das war nun der Dank.
Und als sie grußlos das Zimmer verließ, beschlich Feuchtenbeiner das unbestimmte Gefühl, die Episode mit der schwarzen Dikeledi würde ihn mehr kosten als die zwei Rand, die er ihr zugedacht hatte.

Dynamit

Die Lore mit den herausgesprengten Erzbrocken war abgefahren, und bis die nächste heranrollte, lockerte Mogomotsi den Kinnriemen. Er hatte Kopfschmerzen. Sein Schutzhelm war eine Nummer zu eng, und die Luft hier unten im Stollen schmeckte wie warmes schmutziges Wasser, obwohl die Entlüftungsanlage den giftigen Staub absaugte und ein Gebläse ständig Frischluft heranführte, über ein kompliziertes System von Schächten bis hinunter auf die Sohle, wo Mogomotsi in 400 Meter Tiefe arbeitete.
Unter der Erde sei die Hölle, hatte er im Religionsunterricht gelernt. Sie konnte nicht sehr weit sein.
Obwohl er nichts darunter trug, war sein grauer Overall durchgeschwitzt. Sein Rücken tat ihm weh, und seine Augen brannten. Nach sieben Monaten hatte sich Mogomotsi noch immer nicht an die Arbeit hier unten gewöhnt. Eine Stunde noch, dann war seine Schicht vorbei.
»Ich muß mal auf die Toilette.«
»Du warst doch schon mal.« Der Vormann sah auf die Uhr. »Verpiß dich, und komm in 10 Minuten wieder, sonst gibt's was in die Eier.«
Sie sprachen Minen-Pidgin, ein deftiges Kauderwelsch aus Englisch, Burisch und einem Dutzend verschiedener Bantu-Sprachen, das in allen Gruben zwischen Kenia und Südafrika verstanden wurde.
Mogomotsi lehnte seine Schaufel an die Stollenwand und suchte im Lichtkegel seiner Grubenlampe den Weg zur Sprengstoffkammer.

Der alte Tshabalela hockte zwischen den Regalen wie eine Henne auf goldenen Eiern. Er galt als besonders wachsam und unbestechlich. Da er außerdem die einfache Buchführung in englischer Sprache beherrschte, hatte ihm die Grubenleitung, die sonst keine Schwarzen über 40 beschäftigte, die Aufsicht über die Sprengstoffvorräte dieses Stollens anvertraut.
Tshabalela blickte freundlich auf. »Kommst mich besuchen. Willst 'nen Tee?«
Er schloß die Gittertür auf und ließ Mogomotsi ein.
»Dumela.« Mogogmotsi entbot dem Alten den landesüblichen Gruß. »Otsogile – wie geht's dir?«
»Kitsogile«, nickte der Alte. »Ich bin gut aufgewacht.«
Tshabalela zeigte auf seinen Emaillenapf, und Mogomotsi schlürfte einen Schluck von dem lauen Tee.
»Siehst nicht gut aus, Mogomotsi. Verträgst wohl die Arbeit nicht?«
Mogogmotsi grinste. »Wer ist schon für diese Arbeit geschaffen?«
Mogomotsi hatte den Alten gern, sie kannten sich aus dem Dorf, aus dem sie stammten. Mogomotsi hatte den Auftrag überhaupt nur angenommen, weil man ihm versicherte, daß die Erfüllung für die Befreiung der Brüder in Zimbabwe notwendig und nur er allein dazu in der Lage sei. Außerdem würde dem Alten dabei kein Haar gekrümmt werden. Wenn Mogomotsi sich genau an die Instruktionen hielte, würde der alte Mann nur für ein paar Minuten in einen tiefen, schönen Traum fallen und sich nachher an nichts erinnern.
Und während er mit Tshabalela von verflossenen schönen Zeiten in ihrem Dorf schwatzte, sagte Mogomotsi: »Ich versteh' dich so schlecht. Der Ventilator ist zu laut.«
Nachdem der Alte den Ventilator abgestellt hatte, sprühte ihm Mogomotsi den Inhalt der Spraydose, die er unbemerkt aus der Tasche seines Overalls gezogen hatte, ins Gesicht.
Für eine Sekunde öffnete Tshabalela erstaunt den Mund, doch

bevor er seine Frage aussprechen konnte, sank er ohnmächtig auf seinem Stuhl zusammen.
Mogomotsi tunkte sein Taschentuch in den Tee und preßte es sich vor Mund und Nase, wie man es ihm eingeschärft hatte. Dann räumte er mit der freien Hand 20 Dynamitstangen aus einem Regal und ersetzte sie durch die gleiche Anzahl von Attrappen, die er in seinem Proviantbeutel mitgebracht hatte.
Seine freie Hand zitterte ein wenig, denn man hatte ihn eindringlich davor gewarnt, auch nur eine der hochexplosiven Dynagelstangen fallen zu lassen. Tshabalela, er selbst und das ganze Depot würden sonst in die Luft fliegen.
Bevor er die Sprengstoffkammer verließ, knipste Mogomotsi den Ventilator wieder an. Er war sicher, daß er keine Spuren hinterlassen hatte, und kehrte zurück an seinen Arbeitsplatz.
Der Vormann sah wieder auf die Uhr. »Nennst du das zehn Minuten, Kaffer?«
Mogomotsi duckte sich. Keinen Streit mit dem Vormann anfangen, hatte die Organisation ihm aufgetragen. Nur nicht auffallen.
Der Vormann trat drohend näher. »He – du! Hast du deine Zunge mit ausgeschissen?«
»Tut mir leid, Boß.«
»Dafür holt man euch aus den Krals, daß ihr hier scheißt, sauft und bumst. Und dann noch mehr Geld verlangen!«
»Was ist?« Der Minen-Captain war, auf seinem täglichen Inspektionsgang, herangetreten.
Der Captain war Holländer – aus einem Erdteil namens Europa, wo angeblich nur Weiße leben sollen. So hatte es Mogomotsi jedenfalls auf der Volksschule gelernt.
»Der Kaffer dort! Zehn Minuten wollte er wegbleiben, und 18 Minuten sind's geworden. Bestimmt hat er auf dem Scheißhaus gewichst.«
Der Captain wandte sich an Mogomotsi. »Geh an deine Arbeit!«

Und während Mogomotsi begann, wieder Erzbrocken auf die Lore zu schaufeln, dachte er über die Arbeit hier unten nach. Der Captain war kein schlechter Mann, obwohl er ein Weißer war. Aber der Vormann war ein scharfer Hund, viel härter als die weißen Bosse: ein Shona aus Zimbabwe, und seine Haut war noch schwärzer als die Mogomotsis.
Ich kämpfe, um seine Brüder von der weißen Vorherrschaft zu befreien, und er schimpft mich einen Kaffer, dachte Mogomotsi.
Eine Stunde später hievte der Förderkorb Mogomotsi und die Männer seiner Schicht 400 Meter hoch ins Freie.
Mogomotsi schlüpfte aus seinem Overall, duschte und zog sich an. Sein Hemd war zerschlissen, und an der Jacke fehlte ein Ärmel. Seine Tante hatte gemeint, er brauche neue Sachen, aber er würde sie bitten, den Stoff noch einmal zusammenzunähen.
Früher in seinem Dorf hatte er es einfacher. Da brauchte er kein Geld und keine Jacke und keine Schuhe, und wenn er draußen im Busch Vaters Rinder hütete, nahm er eine Decke mit und einen Sack mit Maismehl und braute sich sein Bier selbst.
Später hatte er die Volksschule in Matima besucht, lesen und schreiben und rechnen gelernt und sogar ein bißchen Englisch. Für den Übergang auf die Mittelschule hatte es aber nicht ganz gereicht, und so war er eben in die Minen gegangen.
Ein Freund hatte ihm von Selebi-Pikwe erzählt. Die Südafrikaner hatten mit amerikanischem, englischem und deutschem Geld die Minenstadt mitten im Busch erbaut, weil dort Kupfer und Nickel unter der Erde lag. Sie hatten im Shashe-Fluß einen Staudamm errichtet und das Wasser drei Tages-Fußmärsche weit durch ein Rohr in die neue Stadt geleitet.
Ein Kino gebe es dort und Supermärkte mit lauter schönen Sachen, die er noch nie zuvor gesehen habe und die man für das Geld kaufen könne, das man in der Mine verdiente. Keine Lehmhütten, sondern richtige Blechdachhäuser, in denen man für acht Rand im Monat wohnen konnte. Autos auf richtigen ge-

teerten Straßen und alle, Schwarze und Weiße, sollten die gleichen Rechte haben, nicht so wie in Südafrika, wo man jederzeit ins Gefängnis gesteckt werden konnte, wenn man seinen Ausweis nicht bei sich trug oder versehentlich das Wohngebiet der Weißen betrat.
Da hatte Mogomotsi seine Habseligkeiten in eine Decke geschnürt, sich an die Straße nach Francistown gestellt und auf ein Auto gewartet. Tags darauf hatte ihn ein Weißer mit seinem Landrover mitgenommen. In Francistown hatte Mogomotsi einen Regierungslastwagen gefunden, der ihn nach Serule brachte, zur Abzweigung der neuen roten Lehmstraße nach Selebi-Pikwe, und keine zwei Tage nach seiner Abreise hatte er schon in der Ferne das Dröhnen der Fünfzigtonner gehört, gewaltige Ungetüme auf Rädern, groß wie Häuser, die täglich 24 Stunden lang das Kupfererz aus dem Tagebau hinaufschleppten zu den Förderbändern und den Öfen, die das Erz zu Kupfermatten schmolzen.
In der ersten Woche hatte er sich ein wenig vor dem ewigen Donner der Riesenlaster gefürchtet, aber mittlerweile hatte er sich längst daran gewöhnt wie zu Hause in Matima an das Quarren der Frösche vom Fluß.
Seine Tante, die mit ihrem Mann ein Jahr früher nach Selebi-Pikwe gezogen war, hatte ihm ein Eckchen zum Schlafen frei gemacht. Sie wohnte draußen im Niemandsland vor der Stadt, in Botshabelo, wo all die Tausende Afrikaner hausten, die noch keinen Job im Bergwerk gefunden hatten, oder denen, wie Mogomotsis Onkel, die sechs oder acht Rand Miete für ein Haus zu teuer waren.
Der Onkel hatte eine Hütte aus Pappkartons errichtet, und solange die Regenzeit nicht angebrochen war, hielten Dach und Wände leidlich. Sein Nachbar hatte gerade soviel Zwischenraum zwischen den beiden Hütten gelassen, daß Mogomotsis Onkel ein paar Maisstengel anbauen und eine Ziege und vier Hühner halten konnte.

Schon sehr bald hatte Mogomotsi Arbeit gefunden. Als Lohn bekam er 40 Rand im Monat, genausoviel wie sein Onkel und wie die meisten nichtqualifizierten Arbeiter. Als die Löhne plötzlich nicht mehr in südafrikanischen Rand, sondern in neuen Geldscheinen ausgezahlt wurden, die Pula hießen, waren die Arbeiter zuerst mißtrauisch, bis man ihnen erklärte, daß die Republik Botswana zum 10. Jahrestag ihres Bestehens endlich eine eigene Währung geschaffen habe und daß ein Pula genausoviel wert sei wie ein Rand.
Das stimmte sogar. In seinem Dorf hätte er von seinem Monatslohn ein Jahr lang leben können, aber hier rannen ihm die Cents durch die Finger wie Wasser. Alles, was er zu Hause umsonst hatte, kostete auf einmal Geld. Mogomotsi lernte, daß der Mensch nicht so einfach in den Tag hineinleben kann mit Maisbrei, einer gebratenen Brasse aus dem Fluß, Wasser zum Trinken und selbstgebrautem Bujawa-Bier, einem Hemd aus Ziegenleder und nichts Festem unter den Fußsohlen.
Hier aßen sie Bohnen mit Büchsenfleisch, Brot mit Margarine, tranken Bier, Coke und Fanta aus Dosen, die beim Aufreißen verlockend zischten, gingen ins Kino und trugen Anzüge und Sandalen. Mogomotsi sah das ein, und von nun an zahlte er für duftende Seife, für Präservative, für bunte Bilderhefte, für Spraydosen mit einem Haarbefestiger und für eine Creme, die den Teint aufhellte. Er zahlte sogar für die Liebe.
So fuhr er sechsmal die Woche für acht Stunden unter Tage und schippte Erzbrocken auf Loren – bis seine Freunde eines Montags sich weigerten einzufahren. Sie nannten es Streik. Ein Mann aus Francistown war nach Botshabelo gekommen und hatte ihnen erzählt, daß ein weißer Vorarbeiter 800 Rand im Monat erhielt, zwanzig mal soviel für eine Arbeit, die nur halb so schwer war.
Wie sein Onkel und 1200 andere schwarze Arbeiter blieb Mogomotsi einfach zu Hause.
Am nächsten Tag sprach der Präsident aus der Hauptstadt Ga-

borone über das Radio zu seinen Untertanen in Selebi-Pikwe. Er sprach von Verständnis für die streikenden Arbeiter und von den Arbeitsplätzen, die nun gefährdet seien, falls die ausländischen Geldgeber verärgert ihr Kapital zurückzögen. Er sprach von künftigem Wohlstand, der aber erst erarbeitet werden müßte. Er sprach auch von kommunistischen Saboteuren, die sich die schwierige Lage zunutze machen wollten und von den gefallenen Weltmarktpreisen für Kupfer. Und schließlich versprach er, sich für Aufbesserungen der unteren Lohngruppen einzusetzen, aber er gab auch zu bedenken, daß die Bamangwato Concession Ltd., an der die Regierung von Botswana mit 15 Prozent beteiligt ist, in Selebi-Pikwe noch immer die Unkosten für den Betrieb der Kupferminen nicht erwirtschaftete.
Am Tag nach der Präsidentenrede entließ die Geschäftsleitung die 1200 streikenden Arbeiter fristlos und stellte gleich darauf 800 wieder ein, darunter auch Mogomotsi.
Seitdem herrschte Ruhe in Selebi-Pikwe. Die Mindestlöhne blieben die gleichen, dafür bewilligte das Management eine soziale Verbesserung: Ab sofort erhielt jeder Arbeiter vor Schichtbeginn einen Napf Tee und eine Scheibe Brot gratis.
Nach dem Streik hatte Mogomotsi sich mit dem Mann aus Francistown unterhalten, und der hatte ihm Geschichten erzählt vom Freiheitskampf in Zimbabwe, das die Weißen Rhodesien nannten und das sie den Afrikanern unberechtigterweise weggenommen hatten.
Und obwohl dort auf einen Weißen 24 Afrikaner kämen, regierten die Weißen das blühende Land noch immer allein.
Und als Mogomotsi wissen wollte, warum die 24 Schwarzen den einen Weißen nicht einfach aus dem Land jagten, antwortete der Mann aus Francistown: Die Weißen besäßen alles Eigentum, sie bestimmten die Gesetze, und die Polizei arbeite nur für sie.
Das leuchtete Mogomotsi ein. In seinem Dorf war es nicht anders. Wer die Macht hat, dem gehört das Recht, so war es von Gott gewollt. In seinem Dorf war es der Chief, der den Reichtum verteilte, die Wasserstellen und das Weideland.

Das sei schon richtig, räumte der Mann aus Francistown ein. Nur sei der Chief in Mogomotsis Dorf ein Afrikaner und von seinem Stamm gewählt und das Land gehöre allen, und niemand werde unterdrückt und ausgebeutet. Leider hätten die meisten Afrikaner noch nicht begriffen, daß man für die Gerechtigkeit kämpfen müsse, notfalls sogar schießen, weil niemand freiwillig etwas zurückgebe, das er einmal in Besitz genommen habe.
Es mache ihn traurig, sagte der Mann aus Francistown, wie seine schwarzen Freunde hier für ein paar Pula schufteten, um den Reichtum der Weißen zu mehren, statt ihrem eigenen Leben einen höheren Sinn zu geben. Und dann erzählte er von der Befreiungsarmee ZLA und von ihrem Befehlshaber Tutuma, der es sich zum Ziel gesetzt habe, Zimbabwe für die Afrikaner zurückzuerobern. Ob Mogomotsi nicht Lust hätte, dem Chief Tutuma dabei zu helfen? Denn der sei auf freiwillige Helden angewiesen, auf Männer, so tapfer wie Löwen, so flink wie Gazellen, so schlau wie Schlangen und so stumm wie Tigerfische.
Mogomotsi war von der Rede des Mannes aus Francistown beeindruckt. Am liebsten wäre er ihm sofort in die Stadt gefolgt, aber der Mann aus Francistown hatte ihm bedeutet, Mogomotsi könne sich hier in Selebi-Pikwe viel nützlicher machen. Tutuma brauche dringend Sprengstoff, und niemand anders als Mogomotsi sei dazu ausersehen, ihn zu beschaffen.
Am nächsten Tag hatte der Mann aus Francistown Mogomotsi 20 Atrappen von Dynagelstangen und eine Spraydose mit dem Betäubungsgas für Tshabalela übergeben.
Natürlich war Mogomotsi jetzt stolz, daß er den Auftrag für seinen neuen Chief selbständig ausgeführt hatte. Tutuma würde mit ihm zufrieden sein, wenn er heute abend seinem Mittelsmann die Beute übergab.
Bis dahin waren noch zwei Stunden Zeit, und Mogomotsi ging nach Hause in die Hütte seines Onkels. Er nahm den Topf, den ihm die Tante dagelassen hatte, vom Feuer und löffelte die weißen Bohnen.

Er war allein in der Hütte, und er vertrieb sich die Zeit damit, die anscheinend so kostbaren Dynagelstangen zu betrachten. Eigentlich sahen sie nach nichts aus. Sie ähnelten unordentlich gewickelten Riesenzigarren, waren etwas länger als eine Hand und so dick wie der Mopane-Stock, mit dem er zu Hause die Rinder getrieben hatte. Er hielt sie an die Nase. Gefährlich rochen sie eigentlich nicht.
Mogomotsi zählte nach. Es waren 21. In der Eile mußte er eine zuviel gegriffen haben. Hoffentlich würde der alte Tshabalela in der Sprengstoffkammer keinen Ärger bekommen, da nun eine Stange in seiner Buchführung fehlte. Mogomotsi wußte, daß der weiße Minen-Captain persönlich jeden Abend die Bestände inspizierte, so wichtig nahm das Management diese Dinger.
Mogomotsi dachte angestrengt nach. Er beschloß, dem Mann aus Francistown sein kleines Versehen zu verschweigen. So versteckte er die überzählige Dynagelstange am Kopfende seines Lagers, legte die anderen 20 vorsichtig mit der Spraydose in seinen Proviantbeutel und machte sich auf den Weg zu dem Treffpunkt mit Tutumas Abgesandten.
Der Mann aus Francistown erwartete ihn am Ende des großen Rasens mit den Löchern und Fähnchen, auf dem die Weißen am Wochenende mit eisernen Stangen das Spiel spielten, das sie Golf nannten.
»Ist dir niemand gefolgt?«
»Niemand.«
»Hast du's?«
Mogomotsi öffnete seinen Proviantbeutel.
Der Mann aus Francistown verstaute die Dynagelstangen und die Spraydose behutsam in einem kleinen grünen Pappköfferchen.
»Wirst du Tutuma erzählen, wie ich's gemacht habe?«
»Tutuma hat Vertrauen zu dir. Er läßt dich grüßen. Ich soll dir sagen, daß er dich in die Befreiungsarmee aufgenommen hat. Er will dich kennenlernen. Morgen kommst du mit mir.«

Mogomotsi strahlte. »Wohin?«
Der Mann aus Francistown legte seinen Zeigefinger auf den Mund. »Stumm wie ein Tigerfisch.«
»Kannst du nicht bis Freitag warten? Freitag bekomme ich meinen Lohn.«
Der Mann aus Francistown legte ihm die Hand auf die Schulter. »Tutuma wird dich besser belohnen als die weißen Bastarde.«
»Ich will aber kein Geld dafür.«
»Tutuma hat dir mehr zu geben als Geld. Er gibt dir ein Ziel.«
»Wozu braucht Tutuma das Dynamit?«
Der Mann aus Francistown überhörte die Frage. »Warte morgen abend hier auf mich. Sala sentle – Auf Wiedersehen.«
»Tsamaja sentle.«
Auf dem Heimweg sang Mogomotsi leise ein Lied. Nach vielen Monaten war er zum erstenmal wieder glücklich. Keine Dreckarbeit mehr im Schlamm und Staub, kein Vormann, der ihn demütigte. Er würde ein freier Mensch sein wie früher, es würde sich wieder lohnen zu leben. Er konnte im Busch übernachten wie ein richtiger Guerilla-Kämpfer, und vielleicht würde ihm Tutuma sogar ein Gewehr geben.
Der Onkel und die Tante schliefen schon. Mogomotsi steckte die 21. Dynamitstange ein und machte sich auf den Weg zu Lorato. Er mochte sie nicht gern hier zurücklassen. Erst jetzt fiel ihm ein, daß er den Mann aus Francistown hätte fragen sollen, ob Tutuma nicht auch ein junges Mädchen gebrauchen könne.
In Loratos Hütte war es schon dunkel. So kroch Mogomotsi am Lager ihrer Eltern vorbei und rüttelte sie an der Schulter. »Komm mit«, flüsterte er. »Ich muß dir etwas erzählen.«
Folgsam ging sie mit ihm, sie hielten ihre Hände ineinander verschränkt wie immer, wenn sie nachts allein waren. Als sie an ihrem Lieblingsplatz unter einem Mopane-Baum angekommen waren, streifte Lorato ihr Kleid über den Kopf, und während sie sich liebten, ohne Umschweife, keusch und unbeholfen wie immer, dachte er daran, wie gut ihr Name zu ihr paßte. Denn Lorato bedeutete auf Setswana Liebe.

»Morgen fähr' ich weg, Lorato«, sagte er. »Zu Tutuma nach Zimbabwe.«
Lorato kicherte. »So? Zu Tutuma willst du? Was soll Tutuma mit dir? Du bist doch nicht einmal siebzehn.«
»Vielleicht bin ich dir noch zu jung. Aber Tutuma will mich haben. Er hat mir einen Mann aus Francistown geschickt, der mich holen soll.«
»Der, von dem du neulich erzählt hast?«
»Hm.«
Lorato lachte. »Warum flunkerst du mir etwas vor? Ich habe dich auch gern, wenn du kein Held bist.«
Mogomotsi verzog den Mund. »Wenn wir Zimbabwe befreit haben, gehen wir zusammen dorthin und kaufen uns viele Rinder. Da soll es sehr schön sein. Wartest du auf mich?«
Und als sie sich immer noch vor Lachen schüttelte, brummte er gekränkt: »Ich kann mir auch eine andere Frau suchen.«
Lorato drehte belustigt an ihren Zöpfchen. »Mogomotsi ist ein Held. Nimmt es mit allen Weißen in Zimbabwe auf.« Übermütig hüpfte sie auf und ab. »Und wenn er die Weißen dort besiegt hat, dann jagt er die Buren aus Namibia und Südafrika.«
»Sei nicht so albern, Lorato.« Er zog die Dynamitstange aus der Hosentasche. »Schau mal, Dynamit. Davon habe ich heute 20 Stück besorgt. Für Tutuma. Eigentlich darf ich's dir gar nicht erzählen.«
»Angeber!«
Lorato riß ihm die Stange aus der Hand und warf sie gegen den Mopane-Baum.
Der Blitz war bis zum letzten Winkel von Selebi-Pikwe zu sehen, und als die Bewohner von Botshabelo angelaufen kamen, fanden sie neben dem geborstenen Mopane-Baum nur noch die zerfetzten Körper der beiden jungen Leute.
So wurden Mogomotsi und Lorato die ersten Opfer, noch bevor die letzte Schlacht um Rhodesien begonnen hatte.

Mr. January

Das Kuvert war weiß und trug keinen Absender.
Feuchtenbeiner wog es einen Augenblick in der Hand. »Wer hat das abgegeben?«
»Ein Boy«, antwortete Meggy und wandte sich wieder ihren Pflichten an der Rezeption zu. Das Holiday Inn war ausverkauft, und es gab viel zu tun.
Am Frühstückstisch schlitzte Feuchtenbeiner das Kuvert mit dem Brotmesser auf. Es enthielt einen Satz Farbfotos.
Kaum hatte er einen Blick auf das zuoberst liegende Foto geworfen, stopfte Feuchtenbeiner die Bilder rasch ins Kuvert zurück. Er sah sich im Restaurant um. Der holländische Geologe nickte ihm zu. »Hallo, Jan, wie geht's?« Der Geologe lächelte süffisant, als kennte er den Inhalt des Kuverts.
»Blendend.« Feuchtenbeiner räusperte sich. »Und selbst?«
Der Kellner trat mit der Kaffeekanne an seinen Tisch. »Kaffee, Sir?«
»Nein.« Hatte der Kellner nicht gerade einen schadenfrohen Blick mit seinem Kollegen gewechselt?
Feuchtenbeiner sprang auf, und während er ohne Frühstück zurücklief in sein Zimmer, versuchte er sich einzureden, daß sich jemand einen geschmacklosen Scherz mit ihm erlaubt habe. Vielleicht der Prospektor von De Beers, den er gestern beim Dinner getroffen hatte?
Meggy an der Rezeption sah ihm versonnen nach, als er an ihr vorbei in den langen Korridor einbog. War sie etwa auch in das Komplott eingeweiht?

Feuchtenbeiner verscheuchte das Zimmermädchen und riegelte die Tür zu. Dann breitete er die Fotos auf dem ungemachten Bett aus und betrachtete sie einzeln. Sie erinnerten ihn an Bilder, die er einmal in einem dänischen Porno-Magazin gesehen hatte. Offensichtlich hatte sich der Fotograf Mühe gegeben, nicht nur die Geschlechtsorgane, sondern vor allem auch die Gesichter seiner beiden Modelle einzufangen. Es waren acht Fotos, leicht unterbelichtet, aber scharf. Sie waren vom Fußende des Doppelbettes aufgenommen und zeigten ihn und das Kaffernmädchen von gestern nacht in allen Phasen ihres freudlosen Geschlechtsakts.
Feuchtenbeiner holte tief Luft. Jetzt wurde ihm manches klar. Beispielsweise, warum diese Dikeledi die Bettdecke weggeschoben und alle Lichter wieder angeknipst hatte, bevor sie in sein Bett gekrochen war. Jetzt gab es auch eine Erklärung für ihre nahezu demonstrative Teilnahmslosigkeit, als er auf ihr gelegen hatte, und für das Fehlen auch nur des geringsten Anzeichens sexuellen Verlangens.
Feuchtenbeiner versuchte, den Spiegel an der Wand abzunehmen. Festgeschraubt. Wahrscheinlich war die Rückseite durchsichtig.
Feuchtenbeiner lief hinaus in den Garten. Die gläserne Schiebetür zum Nebenzimmer stand offen. Das Zimmer war nicht bewohnt, das Bett gemacht. Das Kopfende des Doppelbettes stand an der Wand, die an sein Zimmer grenzte. Jemand hatte in aller Eile das faustgroße Loch in der Wand zugegipst und übergetüncht. Feuchtenbeiner fuhr mit der Hand darüber. Die Farbe war noch frisch. Wer auch immer das gewesen sein mochte, er hatte es nicht für wichtig gehalten, sonderliche Mühe auf die Beseitigung seiner Spuren zu verwenden.
Feuchtenbeiner nahm das Telefon ab. »Meggy.«
»Mr. Feuchtenbeiner?«
»Wer hatte letzte Nacht das Zimmer neben mir? Nr. 23.«
»Moment. Ich seh' mal nach. Zimmer 23 hatte ein Mr. January

aus Francistown. Ist etwas nicht in Ordnung? Hat man Sie gestört?«

»Nein, nein. Wollt's nur mal wissen. Wo finde ich Mr. January jetzt?«

»Heute früh abgereist.«

»Steigt er öfter hier ab?«

»Ich habe ihn noch nie bei uns gesehen.«

Feuchtenbeiner legte auf und ging wieder hinüber in sein Zimmer. Die Fotos lagen noch immer auf dem Bett.

Feuchtenbeiner riß sie in kleine Stücke, warf die Schnipsel ins Klosett und zog die Spülung. Irgendwie fühlte er sich erleichtert, und einen Augenblick lang flüchtete er sich in die Illusion, als habe er mit diesen Beweisstücken die gesamte Affäre in die Kanalisation gespült.

Dann wusch er sein Gesicht mit kaltem Wasser, und als das Telefon klingelte, nahm er gefaßt den Hörer ab. Er war beinahe sicher, daß der Anruf mit den Fotos zusammenhing. Dieser Mr. January schien keine Zeit verlieren zu wollen. Wenigstens würde er jetzt erfahren, woran er war.

Am verwaschenen Akzent erkannte Feuchtenbeiner, daß die Stimme einem Schwarzen gehörte.

»Haben Sie heute schon Ihre Post gelesen?«

Feuchtenbeiner versuchte zu lachen. »Ich hab' mir gerade die Bilder angeschaut, Mr. January. Fabelhaft getroffen. Gratuliere. Darf ich sie behalten?«

»Gern, Mr. Feuchtenbeiner.«

»Können Sie mir auch die Negative überlassen? Ich würde mir gern noch ein paar Abzüge machen lassen. Für meine Sammlung.«

»Darüber kann man reden.«

»Ihre Unkosten ersetze ich Ihnen natürlich.« Feuchtenbeiner biß sich auf die Unterlippe. Vielleicht war das etwas zu voreilig. Auf keinen Fall durfte er den Eindruck erwecken, daß es ihm etwas ausmachte. Dann würde sich der Bursche mit ein paar Pula zufriedengeben. Diese Kaffern waren ja anspruchslos.

»Freut mich, daß Sie mir den kleinen Scherz nicht übelgenommen haben, Mr. Feuchtenbeiner.«
»Keine Rede davon. Hab' mich königlich amüsiert. Wirklich.«
Der Anrufer ließ ein paar Sekunden verstreichen. »June hat sicher auch Humor.«
Der Kerl kannte den Namen seiner Frau. Er schien gründlich recherchiert zu haben. »Meine Frau? Die nimmt so was nicht tragisch.«
»Und ich hatte schon Angst, sie würde Ihnen eine Szene machen, wenn ich ihr einen Satz der Fotos zukommen lasse.«
»Ach was!«
»Dann haben Sie sicher auch nichts dagegen, wenn Bill Scranton ein paar Abzüge kriegt.«
Der Kerl wußte genau, was er wollte. Er kannte sogar den Namen des Generalmanagers von Orapa. Feuchtenbeiner wischte sich die feuchte Handfläche an der Hose ab. Er mußte die Taktik ändern. Womöglich verwechselten diese Kaffern Freundlichkeit mit Schwäche.
»Es ist nicht wegen der Moral«, sagte Mr. January. »Daran könnten andere Leute Anstoß nehmen. Aber ein Sicherheitschef, der sich so leicht in eine Falle locken läßt... Glauben Sie, daß der noch tragbar wäre? Ob der überhaupt noch irgendwo einen Job kriegt als Sicherheitschef...«
»Hören Sie, Mr. January!«
»Sie nehmen das wirklich zu sehr auf die leichte Schulter, Mr. Feuchtenbeiner.« January gab sich nun keine Mühe mehr, den Hohn zu verbergen. »Ich mache mir ernsthafte Sorgen um Sie. Stellen Sie sich nur vor, der Staatsanwalt in Johannesburg bekommt diese Fotos in die Hand. Wir Afrikaner haben die Apartheidgesetze nicht geschaffen. Kennen Sie zum Beispiel das Gesetz gegen die Unmoral? Fünf Jahre Gefängnis für einen weißen Mann, nur weil er mit einem schwarzen Mädchen schläft. Wir finden das unmenschlich. Was halten Sie davon?«

Feuchtenbeiner raffte sich zu einer schwachen Entlastungsoffensive auf. »Auf Erpressung steht auch Gefängnis.« Er wußte, daß es nicht sehr überzeugend klang.
»Aber ich will doch gar nicht Ihr Geld, Feuchtenbeiner.«
»Okay. Sie haben Ihren Spaß gehabt. Jetzt rücken Sie diese verdammten Negative raus und alle Abzüge. Dann bleibt die Sache unter uns, und wir vergessen das Ganze.«
»Einverstanden. Aber nicht sofort, Feuchtenbeiner. Ich finde, eine kleine Gefälligkeit sind Sie mir schon schuldig.«
»Ich soll Sie wohl zu einem Drink einladen?«
»Es wird Sie noch weniger kosten als einen Drink in der Bar. Genaugenommen keinen Cent. Nur ein Wort.«
»Ich verstehe nicht.«
»Das Wort: heute.«
Endlich war es heraus. Genau das hatte Feuchtenbeiner befürchtet. Er dachte nach. Klaren Kopf behalten, nicht bluffen lassen.
»Sie irren sich, January. Diese Information könnte ich Ihnen gar nicht geben, selbst wenn ich wollte. Ich erfahre ja selbst nie, wann.«
»Na, na, Feuchtenbeiner. Jetzt sind Sie aber zu bescheiden. Erlauben Sie, daß ich Sie korrigiere? Nach meiner Kenntnis wissen nur Sie und der Generalmanager Bescheid, wann die Monatsproduktion nach Gaborone geflogen wird. Gewöhnlich sagt er's Ihnen am Tag vor dem Transport. Das weiß doch jedes Kind in Orapa.«
»Selbst wenn's so wäre.« Feuchtenbeiner wechselte den Telefonhörer von einer Hand in die andere. »Hallo, sind Sie noch dran?«
»Ja.«
»Der Termin würde Ihnen überhaupt nichts nützen. Schlagen Sie sich das nur aus dem Kopf. Die Sicherheitsmaßnahmen sind perfekt. De Beers ist kein drittklassiger Supermarkt, den man mit der Pistole in der Hand überfallen kann.«
»Lassen Sie das meine Sorge sein. Alles, was ich von Ihnen verlange, ist der genaue Termin.«

»Seien Sie doch vernünftig, Mann! Mit so was machen Sie sich nur unglücklich.«
»In Ihrem Garten in Orapa steht ein Rizinusstrauch. Haben Sie mal gezählt, wie viele Stengel der hat?«
»Verdammt nochmal, ich habe besseres zu tun!«
»Sieben Stengel. An dem Tag, an dem Sie erfahren, daß der nächste Transport nach Gaborone kein Leerflug sein wird, mit Kieselsteinen in den Koffern, an dem Tag knicken Sie einen Stengel. Und damit wir ganz sicher gehen, knipsen Sie in Ihrer Küche das Licht an. Dreimal kurz hintereinander. Genau um ein Uhr nachts. Mehr brauchen Sie nicht zu tun.«
»Damit kommen Sie nicht durch, Mann! Der Flugplatz in Orapa ist bewacht, der Flugplatz in Gaborone auch. Unsere Leute sind schwer bewaffnet, dagegen kommt keiner an.«
»Sie täten besser daran, uns Erfolg zu wünschen, Feuchtenbeiner. Sollten wir scheitern, kriegen De Beers, Ihr Chef Scranton, Ihre Frau und der Staatsanwalt in Johannesburg illustrierte Post.«
»Sie haben keine Chance, Mann!« brüllte Feuchtenbeiner in die Sprechmuschel. »Wenn Sie mir das doch glauben würden!«
»Sie wiederholen sich.«
Feuchtenbeiner setzte sich aufs Bett. »Nehmen wir mal an, Sie schaffen's. Es ist völlig ausgeschlossen, aber wir wollen mal so tun als ob. Welche Garantie habe ich?«
»Mein Wort. Einen Tag später finden Sie ein verschlossenes weißes Kuvert mit den Negativen in Ihrem Postfach.«
»Das Wort eines Erpressers...«
»Das Wort eines afrikanischen Patrioten, Sir.«
Und bevor Feuchtenbeiner antworten konnte, hatte der Anrufer aufgelegt. Der Telefonhörer glitt Feuchtenbeiner aus der nassen Hand, und als er aufstand, spürte er, daß er keinen trockenen Faden am Leibe hatte.
Er riß sich die Sachen vom Körper und stellte sich unter die Dusche. Das kalte Wasser half ihm, seine Gedanken zu sammeln.

In einem Punkt, das war ihm klargeworden, bluffte der Erpresser. Das Gesetz gegen Unmoral galt nur im eigenen Land. Niemand würde ihn wegen eines Schäferstündchens mit einem schwarzen Mädchen in Botswana belangen können. Juristisch jedenfalls nicht.
Aber moralisch wäre er erledigt. Der Sicherheitschef der zweitgrößten Diamantenmine der Welt ließ sich in einer kompromittierenden Situation mit einer Schwarzen fotografieren. Nirgendwo in Afrika würde er wieder einen vergleichbaren Job bekommen, und etwas anderes hatte er nicht gelernt.
Es gab natürlich die Möglichkeit, sich Bill Scranton anzuvertrauen. Der würde dann seine Vorkehrungen treffen, und das hätte ein Scheitern des Anschlags auf den Diamantentransport zur Folge. Und wenn dann die Fotos auftauchen, würde auch Scranton ihn fallen lassen müssen. Es gehörte nicht viel Phantasie dazu, sich vorzustellen, mit welchen Worten Bill ihn abhalftern würde: »Daß du mal mit einer Schwarzen ins Bett hüpfst – Schwamm drüber. Wir sind alle nur Männer. Aber ein Sicherheitschef darf sich dabei nicht erwischen lassen. Ich habe versucht, dich zu decken, solange es ging. Immerhin hast du deinen Leichtsinn wiedergutzumachen versucht. Aber jetzt, da die Sache ruchbar geworden ist, muß ich mich von dir distanzieren, so leid es mir persönlich tut.«
Wenn Scranton großzügig war, würde er ihm vielleicht noch ein halbes Jahresgehalt als Abfindung auf den Weg geben. Jan Feuchtenbeiner drehte die Dusche zu und trocknete sich ab. Er mochte das Problem drehen und wenden, wie er wollte – er saß in einer Falle, aus der es keinen Ausweg gab.
Doch, vielleicht einen, aber der war höchst ungewiß. Er mußte dafür sorgen, daß der aberwitzige Anschlag in Orapa gelang.

Wolodja

Der Afrikaner spürte die Kälte wie Schlangenbisse, in den Zehen, an der Nase, an den Ohren. Obwohl ihn der sowjetische Konsul, der ihm in der sambischen Hauptstadt Lusaka das Visum erteilte, vor dem Moskauer Winter gewarnt hatte, war Tutuma unzulänglich vorbereitet, soweit es seine Garderobe betraf. Auf dem Weg vom Rollfeld zum Abfertigungsgebäude war er in seinen leichten Halbschuhen knöcheltief durch den weißglitzernden Schnee gestapft: für ihn ein exotisches Phänomen, das er bisher nur aus Filmen kannte.

Die Empfangshalle des Flughafens Scheremetjewo war schlecht geheizt, und Tutuma entsann sich der Wollmütze, die ihm ein fürsorglicher Freund in Lusaka zugesteckt hatte. Er zog sie aus der Manteltasche, stülpte sie sich über beide Ohren und wartete auf den Beamten vom Außenministerium, der ihn abholen sollte.

»Es lebe der afrikanische Freiheitskampf!«

Tutuma fuhr herum. Der Russe mit der Pelzmütze strahlte ihn an, nahm ihn in den Arm und drückte ihm drei herzhafte Küsse auf die Wangen. »Ich bin Wolodja. Haben Sie einen guten Flug gehabt?« Er roch ein wenig nach Schnaps und sprach ein akzentfreies Englisch. Für den Russen war es nicht schwer gewesen, den richtigen Gast ausfindig zu machen, denn Tutuma war der einzige schwarze Passagier in der Maschine aus Berlin-Schönefeld.

»Ich heiße Tutuma«, murmelte der Afrikaner.

»Ihr Gepäck?«

Tutuma zeigte auf einen Skai-Koffer, und Wolodja nahm ihn auf. »Gehen wir.«
Wolodja steuerte am Tisch der dicken Zollbeamtin am Hallenausgang vorbei, die ihm energisch nachrief: »Kuda, graschdan!«
Wolodja machte kehrt, zog seinen Ausweis aus der Jackentasche und hielt ihn der Zollbeamtin aufgeklappt unter die Augen.
Die Zollbeamtin winkte ihn vorbei, und Tutuma fühlte sich eine Sekunde lang von einem mitleidig mütterlichen Blick der Frau eingehüllt.
Draußen tippte Wolodja einen Chauffeur an, der am Steuer seines Wolga eingeschlafen war. Der Fahrer im tütenblauen, schlotternden Anzug, mit einer Gesichtshaut wie Teig, sprang aus dem Wagen und verstaute Tutumas Koffer im Gepäckraum.
Nachdem Wolodja und sein Gast im Fond Platz genommen hatten, zog Wolodja auf beiden Seiten die Fenstergardinen zu. Er lehnte sich in den Sitz zurück und stieß einen teilnahmsvollen Seufzer aus. »Sie werden müde sein. Ich bringe Sie in Ihr Hotel, und dann ruhen Sie sich aus. Wenn Sie Lust haben, schauen wir uns heute abend Moskau an.«
Auf der 40minütigen Fahrt ins Stadtzentrum plauderte Wolodja über Afrika, über das Moskauer Klima, über den amerikanischen Imperialismus und über den Zweiten Weltkrieg, den er als junger Leutnant gegen die deutschen Rassisten mitgemacht hatte. »Die Sowjetunion steht immer auf der Seite derer, die gegen die Rassisten kämpfen«, sagte er. »In unserem Land leben Menschen vieler Rassen in Frieden zusammen.«
Tutuma nickte zerstreut. Ihn beschäftigte viel mehr die Frage, warum ihn der sowjetische Botschaftsrat in Lusaka aufgesucht und nach Moskau eingeladen hatte. »Sie werden eine Reihe bedeutender Persönlichkeiten kennenlernen, die Ihnen sehr interessante Vorschläge unterbreiten können«, hatte der Diplomat angekündigt.

Endlich hielt der Wolga vor einem modernen Hotel, das auf den ersten Blick dem Hilton Nairobi ähnelte. »Das ist das Hotel Intourist«, sagte Wolodja. »Und da drüben liegt der Kreml.«
Wolodja griff nach Tutumas Koffer und trug ihn in die Hotelhalle. Tutuma folgte ihm, etwas betreten. Es mutete ihn sonderbar an, daß der Weiße darauf bestand, den Koffer zu tragen, noch dazu ein gutgekleideter Weißer, der obendrein viel älter war als er selbst.
Zu seiner Überraschung entsprach das Hotelzimmer mit seiner unpersönlichen Einrichtung dem internationalen Holiday-Inn-Standard, den Tutuma aus Bulawayo und Gaborone kannte.
Wolodja stellte den Koffer ab. »Das Außenministerium wünscht, daß Sie sich wohl fühlen. Wollen Sie einen Drink?«
»Vielleicht einen Tee.«
Während sie auf den Etagenkellner warteten, erfrischte sich Tutuma im Bad.
»Tutuma klingt sehr melodisch«, rief Wolodja hinter der angelehnten Badezimmertür.
»In unserem Volk ist es Brauch, die Kinder so zu benennen, wie man gerade empfindet, wenn sie zur Welt kommen. Also Glück, Geschenk, Dank – aber auch Leid, Tränen, Einsamkeit.«
»Eine schöne Sitte. Und was heißt Tutuma?«
Der Afrikaner kam aus dem Badezimmer. Er trocknete seinen Oberkörper ab. »Haben Sie schon einmal ein Buschfeuer miterlebt, Wolodja?«
Wolodja schüttelte den Kopf.
»Es braust, es brüllt, daß Sie Ihr eigenes Wort nicht verstehen. Und das heißt in Setswana Tutuma.« Er lächelte. »Ich muß schrecklich gebrüllt haben als Baby.«
Wolodja lachte. »Dann haben Sie sich als Baby verausgabt«, bemerkte er mit einer Anspielung auf Tutumas sanfte Stimme.
Inzwischen hatte der Kellner den Tee gebracht, und der Russe spürte, daß das Eis langsam zu schmelzen begann. Mit einem Blick auf Tutumas noch immer unbekleideten Oberkörper sagte

er: »Sie haben eine glatte Haut, Tutuma. Ich zeig' Ihnen mal was.« Er knöpfte sein Hemd auf und entblößte seinen über und über zernarbten Bauch. »Sieht aus wie ein Relief, nicht wahr. Ein deutscher Granatsplitter in der Schlacht bei Kursk. Hat mir völlig den Darm zerfetzt. Haben Sie schon mal Makkaroni mit Tomatensoße gegessen?«
Und als Tutuma nickte, fuhr er fort: »Genauso muß es ausgesehen haben. Der Feldchirurg hat es zusammengenäht. Aber er hat die falschen Enden erwischt. Da mußten sie mir den Bauch noch mal aufschneiden und die Darmenden wieder trennen und ein zweites Mal zusammennähen. Als ich aus der Narkose erwache, sehe ich das Gesicht des Feldchirurgen über mir, voller Sorgenfalten. Er weiß, wenn er wieder die falschen Enden zusammengenäht hat, ist es aus. Eine dritte Operation würde ich nicht mehr überleben. Und dann fragt er mich: ›Hast du noch 'n bißchen Kraft, Wolodja?‹ Ich bin mehr tot als lebendig, aber ich nicke, und er sagt, nein, er fleht mich an: ›Tu mir einen Gefallen, Wolodja. Einen winzigen Gefallen.‹ Ich nicke noch einmal, und er beschwört mich: ›Laß einen Furz, Wolodja. Einen ganz kleinen Furz.‹ Ich verstehe ihn nicht, will ihn aber auch nicht enttäuschen. Ich gebe mir also Mühe, und vor Anstrengung verliere ich fast wieder die Besinnung. Und dann endlich habe ich Erfolg: Ich lasse einen fahren.
Da schreit er auf, dieser verrückte Chirurg, und fängt an zu tanzen, auf und ab, mitten im Operationssaal. Dann küßt er mich ab und seine Assistenten küssen mich, und sogar die dicke Oberschwester mit dem Damenbart küßt mich ab. Bevor ich wieder in Ohnmacht falle, höre ich ihn noch brüllen: ›Er hat gefurzt! Er hat gefurzt! Wir haben die richtigen Enden gefunden!‹«
Wolodja knöpfte sich das Hemd wieder zu. »Der Tee wird kalt.«
Das Gutachten des Wolodja Naumow, Oberst im Komitet Gossudarstwennoi Besopasnosti, KGB, zugeteilt der Hauptabteilung für afrikanische Beziehungen, trug den Vermerk »vorläufig«.

»Der Empfehlung unseres Büros in Lusaka kann nach den bisherigen Kenntnissen voll beigepflichtet werden.
Tutuma wurde von dem Unterzeichneten auftragsgemäß am Flughafen Scheremetjewo in Empfang genommen und ins Hotel Intourist begleitet, wo er unter ständiger Observation steht. Um die Vertraulichkeit des Besuchs nicht zu gefährden, ist Sorge getragen, daß Tutuma keine Verbindung mit afrikanischen Studenten der Lumumba-Universität aufnehmen kann.
Der Unterzeichnete hat in ersten Ausforschungsgesprächen festgestellt, daß die Bildung des Tutuma für die in Aussicht genommene Position ausreicht. Tutuma hat auf der Universität in Salisbury ein Jurastudium erfolgreich abgeschlossen. Seine englischen Sprachkenntnisse sind ausgezeichnet. Weltanschaulich ist Tutuma entwicklungsfähig, jedenfalls verfügt er über hohe Intelligenz und schnelle Auffassungsgabe. Ideologisch steht er dem afrikanischen Humanismus des Staatspräsidenten von Sambia, Kenneth Kaunda, nahe, doch scheint er auch für die marxistisch-leninistischen Lehren aufgeschlossen.
Trotz seines Lebensalters (Tutuma ist erst 32 Jahre alt) verfügt er über das erforderliche Maß an Würde, Charisma und revolutionärer Energie. Seine Haltung gegenüber der weißen Herrschaftsschicht in Zimbabwe ist – durch persönliche Erlebnisse geprägt – kompromißlos kampfbetont. Wie die Außenstelle Lusaka berichtet, erfreut sich Tutuma bei seinem Volk hoher Popularität. Als Sohn eines Chiefs kann er in seinem Kalanga-Stamm auf bedingungslosen Rückhalt bauen.«
Der General legt den Bericht beiseite. »Ist das alles?«
»Ich hatte ja nur einen Abend mit ihm«, sagte der Oberst.
»Und Sie meinen, es lohnt sich, den Mann aufzubauen ...«
»Unbedingt, General.«
»Manchmal habe ich das Gefühl, daß Sie Dienstliches und Privates nicht immer auseinanderhalten können. Väterliche Gefühle, was?«
Der Oberst hob die Schultern. »Das wär zuviel gesagt. Aber ich mag ihn.«

»Was wir in Rhodesien brauchen, ist kein Adoptivsohn, sondern ein Mann, der unserer Außenpolitik nutzt. Arrangieren Sie heute abend ein Essen.«

»Im Clubhaus für afrikanisch-sowjetische Freundschaft?«

»Im Aragwi. Ich will nicht, daß sich Tutumas Besuch unter den Afrikanern hier rumspricht.«

»Wie viele Personen?«

»Tutuma, Sie, ich und der Unterstaatssekretär vom Außenministerium.«

General Korotkow erhob sich. »Und sorgen Sie dafür, daß dieser Tutuma nicht versehentlich mit unserem Gast aus Südafrika zusammentrifft.«

Der Oberst hob erschrocken die Hände. »Wir haben beide unter ständiger Observation.«

»Und dann geht einer ins Gum oder ins Lenin-Mausoleum, und der andere treibt sich zufällig auch dort rum – schon weiß ganz Afrika, daß Tutuma unser Mann ist.«

Eine Stunde später traf sich General Alexander Korotkow in den Parkanlagen am Ufer der Moskwa mit seinem gleichrangigen Kollegen aus Südafrika, dem General Erik van Zyl.

Der Südafrikaner, als Profi mit allen konspirativen Spielregeln bestens vertraut, hatte trotz der schneidenden Kälte auf einem Treffen unter freiem Himmel bestanden. Was er seinem sowjetischen Kollegen zu erzählen hatte, vertrug keine Abhör-Mikrofone. Und eine geheime Bandaufnahme des Gesprächs, in die falschen Hände lanciert, würde ihn, das wußte van Zyl, mit absoluter Sicherheit seinen Posten als stellvertretender Leiter des *Bureau of State Security*, BOSS, kosten.

Wäre dieser Besuch in Moskau überhaupt ruchbar geworden, so hätte das schon genügt, um van Zyl in Südafrika politisch zu erledigen. Deshalb war er mit den Papieren eines australischen Kaufmanns gereist.

Die Begrüßung zwischen den beiden Generalen verlief ge-

schäftsmäßig und ohne vorgetäuschte Herzlichkeit. Dem Dossier, das er sich aus dem KGB-Archiv hatte kommen lassen, entnahm der Russe, daß der Südafrikaner im Zweiten Weltkrieg wegen seiner tätigen Sympathie für das Hitlerreich lange Zeit in einem Internierungslager gesessen hatte.
»Ich darf Sie daran erinnern, daß nicht wir, sondern Sie um das Gespräch ersucht haben«, sagte Korotkow. »Über den Kontaktmann in Lusaka.«
»Bitte. Wenn Sie soviel Wert auf diese Feststellung legen.« Van Zyl war keineswegs gekränkt. »Wir Buren sind nicht sonderlich empfindlich. Die Welt ist sowieso gegen uns, und wer es nicht ist, der gibt sich zumindest den Anschein.«
»Das wird seine Gründe haben«, knurrte der Russe.
»Sie und ich sind ideologisch sehr weit auseinander. Sie werden nicht erwartet haben, daß ich Sie hier aufsuche, um Sie zu bekehren oder von Ihnen bekehrt zu werden.«
»Steht Ihre Regierung hinter Ihnen?«
Van Zyl antwortete ausweichend. »Es gibt in unserem Land sehr einflußreiche Gruppen, die in letzter Zeit unkonventionelle Überlegungen angestellt haben. Man glaubt, daß trotz allem, was die Sowjetunion und die Republik Südafrika ideologisch trennt, durchaus ein Arrangement möglich wäre. Es gibt gewisse gemeinsame Interessen, und es gibt – unter unserer burischen Stammbevölkerung jedenfalls– sogar so etwas wie Sympathie für Rußland. Wir Buren sind bekannt für unser gutes Gedächtnis«, fügte er schnell hinzu, als der Russe skeptisch eine Augenbraue hob. »Wir haben die freundschaftliche Haltung Ihres Landes während der Burenkriege nicht vergessen.«
»Die Sowjetunion ist immer auf der Seite der Unterdrückten zu finden. Damals waren es die Buren, und heute...«
»Es war der Zar, der uns damals half«, korrigierte van Zyl.
»Wir Kommunisten haben schon immer gewisse Tendenzen in Ihrem Volk durchaus mit...« – er suchte nach einem angemessenen Wort – »interessiertem Respekt beobachtet. Ich

meine die antikapitalistische Grundströmung in der burischen Landbevölkerung. Das Großkapital, ich denke da nur an Harry Oppenheimer, der Ihre Bodenschätze kontrolliert...«

»Oppenheimer ist Repräsentant des anglo-jüdischen Großkapitals.«

»Eben. Aber Sie sprachen von gemeinsamen Interessen.«

»Zum Beispiel die Goldproduktion. Die sibirischen Goldvorkommen und unsere eigenen würden uns zusammen praktisch das Weltmonopol sichern.«

»Sie vergessen Oppenheimer.«

Van Zyl winkte ab. »Lassen Sie Oppenheimer nur unser Problem sein. Er kontrolliert zwar den Weltmarkt, ist aber ein pragmatischer Mann.«

»In seinen Gesellschaften steckt beträchtliches englisches und amerikanisches Kapital.«

»Über die Engländer brauchen wir nicht viele Worte zu verlieren. Die haben zu Hause Sorgen genug. Und die Amerikaner.« Van Zyl holte tief Luft. »Es gibt Kreise bei uns, die nicht recht daran glauben, daß Amerika unter seinem neuen Präsidenten den Buren das Überleben in ihrem Land garantieren kann. Sie haben Vietnam fallenlassen, werden Thailand aufgeben und vielleicht sogar Israel. Sie haben zuviel Rücksicht zu nehmen auf Schwarzafrika.«

»Wir auch.«

»Ich will ganz offen sein. Die Kreise, von denen ich sprach, nehmen an, daß die Amerikaner eher bereit wären, uns zu verraten, wenn sie nur ihre eigene Position in Südafrika retten können. Sie könnten uns einer schwarzen Regierung zum Opfer bringen. Einer strikt antikommunistischen schwarzen Regierung natürlich. Das dürfte aber auch nicht im sowjetischen Interesse liegen.«

»Mag sein. Aber Sie werden mir die Feststellung nicht verübeln, daß wir die augenblickliche Regierung in Südafrika auch nicht gerade als Sachwalter unserer Interessen betrachten.«

Van Zyl überhörte den Spott. »Das muß nicht immer so bleiben. Historische Umwälzungen erfordern manchmal den Mut zu einer völlig neuen Orientierung. Das gilt natürlich auch für unsere Politik. Es wäre keine Politik der leeren Hände. Angenommen, die Sowjetunion garantierte das Fortbestehen der südafrikanischen Republik unter weißer Herrschaft. Ihre Regierung übte massiven Einfluß auf unsere schwarzafrikanischen Nachbarn aus... Was wäre Ihr Preis?«

»Menschenrechte sind für die Regierung der Sowjetunion kein Handelsobjekt. Denkbar wäre eine derartige Konstruktion überhaupt nur, wenn die Republik Südafrika auch ihre Innenpolitik revidiert.«

»Sie denken hoffentlich nicht an ein Wahlrecht für die Schwarzen. Dann würden die eine Mehrheit von 80 Prozent der Stimmen bekommen und mit unserem Land machen können, was sie wollen. Wir würden die Kontrolle verlieren und Sie, nebenbei gesagt, auch. Nein, was wir brauchen, ist eine Konstruktion, die uns weiterhin den Einfluß sichert in allen entscheidenden Fragen: in der Außenpolitik, in der Verteidigungspolitik und in der Kontrolle über die Wirtschaft. Der Begriff Apartheid müßte verschwinden. Das ist eine Belastung für unsere Politik geworden, ein Reizwort. Wir könnten eine Art Bundesstaat schaffen mit halbautonomen weißen, schwarzen, indischen und gemischten Provinzregierungen. Unter dem Dach einer gemischtrassigen Bundesregierung natürlich.«

»In der wieder die Weißen dominieren?«

»Die jedenfalls eine konsequente Außenpolitik der Zusammenarbeit mit der Sowjetunion betreibt. Angenommen, die Sowjetunion würde den Bestand dieses Bundesstaates garantieren – dann würden wir auf Rhodesien und Südwestafrika mit leichtem Herzen verzichten können. Wir brauchen sie dann nicht mehr als Pufferstaaten gegen die schwarzen Terrorbewegungen. Wir hätten nichts dagegen, wenn Sie dort marxistische Regierungen installieren würden.«

»Zimbabwe – oder wie Sie es nennen: Rhodesien – ist ein unabhängiges Land.«

»Formell ja. Aber Sie wissen doch genauso gut wie ich, daß Rhodesien in 14 Tagen zusammenbricht, sobald wir Ian Smith unsere Unterstützung entziehen. Wir brauchen nur unsere Grenze zu schließen. Dann kommt nichts mehr nach Rhodesien hinein oder heraus.«

»Und wer sollte dann nach Ihrer Vorstellung Zimbabwe bekommen?«

»Nkomo, Sithole, meinetwegen sogar Mugabe.« Van Zyl zuckte die Achseln. »Wer Ihnen genehm ist.«

»Unsere Regierung wäre möglicherweise an einem Flottenstützpunkt am Kap interessiert.«

»Auch darüber ließe sich reden. Simonstown zum Beispiel. Auch über unsere Chromvorkommen. Wenn Sie unser Chrom bekommen und das rhodesische dazu, verfügen Sie praktisch über alle Chromvorräte der Welt.«

Der KGB-General lächelte. »Dann würden die Autos im Westen künftig mit weniger Zierleisten fahren müssen.«

Zum erstenmal lächelte auch der Südafrikaner. Dieser durchtriebene Bolschewik sprach von Zierleisten und tat so, als wüßte er nicht, wie unentbehrlich Chrom für die Rüstung ist. »Kennen Sie ein Legierungsmittel, das Chrom bei der Herstellung hitzebeständigen Stahls ersetzt?«

Der Russe versuchte, seine Überraschung über das unverhoffte Angebot hinter einer gleichgültigen Fassade zu verbergen. »Ich werde Ihre Anregungen an das Politbüro weitergeben«, sagte er. »Man wird Ihnen die Antwort in Pretoria übermitteln.«

Entweder steht dem Südafrikaner das Wasser bis zum Hals, dachte er, oder sie wollen uns benutzen, um die Amerikaner zu erpressen.

»Es ist kalt geworden, Herr van Zyl. Mein Fahrer wird Sie in Ihr Hotel zurückbringen.«

Nach dem sechsten Trinkspruch verspürte Tutuma ein flaues Gefühl im Magen, und seine Konzentration ließ allmählich nach. Er hatte sich vorgenommen, bei seinen Verhandlungen mit den Russen keinen Alkohol zu trinken, doch die Gebote der Höflichkeit standen seinem Vorsatz im Wege.

Die Russen hatten mit einem Trinkspruch auf die afrikanisch-sowjetische Freundschaft begonnen und darauf geachtet, daß alle Wodkagläser bis zur Neige geleert wurden. Tutuma mochte da nicht zurückstehen.

Dann folgte ein Trinkspruch auf den Genossen Breschnew, der dem Gast aus Afrika seine brüderlichen Grüße entbieten ließ, verbunden mit dem Bedauern, Tutuma wegen dringender Regierungsgeschäfte nicht persönlich empfangen zu können.

Daran schloß sich ein Trinkspruch auf den Gast an, ein weiterer auf den Freiheitskampf des tapferen Volkes von Zimbabwe, einer auf den Marxismus-Leninismus und schließlich einer auf alle fortschrittlichen und friedliebenden Kräfte in der Welt.

Tutuma wurde es warm ums Herz. Noch nie hatten ihn weiße Männer in so viel Herzlichkeit gehüllt wie dieser Wolodja, dieser Unterstaatssekretär und dieser Sascha, ein eisgrauer Hüne, der offensichtlich mehr zu sagen hatte als die anderen und der ihm von Wolodja etwas vage als hoher Beamter des Außenministeriums vorgestellt worden war.

Vor zwei Stunden hatte ihn Wolodja abgeholt, und sie waren zu Fuß, quer über die Straße ins »Aragwi« am Puschkin-Platz gegangen, ein georgisches Spezialitätenrestaurant, in dem georgische Bauern, die frisches Obst für den freien Markt nach Moskau geflogen hatten, einen Teil ihres Erlöses verpraßten. Wolodja hatte ihn an den lärmenden Georgiern vorbei in ein separates Zimmer geführt, das für die Besprechung reserviert war.

Sascha hatte geräucherten Stör, Kaviar, Sakusski, Piroschki und Hähnchen Tabaka bestellt. Aber was nutzten Tutuma all die schönen Speisen, wenn er nicht zum Essen kam vor Trinksprüchen, Tischreden, Austrinken, neuen Trinksprüchen, Tischreden, Austrinken...

Und er grübelte – während der Unterstaatssekretär gerade wortreich den sowjetischen Friedenswillen pries – darüber nach, wie sie es nur anstellten, diese Russen, daß sie so dick wurden, obwohl sie doch kaum jemals zum Essen kamen, sondern immer nur zum Trinken und Reden.
Die Rede des Unterstaatssekretärs neigte sich ihrem Ende zu. »So lasset uns unsere Gläser leeren auf den Sieg des Friedenslagers in der Welt.«
Sie tranken. Und während Tutuma in dem Fisch herumstocherte, zog der Unterstaatssekretär ein Foto aus seiner Brieftasche und reichte es Tutuma über den Tisch. »Meine Frau. Der dahinten ist mein Ältester. Studiert auf der Militärakademie. Und das ist Swetlana. Im Sommer werde ich Großvater.« Feierlich erhob er sich und schenkte erneut die Gläser voll. »Und nun wollen wir auf...«
»Laß Tutuma doch erst mal was essen«, protestierte Wolodja.
Tutuma lächelte ihm dankbar zu.
»Haben Sie auch Familie, Tutuma?« fragte Korotkow.
»Ich war verheiratet. Meine Familie ist umgebracht worden.«
»Von weißen Rhodesiern?«
»Von schwarzen Afrikanern. Man hatte sie in ein Wehrdorf gepfercht. *Protected village* nennen sie das, aber in Wirklichkeit ist es ein Internierungslager mit einem hohen Stacheldrahtzaun und Ausgangssperre nach 18 Uhr. In der Nacht sind schwarze Guerillas eingedrungen und haben den Dorfältesten aus seiner Hütte geholt und abgeführt. Dann haben sie eine Handgranate in die Menge geworfen und sind geflüchtet. Wir hatten 20 Tote. Meine Frau war darunter und mein kleiner Sohn.«
»Warum machen Freiheitskämpfer so was?« fragte Wolodja in das betroffene Schweigen hinein.
»Es waren keine Freiheitskämpfer. Es waren schwarze Soldaten der weißen Armee, gekaufte Subjekte. Man hat sie in Zivilkleider gesteckt. Sofort nach dem fingierten Überfall haben weiße Soldaten den Stammesältesten angeblich befreit. Aber sie haben

nur in die Luft geschossen. Das Ganze war eine blutige Komödie. Die Bewohner des Wehrdorfs sollten lernen, daß die schwarzen Freiheitskämpfer ihre Feinde sind und daß nur die Weißen sie beschützen können.« Tutuma starrte auf seinen Teller. »Es war nackter Mord, und ich habe ihn mitansehen müssen.« Der Unterstaatssekretär schob wütend sein Glas zur Seite. »Swolotschi! Wie haben Sie herausbekommen, daß es ein Komplott der Weißen war?«

»Ich habe später einen schwarzen Soldaten ausfindig gemacht, der dabei war. Er hat gestanden. Vor dem Massaker war ich noch ein unpolitischer Jurist. Ich wollte Anwalt werden, hatte mich schon um eine Zulassung beworben. Nach dem Massaker bin ich in den Busch gegangen, um von Botswana aus eine zweite Guerillafront gegen die weißen Rhodesier aufzubauen.«

Tutuma und die drei Russen schwiegen über ihrer Sakusski. Es war Korotkow, der nach einer geraumen Weile das Gespräch wiederaufnahm. »Glauben Sie noch an eine friedliche Lösung in Zimbabwe, Tutuma?«

»Wir trauen den Engländern nicht. Und den Amerikanern auch nicht. Sie wollen immer Konferenzen veranstalten, aber diese Konferenzen sind nur dazu da, um uns Afrikaner zu verkaufen.«

Der Unterstaatssekretär nickte. »Sehen Sie, deshalb hat sich unsere Regierung an der Genfer Konferenz nicht beteiligt. Auch Lenin hat die Oktober-Revolution nicht am grünen Tisch vorbereitet. Bevor ich jetzt mein Glas auf Wladimir Iljitsch Lenin erhebe...«

»... lassen Sie uns über Ihre Probleme sprechen, Tutuma«, ergänzte Sascha trocken. »Sie bauen eine zweite Front in der Westregion von Zimbabwe auf, sagten Sie. Von Botswana aus.«

»Unsere Zimbabwe Liberation Army hat 6000 Leute. Und täglich werden's mehr. Was uns noch fehlt, sind Waffen. Maschinenpistolen, Geländefahrzeuge, Granatwerfer, Munition.«

Sascha nickte. »Und Raketen. Und Panzer. Und Instrukteure.«

»Eine zweite Front im Westen würde Arbeitskräfte binden, die den Weißen in der Wirtschaft fehlen«, sagte Wolodja.
»Natürlich werden wir die Waffen bezahlen«, sagte Tutuma.
Sascha hob entrüstet die Augenbrauen, als habe er ein obszönes Wort gehört. »Bezahlen? Von Freunden nehmen wir kein Geld.« Sie verstummten, weil der Kellner die gebratenen Hähnchen Tabaka brachte.
Als sie wieder unter sich waren, legte Wolodja väterlich seinen Arm auf Tutumas Schulter. »Man merkt, daß du immer nur mit weißen Kapitalisten zu tun hattest. Mit der rechten Hand geben sie euch zehn Dollar, und mit der linken ziehen sie euch fünfzig Dollar aus der Tasche. Den Kapitalisten geht es immer nur um Ausbeutung, um Profit. Das ist ihre Natur. Bei uns steht die Moral an erster Stelle.«
»Wir werden eure Freiheitskämpfer ausrüsten.« Der Unterstaatssekretär legte sein angeknabbertes Hühnerbein auf den Teller zurück. Die Geste hatte etwas Kategorisches. »Natürlich umsonst. Über die Einzelheiten können wir später reden.«
Tutuma leckte sich das Fett von den Fingern. »Wir – mein Volk und ich – wissen Ihr großzügiges Angebot zu schätzen.« Er sprach bedachtsam, um kein falsches Wort zu wählen, das seine Gastgeber kränken könnte. Er spürte, daß der Wodka auf nüchternen Magen seine Zunge gelähmt hatte, aber nicht seinen Verstand. Wie sollte er nur den überschwenglichen Russen beibringen, daß er sich nicht in ihre Abhängigkeit begeben wollte? »Trotzdem möchte ich die Waffen lieber bezahlen.«
Die Russen schwiegen verblüfft.
»Ein Geschenk von Freunden braucht den Stolz Ihres Volkes nicht zu verletzen«, sagte Korotkow nach einer nachdenklichen Pause. »Aber wenn Sie darauf bestehen, so könnte eine Bezahlung nach Kriegsende ins Auge gefaßt werden. Natürlich nicht in Geld, das werden Sie zum Aufbau Ihres Landes nötiger haben als die Sowjetunion. Wir denken da eher an Naturalien, an Ihre Bodenschätze zum Beispiel.«
»An Gold?«

Korotkow winkte uniteressiert ab. »Das auch. Und an Chrom.«
»Vielleicht könnten wir einen Liefervertrag abschließen«, schlug der Unterstaatssekretär vor, als sei es ihm gerade eingefallen. »Über Ihre gesamte Produktion. Sie liefern an uns, dann brauchen Sie sich nicht um andere Abnehmer zu bemühen. Natürlich bezahlen wir den Weltmarktpreis.«
»Ein bißchen mehr«, warf Korotkow ein. »Unser Freund erhält für jede an uns ausgelieferte Tonne einen Bonus von – na, sagen wir zehn Prozent.«
»Für mich?«
»Das schreiben wir natürlich nicht in den Vertrag hinein. Das wickeln wir über ein Schweizer Konto ab. Nur Sie und wir drei.«
So benebelt er auch war – Tutuma war die gespannte Aufmerksamkeit seiner Partner nicht entgangen, seit von Chrom die Rede war. Warum waren sie so versessen auf Chrom? Was war so wertvoll an dem Zeug, daß sie sogar gutes Gold verschmähten?
Der Unterstaatssekretär lächelte. »Als Regierungschef würde Ihnen natürlich eine Provision zustehen. Das ist so üblich.«
Tutuma wischte sich überrascht über den Mund. »Ich und Regierungschef? Da gibt es andere mit viel älteren Rechten und reicherer Erfahrung. Ich bin doch viel zu jung dafür.«
»Ihre Bescheidenheit ehrt Sie, mein Freund. Aber die Sowjetunion hat da auch ein Wort mitzureden. Und unsere Regierung hat sich nun einmal für Sie entschieden.«
»Das kommt für mich sehr überraschend.«
»Lassen Sie sich die Sache durch den Kopf gehen, Tutuma. Und auch unsere Anregung über die Lieferverträge.«
»Die Idee mit der Provision...« Tutuma rieb sich das Kinn. »Verstehen Sie mich bitte richtig, aber ich bin an Geld nicht interessiert. Und über Lieferverträge sollten wir vielleicht erst verhandeln, wenn Zimbabwe frei ist. Ich hoffe, Sie werden es nicht mißverstehen, wenn ich es zunächst einmal für besser halte, daß wir die Ausrüstung unserer Freiheitsarmee bezahlen. Und zwar vorher.«

»Bezahlen...« Die Russen lächelten mitleidig. »Haben Sie eine Ahnung, was das kosten würde?«
»Würden zehn bis zwölf Millionen Dollar fürs erste reichen?«
Der Unterstaatssekretär erstarrte, und Wolodja erstickte fast an seinem Hühnerknochen.
Es war Korotkow, der sich als erster gefaßt hatte. »Damit könnte man schon etwas anfangen.«
»In Naturalien.«
»Aha. Tee, Mais, Tabak, Rinder.«
»Nein. Diamanten.«
Korotkow schüttelte verdutzt den Kopf. »Das klingt mir alles zu phantastisch, mein Freund. Diamanten für... wieviel sagten Sie?«
»Zehn bis zwölf Millionen Dollar. 80 Prozent Industriediamanten und ein Fünftel Schmuckdiamanten. Zum Durchschnittspreis von 40 Dollar pro Karat. Ich kenne die Preise auf dem Weltmarkt.«
»Ich bin kein Experte«, gab der Unterstaatssekretär zu bedenken. »Aber soviel ich weiß, ist De Beers der Weltmarkt. Und De Beers ist Harry Oppenheimer. Und auf der ganzen Welt gibt es, glaube ich, keinen einzigen Rohdiamanten, der nicht durch Oppenheimers Hände geht. Bildlich gesprochen.«
Tutuma nickte. »Ich weiß. Auch die Sowjetunion verkauft ihre gesamte Förderung an Oppenheimer.«
Die Russen schienen zu vereisen. »Die Sowjetunion macht keine Geschäfte mit südafrikanischen Ausbeutern«, sagte Korotkow schließlich.
»Doch. Ich habe mich erkundigt.«
»Da hat man Ihnen einen Bären aufgebunden, Tutuma.« Korotkow schob seinen Teller beiseite. »Propaganda. Das dürfen Sie nicht ernst nehmen. Aber mich interessiert viel mehr, wie Sie sich eigentlich das Geschäft vorstellen.«
»Ich liefere Ihnen zwischen 300000 und 400000 Karat Rohdiamanten für 35 Dollar pro Karat. Das ist ein Freundschaftspreis.

Sie mischen die Diamanten unter Ihre eigene sibirische Ausbeute. Außer der Sowjetunion könnte niemand einen so hohen Posten an Oppenheimer abgeben, ohne daß es auffallen würde. Natürlich nicht alles auf einmal.«

»Hm. Klingt ziemlich verrückt, aber irgendwie ganz plausibel.«

»Und dafür bekommen wir Waffen von Ihnen im gleichen Wert.«

Wolodja schien einen Einfall zu haben, einen absurden, geradezu aberwitzigen Einfall. »Tutuma – ein Wort unter Freunden. Wie kommen Sie an einen derartigen Schatz? Dahinter steckt doch jemand. Und wenn ich zwei und zwei zusammenzähle, dann kann dieser Jemand eigentlich nur Harry Oppenheimer heißen.«

Der Gedanke belustigte Tutuma. »Sie meinen, Oppenheimer finanziert seine Feinde, die seine Minen in Zimbabwe und Südafrika enteignen wollen?«

»Das würde keinen Sinn ergeben«, räumte Wolodja ein.

Auch ein halbes Dutzend weiterer Trinksprüche konnte Tutumas Zunge an diesem Abend nicht lösen. Und so ließ er die Russen mit der peinigenden Ungewißheit über die Herkunft der Diamanten zurück, mit denen er seinen Befreiungskrieg finanzieren wollte. Und mit dem beunruhigenden Eindruck, daß dieser junge Afrikaner aus dem Busch doch mehr Selbstbewußtsein besaß, als sie erwartet hatten. Zu korrumpieren war er jedenfalls nicht. Ob und wieweit er zu manipulieren war, mußte sich noch zeigen.

»Wolodja wird mit Ihnen Kontakt halten«, sagte der General tags darauf beim Abschied auf dem Flughafen von Scheremetjewo. »Schicken Sie einen Mittelsmann zu unserer Botschaft in Gaborone, wenn Sie soweit sind. Und benennen Sie uns einen Verbindungsmann, über den wir Sie erreichen können. Es ist besser, wenn wir nicht direkt miteinander verkehren.«

»Wie lange wird es dauern, bis Sie liefern können?«
»Irgendwann im Februar.«
Während der KGB-General den Afrikaner auf beide Wangen küßte, blieb sein Blick auf einem Passagier hängen, der am anderen Ende der Halle saß und in einer englischen Zeitung blätterte.
»Kommen Sie, Tutuma.« Korotkow drängte seinen Gast durch die Tür in den Nebenraum, der ausschließlich ein- und ausreisenden KGB-Angehörigen vorbehalten war. »Wir haben noch Zeit für einen Tee.«
Durch den Lautsprecher hörten sie in russischer und englischer Sprache die Ansage: »Lufthansa gibt die verspätete Ankunft der Boeing 707 Flug Nummer 659 aus Tokio bekannt. Der Weiterflug nach Frankfurt, planmäßiger Abflug 17 Uhr 45, wird sich um etwa drei Stunden verzögern.«
Ein üppiges Mädchen in schwarzem Kleid mit weißer Spitzenschürze brachte unaufgefordert eine Kanne Tee und drei Tassen, während der General Wolodja sanft am Ärmel nahm und leise in russischer Sprache auf ihn einredete. »Wtschjom delo? Sind wir ein Kindergarten oder das KGB? Ich denke, der ist längst weg! Drei Stunden Verspätung! Wieso erfahre ich nichts davon?«
»Van Zyl wird von Grischa betreut, und Grischa weiß nichts von Tutumas Besuch.«
»Verdammte Heimlichtuerei! Hat Tutuma was gemerkt?«
»Nein. Woher soll er auch den zweiten Mann von BOSS kennen?«
»Und van Zyl?«
»Ich habe ihn genau beobachtet. Er hat von seiner Zeitung nicht aufgesehen.«
»Und wenn doch...« Der General biß sich auf die Unterlippe.
»Lassen Sie den kleinen Zwischenfall aus Ihrem Bericht heraus, verstanden?«
»Charascho.«
Sie gingen zurück zu dem Sessel, in dem Tutuma saß. »Entschuldigen Sie, Tutuma.« Der General sprach wieder englisch.

»Wir haben uns gerade überlegt, daß Ihre Leute von der ZLA keine Erfahrung mit unseren Waffen haben. Wir werden Ihnen Instrukteure mitschicken. Unsere kubanischen Freunde sind bestens ausgebildet.«
»Danke.«
»Bis bald, Tutuma.« Wolodja umarmte ihn noch einmal. »Deine Maschine nach Berlin-Schönefeld wird gleich aufgerufen. Hoffentlich klappt es mit den Anschlüssen nach Damaskus und Lusaka.«
»Es ist kalt bei euch in Moskau.«

General Erik van Zyl, der mit einem von der BOSS-Werkstatt gefälschten australischen Paß unter dem Namen James Brown nach Moskau gereist war, nahm zerstreut von der Boden-Stewardeß die Bordkarte entgegen. Er hatte einen dreistündigen Flug nach Frankfurt vor sich mit Anschluß nach Johannesburg. Die vertrauliche Berichterstattung im Büro seines Chefs, des Generals Hendrik van den Bergh, war für morgen nachmittag 16 Uhr in Pretoria anberaumt.
Nach der Landung würde ihm gerade genug Zeit bleiben, zu duschen, zu essen und die Terroristenkartei oberflächlich durchzublättern.
Es würde nicht einfach sein, den Mann auf einem Karteifoto wiederzuerkennen, denn für van Zyl sahen alle Kaffern gleich aus. Immerhin, ein paar Merkmale hatte er in seinem Gedächtnis gespeichert. Den dichten krausen Haarkranz über der auffällig hohen gewölbten Stirn. Den Ho-Tschi-Minh-Schnurrbart mit den herabhängenden Enden. Den teerschwarzen Teint in dem intelligenten Gesicht. Die saloppen lindgrünen Jeans, den orangefarbenen Niki und den gefütterten Trenchcoat.
Der Mann war eher klein und sein tänzelnder Gang unverwechselbar. An seinem kleinen Finger hatte er einen modischen Ring aus Elfenbein getragen.
Niemand war in Protokollfragen so penibel wie die Sowjets.

Wenn der Chef der KGB-Hauptabteilung für afrikanische Angelegenheiten sich persönlich zum Flughafen bemühte, um einen Gast mit Küssen und Umarmungen zu verabschieden, mußte mehr dahinterstecken als nur eine höfliche Geste.

Dieter Hahn

Der Staub hüllte ihn ein wie Nebel, drang ihm in Lunge, Augen und Nase. Bis vor kurzem hatte ihm der Staub den Blick nach hinten im Rückspiegel genommen, aber inzwischen war Wind aufgekommen, der die Milliarden Partikel, von den Rädern aufgewirbelt, vor ihm hertrieb.
Die Straße gab Dieter keine Chance zu beschleunigen, um dem Staub davonzufahren. Genaugenommen war es eine kaum benutzte Fahrspur, die irgendein Landrover einmal, dem Pfad der Rinderherden folgend, vor Jahrzehnten durch die Savanne von Serowe nach Lethlakane in den Sand gemahlen hatte.
Wie fast alle Straßen und Wege in Botswana, war diese Verbindung während der Regenzeit selbst für Fahrzeuge mit Geländegang und Vierradantrieb unpassierbar, aber der letzte Regen war vor acht Monaten gefallen, und als Dieter Hahn in Serowe gestartet war, hatte noch nichts auf das Ende der Trockenheit hingedeutet.
Natürlich hätte Dieter auch die Allwetterstraße benutzen können, die von der Hauptstadt Gaborone in weitem Bogen über Francistown und Nata nach Maun führte. Aber dies wäre ihm wider die Natur gegangen. Er mochte nicht auf ausgefahrenen Pfaden ans Ziel kommen.
Außerdem hoffte er, auf der Abkürzungsroute am Ostrand der Kalahari Großwild zu begegnen. Doch alles, was er bisher entdeckt hatte, waren ein paar Paviane und Antilopen gewesen.
Der Anderthalbtonner, den er nach Maun fahren sollte, war bei der Abfahrt in Gaborone fabrikneu gewesen. Helmuth Dieck-

mann hatte ihn vor einem Jahr angefordert und nach einem Dutzend Anträgen schließlich vom Deutschen Entwicklungsdienst bewilligt bekommen. Er brauchte ihn dringend, um die Lehrfarm seiner Jugendbrigade weit außerhalb von Maun inspizieren und das dort gezogene Frischgemüse zum Markt transportieren zu können.

Es traf sich gut, daß Dieter Hahn gerade mit vier weiteren neuen Entwicklungshelfern aus Deutschland angekommen war. So bot er sich an, den Anderthalbtonner die tausend Kilometer zum Okavango-Delta nach Maun hinaufzuchauffieren. Der Dienst an seinem Projekt begann ohnehin erst im März, und Dieter wollte die acht Wochen bis dahin nutzen, um mit dem Land, in dem er zwei Jahre freiwilligen Entwicklungsdienst leisten wollte, etwas vertrauter zu werden.

Bis Lethlakane konnte es nicht mehr weit sein, aber das Kühlwasser kochte, und Dieter mochte den neuen Wagen nicht überstrapazieren. Er hielt an, stieg aus, sammelte ein paar Stücke totes, sonnengebleichtes Holz, schichtete es auf und steckte es an. Das dürre Holz brannte sofort wie Zunder.

Dieter kletterte auf die Ladefläche und füllte aus einem der beiden Plastikkanister einen Topf mit Wasser. Nachdem er das Teewasser aufgesetzt hatte, wusch er sich den Staub aus dem Gesicht. Er schlitzte eine Dose mit Pilchards auf, südafrikanischen Sardinen in Tomatensoße, und schnitt eine Scheibe Brot ab. Bis vor einem Vierteljahr hatte er zu Hause bei seinen Eltern gewohnt; er war nicht gewohnt, für sich selbst zu sorgen, und genoß das Gefühl, sich jetzt auch in dieser Hinsicht von seinem Elternhaus abzunabeln. Der patriarchalische Vater, die betuliche Mutter, die Enge Deutschlands mit all den Problemen, die nichts wogen im Vergleich zu der Aufgabe, die er hier übernommen hatte – das alles lag in weiter Ferne. Nach langer Zeit war Dieter wieder ganz mit sich im reinen.

Nach dem Lunch hängte er sich die Rollei um und ging durch das Elefantengras ein Stück in die Kalahari hinein. Seine Augen würden sicher noch lange brauchen, bis sie sich an die Farben der Steppe gewöhnt hatten. Vorerst ermüdete ihn noch das ausgeblichene Grau der toten Äste, das fahle Gelb des Elefantengrases, das staubige Ocker der dürren Erde. Er setzte sich ins Gras und ließ die Stille auf sich wirken, eine Stille, wie er sie so vollkommen noch nie zuvor erlebt hatte. Am Horizont weidete eine Zebraherde, und ein Strauß drehte mit wippendem Steiß einen weiten Kreis um ihn.

Dieter schob die Brille auf die Stirn, blickte durch den Sucher und stellte Entfernung und Blende ein. Für ein brauchbares Foto war die Entfernung zu den grasenden Zebras noch zu groß. Aber er stand gegen den Wind. Wenn er Glück hatte, würde die Herde sich weiter auf ihn zubewegen, ohne vorzeitig seine Witterung aufzunehmen. Ihm fiel ein, daß er das Teleobjektiv im Ford gelassen hatte. Schade, es fehlte ihm jetzt.

Dieter kauerte sich nieder und blieb still sitzen, um die Herde nicht zu beunruhigen. Tatsächlich schien der Leithengst sie geradewegs auf ihn zuzuführen. Auch der Strauß war inzwischen näher gekommen – er verengte seine Kreise um Dieter wie ein Satellit kurz vor der Landung auf der Erde.

Dieter hob die Kamera und machte ein paar Schnappschüsse von dem Vogel, dessen langer Hals wie ein Schnorchel aus dem Gefieder ragte.

Er war jetzt nur noch zwanzig Meter entfernt, sein Kopf war absonderlich winzig, er wippte im Takt seiner langen Schritte. Unbeirrt sah er geradeaus in Laufrichtung und schien Dieter noch nicht bemerkt zu haben.

Dieter konzentrierte sich auf die Zebraherde. Ein Fohlen hatte sich ein Stück abgesetzt, aber für ein Foto war es noch nicht nah genug. Jetzt hob der Leithengst den Kopf, als witterte er Gefahr.

Dieter duckte sich tief hinter den kahlen Baum, an dem er stand. Wieder kam ihm der Strauß in die Quere, und Dieter nutzte die Gelegenheit für ein weiteres Foto. Der Strauß war jetzt auf ungefähr 12 Meter herangekommen, und es sah aus, als kreiste er immer noch hartnäckig um ein unsichtbares Ziel in Dieters Nähe.

Bei der nächsten Runde kam er schon auf fünf Meter heran, und Dieter machte sich mit einem halblauten »Ksch, ksch« bemerkbar. Wenn der aufdringliche Vogel so weitermachte, verscheuchte er ihm noch die Zebraherde.

Doch der Strauß schien keine Notiz von ihm zu nehmen. Sein Kopf blickte weiter geradeaus, der Steiß wippte, die Spirale wurde wieder eine Windung enger, und allmählich wurde Dieter bewußt, daß er selbst es war, der am Ende der Spirale stand.

Als der Strauß sich ihm von hinten näherte, trat Dieter ein paar Schritte zurück und stellte sich hinter den Stamm.

Der Strauß blieb stehen, den Kopf seitlich zur Steppe gewandt, als schämte er sich seiner Neugierde.

»Na – und nun?« sagte Dieter. Der Anblick des scheinbar verlegenen Vogels belustigte ihn so sehr, daß er sogar zu fotografieren vergaß.

Übermütig deutete er eine Verbeugung an: »Gestatten – Dieter Hahn.«

Der Strauß stand reglos und starrte hinaus in die Steppe – ein grotesk unproportioniertes Geschöpf mit seinen nackten Beinen, die das runde, glänzend schwarze Gefiederknäuel trugen. Am häßlichsten, geradezu obszön häßlich, fand Dieter den Hals – ein fleischfarbener Schlauch, auf dem der viel zu kleine Kopf saß mit einer Art Gänseschnabel und weit auseinanderstehenden braunen Augen unter Wimpern, so unnatürlich lang, daß sie wie aufgeklebt wirkten.

Der Strauß überragte Dieter um einen guten halben Meter und schien keine Anstalten zu machen, das Feld zu räumen.

Dieter hob die Kamera zu einer Nahaufnahme. »So – und nun noch einmal *en face*. Bitte lächeln.«

Der Strauß reagierte nicht auf die menschliche Stimme. Er stand frontal zu Dieter, wandte aber den Kopf ab und blickte beharrlich im rechten Winkel an ihm vorbei.

Als Dieter sein T-Shirt auszog und es schwenkte, um den Vogel fortzuscheuchen, flappte der drei- oder viermal mit seinen Stummelflügeln und riß den Schnabel auf zu einem ärgerlichen Zischlaut. Die Szene holte einen längst vergessenen Vorfall aus Dieters Kindheit in seine Erinnerung zurück: Das Zischen eines Ganters, der ihn auf einem Bauernhof schmerzhaft in die Waden gezwickt hatte. Nur, dieser Ganter hier war etwa zehnmal so groß.

Die Äste des unbelaubten Baums, unter dem Dieter Deckung gesucht hatte, hingen fast bis zur Erde hinab, und Dieter zog sich noch einen Meter tiefer unter den Schirm zurück, während er darüber nachdachte, wie er den hartnäckigen Besucher am besten loswerden konnte. Hier fühlte er sich geborgen. In das tiefhängende Geäst konnte der Strauß mit seiner unförmigen Taille kaum eindringen.

Dieter wedelte noch einmal mit seinem T-Shirt, diesmal energischer, trat einen Schritt vor und machte wieder: »Ksch, ksch!«

Dies schien den Strauß zu verblüffen. Aber er wich keinen Schritt zurück. Er hüpfte ein paarmal in die Höhe, plusterte sein Gefieder auf, flatterte wild mit den Flügeln, pendelte mit dem nackten Hals vor und zurück und stieß ein heiseres Brüllen aus, nicht unähnlich dem eines Löwen.

Dann steckte er den Kopf durch die Zweige und versuchte, nach Dieter zu picken, ohne ihn jedoch zu erreichen. Als er entdeckte, daß er ins Leere hackte, weil er seinen plumpen Körper nicht durch das Geäst zu zwängen vermochte, schien seine Wut in Hysterie umzuschlagen. Er zog seinen Kopf zurück und trampelte eine Weile auf der Stelle wie ein ungebärdiges Kind.

Ebenso plötzlich wie der Wutanfall gekommen war, flaute er wieder ab. Der Strauß bezog seine alte Position, wandte den Kopf zur Seite und verharrte in regloser Ignoranz.

Auch Dieter verhielt sich weiter ruhig, um den Strauß nicht zu reizen. Er fühlte sich nicht gerade behaglich in seiner Position, aber er war überzeugt, den Strauß bald ausmanövrieren zu können.

Was mochte in dem winzigen Kopf dieses Urweltvogels vorgehen? Im Augenblick bot er nur ein Standbild ratloser Einfalt. Würde er aufgeben, oder überlegte er sich eine neue Angriffstaktik?
Die Zebras waren längst verschwunden, der Strauß hatte sie mit seinem Spektakel verscheucht, und Dieter nahm ihm das übel. Der Waffenstillstand dauerte ungefähr eine Viertelstunde. Dieter nutzte die Zeit, um beruhigend auf den Vogel einzureden, sinnlose Wörter und Sätze im monotonen Singsang einer Litanei aneinanderreihend.
Dann endlich wandte sich der Strauß um und trabte gemächlich davon. Nach zwanzig Metern machte er plötzlich kehrt und rannte, Anlauf nehmend, frontal auf Dieters Baum zu. Aber bevor er in das Geäst einbrechen konnte, bremste er ab, blieb ein paar Sekunden lang ratlos stehen, trabte zurück und nahm einen neuen Anlauf.
Er wiederholte dieses Manöver mehrere Male. Als er eingesehen zu haben schien, daß die Festung des Feindes mit dieser Methode nicht einzunehmen war, ging er zu einer neuen Taktik über: Er begann, den Baum zu umkreisen, in immer schnellerem Trab, erst rechts herum, dann links herum, offenbar auf der Suche nach einem Durchschlupf.
Im inneren Zirkel um den Baumstamm vollzog Dieter die Runden des Vogels nach. Wenn er darauf achtete, daß der Stamm immer schützend zwischen ihm und dem Strauß blieb, würde ihm kaum etwas passieren. Er war entschlossen, sich durch kein Manöver aus dieser relativ sicheren Deckung locken zu lassen.
Dieter blickte über seine Schulter. Wenn es ihm gelänge, den Ford vor dem Strauß zu erreichen, konnte er den Spuk mit einem Schlag beenden, sich in das Führerhaus einriegeln und einfach davonfahren.
Er war ein leidlich guter Mittelstreckler – vor acht Jahren hatte er über 800 Meter den Endlauf der hessischen Jugendmeisterschaften erreicht. Aber mit einem Strauß würde es nicht einmal der Olympiasieger aufnehmen können.

Dieter schätzte die Entfernung zu dem Anderthalbtonner auf wenigstens 500 Meter. Keine Chance, dem Strauß davonzulaufen.
So begnügte er sich weiterhin damit, sich still zu verhalten und in Ruhe abzuwarten. Schließlich würde ihn der Strauß nicht den ganzen Tag belagern wollen. Irgendwann würde er Hunger bekommen, die Geduld verlieren und sich trollen. Es kam nur darauf an, ihn nicht unnötig zu provozieren.
Nach einer Weile verlangsamte der karussell-laufende Strauß seinen Trab, flappte ein paarmal unlustig mit den Flügeln und verlegte sich wieder aufs Belagern.
Dieter sah sich nach Hilfe um, aber er wußte, daß es fast hoffnungslos war. In Serowe hatte Axel ihm eingeschärft, sich ausreichend mit Wasser und Reservebenzin zu versorgen, weil höchstens dreimal wöchentlich ein Wagen auf dieser entlegenen Fahrspur verkehrte.
Nach und nach schien der Strauß jegliches Interesse an ihm verloren zu haben. Er hatte sich auf 20 Meter entfernt und zupfte mit seinem Schnabel friedlich an den Grashalmen.
Wenn es ihm gelänge, auf den Baum zu klettern? Droben in der Krone konnte ihm der Strauß nichts anhaben. Er mußte sich mit einem Klimmzug auf den untersten Ast schwingen und von dort aus weiterklettern bis in die Krone.
Um die Aufmerksamkeit des Vogels zu testen, reckte Dieter vorsichtig einen Arm in die Höhe.
Als habe er nur darauf gewartet, preschte der Strauß sofort wieder auf den Baum zu. Diesmal wagte er sich sogar in das Geäst hinein, versuchte, es zu durchbrechen, und als er im Dickicht steckenblieb, hüpfte er außer sich vor Wut auf und ab. Ein paar Federn blieben zwischen den Zweigen hängen.
Der aufgebrachte Strauß zischte, flatterte und trampelte auf der Stelle, die Karikatur einer unsäglich häßlichen Ballerina in einem schwarzen Ballettröckchen über monströs langen Beinen. Der Anblick dieser exzentrischen Choreographie ließ Dieter für Au-

genblicke die unbehagliche Situation vergessen. Er mußte gegen einen erstickenden Lachreiz ankämpfen.
Diesmal dauerte es länger, bis der Strauß sich beruhigte.
Der Status quo war wiederhergestellt. Doch Dieter begann daran zu zweifeln, daß die Zeit wirklich für ihn arbeite. Auf die Dauer war seine Festung wohl nicht zu halten. Er durfte dem Strauß nicht länger die Initiative überlassen, mußte irgend etwas unternehmen.
An Kraft und Schnelligkeit war ihm dieses archaische Geschöpf überlegen, an Ausdauer auch, so schien es jedenfalls. Nicht weniger als den Schnabel fürchtete Dieter die beiden riesigen Zehen an jedem Fuß, verhornte Klauen, mit denen der Strauß einem Menschen mühelos die Bauchdecke aufreißen konnte.
Dieter hatte nichts als seine Intelligenz dagegenzusetzen. Ansonsten war er waffenlos.
Bisher war ihm noch keine eigene Taktik eingefallen, er hatte auf die Angriffe des Vogels nur defensiv reagiert.
Was, wenn er nun doch die Flucht wagte, nicht auf einmal, sondern etappenweise, von Deckung zu Deckung springend bis zum rettenden Lastwagen? Als erstes Etappenziel visierte Dieter einen Busch an. Der war zwar niedriger als der Baum, seine dichten Zweige schienen aber hinreichend Schutz zu bieten, wenigstens vorübergehend. Und er wäre dem Ford um 50 Meter näher als jetzt.
Doch der Strauß stand so ungünstig, daß er Dieter mühelos den Fluchtweg abschneiden würde. Dieter mußte versuchen, ihn zu übertölpeln und auf die andere Seite des Baumes zu locken. Aber wie?
Das T-Shirt. Das könnte funktionieren.
Dieter zog es aus, knüllte es zusammen und warf es dorthin, wo er den Strauß haben wollte. Dankbar für ein Objekt, an dem er seine Wut auslassen konnte, rannte der Vogel hinüber zu dem T-Shirt, erreichte es mit wenigen raumgreifenden Schritten. Er trat danach und zauste es mit seinem Schnabel.

Dieter nutzte den Augenblick. Bevor der Strauß seine Taktik durchschaut hatte, war er 20 Meter enteilt. Hinter sich hörte er die Schritte des Vogels, aber er war sicher, daß sein Vorsprung ausreichen würde.
Vor dem Busch warf Dieter sich zu Boden und rollte unter die sperrigen Zweige bis ins Zentrum des Busches. Der Strauß hatte auf den letzten Metern abgebremst. Er starrte Dieter mit einem unsagbar törichten Ausdruck an.
Die Zweige waren undurchdringlich wie ein Stacheldrahtverhau. Dieters Arme und sein bloßer Oberkörper waren aufgerissen, Blut perlte und mischte sich mit dem Schweiß zu einer ätzenden Lauge, die in den frischen Striemen auf seiner Haut höllisch brannte.
Dieter versuchte, das Blut mit den Händen abzuwischen. Er fluchte leise vor sich hin. Ausgerechnet ein Dornbusch, daran hätte er denken müssen. Alle Büsche trugen hier Dornen, das hatte man ihm in Berlin beigebracht, auf dem Vorbereitungskursus des Deutschen Entwicklungsdienstes.
In Berlin hatten die Tutoren vor Skorpionen, Puffottern, Bilharzia gewarnt und vor dem tödlichen Biß der schwarzen Mamba – nur von gemeingefährlichen Straußen hatten sie ihm nichts erzählt.
Ungeachtet der Dornen brach Dieter ein paar Zweige ab und bündelte sie zu einer Rute. Er würde damit nicht viel ausrichten können, aber sie gab ihm das Gefühl, dem Strauß nicht ganz waffenlos gegenüberzustehen.
Der Strauß schien sich in seiner neuen Belagerungssituation einrichten zu wollen. So wie vorher neben dem Baum stand er jetzt regungslos neben dem Dornbusch, den Blick seitlich in die Ferne gerichtet, als ginge ihn die ganze Sache nichts an.
Warum wich der Strauß so beharrlich seinem Blick aus? Dieter fiel ein, daß er irgendwo einmal gelesen hatte, viele Tiere empfänden den Blick eines Gegners als Bedrohung, der sie nicht lange standhalten können. Man sollte es mal ausprobieren. Den

Strauß so lange fixieren, bis der es nicht mehr ertragen und sich geschlagen geben würde.
Er kam sich ein bißchen lächerlich vor, während er den Strauß jetzt mit Blicken zu hypnotisieren suchte, aber er tröstete sich mit dem Gedanken, daß es immer noch besser war, eine lächerliche Situation mit lächerlichen Mitteln zu bekämpfen als gar nichts zu unternehmen.
Der Strauß reagierte nicht auf seine Blicke, auch nicht, als Dieter vorübergehend die Brille abnahm und den Strauß mal streng, mal bohrend, mal drohend fixierte. Nach einer halben Stunde, die Dieter fast wie ein Tag vorkam, setzte sich der Strauß endlich langsam in Bewegung. Er fing an, den Dornbusch zu umkreisen. Offenbar wollte er die Festung auf durchlässige Stellen inspizieren.
Schräg rechts in Dieters Rücken, wo die Zweige etwas schütterer standen, blieb er stehen und langte vorsichtig prüfend mit einem Fuß hinein. Dieter duckte ab und schlug mit seiner Rute nach dem Fuß. Gleich darauf wußte er, daß er einen Fehler begangen hatte.
Denn der Strauß reagierte mit furiosem Geflatter und heiserem Gebrüll. Nachdem er in den sperrigen Zweigen ein paar Federn gelassen hatte, wich er zurück und bezog wieder seine Wartestellung vor dem Busch.
Dieters Kehle war trocken, zum erstenmal verspürte er Durst. Trotz der Sonne machte es ihm nicht viel aus, noch eine Weile ohne Wasser in dem Dornbusch auszuhalten, aber wenn der Strauß nicht aufgab oder keine Hilfe kam, mußte er wohl allmählich verdursten, in Sichtweite des Anderthalbtonners mit zwei vollen Wassertanks zu je 150 Litern auf der Ladefläche.
Bis zum nächsten Busch in Richtung Ford würde er knapp 100 Meter zurückzulegen haben. Um dort vor dem Vogel anzukommen, brauchte er einen Vorsprung von wenigstens einem Drittel der Strecke.
Der Strauß kreiste wieder um den Busch, in einem weiteren Ra-

dius als bisher. Sobald er die dem Ford abgewandte Seite erreicht hatte, würde er erst abbremsen, sich drehen und wieder Fahrt gewinnen müssen.
Dies und die Schrecksekunde könnten reichen.
Dieter kroch unter den Zweigen hervor und sprintete los. Der Moment war gut abgepaßt, denn der Strauß mußte erst das Stück von seinem Standort bis zu dem Busch aufholen und um den Busch herumlaufen. Da hatte sich Dieter dem nächsten Busch schon auf 60 Meter genähert.
Ein Endspurt, hinter sich das fast bedrohlich näher kommende Trappeln des Straußes, ein Hechtsprung durch eine schmale Lücke in den Dornenverhau – fürs erste hatte er es geschafft.
Dieter igelte sich ein und beobachtete den Feind, der jetzt in wahnsinnigem Tempo seine Runden um die neue Deckung drehte, mit hüpfendem Steiß und vorgerecktem Hals, eine Figur aus einem Kinderkarussell, dessen Sicherungen durchgebrannt waren.
Der neue Dornbusch war insgesamt kleiner und auch lichter als der vorige. Es gab zwei nicht ganz dichte Stellen, und es war nur eine Frage der Zeit, bis auch der Strauß die Lücken entdecken würde, durch die er vielleicht ins Innere der Deckung einbrechen konnte.
Als habe der Vogel Dieters Gedanken erraten, machte er plötzlich kehrt und stürmte auf die erste Lücke zu. Bremste staubend auf den letzten Metern ab und trat mit dem linken Fuß nach ihm. Er verfehlte ihn um höchstens zehn Zentimeter, Dieter hatte sich geistesgegenwärtig auf die andere Buschseite gerollt. Verdammt, das war knapp!
Der Strauß versuchte, sich durch die Bresche zu zwängen. Er blieb hängen und gab auf.
Dann lief er um den Dornbusch herum und probierte es durch die Bresche auf der anderen Seite.
Wieder warf Dieter sich auf die dem Strauß abgewandte Seite. Mit jeder Körperdrehung rissen ihm die Dornen frische Striemen in Brust, in Rücken und Arme, aber Dieter nahm sie nicht

wahr, weil der Strauß jetzt dazu überging, ihn abwechselnd mal durch die eine, mal durch die andere Lücke zu attackieren.
Mit jedem Angriff vergrößerte er die Bresche ein wenig, kamen die Beine ein Stück näher, Sehnenstränge unter schuppiger Hornhaut, die sich am unteren Ende verdickten und in die beiden mächtigen Zehen mit schwarzen hufähnlichen Klauen mündeten.
Als der Strauß Dieter zum erstenmal traf, eigentlich nur streifte, dabei die Jeans aufschlitzte und eine klaffende Wunde in seinen Oberschenkel riß, spürte Dieter so etwas wie wirkliche Todesangst.
Das Patt war aufgehoben, das Endspiel eröffnet. Der Strauß war ihm jetzt näher als bisher. Aus unmittelbarer Nähe erinnerte er ihn an den unheimlichen Vogel Greif aus den Märchen seiner Kindheit. Ganz nahe hörte er jetzt dieses seltsame Löwengebrüll, dazwischen das Zischen und schrille Quaken eines Ganters. Nichts paßte zusammen bei diesem Vogel, weder die Bestandteile seiner Anatomie noch die Geräusche, die er ausstieß.
Der Strauß nahm einen neuen Anlauf, drang tiefer in die Bresche ein und stieß mit dem linken Fuß nach Dieter. Um an seinen Körper heranzukommen, mußte er das Bein ganz ausstrecken, das nahm seinen Tritten einiges von ihrer Wucht.
Dieter duckte sich, wälzte sich liegend hin und her, um die Kraft der Treffer abzuschwächen. Die Falle war zu. Von drei Seiten schloß ihn jetzt undurchdringliches Dornenverhau ein, das ihm keinen Zentimeter Spielraum mehr ließ, und von vorn attakkierte ihn der Strauß, den er nur noch durch einen rosa Schleier erkannte. Ein Film aus Blut und Schweiß hatte sich über seine Brillengläser gelegt.
Er nahm die Brille ab. Jetzt konnte er etwas besser sehen.
Alles durfte passieren, nur kein Volltreffer; ein Hieb in Brust oder Bauch würde ihn verteidigungsunfähig machen. Dann wäre er dem furiosen Strauß vollends ausgeliefert. Er konnte nur noch wegducken und ausweichen wie ein Boxer, der gegen einen weit überlegenen Rivalen über die Runden kommen will.

Nach einer Viertelstunde schien der Strauß müde. Er zog seinen Fuß heraus und trabte wieder rund um den Busch. Offenbar hatte er es nicht mehr so eilig, den Gegner zu töten, jetzt, da die Zeit ganz offensichtlich für ihn arbeitete.

Dieters Plan, etappenweise von Busch zu Busch bis zu dem Anderthalbtonner zu flüchten, war nicht aufgegangen. Das war ihm jetzt klar. Aber mindestens ebenso klar war ihm, daß er in dieser Mausefalle keine Stunde mehr überleben würde.

Jetzt nutzten keine Pläne mehr, jetzt half nur eins : Er mußte blindlings um sein Leben rennen.

Der Start gelang. Wieder fiel der Strauß auf den Überraschungseffekt herein, er verlor ein oder zwei Schrecksekunden, bevor er sich an die Verfolgung machen konnte.

Einen Augenblick lang glaubte Dieter, er könnte es schaffen, obwohl er fühlte, wie seine Beine schwerer wurden und die Lunge zu bersten drohte. Bis zum Ford waren es nur noch 100, 120 Meter.

Da stolperte er. Instinktiv rollte er sich zusammen, schützte mit seinen Armen den Kopf, mit seinen angezogenen Knien den Leib. Er wartete auf nichts mehr, auf kein Wunder, auf keine Hilfe, nur noch auf den Gnadentritt.

Der Strauß landete seinen ersten Volltreffer, unterhalb der letzten Rippen, und Dieter blieb ein paar Sekunden der Atem weg.

Den Gedanken an seinen nahen Tod ertrug er schicksalsergeben, in dieser Sekunde wünschte er ihn fast herbei, nur die Schmerzen fürchtete er. Die Zeitungen zu Hause würden die Nachricht auf der letzten Seite unten rechts bringen, dort wo die Kuriositäten standen: 25jähriger Entwicklungshelfer aus Deutschland in der Kalahari von einem hysterischen Strauß zu Tode getrampelt.

Das soll alles gewesen sein?

Irgend etwas regte sich in ihm, ein letztes Aufbäumen des Lebenswillens. Dieter taumelte noch einmal auf die Beine, und es gelang ihm, den Straußenhals mit beiden Händen zu umklammern und auf den Boden zu drücken.

Jetzt verlor auch der Strauß das Gleichgewicht; er kippte auf die Seite und keilte noch im Liegen wild aus, fast streiften seine Klauen Dieters Unterleib. Er riß den Schnabel weit auf, und was sich vorher wie Löwengebrüll angehört hatte, klang jetzt eher wie ein ersticktes Krächzen.

Obwohl der Strauß keine Luft bekam, versuchte er sich aufzubäumen. Dieter spürte die harten knorpeligen Halswirbel unter den Fingern, er versuchte, sie mit aller Kraft zu drehen, seitlich versetzt, zu wringen wie ein nasses Handtuch.

Der Strauß keilte verzweifelt aus, aber seine Hiebe gingen ins Leere.

Dann spürte Dieter ein dumpfes Knacken unter seinen Händen. Irgend etwas war zerbrochen.

Die Tritte wurden schwächer und schwächer, schwangen aus wie das Pendel einer abgelaufenen Standuhr.

Jetzt, da der Strauß ihm nichts mehr anhaben konnte, verließen auch Dieter die Kräfte. Nur seine Finger umklammerten noch immer den schlaffen Hals. Er spürte, daß er gesiegt hatte, aber sein Denken mißtraute der Wahrnehmung.

Erst als der Strauß sich nicht mehr rührte, ließ Dieter los. Er hatte nicht mehr die Kraft, sich davonzuschleppen, und blieb erschöpft liegen.

Sein Vater fiel ihm ein, milde Herablassung im Blick. Er hatte seinen Sohn unausgesprochen stets spüren lassen, daß er ihn für einen Schwächling hielt. Schade, daß Vater das eben nicht gesehen hat. Heute hätte er bestimmt seinen Ansprüchen genügt.

Eine halbe Stunde später kroch er auf allen vieren zu dem Anderthalbtonner, kletterte auf die Ladefläche und schüttete sich ein paar Becher Wasser aus dem Tank über Kopf und Oberkörper. Er verschüttete das meiste Wasser. Kalter Schweiß brach ihm aus allen Poren, ihm wurde schwindelig, und als er wieder die Augen aufschlug, sah er über sich das Gesicht eines Schwarzen.

Der Afrikaner hockte neben ihm und schaute ihn gleichmütig an.

»Ich habe ihn getötet.«
Und als der Afrikaner nicht reagierte, sagte Dieter: »Ich habe ihm den Hals gebrochen.«
Der Afrikaner verzog noch immer keine Miene. Er schien nicht Englisch zu sprechen.
»Meine Brille. Ich muß meine Brille holen.«
Dieter wälzte sich von der Ladefläche. Immerhin fühlte er sich jetzt wieder kräftig genug, um auf eigenen Füßen zu stehen. Schwankend ging er voran. Der Afrikaner folgte ihm.
Neben dem toten Strauß blickte er ihn zweifelnd an.
»Er hat mich angegriffen.« Dieter zeigte auf seinen zerschundenen Oberkörper. »Hier, hier – überall.«
Im Dornbusch fand Dieter seine Brille wieder. Die Fassung war verbogen, die Gläser waren verschmiert, aber noch heil.
»Da drüben muß mein Fotoapparat liegen.«
Sie gingen hinüber zu dem Baum, an dem der Kampf begonnen hatte.
Der Schwarze fand die Kamera, betrachtete sie interessiert und reichte sie Dieter.
»Er hat Sie ganz schön zugerichtet«, sagte er in akzentfreiem Englisch. »Sie müssen zum Arzt.«
»Wie weit ist es noch bis Lethlakane?«
»In Lethlakane gibt es keinen Arzt, aber ein Telefon. Der Arzt kommt aus Orapa. Das sind nur 40 Kilometer.«
»Dann fahre ich lieber durch bis Orapa.«
Der Afrikaner lächelte. »Sie lassen keinen nach Orapa rein. Nur, wer dort arbeitet.«
»Arbeiten Sie in Orapa?«
Der Afrikaner schüttelte den Kopf. »Gewissermaßen.« Der Gedanke schien ihn zu belustigen. »Ohne Passierschein kommen Sie nicht nach Orapa.«
Sie waren inzwischen wieder bei dem toten Strauß angelangt.
»Es ist ein Hahn«, sagte der Afrikaner. »Er hat schwarze Federn. Vielleicht sind Sie seinem Gelege zu nahe gekommen. War er allein?«

»Ja.«
»Oder er war ein Einzelgänger. Wenn ein Hahn keine Henne findet, ist er sehr reizbar. Dann greift er jeden an, der in sein Revier eindringt.«
Am Ford angekommen, fragte der Afrikaner: »Wie sind Sie hierhergekommen?«
»Aus Deutschland. Ich bin Entwicklungshelfer und soll den Wagen nach Maun bringen.«
»Nach Maun? Dann hätten Sie besser über Francistown fahren sollen.«
»Ich dachte, auf dieser Route erlebe ich mehr.«
»Sie haben recht gehabt.«
»Soll ich Sie ein Stück mitnehmen?«
»Ja. Aber es ist besser, wenn ich fahre.«
Eine Stunde später kamen die ersten Hütten von Lethlakane in Sicht. Der Afrikaner hielt an. »Sie werden dort Weiße finden, die Sie fragen können. Ingenieure. Die errichten dort eine neue Diamantenmine.«
»Kommen Sie nicht mit?«
Der Afrikaner nahm seinen Proviantbeutel, stieg wortlos aus und verschwand hinter den Büschen.
Er schien nicht von hier zu sein. Die Batswana hatten gewöhnlich kurzes Haar, das sich auf ihren Köpfen kräuselte und von den Weißen deshalb Pfefferkornfrisur genannt wurde. Das Haar seines Begleiters war dicht und voll.
Komischer Bursche, dachte Dieter. Läßt niemanden an sich herankommen. Vielleicht mag er mich nicht, weil ich ein Weißer bin. Trotzdem hätte ich ihn wenigstens nach seinem Namen fragen sollen.
Aber selbst, wenn Tutuma ihm seinen Namen genannt hätte, hätte Dieter nicht viel damit anfangen können.

Orapa

Obwohl er im Augenblick andere Sorgen hatte, wurmte es Jan Feuchtenbeiner doch, daß er mit 2 : 5 Spielen im Rückstand lag. Den ersten Satz hatte er schon mit 4 : 6 verloren. Bill Scranton war ein raffinierter Taktiker, der es verstand, mit seiner sicheren, unterschnittenen Rückhand den Ball so lange im Spiel zu halten, bis der Gegner die Geduld verlor und sich zu einem riskanten Drive hinreißen ließ, der dann meistens im Netz hängenblieb oder ins Aus flog.
Normalerweise wurde Feuchtenbeiner mit Bills defensiver Taktik mühelos fertig. Er hatte die stärkeren Waffen: Sein Volley war hart und präzise, seine Vorhand, topspin geschlagen, schnellte nach dem Aufsprung auf der rauhen Zementdecke so tückisch davon, daß Bill sie weit hinter der Grundlinie nehmen und Feuchtenbeiner die Netzposition überlassen mußte. Dann brauchte er Bills halbhohen Verteidigungsball nur noch volley in eine Ecke zu drücken.
Außerdem war er 15 Jahre jünger als sein Chef.
Als sie sich beim Seitenwechsel neben dem Netzpfosten begegneten, streifte ihn Bill mit einem forschenden Seitenblick. »Du hast wirklich schon besser gespielt, Jan. Irgend etwas ist mit deiner Vorhand. Du schlägst zu unkontrolliert.«
Feuchtenbeiner trocknete sich ab. Seine Handflächen schwitzten so stark, daß ihm das Racket beim Aufschlag regelmäßig aus der Hand glitt. Dabei war es um diese frühe Tageszeit noch erträglich kühl. Die Sonne war erst vor einer Stunde aufgegangen.

»Ich treff' den Ball zu selten in der Mitte.«
»Oder willst du mich etwa gewinnen lassen, weil ich der Boß bin?«
Feuchtenbeiner schüttelte verdrossen den Kopf. Absurder Gedanke! Für ihn gab es kein Spiel, sondern nur Kampf, ob beim Tennis, Golf oder Squash. Gewinnen oder verlieren – nichts anderes zählte. Manchmal wünschte er sich die Gelassenheit seines Partners, der ihm zweifelhafte Punkte großzügig zusprach. Dann genierte sich Feuchtenbeiner ein bißchen, aber er brachte es nicht über sich, das Geschenk zurückzuweisen oder bei passender Gelegenheit Großzügigkeit mit Großzügigkeit zu vergelten. Im Gegenteil: beim nächstenmal, als der Ball des Gegners die Linie gerade eben noch streifte, reklamierte er »aus«.
Es machte Feuchtenbeiner nicht viel aus, als schlechter Verlierer zu gelten. Sieg bedeutete ihm mehr als Sympathie.
Drei Minuten später war das Match zu Ende. Bill hatte ihm den Ball dreimal auf Rückhand serviert, Feuchtenbeiners Returns waren von der Netzkante in sein eigenes Feld zurückgefallen, und gleich den ersten Matchball hatte Bill mit einem listigen Stop verwandelt.
Feuchtenbeiner reichte Bill die Hand, knurrte ein mühsames »Gratuliere« und wollte sich sofort in seinen Range Rover zurückziehen.
»Augenblick noch, Jan.« Und als er Feuchtenbeiner eingeholt hatte: »Habe ich dir schon gesagt, daß du morgen voll fliegst?«
Feuchtenbeiner fuhr herum. »Wieso morgen?«
»Abflug 16 Uhr.«
»So spät?«
»Ich muß erst noch den Bericht für den Aufsichtsrat fertig machen. Übrigens – diesmal werden es fast 400000 Karat sein; nimm lieber noch einen Mann mit, der dir beim Ein- und Ausladen hilft.«
»Ich schaff' das schon allein, Bill«, sagte Feuchtenbeiner.

Der Generalmanager führte die Einsilbigkeit seines Sicherheitsbeauftragten auf dessen Niederlage zurück. »Wir haben alle mal einen schlechten Tag, Jan. Unter normalen Umständen fegst du mich ja vom Platz.«
Sie gingen in die Garderobe, und als sie geduscht hatten, lächelte Bill: »Na, abgekühlt? Manchmal habe ich das Gefühl, du würdest dir eher die Zunge abbeißen als zugeben, daß dein Gegner gut in Form war.«
»Okay, Bill. Du warst gut in Form.«
»Keep smiling«, sagte Bill, und Feuchtenbeiner hätte am liebsten seinen Schläger auf Bills Kopf zertrümmert. Seit 18 Tagen hatte er es zu verdrängen versucht, und jetzt war es soweit.
Noch war es nicht zu spät, sich Bill anzuvertrauen. Er atmete tief durch. »Muß das wirklich morgen sein?«
»Hast du was dagegen?«
»Nur so'n komisches Gefühl... mehr 'ne Ahnung, da könnte was passieren.«
»Du bist ein bißchen nervös in letzter Zeit. Buschkoller oder sowas. Was kann schon passieren? Außer uns beiden weiß ja keiner, daß die Attrappen morgen zu Hause bleiben. Und die Sicherheitsvorkehrungen sind hundertprozentig. Du hast sie doch selbst ausgetüftelt. Also – was hast du für Bedenken?« Bill wirkte leicht gereizt. »Aber komm mir nicht noch mal mit Gefühlen.«
»Es ist nichts Konkretes.«
»Na, also. Nächsten Monat schicke ich dich in Urlaub. Ans Kap zum Baden oder so.« Bill ließ keinen Zweifel, daß das Thema damit für ihn erledigt war.
Feuchtenbeiner wurde zu Hause von June mit jener beflissenen Zuvorkommenheit empfangen, die nichts Gutes ahnen ließ. Gewöhnlich begann sie ihre Tage schweigsam und mürrisch, eine Frau, die ebenso widerwillig ihre Hausfrauenpflichten absolvierte wie ihre sonstigen ehelichen Pflichten, routiniert und freudlos, zu schwach, sich gegen das Leben in der keimfreien

Öde Orapas aufzulehnen, und zu stark, sich damit abzufinden. So lebte sie seit Jahren neben ihm her, eine Gefangene ihres Fatalismus, und ihre einzige Gegenwehr bestand in der Grundhaltung eines ständig zur Schau getragenen, aber nie ausgesprochenen Vorwurfs.

Feuchtenbeiner konnte sich ihre Unzufriedenheit nicht recht erklären. Vielleicht hätte er ihr ein Kind machen sollen. Aber sonst? Besaß sie in der streng hierarchischen Struktur Orapas nicht einen respektablen Rang? Bewohnten sie nicht ein komfortables Haus des Typs F, ein Haus immerhin der zweithöchsten von sieben Kategorien – mit den besten Aussichten, nächstes Jahr in ein Haus des Typs G aufzusteigen, das nur den Direktoren vorbehalten war? Hatten Sie nicht eine schwarze Haushälterin, eine Köchin und einen Boy, der jede Woche dreimal den Garten besorgte?

Niemand hinderte June daran, Bridge zu spielen, an den Teestunden der anderen Direktorenfrauen teilzunehmen, sich zum Squash zu verabreden oder zum Golf. Das Flugzeug aus Gaborone brachte zweimal wöchentlich einen neuen Tonfilm mit, es gab den Supermarkt, den modernsten und bestsortierten im ganzen Land. Und schließlich gab es noch die Allwetterstraße zum 60 Kilometer entfernten Mopipi-Stausee, der Orapa mit Wasser versorgte und in dem sie jederzeit baden konnte, wenn ihr danach zumute war.

So war Feuchtenbeiner schon seit geraumer Zeit dazu übergegangen, Junes ewigen Mißmut einfach als die Launen einer undankbaren, unausgefüllten Frau abzutun.

Neben seinem Frühstückstee lag unübersehbar ein Zettel, dessen Text nur aus einem Wort bestand, aus dem Wort: »Wann?«

Mr. January hatte sich wieder in Erinnerung gebracht, die Stimme am Telefon im Holiday Inn. Erst vor drei Tagen hatte er Feuchtenbeiners Sekretärin angerufen und sie beauftragt, ihrem Chef folgende, für den Nichteingeweihten harmlos klingende

Bestellung auszurichten: »Der Fotograf hat angerufen. Er möchte wissen, wohin er die Fotos schicken soll.«
Überall in Orapa spürte Feuchtenbeiner die Anwesenheit des unsichtbaren Erpressers, unentrinnbar. Nachrichten mit verdeckten Anspielungen, ein absenderloser Brief in seinem Postfach, ein Fetzen Papier mit einer handschriftlichen Notiz unter seiner Serviette im Direktoren-Casino, ein anderer Zettel sogar in der Brusttasche seines Buschhemds in der Garderobe am Golfplatz.
»Den Wisch habe ich unter der Windschutzscheibe vom Range Rover gefunden«, sagte June beiläufig.
Und als er nicht reagierte: »Nicht gerade sehr taktvoll, direkt vor unserem Haus. Wenigstens war sie nicht so geschmacklos, auch noch ihren Namen darunter zu schreiben.«
Feuchtenbeiner gab mit einem Achselzucken zu verstehen, wie lächerlich er den Verdacht fand. Eine Liebschaft ausgerechnet in Orapa, einem Ghetto, wo jeder der weißen 200 Männer und 80 Frauen über jeden Schritt der anderen Bescheid wußte.
»Ist es Pieters Sekretärin?«
»Laß mich mit dem Quatsch in Ruhe.«
June schien noch nicht ganz entschlossen, ob sie die Szene sofort oder erst später starten sollte. Aber sie wollte ihm keinen Vorwand geben, sich der Aufklärung der Angelegenheit durch einen Krach zu entziehen, und fragte ruhig: »Wie lange geht das eigentlich schon?«
»Da ist keine Frau, June. Ich bin doch nicht verrückt – in meiner Position.« Er war sich klar, daß er nicht gerade überzeugend klang. Er schwitzte, und June wußte, daß er immer stark zu schwitzen begann, sobald er sich in die Enge getrieben fühlte.
Feuchtenbeiner blickte auf seine Armbanduhr, schob die halbgegessenen Spiegeleier beiseite und wischte sich den Mund ab.
»Ich muß ins Büro.«
»Kommst du zum Lunch?«
»Ich esse im Kasino.«

»Wir sprechen noch darüber.«
»Jetzt nicht.« Zum Teufel mit ihrer verdammten Eifersucht.
Draußen im Garten knickte er im Vorbeigehen den Stengel der Rizinusstaude. Die Aktion hatte etwas Definitives, Unwiderrufliches. Es war eines der beiden vereinbarten Signale für den Erpresser.
Feuchtenbeiner schwang sich in seinen Range Rover und fuhr hinüber zum Schlagbaum am östlichen Tor von Orapa.
Er selbst hatte die Sicherungsmaßnahmen für die Mine mitentworfen und legte großen Wert darauf, daß sie strikt eingehalten wurden. Schriftlichen Besuchsanträgen von Gästen wurde nicht stattgegeben, bevor Feuchtenbeiner sein ausdrückliches Okay gegeben hatte. De Beers war auf Publicity nicht besonders erpicht, und so beschränkte Feuchtenbeiner die Ausgabe von Passierscheinen auf die wenigen Gäste der Zentrale aus Johannesburg oder auf Regierungsmitglieder von Botswana, die im übrigen, laut Anweisung aus Johannesburg, mit ausgesuchter Höflichkeit zu behandeln waren.
Die Diamantenmine selbst mit dem Flugplatz und seinem Herzstück, dem Recovery House, lag in der inneren Sicherheitszone, durch einen elektrisch geladenen Sicherheitszaun von den Wohnhäusern und den sozialen und sportlichen Einrichtungen Orapas abgetrennt. Für diesen Bereich gab es einen roten Passierschein, der an Fremde so gut wie nie ausgegeben wurde. Darüber hinaus hatte Feuchtenbeiner die Bestimmung durchgesetzt, daß ein nicht in Orapa ansässiger Inhaber eines roten Passierscheins den Sicherheitsbereich überhaupt nur in seiner Begleitung betreten durfte.
Es gab ein umständliches System von Formularen, auf denen die exakte Uhrzeit vermerkt wurde und die der Besucher jedesmal abzuzeichnen hatte, sobald er eine der vielen Anlagen innerhalb der roten Sicherheitszone verließ oder betrat.
Der äußere Sicherheitsbereich bestand aus der sauberen kleinen Wohnstadt und einer Zone aus wildem Buschland, die sich fünf

Kilometer weit bis zu dem Zaun erstreckte. Zwei vergitterte Tore mit Schlagbäumen trennten Orapa im Osten und Westen der durchgehenden Straße von der Umwelt.
De Beers hatte seine eigene Sicherheitspolizei, die an den beiden Toren die Zu- und Abgänge kontrollierte und dem örtlichen Befehlshaber Jan Feuchtenbeiner unterstellt war. Am Schlagbaum stieg er aus und ging auf den schwarzen Sergeanten zu. »Viel Betrieb heute?«
»Kaum, Sir.« Der Sergeant, der seine adrette Uniform, bestehend aus Shorts, hellblauem Buschhemd und Safari-Hut mit sichtbarem Stolz trug, zeigte auf einen sandfarbenen Anderthalbtonner. »Da ist einer, der will sich nicht abweisen lassen.«
Der Fahrer des Anderthalbtonners kam lächelnd näher. »Der Polizist will mich nicht durchfahren lassen.«
Feuchtenbeiner war nicht zu langen Disputen aufgelegt. Aber da der Mann ein Weißer war, zwang er sich zu der Andeutung eines schwachen Lächelns. »Haben Sie einen Passierschein?«
»Wozu? Ich will ja nur durchfahren.«
»Wohin?«
»Nach Rakops.«
»Da müssen Sie außen rum.«
»Können Sie mir denn nicht einen Passierschein ausstellen?«
»Sorry, Sir. Passierscheine müssen in Gaborone beantragt werden.«
»Aber das ist doch eine öffentliche Straße.«
»Das ist Privatgelände der De Beers Botswana Mining Company.«
Feuchtenbeiner deutete auf eine holperige Fahrspur. »Die öffentliche Straße führt außen am Zaun entlang. Was wollen Sie in Rakops?«
»Ich bringe den Ford nach Maun.« Dieter Hahn zog seinen Paß aus der Tasche. »Ich bin deutscher Entwicklungshelfer.«
Feuchtenbeiner warf einen flüchtigen Blick auf den Paß und gab ihn zurück. »Tut mir leid, Mr. Hahn.« Ohne ein weiteres Wort

stieg er in seinen Range Rover und legte den Gang ein. Er hatte nicht viel übrig für diese Milchbärte aus den USA und aus Europa, die hierherkamen, um die Kaffern mit kommunistischen Parolen aufzuhetzen. Mischten sich in alles ein. Hatten keine Ahnung von den wahren Problemen in Afrika. Aber wollten es belehren, wie die Schwarzen zu behandeln seien. Wer schlug sich denn seit 300 Jahren mit den Kaffern herum – die oder wir?
Die belanglose Begegnung hatte kaum drei Minuten gedauert, Feuchtenbeiner konnte sich später, als dieser deutsche Entwicklungshelfer plötzlich für ihn Bedeutung gewann, nur vage an das Gesicht des abgewiesenen Besuchers erinnern. Im Augenblick jedenfalls bewegten ihn andere Sorgen, und er fuhr so schnell wie möglich nach Orapa zurück.
Von weitem sah die Gesteinshalde mit den glattgestrichenen Seitenwänden und dem ebenen Dach aus wie eine von Kinderhänden im Sandkasten geformte Pyramide. Die Halde mit dem Abraum war mindestens 50 Meter hoch und eine Art optisches Wahrzeichen von Orapa; zertrümmerte Felsbrocken, zerkleinert, gemahlen, gesiebt, gewaschen, noch einmal zerkleinert, gemahlen, gesiebt, gewaschen, auf Förderbändern geröntgt, wieder gewaschen, sortiert, und das ein Dutzendmal, bevor sie als graubrauner Brei auf dem letzten der vielen Förderbänder und schließlich im Allerheiligsten ankamen, dem Recovery House, auf den Tischen der sechs schwarzen Sortierer, die mit Pinzetten die winzigen Diamanten aus dem wertlosen Gestein pickten. Sie saßen in ihren weißen Kitteln hinter Panzerglasscheiben, in die handgroße Löcher geschnitten waren, ihre Hände in weißen Stulpenhandschuhen, die sie nicht etwa vor radioaktiven Strahlen, sondern vor ihrer eigenen Gier schützen sollten. Noch nie hatte die Hand eines der Sortierer das Objekt der unsäglichen Mühen eines Arbeitstages in Orapa berühren dürfen.
Um aus den 11000 Tonnen Gestein täglich 11000 Karat – eine Ausbeute von 1 : 5000000 – schürfen zu können, hatte De Beers

eine 240 Kilometer lange Allwetterstraße, die beste Botswanas, von der Eisenbahnstation Francistown nach Orapa planiert, ganze Fabrikanlagen bruchstückweise durch das wilde Buschland befördert, in Orapa aufgebaut und am Ende eine synthetische Stadt errichtet, die sich weitgehend selbst versorgte, mit eigenem Telefonnetz, Strom, Schulen und Frischgemüse von eigenen Farmen.
Nur das Wichtigste fehlte noch: Wasser. Um die Mine zu betreiben, brauchte Orapa täglich sechs Millionen Liter. Das einzige Reservoir in dem dürren Land lag hoch im Norden Botswanas, wo der Okavango-Strom aus Angola in ein riesiges Sumpf-Delta mündet, in dem dann sein Überfluß an kostbarem Wasser verdunstet oder auf bis heute nicht hinreichend geklärte Weise in der Erde versickert.
De Beers ließ einen der verkrauteten Delta-Arme ausbaggern, die Wasserader speiste das ausgetrocknete Bett des Botetle-Flusses, der 300 Kilometer weiter südöstlich in den Lake Nxau floß, knapp 100 Kilometer westlich von Orapa. Von dort leiteten die Ingenieure das Flußwasser in eine bislang trockene Senke um, die Mopipi-Pfanne, hielten es dort hinter einem vier Meter hohen Wall zurück und pumpten es aus dem sich allmählich auffüllenden Stausee, der 100 Milliarden Liter Wasser speicherte, durch eine Pipeline nach Orapa.
Jan Feuchtenbeiner war vom ersten Tag an dabeigewesen, seit De Beers vor sechs Jahren darangegangen war, die gottverlassene Rindertränke Orapa, die der Stadt ihren Namen geben sollte, in eine Exklave westlicher Zivilisation zu verwandeln. Orapa war auch Feuchtenbeiners Stadt. Er identifizierte sich rückhaltlos mit ihr wie mit keiner der Minenstädte zuvor, in denen er Verantwortung für die Sicherheit mitgetragen hatte, wenngleich nicht als Chef, sondern als zweiter oder dritter Mann.
Er hatte sich schon mit der Rolle des ewigen Vize abgefunden, als er plötzlich von seinem Job in der Mine von Kimberley zu einem Schulungslehrgang nach Transvaal versetzt worden war.

Dort hatte man ihn einem Dutzend Eignungstests unterworfen, auf Härte, Umsicht, Organisationstalent, Entscheidungsfreude, Belastbarkeit und Zuverlässigkeit. Man hatte ihn physischem und moralischem Streß ausgesetzt; dank seiner unwandelbaren Sturheit hatte Feuchtenbeiner den Belastungen standgehalten. So hatte die Auswertung der schriftlichen psychologischen Testbögen schließlich Feuchtenbeiners optimale Eignung für den Job in Orapa erbracht. In der Zusammenfassung standen Wendungen wie »in jeder Hinsicht dieser Aufgabe gewachsen«, »seine Loyalität über jeden Zweifel erhaben«, »hat mit 37 Jahren auch die menschliche Reife erlangt, die ihn zu einer leitenden Stellung mit so hoher Verantwortung befähigt«. Und schließlich: »Feuchtenbeiner ist seit 1964 verheiratet. Sein Lebenswandel ist untadelig und unerschütterlich an christlich-ethischen Grundwerten orientiert.«

Bill Scranton hatte ihm später verraten, daß es gerade dieser Punkt gewesen war, der im Finale den Ausschlag zu seinen Gunsten gegeben hatte; denn Feuchtenbeiners schärfster Konkurrent, in allen Kriterien sonst gleichwertig, hatte einen leichten Schatten auf seiner Biographie: er war geschieden.

Als Feuchtenbeiner vor dem dreifach gesicherten Recovery House ausstieg, wischte er sich die verschwitzten Hände an der Hose ab und schlug wütend die Wagentür zu. Daß ausgerechnet ihm das hatte passieren müssen! Wenn ein Greenhorn dem schwarzen Lockvogel im Holiday Inn auf den Leim gegangen wäre, na schön. Aber ein ausgebuffter Profi wie er hätte nie und nimmer auf einen so abgeschmackten Trick hereinfallen dürfen.

Am elektronisch gesicherten Gatter des Zaunes, der das Recovery House umgab, erwartete ihn Laurens. Es war 11 Uhr 30, und die Insepktion des Allerheiligsten gehörte zu Feuchtenbeiners täglicher Routine. Laurens trug hier die Verantwortung, er hatte die Zugänge zum neuralgischen Punkt der Diamantenstadt zu überwachen, dem fensterlosen Tresorraum, in dem die Ausbeute jedes Fördertages gesammelt und bis zum Abtransport nach Gaborone im Panzerschrank deponiert wurde.

Laurens schloß die Stahltür des Tresors auf, ein schwarzer Kollege betätigte das zweite Schloß. Nur beide Schlüssel zusammen bewirkten das Sesam-öffne-dich. Feuchtenbeiner hatte diese zusätzliche Sicherung eingeführt, die auf dem Kalkül beruhte, daß ein Weißer nie mit einem Schwarzen gemeinsame Sache machen würde.
Bevor Laurens und Feuchtenbeiner die Röntgenschleuse zum Tresorraum passierten, schickten sie den schwarzen Sicherheitspolizisten fort. De Beers Vertrauen in einen Schwarzen endete vor der letzten Schwelle.
Laurens betätigte die Kombination des Panzerschranks. Er war fast randvoll mit Diamanten, grob vorsortiert nach Industrieware und Schmucksteinen und in weiche verplombte Lederbeutel gefüllt. 400 000 Karat, die auf der Londoner Diamantenbörse zum Durchschnittspreis von je 41 Dollar gehandelt werden würden – falls sie London erreichten.
Feuchtenbeiner wandte sich brüsk ab. »Komm, Laurens.«
Laurens musterte ihn mit leichtem Befremden. »Was hast du? Ist dir nicht gut?«
»Ich brauch' ein kühles Lions.«

Den Abend verbrachte Feuchtenbeiner mundfaul in seinem Haus, und als June ihm wieder mit ihrer Eifersucht zuzusetzen begann, entzog er sich ihren Sticheleien mit einem Hinweis auf starke Kopfschmerzen. Bevor er sich schlafen legte, sagte er telefonisch bei einem befreundeten Ehepaar ab, das sie nach dem Dinner auf einen Drink eingeladen hatte.
Eine halbe Stunde vor Mitternacht folgte ihm June ins Schlafzimmer. Feuchtenbeiner, obwohl hellwach, stellte sich schlafend, damit er keine Fragen beantworten mußte.
Bald hörte er im Bett neben sich Junes regelmäßige Atemzüge. Bis ein Uhr nachts war noch etwas Zeit. Ein paar Minuten lang spielte er mit dem Gedanken, die Verabredung einfach nicht einzuhalten, doch er kam wieder davon ab. Er hatte den Rizinus-

stengel im Garten geknickt und somit das Zeichen gegeben. Jetzt mußte er auch den zweiten Schritt tun.
Behutsam lupfte er die Decke, stieg erst mit einem Bein aus dem Bett, zog dann das andere nach. Bevor er aus dem Schlafzimmer schlüpfte, vergewisserte er sich, daß June tief und fest atmete.
Im Dunkeln tappte er durch das Haus. Der Mond warf ein schwaches Licht durch das Küchenfenster. Das Leuchtzifferblatt des Weckers zeigte auf vier Minuten vor eins.
Feuchtenbeiner kauerte sich auf einen Hocker und spähte aus dem Fenster. Da draußen irgendwo lauerte irgend jemand auf sein Signal, Nacht für Nacht seit dem Vorfall im Holiday Inn stand der unsichtbare Feind dort und wartete. Feuchtenbeiner war bereit, seinen Teil der Abmachung zu erfüllen. Aber der andere?
Vorausgesetzt, der Anschlag gelang – wer garantierte ihm denn, daß man ihm die Fotos und die Negative auch wirklich zustellte? Was galt schon das Wort eines Erpressers? Warum sollte der eine Waffe freiwillig aus der Hand legen, die er noch beliebig oft gegen ihn anwenden konnte? Der Sicherheitschef der zweitgrößten Diamantenmine der Welt bliebe immer ein lohnendes Objekt für künftige Erpressungen.
Es war ein Uhr. Feuchtenbeiner mußte sich jetzt entscheiden, unwiderruflich. Er tastete nach dem Schalter und knipste das Deckenlicht an, löschte es, knipste es noch einmal an, dann ein drittes Mal.
Er hatte es hinter sich gebracht. Jetzt konnte er nicht mehr zurück. Er ließ sich wieder auf dem Hocker nieder.
»Du willst doch nicht im Pyjama zu ihr gehen?« June stand in der Tür. »Zieh dir wenigstens was Warmes über.«
»Ich hatte Durst.« Er öffnete den Kühlschrank und zog den Verschlußring einer Dose Lions ab. »Willst du auch eine?«
June schob seine Hand mit der Dose, die er ihr hinhielt, beiseite und setzte sich auf die Geschirrspülmaschine.
»Du hast ihr Lichtzeichen gegeben.«

»Quatsch! Ich wollte nur was trinken.«
»Dreimal an und aus. Als ich eben reinkam, standest du im Dunkeln.«
»Ich sag' dir doch...«
»Es ist schlimm genug, daß du hier eine Liebschaft anfängst, aber daß du mich auch noch für dumm verkaufen willst, das geht mir gegen meine Würde.«
»June – ich habe keine Freundin, und ich bin müde. Morgen muß ich nach Gaborone. Ich will jetzt nicht über irgendwelche Hirngespinste diskutieren. Jetzt nicht.«
»Doch – jetzt!«
»Ich habe berufliche Probleme, June.«
Er konnte im Dunkeln ihren Gesichtsausdruck nicht erkennen, aber ihre Silhouette drückte Skepsis aus. »Dann erzähl mal.« Sie hielt die Arme vor ihrer Brust verschränkt.
»Ich kann jetzt nicht. Wirklich nicht.«
»Früher hast du mit mir immer über deine Probleme gesprochen.«
»June – ich bitte dich! Es geht nicht. Laß uns jetzt ins Bett gehen, und wenn ich aus Gaborone zurück bin, dann sprechen wir über alles.«
Sie nahm einen Hocker, stellte ihn vor die Tür und setzte sich darauf. »Erst will ich wissen, wem du die Lichtzeichen gegeben hast.«
»Soll ich dir vielleicht auf die Bibel schwören, daß ich keine Freundin habe?«
»Ja. Schwör's auf die Bibel.«
»Ich schwöre auf die Bibel, daß ich keine Freundin habe. Genügt dir das?«
»Noch nicht ganz. Schlaf mit mir.«
»Ich bin nicht in Stimmung. Aber wenn ich aus Gaborone zurück bin...«
»Sofort! Ich will einen Beweis.«
»Beweis – wofür?«

»Daß du wirklich nicht an eine andere denkst.«
Er trank sein Bier aus. In Gottes Namen, wenn er die Sache auf diese Weise bereinigen konnte.
Im Schlafzimmer löschte June das Licht, und ganz gegen ihre Gewohnheit wartete sie diesmal nicht ab, bis er zu ihr kam, sondern übernahm selbst die Führung. Feuchtenbeiner war irritiert. Früher hatte sie ihn im Bett stets spürenlassen, daß sie ihm ein Opfer brachte. Heute benahm sie sich so enthemmt, wie es einer Ehefrau nicht zukam, und je weniger ihre Bemühungen Erfolg zeigten, desto verzweifelter, mit verbissener Energie, versuchte sie, den Erfolg zu erzwingen, den Beweis.
Er bereute, sich auf diesen Test eingelassen zu haben. Im Geist vollzog er mit ihr einen wilden Geschlechtsakt, leidenschaftlich wie nie zuvor, aber sobald er an den Leistungsbeweis dachte, den sie von ihm erwartete, versagte sein Körper.
»Soll ich lieber das Licht anmachen?« flüsterte sie.
»Nein!« Das Stichwort löste sofort die Assoziation an das schwarze Mädchen im Holiday Inn aus, das auch darauf bestanden hatte, ihn bei voller Beleuchtung zu lieben, weil sonst der Fotograf hinter dem Spiegel im Nebenzimmer die kompromittierenden Fotos nicht hätte aufnehmen können.
Feuchtenbeiner schob June brüsk beiseite, und als sie ihn hartnäckig weiter bedrängte, schüttelte er sie ab und stand auf.
Sie starrte ihn aus dem Dunkeln an. »Bist du bei ihr auch so schlapp?«
Feuchtenbeiners erster Boxhieb traf sie am linken Wangenbein, die nächsten landeten auf den Rippen und am Rücken. Mit jedem seiner Schläge lud er einen Bruchteil der Spannung ab, unter der er seit mehr als zwei Wochen stand.
June lag zusammengekrümmt, die Arme vor dem Gesicht verschränkt, aber sie wehrte sich nicht. Verwundert registrierte er so etwas wie Zufriedenheit bei ihr, so als bereite es ihr Genugtuung, daß sie überhaupt noch fähig war, Gefühlsregungen in ihm zu wecken.
Und wenn es schon keine Liebe war, dann wenigstens Haß.

Tutuma

Der Piepton aus dem Walkie-Talkie schreckte Tutuma aus dem Schlaf. Er drückte die Sprechtaste.
»Bin auf der Westseite, an der Rysana Pan.«
»Er hat das Zeichen gegeben.«
»Bist du sicher, daß er uns nicht reinlegen will?«
»Unwahrscheinlich.«
»Ich komme.«
»Die Streife hat vor 20 Minuten das Westtor passiert.«
»Dann bis nachher.«
Bevor er sich auf den Weg machte, überprüfte Tutuma die Verpackung der 20 Dynamitstangen. Sie lagen in dem Proviantbeutel, dessen Öffnung Tutuma fest verknotet hatte, um das Dynamit vor Nässe zu schützen. Die bevorstehende Regenzeit kündigte sich schon mit schwülen Nächten an, und Tau lag auf dem Elefantengras der Kalahari.
Tutuma legte die Dynamitstangen behutsam zurück in den Proviantbeutel und marschierte nach Osten.
Eine Stunde später tauchte im Dunkel der Zaun auf, der Orapa von der Wildnis abgrenzte. Außer einer ziemlich frischen Lastwagenspur auf der holperigen Umgehungsstraße diesseits des Zauns war weit und breit nichts Auffälliges zu sehen.
Tutuma holte eine kleine Kneifzange aus seinem Overall und knipste den Draht dicht über dem Erdboden durch. Sobald ein Draht durchgekniffen war, ertönte ein leises Surren, das sich in Schwingungen fortpflanzte und nach wenigen Metern erstarb.
Von Nordwesten, vom Camp der Prospektoren außerhalb der

Stadt, war nur noch das hartnäckige Heulen einer Hyäne zu hören, sonst blieb es still.
Tutuma hätte auch den drei Meter hohen Zaun überklettern können, der trotz des Saums aus Stacheldraht für einen sportlich trainierten Mann kein unüberwindliches Hindernis gewesen wäre. Aber er fürchtete, die Balance zu verlieren und mitsamt den Dynagelstangen zu stürzen. Er wollte nicht auf die gleiche Weise umkommen wie der junge Mogomotsi in Selebi-Pikwe.
Nachdem er durch das Loch im Zaun gekrochen war, legte er eine Handvoll Dornbuschzweige in die Lücke. Es war eine notdürftige Tarnung, doch für einen Tag sicherlich ausreichend. Früher oder später würden sie das Loch ohnehin entdecken.
Vom Zaun bis nach Orapa hatte er noch die fünf Kilometer durch das buschbestandene Niemandsland zurückzulegen, das nur den Rindern und Ziegen gehörte, die hier weideten. Bald hoben sich die Silhouetten der ersten Häuser von Orapa gegen die Morgendämmerung ab.
Bisher war es eine bessere Pfadfinderübung. Der gefährliche Teil des Unternehmens stand noch bevor.
Am Rande des Golfplatzes legte sich Tutuma unter einen Busch und wartete auf den Tag, von dem er glaubte, daß er den Krieg um Zimbabwe entscheiden werde.

Nach der durchwachten Nacht fühlte sich Feuchtenbeiner so krank wie damals, als er sich das Zeckenfieber geholt hatte. Das morgendliche Tennis-Match mit Bill Scranton hatte er telefonisch abgesagt, das Frühstück stehenlassen. June hatte kein Wort mehr über die Vorgänge der Nacht verloren, nicht einmal über die Schwellung in ihrem Gesicht.
Unter normalen Umständen hätte er sich gefragt, was sie jetzt im Schilde führen mochte, aber im Augenblick war es ihm gleichgültig, ob sie ihn verlassen wollte oder nicht. Seine Existenz stand auf dem Spiel.
Der Tag im Büro hatte mit einem Anruf des Generalmanagers

begonnen: Der Flug verschiebe sich um zwei Stunden, weil Gaborone vor 19 Uhr keine Landeerlaubnis erteilen könne.
Die Maschine des Präsidenten wurde aus Johannesburg zurückerwartet, wo Sir Seretse Khama sich einen Herzschrittmacher hatte einpflanzen lassen. Als Bill Scranton ihm das mitteilte, hatte er ein sarkastisches Grinsen nicht unterdrücken können: »Ich stelle mir vor, wie der auf der Bahre im Operationssaal liegt und zum lieben Gott betet, daß die Südafrikaner seinen Protest gegen ihre rassistische Politik vorige Woche nicht allzu krummgenommen haben. Ein kleiner Fehler bei der Narkose, und es wäre sein letzter Protest. Sie wollen alles selber machen, diese Schwarzen, aber wenn's um die eigene Gesundheit geht, vertrauen sie sich doch lieber unseren Ärzten an.«
Feuchtenbeiner war nicht unglücklich über die Verlegung des Fluges, er empfand die zwei Stunden wie ein Geschenk, wie eine Galgenfrist.
Das Klingeln des Telefons schreckte ihn aus seinem Brüten. Noch bevor er den Hörer abgenommen hatte, wußte er, wer am anderen Ende der Leitung war. »Sind Sie allein im Büro?« Sofort erkannte er die Stimme des Mannes, der sich Mr. January nannte.
»Ja.«
»Können Sie sprechen?«
»Worüber?«
»Den Abflug. Wann ist er genau?«
»Um 18 Uhr. Hören Sie, ich würde mich gerne vorher mit Ihnen unterhalten, Mr. January. Nicht am Telefon.«
Der unsichtbare Feind ließ ein leises Lachen hören. »Kann ich mir vorstellen. Sie wollen doch nicht versuchen, mich im letzten Augenblick noch aufs Kreuz zu legen, mein Freund?«
»Nein – aber ich muß Ihnen etwas erklären, bevor Sie sich auf dieses Wahnsinnsunternehmen einlassen. Es ist wichtig.«
»Dann erklären Sie es am Telefon.«
»Das ist alles so kompliziert...« Der Hörer rutschte ihm aus der

Hand. »Also, angenommen, jemand will den Transport nach Gaborone überfallen...« Feuchtenbeiner ließ ein paar Sekunden verstreichen, er wartete vergebens auf ein Zeichen der Bestätigung. Dann fuhr er fort: »Selbst wenn es gelingen sollte und die Täter kämen davon... Es wäre sinnlos. Sie würden die Beute niemals losschlagen können.«

»Meinen Sie?«

»Haben Sie schon mal was von der CSO gehört? Die *Central Selling Organization* in London. Die gehört De Beers und der Anglo-American, und diese beiden Gesellschaften wiederum gehören Harry Oppenheimer. Derselbe Oppenheimer, der auch die Mine in Orapa besitzt. Wo immer in der Welt also ein Schmuggler oder ein Dieb Diamanten verkaufen will, er wird es immer mit der CSO zu tun haben. Oppenheimer hat das Weltmonopol von der Förderung bis zu den Schleifereien, lückenlos, verstehen Sie? Niemand kann ähnlich hohe Preise zahlen, weil niemand anders als die CSO gleichartige Sortimente zusammenstellen kann aus den Tausenden von Größen, Farbtönen und Reinheitswerten, die es gibt. Wer trotzdem versucht, irgendwo einen größeren Posten Rohware zu verkaufen, der würde sofort aufgespürt. Die CSO hat überall ihre Aufkäufer. Auch in Lusaka oder Dar es Salam, oder wo immer jemand versuchen sollte, die Beute zu verkaufen. Und einen schwarzen Markt gibt es nicht. Schon gar nicht für 400000 Karat.«

Feuchtenbeiner wartete auf eine Reaktion. »Hallo, sind Sie noch dran?«

»Sprechen Sie weiter.«

»Deshalb gibt es nichts Aussichtsloseres auf der Welt, als De Beers zu bestehlen. Die CSO wird Sie überall aufspüren. Und was wollen Sie mit einer Beute anfangen, die genauso unverkäuflich ist, wie – sagen wir mal – die Mona Lisa?«

»Also um 18 Uhr sagten Sie?«

»Sie scheinen nicht ganz begriffen zu haben, Mr. January. Ich erklär's Ihnen noch mal: Die CSO...«

»Ich habe Sie sehr gut verstanden.«
»Dann sehen Sie also ein, daß das Ganze zwecklos ist. Ich mache Ihnen einen anderen Vorschlag. Ich habe einiges gespart. Nennen Sie mir Ihren Preis für die Negative, und wenn er vernünftig ist, können wir ins Geschäft kommen. Nur sie und ich. Lieber den Spatz in der Hand als die Taube auf dem Dach, finden Sie nicht auch?«
»Ich interessiere mich nicht für Spatzen.«
»Mann! Sie werden scheitern!«
»Das wäre schlimm, Feuchtenbeiner. Schlimm für Sie.«
»Der Flugplatz von Gaborone wimmelt von Polizei. Der Präsident kommt heute aus Südafrika zurück.«
»Vielen Dank für Ihre Fürsorge. Aber wünschen Sie uns lieber Erfolg.«
Feuchtenbeiner hatte kaum noch einen trockenen Faden am Leib.
Der Countdown lief.

Nach dem Lunch holte er sich bei Bill Scranton die Transportdokumente. Sie waren ausgestellt auf 87 Beutel mit 397253 Karat, grob vorsortiert, davon rund 74 Prozent Industrieware, der Rest Schmuckdiamanten.
Scranton sah besorgt auf: »Ist was nicht in Ordnung, Jan?«
Feuchtenbeiner schüttelte den Kopf.
»Und deine Vorahnung von gestern?«
»War nur ein Formtief.«
»Na, dann guten Flug.« Scranton holte einen Zettel aus seiner Jackentasche und schob ihn Feuchtenbeiner zu. »Wenn du in Gaborone bist, kannst du mal im Buchladen auf der Mall nachfragen, ob die Bücher endlich da sind. Die Titel stehen drauf. Ich habe sie schon vor drei Monaten bestellt.«
Feuchtenbeiner steckte den Zettel ungelesen weg. Er zögerte. Er wußte, das hier war seine letzte Chance, das Verhängnis aufzuhalten. Bill würde es ihm vielleicht hoch anrechnen. Er konnte

ihm seinen Rücktritt anbieten, und Bill würde das Opfer, das Feuchtenbeiner der Firma bringen wollte, gerührt ablehnen. Was immer er sich hatte zuschulden kommen lassen – schließlich bewies er mit seiner Beichte seine Loyalität zu De Beers.
»Ist noch was?«
Feuchtenbeiner druckste herum. »Bill, hast du nicht neulich gesagt, du wolltest auf Stahlschläger umsteigen?«
»Nett, daß du daran denkst. Aber den kauf' ich mir lieber selbst in Johannesburg. Bei einem Tennischläger muß man fühlen, wie er in der Hand liegt. Außerdem gibt es in Gaborone ja doch nur Ausschuß.«
»Dann *good bye*, Bill.«
»*Good bye*, Jan.«
Menschlich würde Bill ihm sein Abenteuer im Holiday Inn verzeihen. Aber er mußte die Verfehlung seines Sicherheitschefs an die Zentrale nach Johannesburg melden. Dazu war er verpflichtet, wollte er nicht seinen eigenen Job riskieren.
Feuchtenbeiner kannte die Regulativen, mit denen De Beers Affären wie diese aus der Welt zu schaffen pflegte. Man würde ihm eine angemessene Abfindung zahlen und ein Abgangszeugnis ausstellen, voller enthusiastischer Sätze, und man würde den Hinweis auf Feuchtenbeiners »persönlichen Wagemut« nicht vergessen. Hinter dieser scheinbaren Anerkennung verbarg sich die verschlüsselte, für jeden Personalchef erkennbare Warnung: »Vorsicht! Der Mann ist ein Sicherheitsrisiko.«
Einem Ingenieur hätte man das Mißgeschick im Holiday Inn vielleicht durchgehen lassen. Ein erpreßbarer Sicherheitschef jedoch wäre nicht nur für sämtliche südafrikanischen Firmen untragbar, ein für allemal.
Sie würden ihm nicht einmal mehr einen Job als Nachtwächter anvertrauen.

Um 17 Uhr 28 quittierte Feuchtenbeiner im Recovery House die Übernahme von 87 Beuteln voller Diamanten. Laurens war der

dritte Mann, der von dem Transport erfuhr, aber erst jetzt, im letzten Augenblick. Obwohl Feuchtenbeiner das vom Generalmanager unterzeichnete Transportdokument vorlegte, vergewisserte sich Laurens durch einen Anruf bei Bill Scranton, ob auch alles seine Richtigkeit habe.
Feuchtenbeiner selbst hatte diese Rückversicherungsmaßnahme vor vier Jahren eingeführt; seitdem gehörte sie zur Routine.
Laurens half ihm beim Aufladen der beiden Aluminiumkoffer, die zusammen gut 80 Kilogramm wogen.
Bis zum Rollfeld hatte der Range Rover 800 Meter zurückzulegen.
Die King Air stand einsam draußen, nur ein schwarzer Mechaniker machte sich an einem der beiden Motoren zu schaffen.
Der Pilot fehlte noch. Der Chef des Flughafens hatte Feuchtenbeiner drei Passagiere avisiert, Marjorie, die Frau eines Geologen, und ihre beiden kleinen Töchter, auf dem Weg zu den Großeltern in Kapstadt. Feuchtenbeiner hatte vergebens nach einem Vorwand gesucht, die Passagiere abzuwimmeln. Aber was immer er auch erfunden hätte, glaubhaft oder nicht, es konnte nachträglich Verdacht erwecken. Marjories Kinder bedeuteten eine zusätzliche Komplikation, und es lag nicht mehr in seiner Macht, dies zu verhindern.
Feuchtenbeiner war sicher, daß der Überfall, falls er nicht abgeblasen wurde, entweder auf dem Flughafen in Gaborone oder auf der drei Kilometer langen Fahrt vom Flughafen zum Gebäude der Anglo-American in der Mall stattfinden würde. Wahrscheinlich beim Umladen auf dem Flugplatz.
Nach menschlichem Ermessen konnte das Unternehmen nicht gelingen. Feuchtenbeiner würde nicht umhinkommen zu schießen. Und er war ein glänzender Schütze, das wußte jeder in Orapa, ein Fehlschuß würde auffallen. Andererseits mußte er die Täter heil entkommen lassen. Sicher hatten sie Komplizen, die sich hintergangen fühlen und dadurch rächen würden, daß sie Bill später die Fotos zuspielten.

Er könnte sich mit einer Ladehemmung herausreden. Oder noch besser mit den Ketten an den Handgelenken, die ihn unlösbar mit den Koffern verbanden und ihn am Schießen gehindert hätten.

Aber der Pilot! Und Piet und Balthasar, die Sicherheitsoffiziere in Gaborone, waren ja auch bewaffnet. Und die brauchten auf Erpresser keine Rücksicht zu nehmen. Er hätte das heute am Telefon gegenüber January erwähnen sollen, hätte January klarmachen müssen, daß man ihn nicht für die Handlungen der anderen verantwortlich machen dürfe.

Laurens kletterte mit ihm in die Kabine, hievte die beiden Koffer auf die Sitze hinter dem Piloten und schloß die Ketten um Feuchtenbeiners Handgelenke. Bis Gaborone gab es für ihn keine Möglichkeit, sich der Last zu entledigen, denn außer Laurens besaßen nur Piet und Balthasar Schlüssel für die Handschellen. Wer unterwegs die beiden Koffer stehlen wollte, der mußte Jan Feuchtenbeiner mitstehlen.

Er versuchte, es sich zwischen den beiden Koffern so bequem wie möglich zu machen. Es war etwas eng.

Zehn Minuten später kam der Pilot mit den Passagieren. Marjorie und ihre beiden Töchter, sechs und vier Jahre alt, schnallten sich fest. Die King Air hatte auf jeder Seite hintereinander vier Sitze, getrennt durch einen schmalen Gang.

Der Pilot zwinkerte. »Der Sprit reicht bis Südamerika. Für jeden einen Koffer.«

Feuchtenbeiner grinste gequält zurück. »Wann geht's endlich los?«

»Der Präsident ist vor fünf Minuten gelandet. Gaborone ist freigegeben.« Der Pilot kletterte nach hinten. »Alles okay? Ich schließe die Einstiegluke.«

Der schwarze Mechaniker steckte von draußen seinen Kopf durch die Luke. »Warten Sie. Es kommt noch ein Passagier.«

»Ich habe aber keinen mehr auf der Liste.«

Hinter dem Wagen des Mechanikers trat ein zweiter Schwarzer

hervor, ebenfalls im Overall. Er trug unter dem Arm einen Werkzeugkasten und über der Schulter einen Proviantbeutel. Er griff in den Beutel und zog einen sandfarbenen Stab heraus, der einer riesigen Zigarre ähnelte. »Ich fliege mit.«
Und als der Pilot nach seiner Luger greifen wollte, sagte der Schwarze leise: »Lassen Sie die stecken. Wissen Sie, was ich in der Hand halte? Dynamit. Und ich habe noch 19 Stück davon in dem Beutel.«
Der Pilot wich zurück, der Mechaniker und Tutuma schwangen sich durch die Luke ins Flugzeug.
»Wir wollen die Sache in aller Freundschaft hinter uns bringen. Zuerst wird mein Freund Ihre Waffen einsammeln. Werfen Sie die Motoren an und starten Sie.«
Während der Mechaniker die Luke verriegelte und sich die Pistolen aushändigen ließ, sah der Pilot hilfesuchend auf Feuchtenbeiner. Der nickte nur. »Tu, was er sagt.«
Feuchtenbeiner wandte sich an den Schwarzen mit der Dynamitstange.
»Wo wollen Sie hin?«
»Nach Serpa Pinto.«
»Wollen Sie nicht wenigstens die Kinder aussteigen lassen?«
»Den Kindern passiert nichts. Und Ihnen auch nicht, wenn Sie meine Anordnungen befolgen.«
Der Mechaniker setzte sich neben den Piloten und ließ die Armaturen dabei nicht aus den Augen. »Südkurs wie immer. Ich kann Instrumente lesen.«
Tutuma nahm den Platz hinter Feuchtenbeiner ein. »Erklären Sie dem Piloten, welche Wirkung eine Dynagelstange hat, wenn man sie auf den Boden wirft.«
»Aber Sie gehen dabei mit drauf«, sagte der Pilot.
Tutuma betrachtete nachdenklich die Stange in seiner Hand. »Wollen Sie es darauf ankommen lassen?«
»Tu, was sie dir sagen«, wiederholte Feuchtenbeiner.
Der Pilot machte sich umständlich an den Armaturen zu schaffen.

»Beeilen Sie sich! Wir bluffen nicht.«
»Ich muß erst die Instrumente checken. Außerdem habe ich keine Landeerlaubnis für Angola.«
Von hinten war eine Kinderstimme zu hören. »Mami, warum sind denn die Männer so aufgeregt?«
»Fliegen Sie los, Mann!«
»Aber nur unter Zwang.«
Der Mechaniker sprang von seinem Sitz auf und drückte einen Kipphebel herunter. »Die Funksprechanlage! Er hatte sie eingeschaltet.«
»Oh«, sagte der Pilot, »ist mir gar nicht aufgefallen.«
Tutuma packte den Piloten am Kragen und hielt ihm drohend die Dynagelstange vor die Nase. »Dies war Ihr erster und letzter Trick. Sie gehen jetzt auf Südkurs wie immer, und später, sobald wir außer Sichtweite sind, drehen Sie auf Nordwest.«
Der Pilot starrte ihn an. »Wollen wir nicht vorher...«
»Los! Auf Südkurs!«
Der Pilot gehorchte. Dreißig Sekunden später hob er die Cessna in die Luft, und nach weiteren fünf Minuten machte er eine weite Schleife nach Nordwest. Sie flogen jetzt der untergehenden Sonne entgegen.
»Fliegen wir jetzt zu Granny nach Kapstadt?« fragte die ältere von Marjories Töchtern.
Erst jetzt löste sich Marjorie aus ihrer sprachlosen Erstarrung. Sie drückte ihre Kinder an sich und brach in hemmungsloses Schluchzen aus.
Tutuma wandte sich zu ihr um. »Bleiben Sie ruhig. Wir sind keine Verbrecher. Wir halten uns an Abmachungen, gleichgültig ob sie in der Luft getroffen werden oder im Holiday Inn.«
Feuchtenbeiner verstand die Anspielung. Sie galt ihm. Der Mann wollte ihm zu verstehen geben, daß er bereit war, das Pfand einzulösen, vorausgesetzt, Feuchtenbeiner sorgte für einen störungsfreien Ablauf der Aktion. Jetzt, da er es nicht mehr mit einem gesichtslosen Phantom zu tun hatte, sondern mit ei-

nem leibhaftigen Feind, wich die wochenlange Spannung allmählich, und er empfand fast so etwas wie Dankbarkeit.
Der Mann hinter ihm war offenbar der Boß, ein Kaffer, gewiß, aber souverän und umsichtig, das mußte man ihm lassen. Davon zeugte schon das professionelle Geschick, mit dem das Unternehmen ausgeklügelt worden war.

Bill Scranton drehte gerade seine Feierabendrunden im Direktionspool, als er dringend ans Telefon gerufen wurde. Laurens war am Apparat: »Die Bodenkontrolle hat über Bordfunk Fetzen eines Gesprächs empfangen. Hörte sich so an, als würde die King Air nach Angola entführt.«
»Wissen Sie Einzelheiten?«
»Nein. Nur, daß von Angola die Rede war.«
»Halten Sie's bis auf weiteres geheim, Laurens. Und stellen Sie eine Verbindung mit Johannesburg her.«
Scranton nahm sich nicht die Zeit zum Anziehen. Wenige Sekunden später hatte er über Radio-Telefon ein Vorstandsmitglied von De Beers an der Leitung. Der stellte sofort durch zur Kommandozentrale der konzerneigenen Sicherheitspolizei.
Johannesburg hatte Hunderte von Einsatzplänen für alle Eventualfälle parat, und es dauerte keine fünf Minuten, bis die Air Force ihre Vorbereitungen getroffen hatte. Von drei Flugplätzen stiegen Mirage-Jäger auf – von Mafeking im Süden, dicht an der botswanischen Grenze, von Pietsburg im Osten und von Tsumkwe, der Wüstenpiste in Südwestafrika, die seit den Unruhen im Ovamboland zu einem Militärflugplatz ausgebaut worden war. Tsumkwe diente der südafrikanischen Air Force als Stützpunkt zur Luftüberwachung des angolanischen Grenzlandes und des strategisch bedeutsamen Caprivi-Zipfels.
Die Einschaltung der botswanischen Behörden war nicht vorgesehen, jedenfalls nicht in der ersten Stufe des Einsatzplanes. Botswana verfügte weder über Militär noch über Luftwaffe, sondern nur über eine Polizeitruppe von 1200 Mann, die wenig taugte und nur stören würde.

16 Minuten nach dem Alarm waren die Mirage-Jäger in der Luft. Der Vorsprung der langsameren King Air fiel nicht ins Gewicht. Sie würde mehr als eine Stunde brauchen, um die 400 Kilometer zwischen Orapa und der Grenze nach Angola zurückzulegen. Zeit genug, ihr vorher den Weg abzuschneiden.

Zuerst hielt Tutuma es für ein Gewitter. In Sekunden schwoll das ferne Donnergrollen an zu einem ohrenbetäubenden Dröhnen, verebbte, schwoll wieder an.
Die King Air schwankte in einer Druckwelle. Marjorie und die Kinder auf den hinteren Sitzen schrien auf.
Im Bordfunk rauschte und knatterte es. Dann quäkte eine Stimme: »Drehen Sie ab auf Westkurs, und folgen Sie uns.«
Tutuma starrte aus dem Fenster. Im Schein der letzten Sonnenstrahlen blinkte der metallene Rumpf der Mirage auf und der weiße Helm des Piloten.
»Stellen Sie das Ding ab!«
Der Pilot gehorchte.
»Wie lange brauchen Sie bis Angola?«
»Mindestens fünfzig Minuten.« Der Pilot bemühte sich um einen sachlichen Ton. »Das sind Mirage-Jäger. Sehen Sie – da kommen noch drei. Sie haben nicht die geringste Chance.«
»Sie halten den Kurs!«
Feuchtenbeiner beugte sich vor: »Mach keine Dummheiten.«
»Das ist Wahnsinn«, sagte der Pilot. »Die haben Raketen und sind mindestens achtmal so schnell wie wir. Wenn wir...«
Der Rest des Satzes ging im Lärm zweier über ihnen fliegender Mirages unter.
»Gehen Sie tiefer und bleiben Sie dicht über dem Boden«, sagte Tutuma leise. »Es wird gleich dunkel.«
»Das nützt Ihnen nichts. Die haben Radar.«
Die Mirages drehten ab und flogen eine halbe Minute scheinbar ziellos umher. Dann leuchteten an ihren pfeilspitzen Schnauzen Scheinwerfer auf, und sie formierten sich zu einem neuen Anflug.

Die Insassen der King Air duckten sich unwillkürlich. Eine neue Druckwelle erschütterte die Kabine wie ein Erdbeben.
Der Luftdruck warf den Piloten gegen die Bordwand. »Ich kann das Steuer kaum noch halten!«
»Wollen sie uns alle umbringen?« schrie Feuchtenbeiner.
Tutuma sah sich nach der Frau und den Kindern um. Sie hatten sich auf den Boden geworfen, mit den Gesichtern zur Erde und die Hände im Nacken, stumm vor Entsetzen.
Tutuma griff unter seinen Sitz, wo er den Werkzeugkasten verstaut hatte. Er öffnete den Deckel und tastete so lange, bis er die Stahlschere gefunden hatte.
Feuchtenbeiner hielt ihm bereitwillig seine Handgelenke hin, als Tutuma die Stahlschere an den Kettengliedern ansetzte. Die Schneiden der Stahlschere hinterließen zuerst nur schwache Kerben. Tutuma preßte die Hebel der Stahlschere noch einmal mit aller Kraft. Die Kerben hatten sich etwas vertieft.
Beim dritten Versuch knackte der Stahl, und die Schneiden schlossen sich.
Ein Koffer war frei. Beim zweiten ging es schneller.
Feuchtenbeiner sah Tutuma bittend an, als wollte er darauf hinweisen, daß es nicht seine Schuld war, wenn die Aktion jetzt scheiterte.
Tutuma kümmerte sich nicht um ihn. Er tippte dem Mechaniker auf die Schulter. »Wir springen ab.«
Der Mechaniker schüttelte den Kopf. Er schien bewegungsunfähig vor Angst. »Ich kann nicht.«
»Du mußt!«
Als der Mechaniker seinen Kopf in den Armen vergrub, riß ihn Tutuma vom Sitz. »Was ist los mit dir! Du kannst den Kopf nicht einfach in den Sand stecken.« Er sprach nicht mehr Englisch, er sprach jetzt Setswana.
Der Mechaniker machte sich schwer, und als Tutuma seinen Körper nicht mehr halten konnte, ließ sich der Mechaniker auf den Boden fallen und blieb dort liegen wie ein Stein. »Ich kann nicht«, wiederholte er.

Tutuma strich ihm über den Kopf wie einem kranken Kind. Er wandte sich an den Piloten. »Wo sind die Fallschirme?«
Als der Pilot verständnislos den Kopf schüttelte, wiederholte Tutuma seine Frage auf englisch.
Der Pilot deutete stumm unter die leeren Sitze in der Reihe hinter ihnen. Feuchtenbeiner erhob sich und half Tutuma beflissen beim Anlegen des Fallschirms.
Als die Mirage gerade wieder abgedreht hatte, drückte Tutuma dem Sicherheitschef seinen Proviantbeutel in die Hand. »Festhalten. Aber gehen Sie behutsam damit um. Ein Wunder, daß die Dinger noch nicht explodiert sind bei dem Geschaukel hier. Der Pilot soll auf Westkurs gehen, sonst fliegen noch die Kinder in die Luft.«
Dann beugte er sich noch einmal hinunter zu dem Mechaniker. »Komm, mit dem Fallschirm geht's ganz einfach.« Tutuma wußte, daß er seinem Freund und sich selbst etwas vorlog, denn auch er hatte Angst. »Springen mußt du, so oder so. Entweder jetzt mit mir oder in Johannesburg aus dem Fenster vom John-Vorster-Hochhaus. Sie werden dich hinunterstürzen und es Fluchtversuch nennen, wie immer.«
»Ich kann nicht springen.« Der Mechaniker schüttelte störrisch den Kopf. »Sonst wäre ich Pilot geworden.«
»Willst du, daß sie dich foltern?«
»Trotzdem.« Der Mechaniker lag auf dem Boden und krallte sich an den Streben seines Sitzes fest.
Tutuma schlug ihm ein paarmal mit der Stahlschere auf die Finger. »Du wirst es nicht aushalten, du wirst alles verraten.«
Obwohl seine Finger schmerzten und bluteten, ließ der Mechaniker nicht locker. Seine Angst war größer.
»Dann bring' dich wenigstens um.« Tutuma warf ihm Feuchtenbeiners Pistole hin.
Er richtete sich auf und zerschlug mit seiner Stahlschere die Funksprechanlage des Piloten.
Dann schleppte er die beiden Aluminiumkoffer bis zum Heck

und entriegelte die Luke. Der Luftzug warf ihn fast um. Tutuma klammerte sich an den Lukenrand und stieß mit dem Fuß nacheinander die beiden Koffer hinaus.
Sekunden später sprang er selbst hinterher.
Es war dunkel, und er konnte die Flughöhe schlecht abschätzen. Instinktiv zog er die Reißleine. Kurz nachdem der Fallschirm sich geöffnet hatte, spürte Tutuma einen Ruck. Der Fallschirm hatte ihn aufgefangen.
Er war noch nie mit einem Fallschirm abgesprungen, aber er hatte einmal im Film gesehen, wie die Weißen das machen. Sich beim Aufsprung zusammenkugeln und wie ein Ball davonrollen.
Über sich hörte er das Dröhnen der Mirage-Jäger. Ob sie seinen Absprung bemerkt hatten?
Er blickte nach unten und versuchte, sich auf den Moment des Aufpralls zu konzentrieren. In der Nacht war alles schwarz, Luft und Erde, und Tutuma hatte noch immer keine Ahnung, wie hoch er über dem Boden schwebte. Immerhin wußte er, daß es hier in der Kalahari keine hohen Bäume gab, in denen sich der Fallschirm verfangen konnte, sondern allenfalls mannshohe Dornbüsche.
Im nächsten Augenblick schlug er auf den Boden auf, weniger hart, als er befürchtet hatte. Tutuma zog den Kopf ein, bedeckte ihn mit seinen Armen und rollte sich zusammen. Im linken Knöchel spürte er einen heftigen Schmerz.
Er blieb eine Weile liegen, bis der Schmerz ein wenig nachgelassen hatte. Dann rappelte er sich auf, entledigte sich der Gurte, faltete den Fallschirm und vergrub ihn mit den Händen im Boden.
Es war eine ungewöhnlich leichte, torfige Erde, anscheinend völlig unfruchtbar. Kein Busch, kein Halm im Umkreis, soweit es Tutuma im Dunkeln erkennen konnte.
Er nahm eine Handvoll von dem Mullstaub auf und leckte daran. Er schmeckte salzig. Sofort fielen ihm die sodahaltigen Makga-

dikgadi-Pfannen ein, aber die konnten es kaum sein, denn die lagen nördlich von Orapa, und die King Air hatte die ganze Zeit strikten Nordwest-Kurs gehalten.
Tutuma rieb sich unschlüssig den Knöchel. Der Schmerz hatte etwas nachgelassen. Wahrscheinlich war es nur eine Verstauchung. Er brauchte Ruhe. Morgen früh würde es ihm sicher besser gehen. Außerdem schien es wenig Sinn zu haben, jetzt im Dunkeln nach den beiden Koffern zu suchen.
Tutuma legte sich auf die Erde. Sie war federnd weich, trocken und reflektierte noch immer etwas von der tagsüber gespeicherten Sonnenwärme.
Die King Air war nicht mehr zu hören, nur noch das schwache Grollen der Düsenjäger von weitem, wie ein fernes Gewitter, das ihn nichts mehr anging. Vielleicht wäre es doch besser gewesen, die Maschine mitsamt ihren Insassen in die Luft zu sprengen. Aber dann wären auch die Kinder dabei draufgegangen. Wenigstens Moses hätte er erschießen sollen. Allmählich wurde ihm klar, daß es leichtsinnig gewesen war, dies dem Mechaniker selbst zu überlassen. Falls er wieder versagte und den Südafrikanern lebend in die Hände fiel, wäre er eine Gefahr für die ZLA.
Bisher waren Tutuma nie Zweifel an seiner Befähigung gekommen, Zimbabwe zu befreien, aber jetzt begann er sich zu fragen, ob nicht auch er ein Schwächling war. Er hätte seinen Gefährten liquidieren müssen. Später würden die Südafrikaner ihn sowieso ermorden, und dann gewiß auf eine viel qualvollere Weise.
Tutuma hatte die Gabe, wenn er es wollte, sofort einzuschlafen, wo er ging oder stand. So nutzte er die wenigen Stunden, die ihm bis Sonnenaufgang blieben.
Er wußte, daß er in den nächsten Tagen alle Kraft brauchen würde, wenn er seine verunglückte Mission noch zu einem erfolgreichen Ende bringen wollte.

400 000 Karat

Während des Weiterflugs übernahm Feuchtenbeiner das Kommando. Der schwarze Mechaniker neben dem Piloten ließ sich widerstandslos die Waffen abnehmen. Ohne seinen Anführer schien er hilflos.

Feuchtenbeiner tastete ihn sorgfältig ab, sogar zwischen den Beinen. Hier oben hatte er die Entwicklung noch unter Kontrolle, nach der Landung würde die Air Force den Mann übernehmen und später der Staatssicherheitsdienst.

Der Hijacker trug nichts auf der Haut als seinen khakifarbenen Overall. Die Taschen waren leer. Keine Fotos, keine Negative.

Feuchtenbeiner stieß ihn an. »Wie heißt du?«

Der Schwarze schwieg.

Feuchtenbeiner packte den Schwarzen an seinem Overall und holte aus zu einem Schlag.

Der Pilot drehte sich um. »Laß ihn! Du kannst ihn ja ausquetschen, wenn wir unten sind.«

»Wohin fliegen wir überhaupt?«

»Nach Südwest. Windhoek vielleicht, ich weiß nicht. Bis zur Grenze sind es 70 Minuten.«

Die Mirages jagten an ihnen vorbei, hin und zurück, wie ein Rudel kläffender Hunde, das ein einzelnes Schaf in den Stall trieb.

»Ich kann nicht noch mehr Unruhe an Bord brauchen«, sagte der Pilot. »Bin froh, wenn wir heil landen.«

»Kennst du ihn?«

»Moses. Er arbeitet seit drei Monaten auf dem Flugplatz. Hast du ihn denn nicht vor der Einstellung überprüft?«

»Schließlich kann ich nicht die Personalien sämtlicher Kaffern im Kopf haben«, antwortete Feuchtenbeiner.
»Mach lieber die Luke zu«, knurrte der Pilot.
Feuchtenbeiner kroch zum Heck, schloß die Luke und verriegelte sie. Marjorie starrte ihn an. »Kann uns der Mann noch gefährlich werden?«
»Keine Angst. Alles unter Kontrolle. Der Gangster ist entwaffnet. Hat der andere noch was gesagt, bevor er abgesprungen ist?«
»Nur, daß ich keine Angst haben soll.«
Eine Mirage raste dröhnend an ihnen vorbei. Feuchtenbeiner versuchte, dem Piloten zuzuwinken, daß alles okay sei.
Die King Air flog jetzt genau auf Westkurs.
Feuchtenbeiner zog eine der Dynagelstangen aus dem Proviantbeutel. »Wo er die wohl her hat?«
Mit Dynagelstangen wurde im Untertagebau erzhaltiges Gestein abgesprengt. Im Tagebau sprengten sie mit anderen Methoden, und in Orapa gab es nur Tagebau.
Feuchtenbeiner packte Moses am Kragen. »Wie heißt der andere? Los, los!«
Moses zog den Kopf ein.
Nach einem aufmunternden Knuff in die Rippen gab er dann doch einen Namen preis: »Kgosi.«
»Was bedeutet der Name?«
»Chef.«
»Und wie heißt er richtig?«
»Kgosi.«
»Wie lange kennst du ihn schon?«
»Ein paar Stunden. Er ist erst heute gekommen.«
»Woher?«
»Von draußen durch den Zaun.«
»Halt jetzt die Schnauze dahinten!« rief der Pilot. »Ich kann mich nicht konzentrieren.«
Feuchtenbeiner hätte gern das Verhör fortgesetzt. Vor allem

hätte er gern gehört, wie genau Moses über die Vorbereitungen des Coups informiert war. Wenn er nicht gelogen hatte, dann arbeitete die Bande wie ein Geheimdienst, mit abgeschotteten Zellen. Jeder erfuhr nur soviel wie unbedingt nötig und kannte niemanden, außer seinem unmittelbaren Kontaktmann.
Offenbar war Moses nur ein Handlanger, und es war unwahrscheinlich, daß sein Chef ihn vorher in die Rolle Feuchtenbeiners eingeweiht hatte.
Gefährlich konnte ihm nur der andere werden, dieser Kgosi. Und dann natürlich der unsichtbare Erpresser am Telefon, Mr. January.
Feuchtenbeiner tippte den Piloten auf die Schulter: »War 'ne gute Idee von dir, den Bordfunk einzuschalten vorhin. Sonst wären wir längst auf dem Weg nach Angola, und unten hätt's keiner gemerkt.«
Der Pilot rieb sich den Nacken. »Ich zerbrech' mir schon die ganze Zeit den Kopf, warum sie gerade heute die Cessna kapern wollten.«
»Du kennst meine Vorschriften.«
»Ich habe dich sonst nie danach gefragt. Aber jetzt brauchst du auch kein Geheimnis mehr draus zu machen, Jan.«
»Ich kann dir nur soviel verraten: auf die Maschine hatten sie's bestimmt nicht abgesehen.«
»Also doch.« Der Pilot nickte. »Dann müssen sie also einen Tip bekommen haben.«
Feuchtenbeiner schwieg.
Die Mirages hielten seit einer Weile mehr Distanz zu ihnen. Sie flogen jetzt in Formation mit gedrosselten Motoren und bündelten ihre Bordscheinwerfer zu einer Lichtschneise, bis vor ihnen die Silhouette des Mount Aha auftauchte.
Der Pilot zog die King Air etwas höher. »In deiner Haut möchte ich jetzt nicht stecken, Jan«, sagte er.

Gegen Morgen wurde es empfindlich kühl.
Als die Kälte aus dem Boden in seine Füße und Hände kroch, wachte Tutuma auf. Die Sonne war noch nicht aufgegangen. Er hatte keine Decke bei sich, keinen Kompaß, kein Wasser und keinen Proviant, nur seinen dünnen Overall. Auf eine Übernachtung in der Kalahari war er nicht eingerichtet; eigentlich sollte er um diese Zeit längst in Serpa Pinto sein, tief im befreundeten Angola. January hatte ihn bei Agostinho Neto avisiert, natürlich ohne die Diamanten zu erwähnen, die in Luanda einem sowjetischen Kurier übergeben werden sollten.
Tutuma sprang auf. Die Diamanten!
Er hatte die beiden Koffer abgeworfen, etwa eine halbe Minute, bevor er selbst abgesprungen war. Wenn er jetzt nicht die falsche Richtung einschlug, konnte er sie kaum verfehlen.
Die King Air war mit Nordwest-Kurs geflogen. Er brauchte also nur der Morgendämmerung entgegenzulaufen und sich ein wenig weiter rechts zu halten.
Als es heller wurde, machte er sich auf den Weg. Der Schmerz im linken Knöchel hatte nachgelassen. Die Verstauchung beim Aufprall war wohl doch leichter, als er zunächst befürchtet hatte.
Ein Zipfel des Fallschirms lugte aus dem Boden, dort, wo er ihn nachts verscharrt hatte. Tutuma häufelte etwas mehr von der mürben Torferde darüber, dann trat er sie fest, bis er sicher war, daß niemand, sosehr man auch danach suchen mochte, den vergrabenen Fallschirm in der unendlichen Weite je wiederfinden würde.
Orapa und die südafrikanische Polizei waren sicher längst alarmiert, wahrscheinlich auch die Polizei von Botswana. Sie würden Suchflugzeuge losschicken und Hubschrauber. Sie würden, sobald sie seinen ungefähren Standort ausgemacht hatten, Hunde auf seine Spur setzen. Zum Glück war er in der Dunkelheit abgesprungen, und dem Piloten dürfte es in dem Trubel schwergefallen sein, die genaue Position jener Minute zu rekonstruieren.

Aber sie würden schon bald das ganze Gebiet mit einem dichten Netz überziehen, und es war nur eine Frage der Zeit, bis er sich darin verfing.
Tutuma sah sich um. Kein Baum, kein Busch, nicht einmal Savannengras, in dem er sich verbergen konnte, fürs erste jedenfalls. Seine Schritte federten nicht mehr auf Torfmull, er ging jetzt auf einer steinharten Salzkruste, mit einer Schicht von feinstem Staub bedeckt. Zerbrochene Muschelschalen lagen herum.
Eine halbe Stunde später entdeckte Tutuma von weitem den ersten der beiden Koffer. Die Metallhaut reflektierte die Sonnenstrahlen wie ein Spiegel.
Der Koffer war beim Aufprall aufgesprungen, die Lederbeutel lagen verstreut im Umkreis von zehn Metern herum. Tutuma sammelte die Beutel ein, löste von einem die Plombe und schaute hinein. Gelbgrauer Grieß, jeder Stein kaum größer als grober Sand.
Vorsichtig biß Tutuma auf eins der Körner. Ein Stück Zahnschmelz splitterte ab. Industriediamanten.
Zumindest hatte Feuchtenbeiner nicht gelogen.
Tutuma raffte die Lederbeutel zusammen, legte sie in den verbeulten Koffer und verschloß ihn notdürftig. Er würde die Koffer nicht mitschleppen können. Allein dieser hier wog fast einen Zentner, der andere sicher kaum weniger.
In der Sonne boten sie jedem Flugzeug ein weithin sichtbares Ziel, wie Blinklichter.
Hundert Meter weiter nördlich fand Tutuma, inmitten der Salzkruste, eine kleine Mulde mit torfigem Boden. Er hob mit den Händen eine Grube aus, groß genug für beide Koffer.
Tutuma widerstand der Versuchung, einen oder zwei der Lederbeutel mitzunehmen. Es war zu gefährlich. Falls sie ihn aufgriffen und die Diamanten bei ihm fänden, hätte er keine Chance, sich herauszureden.
Den zweiten Koffer entdeckte er unweit vom ersten. Er hatte ein paar Dellen, war beim Aufprallen aber nicht aufgesprungen wie der andere.

Tutuma verscharrte beide Koffer, sammelte anschließend zwei Dutzend faustgroßer Steine und legte sie wie einen losen Wall um das Versteck. Nur für den Eingeweihten erkennbar, markierten die Steine in groben Umrissen die Landesgrenzen Zimbabwes mit dem charakteristischen Horn im Westen.
Als er damit fertig war, marschierte Tutuma nach Norden. Unterwegs versuchte er, sich markante Wegzeichen einzuprägen, die ihm später das Wiederauffinden des Verstecks ermöglichen sollten. Es gab nicht viele davon in der Einöde, allenfalls Steine.
Tutuma hatte etwa 8000 Schritte in einer Art Dauerlauf zurückgelegt, als er fern im Osten eine Staubwolke entdeckte, die sich langsam auf ihn zu bewegte.

Dieter Hahn hatte das Fenster seines Anderthalbtonners hochgekurbelt, um nicht noch mehr Staub zu schlucken. Der Wind kam aus der Fahrtrichtung und trieb den Staub, den die Räder aufwirbelten, vor sich her.
Es war heiß in der Fahrkabine. Dieter wischte sich mit dem Handrücken über das Gesicht, aus dem der Schweiß in grauen Rinnsalen hinunterfloß in sein T-Shirt.
Vor zwei Stunden erst hatte er sich den in diesem Landstrich schier unglaublichen Luxus eines Bades leisten können. 60 Kilometer hinter Orapa war wie eine Fata Morgana ein großer See vor ihm aufgetaucht, der auf seiner Karte nicht verzeichnet war. Dieter hatte sich die Kleider vom Leibe gerissen und sich in das Wasser gestürzt. Es war warm, leidlich sauber und sehr flach gewesen. Noch hundert Meter vom Ufer entfernt hatte es ihm gerade bis zu den Knien gereicht.
Die unverhoffte Erfrischung hielt nicht lange vor. Jetzt war er so staubig und erhitzt wie vor dem Bad.
Eigentlich hätte Dieter seine Reise unterbrechen sollen. Der weiße Arzt, der aus Orapa nach Lethlakane gekommen war, hatte ihm Ruhe verordnet, damit er sich von den Prellungen und

Schürfwunden, die ihm der Strauß zugefügt hatte, erholen konnte. Besonders die Wunde unterhalb der letzten Rippe, wo ihn der Strauß mit seiner Klaue getroffen hatte, sah schlimm aus.
Aber er hatte sich schon nach einem Tag kräftig genug gefühlt, um weiterzufahren. Wenn er flach atmete, schmerzte auch die Verletzung unterhalb der Rippe nicht sonderlich. Der Arzt hatte sie desinfiziert und verbunden und ihm eine Tetanusspritze gegeben.
Der neue Ford hatte Dieter bisher noch nicht im Stich gelassen. Als er den Mopipi-Damm umfahren hatte, erwies sich die Straße, die auf seiner Karte als Landstraße zweiter Ordnung ausgezeichnet war, wieder nur als eine kaum erkennbare Fahrspur. Er schaltete um auf Vierradantrieb und fuhr mit höchstens 20 Stundenkilometern. Seit einer Viertelstunde konnte er die Geschwindigkeit fast verdoppeln. Der Boden war hier hart wie eine Schotterpiste, und Dieter brauchte nur auf die Schlaglöcher in der Salzkruste zu achten, um keinen Achsenbruch zu riskieren.
Der Afrikaner vor ihm hockte am Rand der Fahrrinne und hob müde die Hand. Dieter hielt an und kurbelte das Fenster herunter.
»Hab' ich Sie nicht schon mal gesehen?«
»Ja, vor zwei Tagen.« Tutuma lächelte. »Nachdem Sie dem Strauß den Hals umgedreht hatten.«
»Natürlich, das waren Sie. Ich habe Sie nicht sofort erkannt in dem Overall. Warum sind Sie in Lethlakane so schnell verschwunden? Ich konnte mich nicht mal richtig bedanken.«
Tutuma ging auf die Frage nicht ein. »Wo sind wir hier?«
»Das müssen Sie doch viel besser wissen. Sie sind doch von hier.« Dieter griff nach der Karte, die neben ihm lag und stieg aus. »Vorhin bin ich an einem See vorbeigekommen. Da ungefähr. Aber auf der Karte ist kein See verzeichnet.«
»60 Kilometer westlich von Orapa?«

»Ja.«
»Dann war es der Mopipi-Staudamm. Den gibt's erst seit vier Jahren. Früher floß der Botetle, der vom Norden aus den Okawango-Sümpfen kommt, in den Lake Nxau. Dann haben ihn die Leute aus Orapa umgeleitet in die Mopipi-Senke und eine Pipeline gelegt, aus der sie Orapa mit Wasser versorgen.«
»Warum nicht aus dem Lake Nxau?«
»Der ist zu weit weg von Orapa. Außerdem ist der Boden zu salzhaltig.«
»Dann befinden wir uns jetzt also auf dem Grunde des Lake Nxau?«
Tutuma nickte. »Früher gab es hier Großwild und Flamingos. Jetzt ist eine Salzwüste daraus geworden.« Er hob ein paar Steine auf, schichtete sie und legte eine Art Wegweiser nach Süden, von wo er gekommen war.
Dann wandte er sich wieder an Dieter. »Sie wollten nach Rakops, haben Sie vorgestern erzählt.«
»Ja, wie weit ist es noch?«
»Bis heute abend können wir es schaffen.«
Ohne ein weiteres Wort der Erklärung kletterte Tutuma auf den Beifahrersitz. »Ist Ihnen unterwegs jemand begegnet?«
»Nur ein Afrikaner mit ein paar Ziegen.«
»Kein Landrover oder Hubschrauber?«
Dieter schüttelte verwundert den Kopf. »Seit gestern abend nicht. Da sah ich ein Flugzeug starten. Schien aus Orapa zu kommen.« Er holte eine Dose Fanta aus der Ablage. »Haben Sie Durst?«
»Danke.« Tutuma riß den Verschlußring auf und trank die lauwarme Dose mit einem Zug leer. »Können wir fahren?«
Erst jetzt fiel Dieter auf, daß der Afrikaner sich selbst als Mitfahrer eingeladen hatte. Wahrscheinlich war das so üblich in einem Land ohne öffentliche Verkehrsmittel. Der Schwarze machte einen gebildeten Eindruck, nicht nur weil er so gut Englisch sprach. Er rückte von ihm weg bis ans Fenster, als sei es ihm un-

angenehm, auf Dieter angewiesen zu sein. Vielleicht hatte er Vorbehalte gegen Weiße. Kein Wunder, dachte Dieter. Die Weißen haben den Afrikanern hier im Süden übel mitgespielt.
Ein paar Kilometer weiter brach Dieter das Schweigen. »Verstehen Sie was von Autos?«
»Nicht viel. Warum?«
Dieter deutete auf Tutumas Overall. »Hab' Sie erst für einen Mechaniker gehalten.«
Tutuma ging nicht auf die versteckte Frage ein.
Der Ford machte einen Satz, daß Dieter fast mit dem Kopf an die Decke stieß.
»Springhasen«, sagte Tutuma. »Sie bauen Löcher. Die müssen Sie langsam umfahren. Sonst kann die Achse brechen.«
Die vegetationslose Salzsteppe war inzwischen wieder in Trokkensavanne übergegangen, wo spärliche Dornbüsche wuchsen, Kletten und schütteres gelbbraunes Gras. Auf der linken Seite tauchte unvermittelt ein Maisfeld auf, eingezäunt von einer Wehr aus vertrocknetem Dorngesträuch, wohl um grasende Antilopen und stehlende Paviane fernzuhalten. Ein Hütejunge auf einem Esel äugte neugierig zu ihnen herüber.
Als Dieter anhalten wollte, bat Tutuma mit abgewandtem Kopf: »Fahren Sie weiter.«
Es war der drängende Tonfall in der Stimme des Afrikaners, der Dieter bewog, der Bitte stattzugeben, obwohl er dieses seltsame Kornfeld inmitten der Wildnis gern fotografiert hätte. Offenbar wollte sein Fahrgast nicht gesehen werden.
Überhaupt – irgend etwas stimmte hier nicht. Der Kerl stand im Overall auf dem ausgetrockneten Grund eines Sees und wußte nicht einmal, wo er sich gerade befand. Ohne Wasser, ohne Proviant. Verlaufen konnte er sich kaum haben. Die Afrikaner, denen Dieter auf seiner Reise bisher begegnet war, trugen alle ihr Herz auf der Zunge. Aber der hier war verschlossen wie einer, der etwas zu verbergen hatte.
Dieter unternahm einen neuen Versuch: »Übrigens: ich heiße Dieter.«

Der Afrikaner murmelte etwas Unverständliches. Er schien geistesabwesend, als beschäftigte ihn ein Problem.
Als sich die Fahrspur gabelte, sagte er: »Sie müssen der linken Spur folgen. Rechts geht's zum Dorf.«
Dieter blieb auf der linken Spur. Offenbar lag dem Afrikaner viel daran, schnell voran zu kommen. Dieter wurde unbändig neugierig auf seinen namenlosen Beifahrer. Er war noch keine Woche in Afrika, hatte in Gaborone und Serowe mit einigen Afrikanern gesprochen. Er brannte darauf, von ihnen zu lernen, über ihre Lebenseinstellung, ihre Perspektiven, ihre Philosophie. Aber alles, was er von ihnen erfahren konnte, war ein unreflektiertes Echo dessen, was Europäer in ihre Köpfe getrichtert hatten.
Bisher war Dieter enttäuscht von Botswana, nicht so sehr von dem Land als von den Menschen, die hier lebten. Sie schienen frei von dem Nationalgefühl der Sambianer und Tansanier, eher entspannt als aggressiv. Sie hatten keine blutige koloniale Vergangenheit zu kompensieren: ein zufriedenes Hirten- und Nomadenvolk, von den englischen Protektoratsherren nicht einmal der Ausbeutung für würdig befunden und nach 80jähriger Geschichte als britisches Schutzgebiet Betschuanaland widerstandslos in die Unabhängigkeit entlassen, auf die sie nicht vorbereitet waren, unentwickelt und ohne eine nennenswerte Infrastruktur.
Ein ideales Betätigungsfeld für Entwicklungshelfer.
Was Dieter bei den Batswana bisher vermißte, war Problembewußtsein. Entweder begegneten sie ihm mit sanftmütiger Indolenz oder – was in Dieter weit mehr Betroffenheit auslöste – sie versuchten nachzuäffen, was ihnen die wenigen Weißen im Land vorlebten. Mehr denn je schienen sie, zehn Jahre nach ihrer politischen Unabhängigkeitserklärung, nur ein Ideal anzustreben: Weiße zweiter Klasse zu werden.
Dieser verschlossene Afrikaner neben ihm schien von ganz anderem Kaliber. Keine Spur von Anbiederung, statt dessen Distanz und etwas von jener Würde, die Wissen verleiht.

Endlich brach der Afrikaner das Schweigen: »Europäer, die hierherkommen, sehen sich gewöhnlich die Victoriafälle an.« Es klang wie eine Frage.
»Ich bin erst eine Woche in Afrika. In sieben Wochen soll ich eine Brigade in Ghanzi übernehmen. Wenn ich vorher Zeit habe, will ich unbedingt nach Zimbabwe rüber und die Fälle sehen.«
»Warum nennen Sie Zimbabwe nicht Rhodesien, wie es alle Weißen tun?«
»Zimbabwe ist der afrikanische Name, und es ist doch ein afrikanisches Land.«
Der Afrikaner nickte zustimmend, verharrte aber weiter in seiner Reserve. »Ich habe Hunger«, sagte er schließlich.
Dieter fuhr den Anderthalbtonner ein Stück in den Busch hinein und hielt im Schatten einer hohen Dornakazie. Dann inspizierte er auf der offenen Ladefläche den Karton mit seinem Reiseproviant. Er roch an der Butter. Trotz des kühlenden Fahrtwinds war sie zerschmolzen.
»Ranzig.«
»Die können Sie höchstens noch zum Braten nehmen.«
Der Afrikaner sammelte Holz, während Dieter den Grill mit dem Wasserkessel aufstellte. Das verdorrte Holz brannte rauchlos wie Zunder.
Dieter füllte den Kessel aus dem Plastiktank. Die Sonne hatte das Wasser so weit vorgewärmt, daß es in weniger als einer Minute kochte. »Tee oder Kaffee?«
»Lieber Tee.«
Dieter holte Aufgußbeutel und zwei Emaillebecher. Das trokkene Weizenbrot bröselte auseinander, als er es aufschnitt. Er las das Etikett auf der Dose Corned beef und warf sie dem Afrikaner zu. »*Packed in the Republic of South Africa*. Ihr habt drei Millionen Rinder im Land und führt teures Corned beef aus Südafrika ein. Warum produziert ihr es nicht selbst?«
»Wir haben zwar einen Schlachthof in Lobatse, aber keine Fabriken, um das Fleisch und die Häute zu verarbeiten.«

»Ist das nicht unwirtschaftlich?«
»Wir sind ein Rohstoffland und beliefern die Industrieländer mit billigen Rohstoffen, damit sie uns mit teuren Fertigprodukten in Armut und Abhängigkeit halten können.«
Dieter groß den Tee auf. »Wir sollten euch helfen, eine eigene Industrie aufzubauen.«
Der Afrikaner lächelte ironisch: »Autofabriken?«
»Nein. Kleinindustrie, die eure Rohstoffe verarbeitet. Zum Beispiel Schlachtrinder in Corned beef und Häute in Schuhe. Das wäre der erste Schritt zur wirtschaftlichen Unabhängigkeit.«
»Ich weiß, Sie meinen es gut, aber...«
Der Afrikaner starrte unverwandt auf eine Staubwolke, die sich von Westen näherte.
Jetzt sah auch Dieter die Wolke. »Wer ist das?«
»Wer es auch sein mag, er wird anhalten und mit Ihnen sprechen wollen. Das ist hier üblich. Ich habe eine große Bitte: Erwähnen Sie mich nicht.«
Bevor Dieter etwas sagen konnte, fügte er rasch hinzu: »Und stellen Sie jetzt keine Fragen.«
Damit nahm er seinen Becher und verkroch sich hinter einem Baum in der Nähe.
Ein paar Minuten später entpuppte sich die Staubwolke als ein Landcruiser der botswanischen Polizei. Ein Sergeant in adretten Shorts und khakifarbenem Buschhemd grüßte: »Dumela Morena.«
Dieter hob freundlich eine Hand: »Dumela.«
»A o bua Setswana.«
»Nein.«
»Aber Englisch sprechen Sie?«
»Ja.«
»Wo kommen Sie her?«
»Aus Gaborone. Ich soll den Ford nach Maun bringen.«
»Für wen?«
»Im Auftrag des Ministeriums für Jugend und Erziehung.« Die

Brigade in Maun unterstand dem Ministerium, und Dieter hielt es für ratsam, sich auf einheimische Behörden zu berufen.
Der Sergeant trat neugierig näher.
»Möchten Sie auch einen Tee?«
»Danke, wir müssen gleich weiter.« Der Sergeant zeigte sein kräftiges Gebiß. »Reisen Sie ganz allein?«
Dieter nickte.
»Der Weg nach Maun ist nicht leicht zu finden.«
»Ich habe eine Karte. Da ist die Straße eingezeichnet.«
»Eine Straße!« Der Sergeant blähte belustigt seine Backen. »Ein ausgetrocknetes Flußbett ist das. Und wenn die Regenzeit kommt...« Er machte eine unbestimmte Gebärde. »Einen Kompaß haben Sie wenigstens...«
»Ja.«
»Den werden Sie auch brauchen. Kein Mensch fährt den Botetle hinauf nach Maun. Wenn Sie mit einer Panne liegenbleiben, müssen Sie vielleicht wochenlang auf Hilfe warten.« Er rief seinem Kollegen etwas auf Setswana zu. Der schüttelte lachend den Kopf.
»Wenn Sie in Rakops sind, melden Sie sich am besten bei der Polizei. Das große Camp am Ortseingang. Good bye. Sala sentle.«
»Tsamaya sentle.« Dieter war froh, eine der wenigen Phrasen anbringen zu können, die er in Deutschland gelernt hatte.
Als der Landcruiser entschwunden war, tauchte der Afrikaner hinter seinem Baum wieder auf. Er verlor kein Wort über die Begegnung, als sei es ganz selbstverständlich, daß er sich vor der Polizei versteckte.
Wenigstens bedanken hätte er sich können, dachte Dieter. Und er beschloß, den Stier bei den Hörnern zu packen. »Ich habe vorhin Ihren Namen nicht verstanden.«
Der Afrikaner musterte ihn mit einem langen Blick. Dann fragte er leise: »Sie haben mir eben geholfen? Warum?«
Dieter antwortete nicht sofort. Auch er brauchte Zeit, um sich über sein Motiv klarzuwerden. »Vielleicht habe ich gespürt, daß Sie Hilfe brauchen. Vielleicht, weil Sie mir auch geholfen haben, vorgestern, nach dem Kampf mit dem Strauß.«

Der Afrikaner zuckte mit den Achseln, als sei dies keiner Erwähnung wert.
»Vielleicht wollte ich Sie auch nicht gleich wieder verlieren. Als Partner, meine ich. Es würde mir Spaß machen, zusammen mit Ihnen ein Stück zu fahren.«
»Sie kommen aus Deutschland, Sie sind Weißer. Ein Weißer tut nichts, was ihm keinen Vorteil bringt.«
»Natürlich will ich von Ihnen profitieren.« Dieter lächelte. »Ich bin nach Afrika gekommen, um zu lernen, und hoffe, daß ich durch Sie manches besser verstehen werde. Sie sehen also: Ich bin genauso egoistisch wie alle anderen Weißen. Noch einen Tee?«
Der Afrikaner hielt ihm den Becher hin. »Wir können gern ein Stück zusammen fahren.«
»Wohin wollen Sie denn?«
»Ich weiß noch nicht.«
»Irgendein Ziel müssen Sie doch haben.«
Der Afrikaner schlürfte den Tee und verschlang heißhungrig eine zweite Dose Corned beef. Er schien gründlich nachzudenken, und Dieter ließ ihm Zeit.
Nach einer Weile fragte der Afrikaner: »Auf welcher Seite stehen Sie?«
»Sie meinen – politisch?«
»Ja, politisch.«
»Ich habe mich freiwillig zum Entwicklungsdienst gemeldet, um den Batswana zu helfen, sich von der wirtschaftlichen Umklammerung durch Südafrika zu befreien.«
Der Afrikaner rührte mit dem Finger im Tee. »Da haben Sie sich etwas vorgenommen.« Es war ihm nicht anzusehen, ob er es ironisch meinte.
»Man hat mir gesagt, daß es in Ghanzi für die Absolventen der Volksschule zuwenig Plätze auf weiterführenden Schulen gibt. In meiner Brigade sollen sie ein Handwerk lernen. Maurer oder Tischler oder Farmer.«

»Wozu?«
»Damit Botswana künftig mehr im eigenen Land produzieren kann und nicht alles aus Südafrika oder Rhodesien importieren muß. Genügt Ihnen die Antwort?«
Der Afrikaner nickte. »Gut, Sie wollen den Batswana helfen. Und ich? Würden Sie auch mir helfen, so wie vorhin? Mir ganz persönlich?«
»Sie meinen, ob ich Ihnen noch einmal helfen werde, sich vor der Polizei zu verstecken?«
»Zum Beispiel.«
»Einem Verfolgten würde ich helfen, einem Kriminellen nicht. Abgesehen davon, hatte ich vorhin nicht den Eindruck, daß man Sie sucht.«
»Der Fall kann sehr bald eintreten. Ich bin politischer Flüchtling aus Zimbabwe.«
»Warum soll man Sie dann hier suchen? Botswana steht doch auf der Seite der schwarzen Unabhängigkeitsbewegung.«
»Sie sind Deutscher und wissen sehr wenig von der Realität im Süden Afrikas. Sehen Sie sich doch mal die Landkarte an. Botswana ist umgeben von feindlichen Regierungen: Im Norden und Westen Namibia, das die Südafrikaner noch immer Südwestafrika nennen und das sie lückenlos kontrollieren. Im Süden Südafrika selbst, und im Osten Zimbabwe, das noch immer Rhodesien heißt und von dem Rassisten Ian Smith beherrscht wird. Es gibt eine einzige Eisenbahn, die von Botswana zu den südafrikanischen Häfen führt, und die gehört den weißen Rhodesiern. Wenn sich Vorster und Smith verabreden, Botswana den Zugang zur Außenwelt zu versperren, brauchen sie nur die Straßen und die Eisenbahn zu blockieren. In wenigen Wochen wäre Botswana ruiniert.«
»Aber Sie haben im Norden noch die Fähre über den Sambesi...«
»Ein Nadelöhr, eigentlich nur eine Fahrrinne im Fluß, zwanzig Meter breit. Von beiden Seiten im Schußfeld der Rhodesier und der Südafrikaner. Keine Schraube kommt da aus Sambia herein,

wenn es die Weißen nicht wollen. Botswana ist eine unabhängige Republik auf Widerruf. Die Südafrikaner haben ihre Finger überall drin, in der Minenindustrie, in der Wirtschaft, in den Behörden. Verstehen Sie jetzt, warum ich auch der botswanischen Polizei nicht trauen kann?«

»Sind Sie wirklich so wichtig für die Südafrikaner?«

»Ab heute oder morgen werde ich der meistgesuchte Mann im südlichen Afrika sein.«

»Schneiden Sie da nicht ein bißchen auf?« Aber es war etwas in der Stimme des Afrikaners, das Dieter davon überzeugte, nicht nur einen Wichtigtuer vor sich zu haben. Die Umstände ihrer Begegnung waren obskur genug.

Der Afrikaner deutete auf seinen Overall: »Haben Sie was anderes für mich anzuziehen?«

»Mein Gepäck ist auf der Ladefläche. Der Rucksack und der Koffer.«

Er öffnete den Koffer und reichte dem Afrikaner eine Cordhose und ein blaues T-Shirt. Das Hemd paßte, aber die Hose war viel zu weit.

Tutuma krempelte die Hosenbeine um und blickte auf seine alten Tennisschuhe hinab. »Die kann ich anbehalten.«

Den zusammengeknüllten Overall warf er in einen Busch.

»Ich heiße Tutuma«, sagte er. »Es ist besser, wenn ich in Rakops nicht gesehen werde.«

»Sie können sich auf der Ladefläche unter die Decke legen.«

»Wie eilig haben Sie es, nach Maun zu kommen?«

»Nicht sehr eilig.«

»Ich fürchte, man wird überall nach mir fahnden. Außer vielleicht...«

Dieter sah ihn fragend an.

»Ganz tief in der Kalahari. Da kommt nie einer hin.«

»Ka-la-ha-ri.« Genüßlich zerlegte Dieter das Wort in seine vier Silben. Unternehmungslust blitzte in seinen Augen auf. »Klingt nicht schlecht, das Wort. Irgendwie nach viel Sand und viel Abenteuer.«

BOSS

Aus der Vogelschau erinnerte der Platz entfernt an eine Goldgräbersiedlung. Er hatte einen provisorischen Charakter, als könnte er, falls erforderlich, an einem Vormittag aufgelöst und anderswo gleich wiederaufgebaut werden. Feuchtenbeiner erkannte im Mondlicht acht Wellblechbaracken, einen großen Benzintank, eine Radarstation, einen Brunnen, einen Generator und eine Start- und Landepiste mit einem Windsack, der jetzt schlaff herabhing.
Kurz nach 20 Uhr setzte der Pilot die King Air ohne Schwierigkeiten auf. Rasch hintereinander landeten auch die Mirage-Jäger.
Nachdem Feuchtenbeiner den Kommandanten des Flugplatzes, einen Major in Uniform, kurz über das Vorgefallene ins Bild gesetzt hatte, verschwand der in einer der Baracken, um über Radio-Telefon vom Oberkommando der Air Force weitere Instruktionen einzuholen.
Fünf Minuten später kam er zurück. »Ich soll Sie nach Pretoria fliegen lassen. Den Gefangenen auch.«
Marjorie drängte sich heran. »Wann geht die nächste Maschine nach Gaborone? Ich muß den Anschlußflug nach Johannesburg erwischen.«
»Tut mir leid, Madam. Sie müssen auch erst nach Pretoria. Aber vorher sind Mr. Feuchtenbeiner und der Gefangene dran.«
»Aber meine Mutter wartet in Kapstadt auf uns.«
»Ich habe meine Befehle, Madam.« Er wandte sich an den Piloten. »Sie können was essen, wenn Sie wollen.«

Der Pilot vertrat sich ungeduldig die Beine. »Wo sind wir eigentlich, verdammt nochmal!«
»In Tsumkwe.«
»Tsumkwe? Nie gehört.«
»Südwestafrika«, antwortete der Major knapp. »Bitte, fragen Sie nicht weiter.«
Nachdem 1974 die afrikanische Provinz Angola von Portugal in die Unabhängigkeit entlassen worden war, hatten die Südafrikaner in aller Eile den Luftstützpunkt Tsumkwe errichtet, mitten im Buschmannland, in dem es weder Menschen noch Straßen gab, nicht einmal Rinder. Lästige Zeugen waren hier nicht zu befürchten – Tsumkwe, ein bis dahin ausgetrockneter und dann von einem Bohrtrupp reaktivierter Brunnen, lag zwischen Grootfontein, Rietfontein und dem Kavango-Kral Rundu in einem Dreieck zwischen Hereroland und den Grenzen zu Botswana und Angola. In keiner dieser Ansiedlungen – die nächste lag fast 200 Kilometer entfernt – war der Bau der Luftbasis überhaupt nur bemerkt worden. Erst als plötzlich Mirage-Jäger über den unendlichen Weiten Südafrikas an der Grenze zu Angola auftauchten, begriffen die Owambos, Kavangos, Hereros und Buschmänner, daß die Donnervögel von irgendwo aus der menschenleeren Einöde kommen mußten. Doch den genauen Standort des Stützpunktes hatten nicht einmal die Owambo-Kundschafter der Freiheitsbewegung SWAPO ermitteln können, die seither als Rinderhirten getarnt die Savanne durchstreiften.
Da es über Land keinen direkten Zugang zum Luftstützpunkt Tsumkwe gab, hatte die Air Force von Windhoek aus eine Luftbrücke installiert. Jeden Mittwoch transportierte ein Versorgungsflugzeug Kerosin, Ersatzteile, Verpflegung, Zeitungen und einen neuen Tonfilm nach Tsumkwe.
Nachdem er sich gestärkt und erfrischt hatte, wartete auf Feuchtenbeiner und seinen Gefangenen eine aufgetankte Mirage, die ihn nach Pretoria bringen sollte. Der Pilot der King Air hatte nach mehreren hektischen Radio-Telefonaten mit Johannes-

burg, Pretoria und Orapa Anweisung erhalten, bis zum nächsten Tag zu warten und dann nach Orapa zurückzufliegen. Er wurde vergattert, über den Vorfall absolutes Stillschweigen zu bewahren.

Orapa hatte inzwischen dem Tower in Gaborone einen Motorschaden gemeldet und die gegen 20 Uhr vorgesehene Landung der King Air abgesagt.

In Pretoria tagte noch am späten Abend der Staatssicherheitsrat: der Premierminister samt dem Kabinett sowie die Oberbefehlshaber der Streitkräfte und der Polizei und der Chef des *Bureau of State Security* (BOSS). Dessen Stellvertreter, General Erik van Zyl, wurde mit der Leitung der Untersuchung beauftragt. Eine Reihe von vorläufigen Maßnahmen wurde beschlossen. Im Hinblick auf die delikate außenpolitische Situation verfügte der Sicherheitsrat die fugendichte Geheimhaltung des Vorfalls. Nach außen hin sollte alles so weiterlaufen, als wäre nichts geschehen. *Business as usual.*

Marjorie und ihre Töchter sollten später mit der Transportmaschine nach Windhoek und von dort mit einer Linienmaschine weiter nach Pretoria geflogen werden, wo die Mutter nach ihrer Vernehmung eine eindringliche Belehrung über die strafrechtlichen Konsequenzen erwartete, falls sie sich zu irgend jemandem über die Entführung äußerte.

Als Moses noch am späten Abend in Tsumkwe die Mirage besteigen sollte, wehrte er sich mit Händen und Füßen gegen seinen Abtransport. Er bestand darauf, mit dem Piloten der King Air zu fliegen. Er schien der einzige Weiße zu sein, dem er in seiner Situation noch einen Rest Vertrauen schenkte.

Feuchtenbeiner, dankbar für die Gelegenheit, endlich ein wenig Dampf abzulassen, lädierte Moses mit einer rechten Geraden das Nasenbein und schleppte seinen Gefangenen auf den Copiloten-Sitz, wo er ihn festzurrte.

Gegen zwei Uhr morgens landete die Mirage auf dem Militärflugplatz von Pretoria. Ein Mercedes wartete auf dem Roll-

feld, ein schweigsamer Chauffeur fuhr Feuchtenbeiner und den Gefangenen mehr als eine Stunde durch die Nacht.
Zehn Minuten hinter dem Ortsschild Warmbad bog er in einen Feldweg, der nach einer weiteren Viertelstunde an einer einsam gelegenen Farm endete.
Feuchtenbeiner war überrascht. Er hatte erwartet, daß die Untersuchungen von der Zentrale der Sicherheitspolizei in der Hauptstadt Pretoria geführt würden, und war auf endlose Konferenzen mit hohen Polizeioffizieren vorbereitet. Statt dessen fand er sich in diesem Farmhaus wieder, mit einer fast privaten Atmosphäre, dem brennenden Kamin in einer kostbar möblierten Wohndiele, in der Gesellschaft von drei Männern in legeren Holzfällerhemden.
Einer von ihnen stand sofort auf und führte Moses hinaus. Der zweite, etwa 60 Jahre alt, saß abseits und sprach zunächst kaum ein Wort.
»Das ist Heinz«, stellte ihn der dritte vor, offenbar der Ranghöchste.
Feuchtenbeiner spürte den Händedruck des Chefs wie einen Schraubstock. »Freut mich, Sie kennenzulernen.« Aber der kühle Blick aus den Vogelaugen des Mannes entlarvte seine Worte als leere Floskel. »Die Regierung hat beschlossen, daß die Untersuchungen inoffiziell geführt werden, aber nicht minder intensiv. Es hat keinen Orapa-Zwischenfall gegeben. Bitte, halten Sie sich daran. Meine Behörde hat den Fall übernommen. Ich bin General van Zyl vom Büro für Staatssicherheit.«
Er bot Feuchtenbeiner einen Sessel an. »Einen Drink?«
Trotz seiner trockenen Kehle winkte Feuchtenbeiner ab. Er brauchte in den nächsten Stunden einen klaren Kopf.
»Was wir zunächst benötigen, Jan, ist ein detaillierter Bericht. Als erfahrener Profi wissen Sie genau, worauf es ankommt.«
»Selbstverständlich, Sir.«
»Sie können Erik zu mir sagen.«
»Haben Sie eine Schreibmaschine?«

»Dafür ist keine Zeit. Ich will einen mündlichen Bericht. Das Protokoll nehmen wir später auf.«
Feuchtenbeiner rieb sich den Schweiß aus dem Nacken. Bestimmt ließen sie ein verstecktes Tonband laufen. Er bemühte sich, so exakt wie möglich die Einzelheiten des Überfalls wiederzugeben, ohne sich in Widersprüchen zu verheddern. Van Zyl hörte aufmerksam zu, ohne auch nur ein einziges Mal zu unterbrechen, und Heinz schrieb von Zeit zu Zeit mit.
Als Feuchtenbeiner fertig war, fragte van Zyl: »Und Sie haben keine Chance gesehen, die Männer zu überwältigen?«
»Sie hatten Dynamit. Der Anführer schien entschlossen, es anzuwenden.«
Van Zyl zeigte auf den Proviantbeutel, den Feuchtenbeiner mitgebracht hatte. »War es da drin?«
»Ja.«
Van Zyl nahm den Proviantbeutel behutsam in die Hand, holte eine der Dynagelstangen heraus und betrachtete sie von allen Seiten. Dann reichte er sie weiter an Heinz. »Sehen echt aus. Sprengen Sie in Orapa mit Dynamit?«
»Ja, aber nicht mit Dynagelstangen. Die werden nur unter Tage angewandt.« Entschuldigend fügte er hinzu: »Wir hatten eine Frau und zwei Kinder an Bord.«
Van Zyl nickte verständnisvoll. »Ich mache Ihnen keine Vorwürfe. Schließlich haben Sie an Bord die Verantwortung getragen. Und der Pilot.« Eine Sekunde lang reckte er seine kleine straffe Gestalt in dem Sessel, bevor er zur nächsten Frage ansetzte. »Woher haben die Hijacker wissen können, daß Sie ausgerechnet gestern mit 400000 Karat nach Gaborone fliegen wollten?«
»Ich glaube eher, daß sie es auf gut Glück versucht haben.«
Der kahle Kopf des kleinen dürren Mannes im Sessel sah plötzlich aus wie ein ausgetrocknetes Schlammloch, voller skeptischer Runzeln und Falten. Aber er sprach seine Zweifel noch nicht aus.

»Ich halte es für einen Zufall«, sagte Feuchtenbeiner. »Wahrscheinlich haben sie geglaubt, daß bei jedem Flug nach Gaborone in den Koffern Diamanten drin sind.«
Van Zyl wechselte einen ausdruckslosen Blick mit Heinz, der im Halbdunkel saß. »Mir scheint die Sache aber doch generalstabsmäßig aufgezogen. Der Zeitpunkt, das unbemerkte Eindringen in die Sicherheitszone, das Dynamit, das Fluchtziel Angola. Das waren keine Kaffern, die einer alten Dame auf der Straße mal eben die Handtasche klauen und damit abhauen wollten. Wissen Sie, was ich vermute, Jan? Das sind geschulte Terroristen.«
»Ich habe mir diesen Moses im Flugzeug schon vorgenommen. Wie ein Guerillero wirkt der nicht gerade. Außerdem scheint er nicht viel zu wissen.«
»Mag sein.« Van Zyl lächelte dünn. »Aber wenn er mehr weiß, wird er es uns sagen. Mich erstaunt, ehrlich gesagt, Ihre Beurteilung der Situation. Für mich ist sonnenklar, daß die Täter einen Tip bekommen haben.«
Feuchtenbeiner gestand sich ein, daß er einen taktischen Fehler gemacht hatte, und er beschloß, die Position so unauffällig wie möglich zu räumen. »Ich bin nur ein Sicherheitsbeauftragter ohne strategische Ausbildung. Natürlich haben Sie von Ihrer Warte aus einen besseren Überblick.«
Van Zyls Stirn glättete sich wieder. »Soweit ich informiert bin, wußten nur der Generalmanager und Sie von dem Transport.«
»Und Laurens Hafner.«
»Wer ist das?«
»Der Sicherheitsbeauftragte, dem das Recovery House untersteht.«
Feuchtenbeiner sah, daß Heinz sich den Namen aufschrieb.
»Wann hat Hafner davon erfahren?«
»Als ich die 87 Beutel im Tresorraum abholte. Er hat sie mir ausgehändigt, und ich habe den Empfang quittiert. Genau nach Vorschrift.«
»Wann war das?«

»Die Uhrzeit ist auf dem Dokument vermerkt. Ich glaube, es war 17 Uhr 28.«
»Also eine halbe Stunde vor dem Abflug.« Van Zyl dachte ein paar Sekunden nach, seine Stirn kräuselte und glättete sich wieder schnell. »Um einen derartigen Coup vorzubereiten, braucht man mehr Zeit.«
»Das Ganze muß ja nicht von Orapa ausgegangen sein.«
»Was wollen Sie damit andeuten, Jan?«
»Bei der Anglo-American in Gaborone kann ja auch irgend jemand Bescheid gewußt haben. Und bei der Konzernspitze in Johannesburg ebenso.«
Heinz machte sich Notizen.
»Wir werden das nachprüfen«, sagte van Zyl. »Haben Sie jemals mit Dritten über den Termin gesprochen? Mit Ihrer Frau vielleicht.«
»Ich kenne meine Vorschriften genau.«
»Manchmal ist man in einem...« – van Zyl suchte nach dem passenden Wort – »... Ausnahmezustand. Da rutscht einem leicht mal ein unbedachtes Wort heraus.«
»Ich trinke nicht, wenn Sie das meinen. Nur Bier, und das in geringen Mengen.«
»Ich meine etwas anderes. Eine private Unstimmigkeit vielleicht, psychischer Streß.« Er stand auf und stocherte im Kamin. »Wie sieht's mit Ihrer Ehe aus, Jan? Alles okay?«
»Ja. Abgesehen davon, ist das meine Privatangelegenheit, und ich glaube nicht, daß Sie das Recht haben...«
»Ich habe das Recht. Ich habe einen Fall von unabsehbarer politischer und wirtschaftlicher Tragweite aufzuklären.« Van Zyl sah ihn eindringlich an. »Also?«
»Meine Ehe ist in Ordnung, und meine Frau hatte keine Ahnung, daß wir gestern keinen Leerflug hatten.«
Wieviel wußten sie? Selbstverständlich hatte BOSS auch in Orapa seine Leute, und womöglich lief June mit geschwollenem Gesicht durch den Ort. Eifersüchtige Frauen tragen oft das Herz

auf der Zunge. Ich werde sie gleich morgen früh anrufen, dachte er. Oder lieber nicht. Bestimmt hatten sie die Telefonleitung angezapft.

Van Zyl schien sich mit dieser Auskunft vorerst zufriedenzugeben. Sicher würde er später immer wieder auf die heikle Frage nach dem Tipgeber zurückkommen.

»Dieser Moses... haben Sie seine Personalien überprüft, bevor er eingestellt wurde?«

»Natürlich. Er ist seit drei Monaten Mechaniker auf dem Flugplatz. Wir sind in Orapa gezwungen, bis zu einem gewissen Grade auch Schwarze für mittlere und gehobene Positionen einzustellen. Die Regierung von Botswana ist mit 15 Prozent an der Mine beteiligt.«

»Und Sie haben den Mann als unbedenklich eingestuft?«

»Wir haben fast 2000 Schwarze in Orapa, die habe ich nicht alle im Kopf. Ich müßte mir erst die Akte kommen lassen. Da fällt mir ein: Moses wird bestimmt in Orapa schon vermißt. Wie wollen Sie seine Abwesenheit erklären, wenn der Vorfall geheim bleiben soll?«

»Ist alles schon in die Wege geleitet. Moses ist entschuldigt, der Generalmanager ist eingeweiht. Übrigens – was halten Sie von Bill Scranton?«

»Mir steht über Mr. Scranton kein Urteil zu«, antwortete Feuchtenbeiner steif.

»Sobald Sicherheitsaspekte berührt sind, steht Ihnen durchaus ein Urteil zu.«

»Trotzdem möchte ich mich dazu nicht äußern. Sie müssen verstehen, ich bin mit ihm befreundet. Wir spielen jeden Morgen Tennis, aber wer kann einem anderen Menschen schon ins Herz sehen.« Er glaubte, sich damit geschickt aus der Affäre gezogen zu haben. Nichts Nachteiliges sagen, aber alles offenlassen.

Van Zyl drehte das Deckenlicht an und ging hinüber zu einem Tisch, auf dem eine Karte von Botswana lag. »Ich möchte gern, daß Sie mir zeigen, wo nach Ihrer Meinung der Anführer mit den beiden Koffern abgesprungen ist.«

Feuchtenbeiner überlegte. »Es war dunkel, und ich weiß nicht genau, wie lange wir schon unterwegs waren. Vielleicht eine halbe Stunde oder so.« Er tippte mit dem Zeigefinger auf ein Gebiet etwa 150 Kilometer nördlich der Absprungstelle. Er mußte unter allen Umständen verhindern, daß sie den Mann erwischten. Feuchtenbeiner schoß der Satz durch den Kopf, mit dem der Schwarze auf das Komplott in Gaborone angespielt hatte: »Wir halten uns an Abmachungen, gleichgültig ob sie in der Luft getroffen werden oder im Holiday Inn.« Kein Zweifel, der Diamantenräuber wußte von den kompromittierenden Fotos mit dem schwarzen Mädchen, und wenn sie ihn faßten, wußte es bald auch BOSS.

»Sind Sie sicher, daß es nicht weiter westlich war?«

»Es müßte ungefähr dort gewesen sein. Über den Makgadikgadi-Pfannen. Da gibt's nur Salzwüste im Umkreis von 180 Kilometern. Er kann also nicht weit gekommen sein.«

»Ich habe mich vorhin am Telefon mit Ihrem Piloten unterhalten.« Van Zyl sah unzufrieden aus. »Nach seiner Meinung muß der Mann ungefähr hier abgesprungen sein.« Er zog einen weiten Kreis, an dessen Rändern Rakops und der Mopipi-Damm und in dessen Mittelpunkt der Nxau-See lag.

»Es ging ein bißchen hektisch zu, verstehen Sie. Der Mann mit dem Dynamit. Die Frau und die Kinder hinten. Und ringsherum die Mirage-Jäger. Kann sein, daß ich mich da geirrt habe. Oder der Pilot. Wir waren jedenfalls froh, daß der Mann raus war. Da haben wir nicht mehr so sehr auf unsere Position geachtet. Ich kann deshalb nur sagen, was ich vermute. Also nach bestem Wissen und Gewissen: Es war irgendwo über den Makgadikgadi-Pfannen.«

»Egal. Wir kriegen ihn. Seinen Namen wissen Sie nicht?«

Feuchtenbeiner schüttelte den Kopf. »Ich weiß nur, daß er sich Kgosi nennt. Muß ein Deckname sein. In Setswana heißt das soviel wie Chef.«

»Hat er auch in Orapa gearbeitet?«

»Ich habe sein Gesicht nie zuvor gesehen.«
»Dann geben Sie uns eine Beschreibung von dem Mann.«
»Ungefähr 30 Jahre alt, höchstens 1 Meter 70 groß. Khakifarbener Overall. Tiefschwarze Hautfarbe, sehr hohe Stirn, stark gewölbt.« Feuchtenbeiner zögerte. Es hatte wenig Sinn, die Beschreibung allzu vage zu fassen – sicher hatte der Pilot den Mann auch schon charakterisiert. »Was wär noch zu sagen? Er machte einen gebildeten Eindruck, für einen Kaffer auffallend intelligent. Sprach akzentfreies Englisch. Ziemlich leise übrigens. Und sonst noch... Ja, einen Schnurrbart.«
»So einen kurzen wie Hitler oder mehr einen wie Stalin?«
»Nein – eher wie dieser vietnamesische Kommunistenführer. Wie Ho Tschi Minh. So einen mit herabhängenden Spitzen.«
Van Zyl hielt einen Augenblick die Luft an, als hätte ihn die Erwähnung des Schnurrbarts auf eine Idee gebracht. »Trug er vielleicht einen Ring aus Elfenbein am kleinen Finger?«
»Er hatte überhaupt nichts bei sich außer seinem Overall. Und einen Ring habe ich nicht gesehen. Haben Sie einen bestimmten Mann im Verdacht?«
Van Zyl winkte ab. »War nur so eine Idee.«
»Sie müssen doch an eine ganz bestimmte Person gedacht haben, sonst hätten Sie bestimmt nicht nach einem so ausgefallenen Detail gefragt.« Feuchtenbeiner gab sich innerlich einen Ruck. »Sie sollten mich lieber einweihen. Schließlich ist der Fall Orapa ja auch mein Fall.«
»Die Untersuchung führen wir allein«, sagte van Zyl kühl. »Das hat der Staatssicherheitsrat vor ein paar Stunden beschlossen.«
»Trotzdem. Wenn ich Ihnen nützlich sein kann... mir liegt sehr daran. Immerhin kenne ich die Verhältnisse in Orapa am besten.«
»Bei Bedarf werden wir darauf zurückkommen«, sagte van Zyl und stand demonstrativ auf. »Es ist schon vier Uhr. Sie sollten noch ein paar Stunden schlafen, bevor Sie morgen nach Orapa zurückfliegen. Ein paar Leute von uns werden Sie begleiten.

Oben ist ein Gästezimmer für Sie hergerichtet. Der Chauffeur wird Sie hinbringen.« Er zeigte auf den Proviantbeutel mit den Dynagelstangen. »Er soll die verdammten Dinger in Verwahrung nehmen und morgen ins Labor geben.«

Als Feuchtenbeiner gegangen war, riß der General das Fenster auf, reckte seinen kleinen straffen Körper und atmete ein paarmal kräftig durch. Er wandte sich an Heinz, der die ganze Zeit so unbemerkt im Halbdunkel gesessen hatte, daß Feuchtenbeiner ihn beim Abschiednehmen glatt übersehen hatte. »Wir könnten noch einen Kaffee gebrauchen, Heinz.«

Der Deutsche stand auf und warf ein neues Scheit ins Feuer. »Mir scheint, Feuchtenbeiner hat jetzt keinen Kaffee nötig, eher eine Valium.«

Van Zyl und Heinz brauchten nicht viele Worte, um sich zu verständigen. Sie kannten sich, seit van Zyl mit einer Gruppe junger Buren kurz vor Ausbruch des Zweiten Weltkriegs das Dritte Reich besucht hatte. Der Hitlerjugendführer Heinz war sein Betreuer gewesen. Er hatte mit den Buren in einem Lager die Sonnenwende gefeiert, ihnen ein Wehrertüchtigungslager gezeigt und mit ihnen den Ufa-Film ›Ohm Krüger‹ besucht. Er hatte sie bei dem Reichssportführer von Tschammer und Osten eingeführt, und sie hatten gemeinsam ›Märkische Heide‹, ›Erika‹, ›Flamme empor‹ und ›Es zittern die morschen Knochen‹ gesungen.

Es war nicht so sehr das Gemeinschaftserlebnis am Sonnenwendfeuer gewesen oder der Haß auf den gemeinsamen Erbfeind England, der sie zusammengeführt hatte, sondern der Mythos, einer höheren Rasse anzugehören. Sie empfanden sich als Arier, die gegen eine ganze Welt dunkelhäutiger, minderwertiger Nichtarier zusammenstehen mußten.

In einer stillen Stunde hatte Heinz ihm eingestanden, wie sehr er Erik van Zyl seiner blauen Augen und blonden Haare wegen beneidete: sichtbare Attribute seiner nordischen Rassenzugehörigkeit. Heinz – schwarzhaarig und dunkeläugig – litt damals unter

der geheimen Angst, selbst als völkisch minderwertig eingestuft zu werden. Er stammte aus dem rumänischen Teil Siebenbürgens, in den seine Ahnen vor 200 Jahren eingewandert waren, und wurde die Sorge nie los, daß irgendwann einmal einer seiner Vorfahren sich mit einer Angehörigen des balkanesischen Sklavenvolkes vermählt haben und ihre rassisch minderwertigen Eigenschaften auf ihn, Heinz, übertragen haben könnte.
Erik van Zyl konnte sich gut in die Befürchtungen seines Freundes einfühlen. Er brauchte sich nur vorzustellen, einer seiner Ahnen hätte eine Inderin oder gar eine Zulu zur Frau genommen und mit ihr Kinder gezeugt, deren Nachkomme er gewesen wäre.
Auch im Zweiten Weltkrieg hatte sich Erik van Zyl zu seiner unwandelbaren Sympathie für Adolf Hitlers Deutschland bekannt, was zu seiner Internierung in Südafrika geführt hatte, zusammen mit dem heutigen Premierminister John Vorster und Hendrik van den Bergh, seinem Freund und späteren Chef.
Ein Jahr nach Kriegsende war Heinz bei ihm aufgetaucht, unter falschem Namen in Südafrika eingereist und auf der Flucht vor den alliierten Militärgerichten in Deutschland, die wegen seiner Zugehörigkeit zu Hitlers Geheimer Staatspolizei nach ihm fahndeten. Erik van Zyl, inzwischen Offizier der Sicherheitspolizei, hatte über Mittel und Wege verfügt, seinen Jugendfreund und Kameraden in Südafrika zu legalisieren.
Und als 1969 Premierminister Vorster das Büro für Staatssicherheit zu gründen beschloß, entsann er sich seiner Gefährten aus dem Internierungslager: General van den Bergh wurde der Chef und General van Zyl dessen Stellvertreter.
Berater Erik van Zyls wiederum wurde Heinz, der seine intimen Kenntnisse von der Organisation der Gestapo in seinen neuen Job einbrachte.
Im Mai 1969 wurde der südafrikanische Sprachschatz um den Begriff BOSS bereichert, die Initialen für *Bureau of State Security*. Die Funktionen von BOSS definierte der Regierungsanzeiger

am 16.5.1969 recht vage mit den Worten: »Untersuchung aller die Staatssicherheit betreffenden Angelegenheiten, Korrelation und Auswertung der gesammelten Informationen.« Und: »Erfüllung anderer Aufgaben und Verantwortlichkeiten, soweit sie von Zeit zu Zeit veranlaßt werden mögen.«

Premier Vorster ließ mit der Zustimmung der Mehrheit seiner Nationalen Partei die Institution BOSS in ein Schutzgehege von Gesetzen einfrieden, das die Tätigkeit des Geheimdienstes parlamentarischer und öffentlicher Kontrolle entzog. BOSS war nur dem Premier selbst verantwortlich, sein Etat, zwischen 1970 und 1975 um das Fünffache angestiegen, blieb geheim, und zwei neue Gesetze, die Artikel 10 und 29 des *Official Secrets Act*, entzogen BOSS schließlich jeglicher kritischer Betrachtung. Artikel 10 drohte jedem bis zu sieben Jahren Gefängnis an, »der Sicherheitsangelegenheiten, die im Zusammenhang mit Aktivitäten des Büros für Staatssicherheit stehen, oder Beziehungen zwischen einer Person und dem besagten Büro offenbart«.

Artikel 29 gab dem Premierminister und dem Sicherheitsbeauftragten General van den Bergh die Macht, die Vorlage von Dokumenten oder anderen Beweismitteln vor Gericht zu verbieten, falls sie nach ihrer Meinung »die Interessen des Staates oder die öffentliche Sicherheit gefährdet«.

Ungeachtet der Proteste von liberaler Presse und prominenten Richtern, die im übrigen bald verebbten, ging General van den Bergh daran, BOSS zu einer schlagkräftigen Organisation auszubauen. Die Kompetenzen wurden auf sechs Abteilungen verteilt: Subversion, Gegenspionage, politische und wirtschaftliche Spionage, Militärspionage, Personal und Verwaltung sowie Spezialaufgaben.

Nachdem General van den Bergh im April 1975 beim Schweißen eines Weidezaunes auf seiner Farm einen elektrischen Schlag erlitten hatte, überließ er seinem Stellvertreter General van Zyl weitgehend das Feld. Und mit van Zyls Einfluß wuchs auch der seines engsten Beraters, des stillen Deutschen, den er bisweilen im Scherz seinen Eckermann zu nennen pflegte.

Van Zyl gähnte mit geschlossenem Mund. »Heinz, du hast da vorhin eine Anspielung gemacht. Was meintest du damit: Feuchtenbeiner braucht ein Valium?«
»Er benahm sich wie einer, der etwas zu verbergen hat.«
»Ich hab' mir vorhin seine Personalakte von De Beers kommen lassen. Feuchtenbeiner gilt als absolut loyal. Alte Burenfamilie. Einwandfreie Lebensführung. Kein einziger dunkler Punkt.«
»Vielleicht war er nur unvorsichtig. Hat gequatscht und will es jetzt nicht zugeben. Ist dir aufgefallen, wie er geschwitzt hat?«
»Wenn mir 400000 Karat Diamanten anvertraut wären und abhanden kämen – meinst du, ich würde nicht schwitzen? Kannst du dir vorstellen, daß ein Mann wie Feuchtenbeiner mit Kaffern gemeinsame Sache macht?«
»Aber nur er hat den Zeitpunkt des Transports gekannt.«
»Und Bill Scranton.«
Heinz lächelte: »Der wär' dir wohl lieber, weil er Australier ist?«
»Könnte einer von den beiden...« Van Zyl winkte energisch ab, als wollte er sich zur Ordnung rufen. »Nein, eigentlich nicht.«
»Und wenn dieser Feuchtenbeiner doch...«
»Dann entgeht er uns nicht. In Orapa haben wir ihn an der langen Leine.« Van Zyl schien zerstreut, ein anderer Gedanke beschäftigte ihn. »Der zweite Mann im Flugzeug... Die Beschreibung... Ich lasse morgen früh die Zeichner kommen und ein Phantombild anfertigen. Mir ist so, als habe ich den schon mal gesehen.«
»In der Kartei?«
»Erinnerst du dich an den Schwarzen, von dem ich dir nach der Moskau-Reise erzählt habe?«
»Den der KGB-General persönlich zum Flugzeug gebracht hat?«
»Ein kleiner Fisch kann er nicht sein. Die Russen sind sehr protokollbewußt. In unserer Kartei habe ich ihn nicht gefunden.«
»Die portugiesischen Kollegen haben uns doch ihre Dossiers überlassen, bevor sie Moçambique und Angola geräumt haben.

Immerhin wollte der Mann die Maschine nach Angola bringen.«
»Hab' schon nachgesehen. Aber da ist er auch nicht drin.«

In dieser Nacht kam keiner der Anwesenden auf der Farm zur Ruhe. Feuchtenbeiner nicht, der schlaflos seine Vernehmung rekapitulierte, um herauszufinden, ob ihm vielleicht ein Fehler unterlaufen war.
Moses nicht, der sich bei einem ersten Verhör durch einen BOSS-Agenten geweigert hatte, seine und die Identität von Kgosi preiszugeben, und im übrigen auf der wenig glaubhaften Version beharrte, der ihm bis dahin unbekannte Kgosi habe ihn erst wenige Stunden vor dem Überfall angeheuert.
Van Zyl und Heinz nicht, die anhand der dürftigen Fakten eine vorläufige Strategie ausarbeiteten: Vier BOSS-Agenten sollten mit einer Sondermaschine nach Orapa fliegen, um von dort aus die Fahndung nach dem flüchtigen Kgosi zu betreiben. Um unnötiges Aufsehen zu vermeiden, sollten sie als Sicherheitsinspektoren von De Beers auftreten, die routinemäßig die Anlagen von Orapa zu überprüfen hätten. Der Generalmanager war von seiner Zentrale anzuweisen, den Männern jede Unterstützung zu gewähren.
Andere BOSS-Agenten sollten in allen Bergwerken Südafrikas, Botswanas und Südwestafrikas nachforschen, ob irgendwo ein Fehlbestand von 20 Dynagelstangen festzustellen war. Den gleichen Auftrag erhielten die BOSS-Residenten in Sambia und Zaire. Die Nachforschungen in Rhodesien bat van Zyl seine Kollegen von der dortigen *Special Branch II* zu übernehmen.
All diese Ermittlungen förderten übrigens nichts Brauchbares zutage. Nur in der Kupfermine von Selebi-Pikwe, wo Mogomotsi die 20 Dynagelstangen entwendet und durch Attrappen ersetzt hatte, war das Fehlen einer einzigen registriert worden. Es war die Stange, die Mogomotsi versehentlich hatte zuviel mitgehen lassen und durch die er umgekommen war.

Nach dem Frühstück stattete van Zyl dem Gefangenen Moses einen Besuch ab.
»Meine Mitarbeiter haben mir berichtet, daß Sie mehr oder weniger zufällig in die Sache hineingeraten sind«, sagte er jovial. »Ich glaube Ihnen das, Moses. Ich weiß nicht, was man Ihnen über die Gerichtsbarkeit der Republik Südafrika erzählt hat. Unsere Feinde setzen da die abenteuerlichsten Gerüchte in die Welt. Mir liegt aber sehr daran, Ihnen zu beweisen, daß bei uns auch die Rechte unserer schwarzen Mitbürger respektiert werden. Gerechtigkeit ist unser höchstes Gut. Sie haben eine Dummheit begangen, Moses. Schwamm drüber. Ich muß Sie in allem Ernst verwarnen, nicht noch einmal gegen unsere Strafgesetze zu verstoßen. Wenn alle Formalitäten erledigt sind, lassen wir Sie frei. Aber merken Sie sich: Beim nächsten Mal kommen Sie nicht wieder so billig davon.«
Van Zyl reichte Moses eine Zigarette und Feuer. »Wir müssen natürlich ein Protokoll über die Angelegenheit anfertigen. Am besten, Sie schreiben es selbst. Sie schildern Ihre Beteiligung an dem Überfall und versichern, daß Sie so etwas nie wieder tun werden.«
Moses starrte den General ungläubig an. »Sie lassen mich laufen?«
Van Zyl lachte. »Wir sind nicht die Unmenschen, als die uns die kommunistische Propaganda hinzustellen versucht. Sie werden es auch noch begreifen, mein Lieber. Eines Tages werden es sämtliche schwarzen Mitbürger begriffen haben. Wir alle zusammen, Schwarze, Weiße und Inder werden in einem reichen Land zusammen leben, und jeder wird sein Bestes geben, damit es immer so bleiben möge.«
»Ein Protokoll soll ich schreiben ... Ich habe nur drei Jahre Englisch gehabt auf der Schule.«
»Das macht nichts. Bei uns wird keiner gezwungen, sich in einer Sprache auszudrücken, die er nicht ausreichend beherrscht. Schreiben Sie es ruhig in Ihrer Stammessprache auf. Mit Ihren

eigenen Worten, frisch von der Leber weg. Und so ausführlich wie möglich. Lassen Sie sich Zeit.«

Nachdem ein Agent Kugelschreiber und Papier gebracht hatte, machte sich Moses mit großem Eifer an die Arbeit. Natürlich traute er dem Frieden noch nicht so recht; andererseits rechnete er sich aus, daß es kaum schaden konnte, wenn seine Darstellung aktenkundig wurde. Auch Tutuma würde sicher nichts dagegen haben. Und falls dieser weiße Mann glaubte, ihn hereinlegen zu können, hatte der sich geirrt. Er mußte nur stur bei seiner Geschichte bleiben.

Draußen wandte sich van Zyl an den Agenten, der Moses verhört hatte. »Sobald er mit dem Protokoll fertig ist, bringen Sie mir das Papier und nehmen ihn noch einmal in die Mangel. Dann aber richtig. Ich brauche mindestens seinen vollen Namen, seine Heimatadresse und alle Einzelheiten über seine Familie.«

Albino

Als die Sonne nicht mehr so hoch stand, spannte der weiße Mann seinen schwarzen Regenschirm auf und kroch aus dem Schatten des verzinkten Wassertanks etwas näher an den Drahtzaun heran. Er spähte in das Camp hinein, um besser verstehen zu können, worüber der Fremde mit dem Polizeichef plauderte.
Vor zwei Stunden war der Fremde mit seinem Lastwagen vom Osten her nach Rakops gekommen. Seither sprach er auf Englisch mit dem Captain, der unentwegt gestikulierte und mit dem Kopf schüttelte.
Der Fremde hinter dem Zaun hatte eine weiße Haut, so wie der weiße Mann vor dem Zaun auch, und dennoch sah er ganz anders aus. Er trug einen Bart, seine Arme waren behaart, die Haut voller Sommersprossen, das Kopfhaar glatt, die Lippen schmal und seine Augen so hell wie die eines Falken. Er schien ein reicher Mann zu sein wie all diese Weißen, von denen sich im Laufe des Jahres hin und wieder mal einer nach Rakops verirrte, denn er besaß nicht nur einen Lastwagen, sondern auch einen Koffer, Decken und einen Karton voller Konservenbüchsen auf der offenen Ladefläche. Außerdem trug er eine von diesen blauen Hosen mit blanken Knöpfen und ein kariertes Hemd, und beides war heil und nicht so zerrissen wie das Hemd des weißen Mannes vor dem Zaun. Wahrscheinlich gehörte ihm dort, wo sein Volk zu Hause war, eine Herde von mindestens 50 Rindern, und er war trotz seiner Jugend ein angesehener Mann.
Der Fremde war ein richtiger Weißer. Wie stellten sie es nur an, daß ihre Haut, sobald sie der Sonne ausgesetzt wurde, nicht sofort wie Feuer zu glühen begann?

Der weiße Mann vor dem Zaun trug zwar dieselbe Bezeichnung wie die echten – Monna sweu, was auf Setswana weißer Mann bedeutete –, aber er war, wie sein Chef behauptete, ein unechter Weißer. Der Missionar, bei dem Monna sweu einiges Englisch lernte, hatte von Pigmentstörungen gesprochen und ihn einen Albino genannt, aber nicht verraten, wo der Stamm der Albinos lebte. Vielleicht wollte er nicht, daß Monna sweu sich unverzüglich dorthin auf den Weg machte.
Trotzdem war Monna sweu zufrieden, nun endlich zu wissen, zu welchem Volk er gehörte. Ein Bamangwato war er nicht – das jedenfalls hatte sein Vater immer behauptet. Bamangwatos haben braune Haut und keine roten Haare. Die anderen Kinder in seinem Dorf hatten ihn verspottet, und die Frauen hatten gemunkelt, seine Mutter habe ihn vom Geist eines verstorbenen Weißen empfangen.
Als Monna sweu alt genug war, allein in den Busch zu gehen, hatte er sich auf die Suche nach seinem Vater gemacht. Er hatte eine Zeitlang bei dem Missionar gelebt und dort wenigstens genug zu essen erhalten. Die Frau des Missionars schenkte ihm auch den alten Regenschirm, damit er seine bleiche Haut besser vor der sengenden Sonne schützen konnte.
Aber dann hielt es ihn auch auf der Missionsstation nicht mehr, und Monna sweu hatte sich auf die Suche nach seinem Volk gemacht, dem Stamm der Albinos. Er vermutete sie irgendwo im Süden, woher die Weißen stammen sollten, und so war er vor drei Sommern nach Rakops gekommen, wo allerdings keine Albinos lebten, sondern die Kalangas, und die hatten eine noch dunklere Haut als die Bamangwatos.
Als ihn die Polizisten einmal dabei erwischten, wie er heimlich die Ziege eines Dorfbewohners molk, sperrten sie ihn ins Gefängnis-Camp. Monna sweu hatte sich dort recht wohl gefühlt. Dort gab es regelmäßig Millipap zu essen, und manchmal war sogar ein Stück Ziegenfleisch unter den Hirsebrei gemischt. Außerdem gab es zwischen den Wellblechhütten des Lagers viel Schatten.

Bald ließ ihn der Polizeichef wieder frei, und er erlaubte Monna sweu, sich weiterhin am Zaun vor dem Camp aufzuhalten, wo er seither im Schatten des Wassertanks und seines alten Regenschirms sein Lager aufgeschlagen hatte.
Eines Tages fragte ihn ein weißer Händler, der einen Lastwagen Cola-Dosen nach Rakops geliefert hatte, nach seiner Geschichte, und auch er konnte Monna sweu keine Auskunft geben über das Stammesgebiet der Albinos. Aber er schenkte ihm Geld für eine Ziege, so daß er nicht mehr heimlich fremde Ziegen melken mußte, wenn er Durst auf Milch verspürte. Eine Ziege war zwar kein Rind, doch die karge Erde von Rakops ernährte ohnehin keine Rinder; nur Ziegen begnügten sich mit dem, was im roten Staub der Kalahari gedieh.
Bevor der weiße Händler, der Monna sweu zum Viehbesitzer gemacht hatte, Rakops verließ, erteilte er Monna sweu einen Auftrag: Sobald sich irgend etwas Neues in Rakops ereignete, sollte Monna sweu, auch wenn es noch so unwichtig erschien, es über Radio-Telefon an einen Mann in Francistown melden.
Kein Platz in Rakops schien Monna sweu zur Erfüllung seiner Aufgabe besser geeignet als der Zaun am Gefängnis-Camp, denn wenn etwas passierte oder sich gar einmal ein Fremder in das Dorf verirrte, erfuhr es die Polizei zuerst.
So hockte er denn tagaus, tagein unter seinem Regenschirm, dessen Bespannung inzwischen in Fetzen von den verbogenen Streben hing, und rührte sich nicht vom Fleck; es sei denn, um Beobachtungen nach Francistown zu melden oder um sich mit seiner Ziege zur Nachtruhe zu begeben, unten am ausgetrockneten Flußbett.
Es war jetzt etwas Wind aufgekommen, der die Unterhaltung des Polizeichefs mit dem Fremden deutlicher herübertrug, so daß der Albino die Worte besser verstehen konnte.
»Es ist bodenloser Leichtsinn«, hörte er den Polizeichef sagen. »Erst im letzten Jahr sind drei Touristen mit einem Landrover in die Kalahari gefahren. Unterwegs hatten sie eine Panne, und al-

les, was wir nach Wochen gefunden haben, waren ihre abgenagten Skelette.«
»Ich will ja nur ein kleines Stück hineinfahren«, sagte der Fremde.
»Mit einem Wagen ist das viel zu gefährlich, Mr. Hahn. Wenn Sie wenigstens einen zweiten Wagen bei sich hätten, damit Sie mit dem zurückfahren können, wenn der erste liegenbleibt. Und ob Sie dann überhaupt den Rückweg finden, ist eine zweite Frage.«
»Der Ford ist neu, und außerdem habe ich einen Kompaß.«
»Sie brauchen keinen Kompaß, sondern einen Führer. In der Kalahari gibt es keine Straßen und keine Menschen. Das nächste Dorf im Westen ist 600 Kilometer entfernt.«
»Ich fahre höchstens hundert Kilometer hinein.«
»Aber nicht etwa allein?«
»Doch.«
»Sie sind verrückt! Ich gebe Ihnen einen Polizisten mit.«
»Vielen Dank, Captain. Ich schaff' das schon.«
Bevor sich der Polizeichef verärgert abwandte, sagte er: »Füllen Sie vorher wenigstens Ihre Wasserbehälter. Damit können Sie Ihr Leben um ein paar Tage verlängern.«
Dieter fuhr den Ford dicht an den Wassertank heran. Ein Polizist schloß einen Schlauch an den Hahn, aus dem das Wasser in die beiden halbleeren Reservetanks aus durchsichtigem Plastik hinüberfloß, die auf der Ladefläche festgezurrt waren.
Der Polizist deutete auf das Benzinfaß neben dem Wassertank: »Ist der noch voll?«
»Ja. Nur der Tank ist leer. Kann ich bei Ihnen tanken?«
»Eigentlich schade um das schöne Benzin.«
»Wieso?«
Der Polizist lachte. »Weil die Geier Sie fressen werden.« Gut gelaunt winkte er Monna sweu herbei. »Werden ihn die Geier fressen, Monna sweu?«
Monna sweu nickte. »Die Geier werden ihn fressen.« Er nahm all sein Englisch zusammen und fragte den Fremden, ob er nicht zufällig den Weg zum Stamm der Albinos kenne.

Dieter, der nur die Hälfte verstanden hatte, zuckte freundlich mit den Achseln.
Nachdem der Polizist ihm ein paar Kannen Benzin in den Tank gegossen hatte, fuhr Dieter hinunter zum Bett des Botetle, der um diese Jahreszeit noch kein Wasser führte und wo Tutuma auf ihn wartete. Der Afrikaner hatte es vorgezogen, sich dort zu verbergen, denn er wollte auf keinen Fall in Rakops gesehen werden.
Während Dieter das Lagerfeuer entfachte, benutzte der Polizeichef das drahtlose Telefon nach Francistown. Das Polizeikommissariat war nicht mehr besetzt, aber da der Polizeichef entschlossen war, seinen Ärger heute noch loszuwerden, versuchte er es mit der Nummer des *German Volunteer Service* in Gaborone, unter der sich schließlich ein Mr. Kleinert meldete.
»Spricht da der Direktor von GVS?« brüllte der Polizeichef.
»Ja. Warum schreien Sie so?«
»Sie sollten auf Ihre Männer besser aufpassen!«
»Wer spricht denn da?«
»Der Polizeichef von Rakops.«
»Ist was passiert?«
»Arbeitet bei Ihnen ein Mr. Dieter Hahn?«
»Was macht der in Rakops?«
Voller Entrüstung berichtete der Polizeichef von dem Vorhaben des Entwicklungshelfers und von den vielfältigen Gefahren, die in der Kalahari auf einen allein reisenden Weißen lauern.
»Können Sie ihn noch zurückhalten?« fragte Kleinert.
»Zu spät. Er ist schon weg. Er wollte nicht auf mich hören.«

An diesem Abend war der deutsche Botschafter mäßig gut gelaunt. Die Genugtuung über seine Beförderung zum Botschafter – wenn auch nur nach außen hin, um der kleinen Republik Botswana die notwendige Reverenz zu erweisen, doch keineswegs in der internen Hierarchie des Auswärtigen Amtes, für das Dr. Alfons Hagelmann weiterhin Legationsrat 1. Klasse blieb –

die Genugtuung darüber war einer gelinden Ernüchterung über die vielfältigen, allzu vielfältigen Pflichten des Vorstehers einer Ein-Mann-Botschaft gewichen.
Hagelmann hatte einen Vormittag angefüllt mit diplomatischen Aktivitäten hinter sich: Er hatte, eingereiht in die sieben anderen Exzellenzen, die in Botswana diplomatisch präsent waren, bei 43 Grad Celsius im dunklen Anzug auf dem Flughafen von Gaborone Spalier gestanden, um die Hand des sich verabschiedenden Präsidenten der Republik zu schütteln, der, erst gestern abend aus Johannesburg zurückgekehrt, heute schon wieder aufbrach zu einem Gipfeltreffen der sogenannten Frontstaaten in Lusaka, der Hauptstadt von Sambia.
Bei derartigen Anlässen, so war dem Botschafter bedeutet worden, empfahl es sich, die Empfindlichkeiten des Präsidenten zu berücksichtigen, der es überaus schätzte, das Diplomatische Korps vollzählig auf dem Flugplatz vorzufinden.
Doch der Abflug des von einer südafrikanischen Fluggesellschaft gecharterten Jets hatte sich wieder einmal um 70 Minuten verspätet, und Hagelmann hatte die Wartezeit genützt, im Geist den Text der Glückwunschadresse zu entwerfen, die er am nächsten Morgen seinem amerikanischen Botschafterkollegen zur Amtseinführung des neugewählten Präsidenten Jimmy Carter überreichen wollte.
Für einen altgedienten Diplomaten wie Hagelmann bedeutete so etwas kaum mehr als Routine, wenn es da nicht die leise Verstimmung gegeben hätte, die in Carters Umgebung entstanden war, nachdem dem Bundeskanzler während des amerikanischen Wahlkampfs eine unvorsichtige Bemerkung zugunsten des Carter-Rivalen Gerald Ford entschlüpft war. Dies machte es für Hagelmann etwas heikel, jetzt die richtigen Worte zu finden. Trotz der prallen Sonne waren ihm, wie er glaubte, wohlabgewogene Formulierungen von preußischer Kargheit und Würde eingefallen, und so setzte sich Hagelmann nach dem präsidialen Händedruck in seinen gelben Miet-VW mit dem Gefühl, den Vormittag nicht ganz nutzlos vertan zu haben.

Angesichts der Bedeutung seines Landes nahm sich der schwarzrotgoldene Stander mit dem Bundesadler auf dem VW-Kotflügel wenig repräsentativ aus, doch Hagelmanns in Deutschland eingeschiffter Dienst-Mercedes lag, vom südafrikanischen Zoll noch immer nicht abgefertigt, seit Monaten im Hafen von Durban.

Der Botschafter war sich nicht sicher, ob diese Verzögerung auf die in letzter Zeit von der Bundesrepublik praktizierte Südafrika-Politik im UNO-Sicherheitsrat zurückzuführen war oder nur auf bürokratischen Schlendrian.

Hagelmann vertrat die Bundesrepublik seit fünf Monaten, soweit man ein Land von einem Zwei-Zimmer-Apartment im Holiday Inn aus überhaupt vertreten konnte. Natürlich war es ein Provisorium, denn der Bau des Botschaftsgebäudes zog sich doch länger hin als erwartet. Das Spielkasino betrat Hagelmann nie, die Hotelbar selten, und wenn, dann nahm er deren mitunter bedenklich bordellähnliche Atmosphäre nicht zur Kenntnis. Seinen Dienst versah er mit großem Eifer im Geiste der alten preußischen Maxime, nach der ein Beamter seine Pflicht zu tun habe, wo er auch hingestellt werde.

Das Auswärtige Amt hatte es gut gemeint mit dem verdienstvollen Diplomaten, als es ihn in das politisch vermeintlich windstille Botswana versetzt hatte. Bis zur baldigen Pensionierung sollten ihm noch ein paar ruhige Jahre vergönnt sein, denn Hagelmann galt als ausgesprochener Pechvogel, weil überall in der Welt, wo er im vergangenen Jahrzehnt einen neuen Posten angetreten hatte, alsbald unvorhergesehene Kriege oder Bürgerkriege ausgebrochen waren, 1967 in Amman, 1974 in Nikosia und 1976 in Beirut.

Hagelmann war nicht abergläubisch, doch er glaubte an gewisse Gesetzmäßigkeiten, und so fragte er sich manchmal, wie lange es wohl dauern mochte, bis das machtlose Wüstenland Botswana, doppelt so groß wie die Bundesrepublik, zum Aufmarschgebiet in der letzten Schlacht um den afrikanischen Süden werden würde.

Auf der Rückfahrt vom Flughafen ins Holiday Inn parkte Hagelmann den VW neben der Einkaufsstraße, der Mall, in der Hand die Plastiktüte mit den leeren Limonadenflaschen, die er beim Einkauf des Nachschubs in Pfand geben wollte. Nach getätigtem Einkauf im Bottle store füllte er die Lücken zwischen den fünf neuen Flaschen in der Einkaufstüte mit klirrdämpfenden Tempo-Tüchern aus. Dabei ging es ihm weniger um sein persönliches Ansehen; doch an einer weißhaarigen Exzellenz, die ihre Getränke selbst ins Hotel tragen mußte, mochte die Reputation der Bundesrepublik Deutschland Schaden nehmen.
Bevor er mit den Limonadeflaschen auf seinen VW zusteuerte, leerte Hagelmann sein Schließfach auf dem Postamt. Zu seiner Freude fand er auch eine deutsche Zeitung, die er während der letzten zehn Tage hatte missen müssen.
Zu Hause im Hotel entnahm er der *Frankfurter Rundschau*, daß Borussia Mönchengladbach in der Bundesliga wieder gewonnen hatte, und ferner, daß die Gratulation des Bundeskanzlers an den neuen Präsidenten der USA um einige Grade herzlicher ausgefallen war als seine eigene. So verwarf Hagelmann seine auf dem Flughafen ersonnene Fassung als zu spröde und konzipierte einen neuen Text, der sich enger an die Bonner Version anlehnte.
Gerade als er sich, während die Klimaanlage wie ein durch das Apartment 17 fahrendes Moped fauchte, an die Schreibmaschine setzen wollte, klopfte es an die Terrassentür. Gewohnheitsmäßig plissierte Hagelmann sein freundliches altes Gesicht in zahllose Falten. Wenn er lächelte, ähnelte er mit seinen großen Zähnen und Ohren einem von Walt Disney gezeichneten Osterhasen. Dann öffnete er die Tür und ließ den Besucher ein. Es war Joachim Kleinert vom Deutschen Entwicklungs-Dienst, der hierzulande *German Volunteers Service* hieß.
In dem klagenden Tonfall, dessen er sich stets bediente, wenn er von den Eigenmächtigkeiten eines der ihm anvertrauten Entwicklungshelfer sprach, berichtete Kleinert über das, was ihm der Protokollchef von Rakops gerade erzählt hatte.

»Man sollte das nicht auf die leichte Schulter nehmen«, meinte Hagelmann, der teilnahmsvoll zugehört hatte. »Leider kann ich heute abend nichts mehr unternehmen. Aber gleich morgen früh werde ich das Innenministerium benachrichtigen, damit es Ihr Schäfchen wieder einfängt, bevor es sich hoffnungslos in der Kalahari verirrt hat.«

Am selben Abend gab auch Monna sweu über Radio-Telefon seine Beobachtungen an seinen Kontaktmann in Francistown weiter. Und obwohl der BOSS-Resident in der Distrikthauptstadt dem Vorfall keine sonderliche Bedeutung beimaß, meldete er ihn über Funk nach Pretoria. Aber auch General van Zyl konnte mit dieser Nachricht nicht viel anfangen. Schließlich suchte er keinen weißen Abenteurer, sondern einen Schwarzen in einem Overall, der wahrscheinlich zwei Aluminiumkoffer bei sich trug. Abgesehen davon, vermutete er ihn noch immer in einer anderen Gegend, etwa 150 Kilometer weiter nordöstlich.
Den ganzen Tag lang waren Flugzeuge und Hubschrauber über den Makgadikgadi-Pfannen gekreist, ohne auf der weißgrauen Salzkruste auch nur die geringste Spur von Leben zu entdecken. Seit die Senke vor Generationen ausgetrocknet war, wuchsen hier nicht einmal genügsame Dornbüsche. Das Wild hatte sich längst aus der wasserlosen Mulde zurückgezogen, wo die Salzkristalle die Sonnenstrahlen millionenfach reflektierten und vor allem jetzt, im afrikanischen Hochsommer, Fauna und Flora vertrieben. Ohne Wasser hätte der flüchtige Hijacker in der glühend heißen, schattenlosen Einöde wohl nur wenige Stunden überleben können.
Da die Anglo-American plante, die reichen Vorräte an Soda und Pottasche in den Pfannen auszubeuten, erregten die Flüge kein Aufsehen. Orapa gab sie als geologische Erkundungen aus.
Nachdem der erste Tag seit dem Überfall ergebnislos verstrichen war, gab van Zyl von seinem Hauptquartier aus Order an Orapa, die Flüge weiter nach Süden und Westen auszudehnen, bis nach Rakops hin und bis an den Nordrand der Kalahari.

Ein Zeichner hatte inzwischen nach den Angaben des Piloten, Feuchtenbeiners und van Zyls ein Phantombild angefertigt, das BOSS an seine sämtlichen Agenten und Spitzel in Botswana verteilen ließ, mit der Anweisung, sofort den nächstgelegenen BOSS-Residenten oder die Zentrale zu benachrichtigen, sobald irgendwo ein Mann auftauchte, der dem Bild ähnlich sah. Als Erfolgsprämie setzte BOSS für schwarze Agenten vorerst 1000 Rand, für weiße Residenten 10000 Rand aus. BOSS untersagte ausdrücklich eigenmächtige Aktionen gegen den Flüchtling. Man wollte ihn unter allen Umständen lebend.
»Aber das alles sind nur Schrotschüsse, und ob ein Schrotkorn trifft, müssen wir dem Zufall überlassen«, erklärte van Zyl vor dem nationalen Sicherheitsrat. »Immerhin habe ich noch eine scharfe Kugel im Lauf, mit der ich einen Volltreffer landen könnte. Ich meine den Mittäter. Ich brauche nur noch etwas Zeit, denn dieser Moses ist ein verdammt zäher Bursche.«
Van Zyls tüchtigste Verhörspezialisten hatten Moses den ganzen Tag über in die Mangel genommen. Vergebens hatte sich Moses auf das Versprechen des Generals berufen, ihn nach der handschriftlichen Fixierung des Sachverhalts und nach Erledigung der Formalitäten laufenzulassen. Unter der Folter erwies er sich als erstaunlich schmerzunempfindlich, erst am Nachmittag kamen die BOSS-Leute ein Stück weiter, als Moses sich als Offizier der rhodesischen Befreiungsarmee ZLA zu erkennen gab und die Einhaltung der Genfer Konvention forderte.
Von dieser unerwarteten Wendung in Kenntnis gesetzt, nahm sich General van Zyl des Verhörs wieder persönlich an. »Von Offizier zu Offizier« machte er Moses darauf aufmerksam, daß ein kriegsgefangener Offizier lediglich Name, Dienstgrad und Heimatadresse anzugeben verpflichtet sei. Nach einigem Zögern gab der Gefangene zu Protokoll, er heiße Moses Nkala, sei Oberleutnant der ZLA und wohne in Plumtree, einer kleinen rhodesischen Stadt an der Grenze zu Botswana.
General van Zyl erbat, ohne einen Grund für seine Rückfrage zu

nennen, von den Kollegen der rhodesischen *Special Branch II* eine Bestätigung der Angaben Moses'. Am späten Abend kam die telefonische Antwort aus Salisbury: Ein Moses Nkala sei tatsächlich in Plumtree gemeldet, er arbeite jedoch zur Zeit als Flugzeugmechaniker in Botswana. Er sei verheiratet mit einer Lehrerin namens Naledi und als ordentlicher Bürger der schwarzen Mittelschicht registriert. Politisch oder kriminell sei er nie in Erscheinung getreten. Ob gegen den Mann etwas vorliege?

»Reiner Routinecheck«, beruhigte van Zyl seinen rhodesischen Kollegen. »Sein Name ist in einem bestimmten Zusammenhang aufgetaucht. Ich wußte gleich, daß an der Sache nichts ist, aber ich wollte sichergehen.«

Der Rhodesier ließ ein paar Sekunden verstreichen, dann bemerkte er trocken: »Wenn der General van Zyl sich persönlich darum kümmert, ist das ein bißchen viel Aufwand für einen Routinecheck. Wollen Sie mir nicht doch lieber erzählen, was mit dem Mann los ist? Immerhin haben wir Bürgerkrieg im Land, und wenn wir nicht zusammenarbeiten, haben Sie ihn bald auch.«

Van Zyl beschwichtigte den Rhodesier mit einigen Floskeln. Dann nahm er sich Moses' handgeschriebenes Protokoll vor. Er konnte den Inhalt nicht erfassen, denn der war in Ndebele geschrieben. Aber auf den Text kam es ihm weniger an, der war ohnehin erlogen. Van Zyl studierte die Handschrift, zählte die Buchstaben und stellte zufrieden fest, daß alle wichtigen Vokale und Konsonanten in dem Protokoll vertreten waren.

Danach bestellte van Zyl den Leiter der Abteilung VI (nationale Auswertung, Forschungen und Spezialstudien) zu sich. Er übergab ihm das Moses-Protokoll und einen Briefentwurf. »Den Brieftext möchte ich gern in Ndebele übersetzt haben, nicht wörtlich, aber sinngemäß. Hauptsache ist, daß Handschrift, Grammatik, Diktion und Orthographie genau mit dem Protokoll übereinstimmen. Wird ihr Labor das hinkriegen?«

Der Leiter der Abteilung VI bezeichnete dies als eine Lappalie für seine geschulten Graphologen und afrikanischen Sprachexperten.
Dann forderte van Zyl bei der Abteilung V (Personal und Verwaltung) einen bedingungslos loyalen Agenten vom Matabele-Stamm an.
»Loyal zu wem - zu BOSS oder zu seinem Stamm?« wollte der Untergebene wissen.
»Loyal zu uns natürlich.«
Nach einer Weile meldete sich der Leiter der Abteilung V wieder. »Ich hätte hier einen ausgezeichneten Mann. Er ist allerdings ein Shona.«
»Ich habe ausdrücklich einen Matabele bestellt.«
»Sie wissen, General, daß die Matabele in Rhodesien leben, und da sind wir knapp an Personal. Aber vielleicht können uns die Kollegen von drüben einen geeigneten Mann liefern...«
»Zum Teufel mit den Rhodesiern! Ich brauche einen Matabele, der nur uns ergeben ist.«
Gegen Morgen schließlich bekam van Zyl den Mann, den er brauchte. Er hieß Edson Mojo, war 27 Jahre alt, ledig, Wanderarbeiter und hatte sich als Spitzel und Provokateur in Soweto, der Afrikaner-Vorstadt von Johannesburg, bestens bewährt. Die Abteilung I (Subversion) wollte den Mann nur höchst ungern hergeben, weil er, als Mitglied in den *African National Congress* eingeschleust, BOSS zuverlässig über die subversiven Pläne und Aktivitäten der schwarzen Unabhängigkeitsbewegung auf dem laufenden hielt.
General van Zyl entschied die bürokratischen Querelen um den Agenten mit einem Machtwort zugunsten der Abteilung V, indem er verfügte, daß die beabsichtigte Aktion mit dem Agenten Edson Mojo absoluten Vorrang vor allen anderen Einsätzen genieße.
Als der General kurz vor Mitternacht den schwarzen Agenten Mojo instruiert hatte, legte er sich mit dem beruhigenden Gefühl

aufs Ohr, Gott habe ihm einen Plan gegeben, mit dessen Hilfe er einen der gefährlichsten Anschläge auf die herrschende Ordnung im Süden Afrikas abwenden könne.

Klick-Klack

Der BOSS-Agent Roger Niehoujs und seine drei Mitarbeiter waren in Orapa mit etwa dem gleichen Enthusiasmus empfangen worden, den die Firmenleitung unangemeldeten Steuerfahndern entgegengebracht hätte. Aber da sie einen vage gefaßten schriftlichen Auftrag von De Beers in Johannesburg vorwiesen, sie sollten die Sicherheitseinrichtungen inspizieren, fand man sich bald mit ihnen ab.
Nur Feuchtenbeiner, der mit ihnen im Flugzeug gekommen war, und Generalmanager Scranton waren in den wirklichen Zweck des Besuches eingeweiht. Der inzwischen aus Tsumkwe zurückgekehrte Pilot der überfallenen Cessna King Air ahnte etwas mehr als die Belegschaft von Orapa, aber er hütete sich wohlweislich, darüber zu sprechen. Er ging seiner gewohnten Tätigkeit nach und hielt sich im übrigen an die offizielle Version, Feuchtenbeiner und er hätten den Flug nach Gaborone routinegemäß absolviert.
So nahm in Orapa, sah man von dem lästigen Besuch aus Johannesburg ab, alles seinen gewohnten Gang. Es gab ein paar Fragen an die leitenden Manager, wer über die genauen Termine des monatlichen Diamantentransports nach Gaborone informiert sei, wer Zutritt zur roten Sicherheitszone habe, wer auf dem Flughafen arbeiten dürfe und welche Freundschaften Feuchtenbeiner pflege.
Ansonsten hielten sich die vier BOSS-Agenten abseits von allen gesellschaftlichen Aktivitäten. Sie spielten weder Golf noch Squash, noch Tennis, sie schlugen sogar Scrantons Einladung

aus, im Direktoren-Pool zu baden. Da sie keinerlei gesellige Neigungen erkennen ließen und sich sofort nach dem Dinner mit Verschwörermienen in das ihnen vorbehaltene Gästehaus zurückzogen, wie Leute, die von der Wichtigkeit ihrer Tätigkeit durchdrungen sind, ließ man sie sehr bald links liegen. Nur Feuchtenbeiner hielt sich ständig in ihrer Umgebung auf, was niemanden wunderte; schließlich war die Sicherheit in Orapa sein Job.

Als Niehoujs nach dem Lunch gerade mit Feuchtenbeiner die Personalkartei durchging, meldete der Pilot eines Suchflugzeugs über Funk, er habe in der nördlichen Kalahari einen Lastwagen gesichtet. In diesem Terrain gebe es für ein Flugzeug jedoch keine Landemöglichkeiten.

Niehoujs ließ sich die genaue Position durchgeben – 75 Kilometer westsüdwestlich von Rakops. Dann rief er den Flugplatz an: »Der Pilot soll den Hubschrauber startklar machen. Wir fliegen in zehn Minuten.«

»Ich hole nur schnell meine Elefantenbüchse«, sagte Feuchtenbeiner.

»Wozu?«

»Dieser Hijacker ist zu allem fähig.«

»Für Sie ist kein Platz im Helikopter.«

»Wenn wir ein bißchen zusammenrücken, geht's schon.«

»Sie haben mich nicht verstanden. Ich habe Befehl, niemanden mitzunehmen.«

»Das mag für Außenstehende gelten. Aber doch nicht für mich. Erstens kann ich den Hijacker identifizieren, und zweitens bin ich für die Sicherheit in Orapa zuständig. Da ist es doch selbstverständlich, daß ich...«

»Sie irren sich, Jan«, unterbrach Niehoujs. »Seit gestern ist BOSS dafür zuständig.«

»Machen Sie keine Witze, Niehoujs!«

»Seh' ich aus wie ein Komiker?«

Niehoujs ließ Feuchtenbeiner stehen und fuhr hinüber zum Flugplatz.

Eine Stunde später hatte der Hubschrauber das vom Piloten des Suchflugzeugs beschriebene Gelände erreicht. Der Hubschrauberpilot zeigt auf einen grauen Punkt, der sich langsam durch das gelbe Elefantengras pflügte wie ein Mähdrescher durch ein dichtes Kornfeld. Als sie auf 50 Meter heruntergegangen waren, erkannten sie, daß es der avisierte Lastwagen war. Auf dem Dach saßen zwei Schwarze. Einer winkte zu ihnen hinauf.
Der Pilot setzte den Helikopter vorsichtig auf. Die Rotorblätter wirbelten, das mannshohe Elefantengras legte sich einladend nieder, ein paar Zebras, die in der Nähe geweidet hatten, galoppierten davon.
Der Pilot und Niehoujs entsicherten ihre Maschinenpistolen. Sie brauchten nicht lange zu warten, bis der Lastwagen heran war. Der eine Schwarze auf dem Dach äugte neugierig zu ihnen herüber. Der andere verzog keine Miene.
Der Lastwagenfahrer stoppte und steckte grinsend seinen Kopf aus dem Fenster. »Verzeihen Sie, können Sie mir vielleicht sagen, wo wir uns hier befinden?«
»70 Kilometer südwestlich von Rakops.«
»Keine Einzelheiten, Sir! Welcher Erdteil?« Der Fahrer kletterte aus der Kabine und sprang ins Gras. »Dr. Livingstone, wie ich annehme.« Er sprach das historische Zitat in bedeutungsschwerem Oxford-Englisch aus. Dann drückte er dem Piloten und dem konsternierten Niehoujs die Hände, noch bevor die ihre Maschinenpistolen beiseite legen konnten.
»Ich bin Jim Rockwell, das ist meine Frau Linda und den da« – er deutete auf einen kleinen Mann, der mit seinem dichten schwarzen Bart, seinem langen Schopf aus Korkenzieherlocken, den er vergeblich mit einem roten Hippietuch zu bändigen versuchte, seiner Knollennase und seinen schwarzen freundlichen Augen wie ein Zwerg aus dem Märchen von Schneewittchen aussah – »den da haben wir unterwegs eingefangen. Scheint eine Art Ureinwohner der Kalahari zu sein. Sie können ihm ruhig die Hand geben, Gentlemen. Er ist gutartig.«

»Ich bin Bob«, sagte der Zwerg in reinstem Westküsten-Amerikanisch. »Dürfen wir Ihnen eine Tasse Tee anbieten?«
Niehoujs plinkerte ungeduldig. »Wer sind die Schwarzen da oben?«
»Der stille Mensch dort heißt Klick-Klack.« Jim ließ zwei stimmlose Schnalzlaute hören.
»Klick-Klack?«
»Oder so ähnlich. Unser Führer. Buschmann. Spricht keine lebende Sprache außer diesem Buschmann-Dialekt. Und der andere da ist Dits. Er übersetzt uns, was Klick-Klack sagt.«
Niehoujs hatte sich durch Augenschein bereits davon überzeugt, daß die beiden Schwarzen nicht im geringsten dem Fahndungsbild glichen, das van Zyl von dem Flugzeugentführer hatte zeichnen lassen. Er zog das Fahndungsbild aus der Brusttasche. »Haben Sie den zufällig getroffen?«
Bob musterte die Zeichnung. »Netter Mensch. Falls wir ihm noch begegnen – sollen wir ihm was ausrichten?«
Niehoujs riß ihm barsch die Zeichnung aus der Hand. »Was machen Sie hier überhaupt?«
Jim hob tadelnd eine Augenbraue. »Sir?«
»Was Sie hier suchen!« bellte Niehoujs.
»Buschmänner – was denn sonst. Wir sind Archäologen. Amerikaner. Und mit wem haben wir die Ehre?« Jim wandte sich, ohne die Antwort abzuwarten, indigniert an seine Frau. »Da freut man sich wie ein Kind, nach drei Wochen endlich wieder einen Menschen zu treffen. Und dann – so was.«
»Ich geh' pinkeln«, sagte Bob. »Der Gentleman ist mir auf die Blase geschlagen!« Mißmutig trollte er sich.
Linda und Jim riegelten die Tür der rundum vergitterten Ladefläche ihres Datsun Patrol auf und hoben eine Ziege herunter, die sofort zu grasen anfing.
Als Niehoujs und der etwas entfernt wartende Pilot die Entschlossenheit der Amerikaner spürten, sie fortan zu ignorieren, räumten sie das Feld. Hier gab es für sie nichts mehr zu tun.

Jim blickte stirnrunzelnd dem davonfliegenden Helikopter nach und spuckte in den Sand. »Der Kerl hatte eine Fresse wie der Scheißbulle, der uns bei der Vietnam-Demonstration auf dem Campus zusammengeschlagen hat.«
»Das liegt daran, daß Bullen überall auf der Welt gleich aussehen«, sagte Linda, während Bob die Ziege zu melken begann.
Nach einer kurzen Rast setzten sie ihre Reise fort. Die Fahrspur nach Rakops, seit Jahren nicht mehr benutzt, war kaum zu erkennen. Sie behalfen sich mit dem Kompaß und vor allem mit den Hinweisen des Buschmannführers, der buchstäblich jeden Strauch in dieser Einöde zu kennen schien. Sobald sie vom Weg nach Rakops abzuweichen drohten, schlug Klick-Klack mahnend mit der flachen Hand auf das Verdeck der Fahrerkabine und brachte sie wieder auf den richtigen Kurs.
Gegen Abend hielt Jim fluchend an. Das Kühlwasser kochte wieder einmal. »An jeden Scheißdreck haben wir gedacht, auf alle Schicksalsschläge haben wir uns vorbereitet. Aspirin, Schlangenserum, Signalraketen, Abführtabletten, Kohletabletten, Salztabletten...«
»Antibaby-Pillen«, warf Linda ein.
»... Und so weiter... Nur das gottverdammte Elefantengras haben wir vergessen.«
Bob nahm es wie immer fatalistisch. »Darauf kann ein zivilisierter Yankee wirklich nicht kommen, wenn's ihm vorher nicht gesagt wird.« Seufzend löste er die beiden Schichten Fliegengitter vom glühend heißen Kühler. »Das Zeug hilft auch nicht viel. Irgendwie schaffen es die verdammten Grassamen doch, durch das Gitter durchzurutschen. Wir müssen den Kühlergrill ausbauen und auswaschen.«
»Der muß sowieso erst abkühlen«, sagte Linda. »Sammelt lieber Holz.«
»Was gibt's zum Dinner?«
»Stew aus Corned beef, Kartoffeln und Paprika.«
Während Jim die Ziege auf den Karton mit dem Proviant von der

Ladefläche holte, auf die zum Schutz vor Regen und Dornengestrüpp ein überdachter Gitterkäfig gestülpt war, schichteten Dits und Klick-Klack dürres Holz zu einer Pyramide.
Bob wollte es gerade in Brand stecken, als Klick-Klack den Dolmetscher anstieß und ein paar Schnalzlaute ausstieß.
Dits zeigte nach Osten. »Er sagt: Besuch kommt.«
»Drei Wochen kein Mensch und dann an einem Tage gleich zweimal Besuch«, maulte Jim. »Ich krieg' noch Platzangst.«
»Der Bulle wird sein Feuerzeug vergessen haben.«
Jetzt hörten auch die Amerikaner in der Ferne das Singen eines Motors, der sich im Geländegang durch die Steppe quälte, direkt auf sie zu. Dann brach Dieters sandfarbener Ford wie ein Büffel durch das Gestrüpp und blieb 20 Meter vor ihnen stehen.
Dieter winkte. »Hallo.«
»Hallo«, antwortete Bob.
Sie gingen aufeinander zu wie zwei Hunde, die sich beschnuppern wollen.
Bob reckte vor dem Fremden seine 1,60 Meter zu voller Länge, und wenn er mit einem Schweif ausgestattet gewesen wäre, dann hätte er ihn steil aufgerichtet. »Sind Sie Polizist, Steuerbeamter, Leichenbestatter, Republikaner, Kinderschänder, Bure?«
»Nein.«
»Schlagersänger, Klatschkolumnist, Filmproduzent, Werbetexter, Rassist, oder leiden Sie an üblem Mundgeruch?«
Dieter lachte, und Bob wandte sich um. »Leg ein Gedeck mehr auf, Linda.«
»Ich heiße Dieter Hahn und bin Deutscher.«
Bob grinste. »Mach dir nichts draus, Dieter. Ich kenne sogar sympathische Japaner.«
Linda kam herbeigeeilt, um Schlimmeres zu verhüten. »Bob meint das nicht so. Der hält das für Humor.«
»Frauen gehören in die Küche«, wies Bob sie zurecht. »Fährst hier spazieren, Dieter – oder was?«
»So was Ähnliches. Bin freiwilliger Entwicklungshelfer, brau-

che aber erst in ein paar Wochen in meinem Projekt zu erscheinen.«
»Da fährst du hier einfach so allein rum...«
»Nicht ganz allein.« Dieter zögerte, dann rief er zu seinem Ford hinüber: »Tutuma, komm raus! Die Leute sind okay.«
Tutuma wickelte sich aus einer Decke und kletterte von der Ladefläche.
»Die Südafrikaner sind hinter ihm her«, sagte Dieter.
Dits, der mit Klick-Klack gerade das Feuer schürte, hielt sich mit einer Geste zwischen Erschrecken und Ehrerbietung die Hand an die Brust.
Tutuma trat näher. Er warf Dieter einen vorwurfsvollen Blick zu. »Du bist unvorsichtig.«
»Vor denen brauchst du dich nicht zu verstecken.«
»Es sind Weiße.« Bevor er sie begrüßte, wechselte Tutuma ein paar Worte in Setswana mit Dits. Danach schien er eine Spur entspannter. »Also Wissenschaftler seid ihr?«
»Archäologen, aber noch nicht ganz fertig. Universität von San Diego, Kalifornien. Nächstes Jahr wollen wir uns habilitieren.«
»Ist mir neu, daß es in der Kalahari Ruinen geben soll.«
»Wir suchen keine Ruinen, sondern Buschmänner.«
Tutuma verzog das Gesicht. »Massarwa sucht ihr. Wozu?«
»Sie sollen noch heute so leben wie unsere Vorfahren in der Steinzeit. Wir finden, das ist eine faszinierende Aufgabe für Wissenschaftler, die letzten Menschen zu erforschen, die noch in voller Harmonie mit der Natur leben.« Bob schien zu einem längeren Vortrag anheben zu wollen, aber Tutuma fiel ihm ins Wort.
»Massarwa haben keinen Platz mehr im modernen Afrika. Sie leben nur für sich, außerhalb der übrigen Menschheit. In der neuen Gesellschaft haben sie keine Funktion. Sie lernen nichts, und sie wollen nichts lernen. Sie lassen sich nicht zähmen, sie sind unnütz.«
Bob knetete grollend seinen Bart. »Wer hier von wem etwas ler-

nen kann, ist noch nicht raus. Ich kenne jedenfalls kein Volk, das unter Lebensbedingungen, wie die Buschmänner sie in der Kalahari vorfinden, existieren könnte.«

»Schakale können auch in der Kalahari überleben.«

Dieter, der mit wachsender Ungeduld Tutumas Argumenten zugehört hatte, zwang sich zur Ruhe. »Es sind aber keine Schakale, sondern Menschen, Afrikaner wie ihr.«

»Die ältesten Afrikaner überhaupt«, sekundierte Bob.

»Und ihr habt sie verjagt, so wie die Buren euch verjagt haben.« Dieter geriet immer mehr in Fahrt. »Von ihrem Land habt ihr sie verjagt in diese trostlose Steppe, wo ihnen kein Schwarzer und kein Weißer ihr bißchen Recht auf Leben streitig machen kann.«

Tutuma sah verblüfft auf. »Was regst du dich eigentlich so auf?«

»Weil du dich über die Weißen beklagst, die dasselbe mit euch gemacht haben.«

»Du wirst uns doch nicht mit diesen Wilden vergleichen wollen.«

»Du nennst sie Wilde, und die Buren nennen euch Wilde. Ich bin gegen jeden Rassismus. Auch gegen euren.«

»Ihr zivilisierten Weißen würdet für die Buschmänner am liebsten einen Zoo bauen.« Tutuma stocherte im Feuer. »Du bist ein Romantiker wie viele Weiße, die hierherkommen, um uns zu lehren, wie wir leben sollten. Aber was verstehst du schon von Afrika? Du bist gerade erst zehn Tage hier. Wir brauchen keine Lehrmeister aus den USA oder aus Europa. Wir wollen so leben, wie wir es für richtig halten. Wenn ihr uns unbedingt helfen wollt, dann gebt uns Waffen. Auf eure Ideologien können wir verzichten. Weißt du, wer mir am liebsten ist von all den selbsternannten weißen Samaritern: die Sowjets. Die haben keine koloniale Vergangenheit zu bewältigen, die sehen in uns den Menschen und nicht den künftigen Konsumenten, den man aufpäppeln muß, damit er euch später euren Schund abkaufen kann.«

Tutuma dachte an das Gespräch zurück, das er in Moskau ge-

führt hatte, an den Schnee und an die Herzlichkeit Wolodjas, der ihm seine Kriegsnarben auf dem Bauch gezeigt hatte, an die Waffen, die man ihm geradezu aufdrängen wollte, ohne Bezahlung natürlich, und an das schmeichelhafte Angebot, ihn, Tutuma zum Premierminister eines freien Zimbabwe zu machen.
»Schluß mit der Politik!« rief Linda. »Das Essen ist fertig.«
Die Männer holten sich von Linda je einen Schlag Stew, und nach dem kräftigen Gericht aus Kartoffeln, Paprika und Corned beef gab es für jeden noch einen Emaillebecher voll Nescafé mit Trockenmilch und Zucker.
Die Dunkelheit war schnell hereingebrochen, und alle hatten mit Appetit ihr Essen hinuntergeschlungen, schweigend, als hätten sie für die Dauer der Mahlzeit einen Waffenstillstand vereinbart. Die Wildtauben gurrten ihre vielstimmige Serenade, irgendwo heulten Schakale, und ein Löwe antwortete, unwirsch über den Widerschein des Feuers, den die Eindringlinge in seinem Reich entzündet hatten.
Dieter legte sich auf den Rücken und verschränkte die Arme hinter dem Nacken. Er begann, die glitzernden Pailletten auf dem Samttuch des afrikanischen Himmels zu zählen, sie mit gedachten Linien zu immer neuen Figuren zu verbinden. Er fühlte sich eins mit der Natur, er ließ das Glück auf sich wirken wie eine Droge. Er hatte noch nie über das Glück nachgedacht, und in diesem Augenblick entdeckte er für sich, was Millionen Menschen vor ihm entdeckt hatten: Es gab kein Glück, es gab nur glückliche Minuten, und dies war eine.
Nach dem Kaffee schüttete Jim in den ausgewaschenen Kochtopf ein paar Hände voll Maiskörner, die knatternd in siedendem Öl explodierten. Aus den Körnern wurde flockiges Popcorn, und alle griffen zu.
Nur Klick-Klack hielt sich scheu abseits. »Er ist schon drei Wochen bei uns«, sagte Bob. »Aber meinst du, der läßt einen von uns an sich herankommen? Irgendwo hat er eine besondere Art von Würde, obwohl er längst domestiziert ist. Ein schwarzer

Rinderzüchter hat ihn uns für die Expedition abgetreten. Sonst arbeitet er das ganze Jahr für eine Decke, täglich etwas Maisbrei und eine Handvoll Tabak. Es gibt keine billigere Arbeitskraft als einen Buschmann. Sogar ein Esel kostet mehr Unterhalt.«
Klick-Klack schaute zu ihnen hinüber aus seinen klaren Antilopenaugen, in denen weder Freundschaft noch Mißtrauen zu lesen war. Er trug einen Umhang aus undefinierbaren Fetzen gegerbter Tierhaut. Seine Haut schien eine Nummer zu groß geraten, wie bei einem jungen Hund.
»Wenn sie nach wochenlangem Fasten ein Stück Wild erlegen«, sagte Bob, »dann schlagen sie sich den Bauch voll, bis die runzlige Haut prall und glatt wird. Niemand kann soviel auf einmal essen wie ein Buschmann. Du mußt sie mal sehen am Ende der wildreichen Regenzeit. Dann sehen sie aus wie kleine Tonnen. Vorne wie eine Frau im achten Monat und hinten mit Backen wie Kamelhöcker. Von dem Fett, das sie gespeichert haben, zehren sie dann den ganzen Winter.«
Die Haut des Buschmanns hatte die Farbe und Struktur der Schale einer abgelagerten Walnuß, seine kleine Gestalt war athletisch proportioniert mit fein modellierten Händen und Füßen. Sein Gesicht mit den winzigen spitzen Ohren und den schrägstehenden Augen über den hohen Backenknochen hatte einen ausgeprägt mongolischen Zug. Dieter lächelte ihn an, aber auch ihm gelang es nicht, Klick-Klack aus seiner scheinbar stumpfen Teilnahmslosigkeit herauszulocken.
Bob hatte amüsiert den einseitigen Blickdialog beobachtet. Er ging hinüber zu Klick-Klack und gab ihm etwas unfermentierten Tabak. Klick-Klack nahm ihn, ohne eine Miene zu verziehen, und stopfte damit eine primitive Pfeife, die er sich aus einer Wurzel geschnitzt hatte.
»Zuerst habe ich mich darüber geärgert«, sagte Bob. »Ich erwartete irgendeine Reaktion, eine noch so versteckte Geste von Freude oder Dankbarkeit. Nichts! Die Buschmänner geben und nehmen, sie kennen kein Eigentum, sie teilen, weil sie sonst

nicht überleben würden. Da sucht die halbe Welt nach einer erträglichen Gesellschaftsform, ohne Privilegierte, ohne Besitzgier. Und sie schaffen es nicht. Nur bei den Buschmännern scheint der Kommunismus zu funktionieren.«
»Habt ihr wildlebende Buschmänner getroffen auf eurer Expedition?«
Bob zupfte verdrossen an seinem Bart. »Wir hatten Pech. Drei Wochen und kein Buschmann. Entweder sind sie uns ausgewichen oder wir sind nicht tief genug in die Kalahari eingedrungen. Wir haben die falsche Jahreszeit erwischt. Dieses gottverdammte Elefantengras ist reif geworden, unser Datsun hat Milliarden Samen abgestreift und ein paar tausend haben sich in den Kühlerlamellen festgesetzt. Der Grill war verstopft, der Motor kühlte nicht ab und überhitzte. Anhalten, auskühlen lassen, den Grill ausbauen, mit der Drahtbürste säubern, mit unserem kostbaren Trinkwasser ausspülen und mit der Luftpumpe durchblasen. Und das drei-, viermal am Tag. Das nervt, Mann! An manchen Tagen haben wir keine 30 Kilometer geschafft. Und wie seid ihr vorangekommen?«
»Wir sind erst heute früh von Rakops gestartet. Über Mittag haben wir ein paar Stunden Pause gemacht.«
»Wegen der Sonne?«
»Wegen des Flugzeugs. Wir haben die Karre stehenlassen und Gestrüpp und Savannengras drübergelegt, damit man sie aus der Luft nicht gleich erkennt.«
»Hatten die es auf euch abgesehen?«
»Klar, auf wen denn sonst«, knurrte Jim, der bisher vor sich hingedöst hatte. »Sie haben uns ja das Fahndungsfoto von Tutuma unter die Nase gehalten.«
Tutuma blickte alarmiert auf. »Ein Fahndungsfoto?«
»Es war eine Zeichnung. Die machen so was synthetisch. Zeigen einem Augenzeugen dreißig verschiedene Münder, bis er sagt: Dieser Mund ist am ähnlichsten. Dann machen sie's genauso mit den Augen, den Ohren, dem Haaransatz, bis sie alle Details zusammenhaben. Identikit nennen sie das bei uns in den Staaten.

Ganz genau stimmt's nie, aber es kann doch verdammt ähnlich werden. Ich jedenfalls habe Tutuma nach der Zeichnung erkannt. Was hast du denn ausgefressen? Hühner geklaut?«
»Es ist politisch«, sagte Dieter.
»Uns hatten sie auch mal wegen der Politik gesucht, weil wir gegen den Vietnam-Krieg waren. Heute weiß jeder, daß wir damals recht hatten, aber die Patrioten sind die anderen, die uns zusammengeknüppelt haben.«
Äußerlich wirkte Jim so vertrauenerweckend wie ein Bandit aus einem Italowestern, mit seinem abenteuerlich verbeulten Schlapphut, seinen zerrissenen Jeans, seinem grauen T-Shirt und dem Vollbart, der bei jeder heftigen Kopfbewegung staubte wie ein Mop. Aber in seinen Augenwinkeln verbarg sich unter der Dreckkruste Humor und Humanität. »Brauchst keine Angst zu haben, Tutuma. Wir haben damals Deserteure versteckt, und wir werden auch dich nicht in die Pfanne hauen. Und sei es nur, weil wir grundsätzlich was gegen Bullen haben.«
Linda nickte bekräftigend, während Bob über etwas nachzugrübeln schien. »Komisch«, sagte er schließlich. »Wußte gar nicht, daß Botswana eine Luftflotte hat und weiße Bullen beschäftigt.«
»Das waren Südafrikaner.«
»Hier in Botswana? Warum stellst du dich nicht einfach unter den Schutz der hiesigen Behörden?«
Tutuma lächelte fast mitleidig. »Das ist kein Schutz, Bob. Die Polizei von Botswana besteht aus 1200 lausig bezahlten Männern, und davon ist mindestens jeder Fünfzehnte ein südafrikanischer Spitzel.«
»Er wird seine Gründe haben«, sekundierte Dieter. »Ihr habt ja gesehen, wie scharf sie auf ihn sind. Sonst würden sie nicht die Kalahari mit Flugzeugen absuchen.«
Jim schien von dem Argument einigermaßen beeindruckt. »Mir fällt da was ein. Wir fahren morgen zurück. Erst nach Rakops und dann in unser Basis-Camp in der Nähe von Nata. Sollen wir euch mitnehmen? Tutuma könnte sich bei uns nützlich machen, und keiner wird erfahren, wer er ist.«

Tutuma überlegte ein paar Sekunden. »Ich weiß, ihr meint es ehrlich. Aber jetzt ist es noch zu gefährlich für mich. Ich kann mich nicht unter Menschen wagen.«
»Wie lange wolltet ihr hierbleiben?«
»Ein paar Tage. Eine Woche vielleicht.«
»Seid ihr überhaupt auf so was eingerichtet? Habt ihr genug Wasser?«
»Ich glaube schon«, sagte Dieter.
»Ihr könnt hier nur im Geländegang fahren. Und der Vierradantrieb säuft doppelt soviel Benzin.«
»Wir haben ein Faß mit 500 Litern dabei.«
»Habt ihr zu essen?« fragte die praktische Linda, die sich gerade nach dem Zähneputzen den Mund ausspülte und mit dem Rest des Wassers aus dem Emaillebecher vorsichtig ihren Waschlappen benetzte, um damit den gröbsten Staub aus ihrem runden Gesicht zu wischen. Unter der Staubschicht kamen ein paar Sommersprossen zum Vorschein.
»Wir sehen uns das morgen früh mal genauer an«, entschied Jim. »Auf alle Fälle können wir euch ja Lizzy dalassen.«
Linda funkelte ihn entrüstet an. »Du willst ihnen Lizzy geben! Im Ernst?«
»Wir brauchen sie doch nicht mehr.«
»Quatsch!« Linda wandte sich an Dieter. »Mit einem Sack voll Mais und Konserven kommt ihr genausogut über die Runden. Ihr kriegt von uns, was ihr wollt, aber Lizzy wird nicht geschlachtet. Basta!«
»Das ist doch sentimentaler Unsinn, Linda«, sagte Jim. »Dafür haben wir sie ja schließlich mitgenommen.«
»Ihr seid schlimmer als die Kannibalen! Wer Lizzy umbringen will, muß erst mich schlachten.« Es klang endgültig.
»Mit vollem Bauch sagt sich so was leicht daher, Linda. Ich möchte dich mal sehen, wenn unser Proviant ausgeht. Du wärst die erste, die aus Lizzy ein raffiniertes Ragout zubereitet hätte, mit Zwiebeln, Kartoffeln und Paprika...«

»Und viel Pfeffer, damit man den strengen Geschmack nicht so rausschmeckt«, sagte Bob. »Hast du doch angekündigt, bevor wir losgefahren sind. Oder nicht?«
»Damals kannten wir Lizzy noch nicht«, räumte Linda ein. »Aber inzwischen ist sie mir ans Herz gewachsen. Wenn ihr so was fertigbringt – ich nicht!«
Dieter verfolgte den Streit mit wachsender Verwirrung. Zuerst hielt er es für eine ihrer makabren Plänkeleien, aber nun fragte er aus Neugierde doch: »Wer zum Teufel ist Lizzy?«
Bob zeigte auf die angepflockte Ziege. »Unsere lebende Speisekammer.«
Als Linda merkte, daß sie mit Appellen an die Menschlichkeit wenig ausrichten konnte, verlegte sie sich aufs Argumentieren: »So eine Ziege ist nur eine Last. Scheißt euch die Ladefläche voll und stinkt. Die Tierfänger wissen, warum sie Ziegen als Köder für ihre Löwenfallen benutzen. Löwen haben eine unheimlich feine Nase. Ich hoffe, ihr seid nicht allzu schreckhaft, Dieter, sonst zielt ihr daneben, wenn euch die Hände zittern. Ihr habt doch ein gutes Gewehr?«
Jim lachte. »Laßt euch nicht ins Bockshorn jagen, Leute. Wir sind drei Wochen mit der Ziege durch die Kalahari gezogen, ohne Gewehre, und Linda hat kein Wort über Löwen verloren. Löwen haben viel zuviel Angst vor Feuer.«
Wie aufs Stichwort brüllte wieder der Löwe, diesmal ganz in der Nähe. »Hoffentlich weiß unser Löwe das«, sagte Linda triumphierend und zog sich, ihren Abgang genießend, zurück, um das Zelt aufzubauen.
»Wo schlaft ihr?« wollte Jim wissen.
»Ich habe einen eigenen Schlafsack. Eure Leute vom Peace Corps haben mir in Gaborone Gepäck für ihre Freiwilligen in Maun mitgegeben. Da ist auch ein Schlafsack dabei. Tutuma hat ihn schon letzte Nacht benutzt.«
»Mein Zelt reicht für drei«, sagte Bob.
Jim löschte die glimmenden Reste des Feuers mit Sand, während

Dieter Bob half, das Zelt aufzustellen. Jeder erhielt von Linda noch ein Viertelliter Wasser zum Waschen und Zähneputzen zugeteilt, bevor sie in ihre Schlafsäcke krochen.
Dieter legte sich draußen in den noch immer warmen Sand, und Klick-Klack hielt sich, wie immer, ein Stück abseits.
Der Löwe brüllte wieder, und irgendwo in der Nähe stimmten Hyänen einen schaurigen Kanon an, und Lizzy ließ ein dünnes ängstliches Meckern vernehmen.

Als sie kurz nach Sonnenaufgang aus ihren Schlafsäcken krochen, war Klick-Klack verschwunden. Jim vermutete, daß der Buschmann sich aus dem Staub gemacht hatte, um seine Sippe zu suchen. Wahrscheinlich zog er das freie Leben in der Kalahari, jetzt in der Regenzeit, seinem tristen Job bei den schwarzen Viehzüchtern vor.
»Ich kann ihn gut verstehen«, sagte Jim. »In der Natur lebt er, in der Halbzivilisation vegetiert er nur. Was mich wundert, ist, daß er sich seine Bezahlung nicht hat geben lassen. Wir hatten ihm Tabak versprochen und Honig.«
Bob widersprach. »Klick-Klack ist schon viel zu domestiziert. Wahrscheinlich hat er das Jagen und Sammeln längst verlernt, und er weiß das. Der kommt wieder.«
Klick-Klacks plötzliches Auftauchen machte den Disput gegenstandslos. Er gab durch Gesten zu verstehen, daß die Weißen ihm folgen sollten. Keine hundert Meter weiter hielt er an und deutete auf die Abdrücke mehrerer Tatzen im Sand. Er bückte sich und streifte mit einem Grashalm über die Außenkante des Abdrucks. Sandkörner rieselten herab.
»Es scheint, daß der Abdruck noch ganz frisch ist«, sagte Tutuma. »Sonst wäre der Sand angetrocknet.«
Dieter schüttelte sich unwillkürlich bei dem Gedanken, die ganze Nacht über von einem Löwen belauert worden zu sein, aber Tutuma legte ihm beschwichtigend die Hand auf die Schulter.

»Der König war nur neugierig und wollte nachsehen, wer sich in seinem Reich herumtreibt. Menschen würde er nur angreifen, wenn er sehr hungrig ist. Aber im Sommer hat er überall einen gedeckten Tisch. Es gibt Wild genug.«
Dieter betastete, noch immer voller Skepsis, seine blauen Flecke und verschorften Wunden. »Der Strauß vorige Woche hatte auch einen gedeckten Tisch.«
Nach dem Frühstück erweiterten Dieter und Tutuma bei der mühseligen Reinigung des Kühlerradiators ihren Sprachschatz an englischen Kraftausdrücken. Jim verfügte über ein beachtliches Repertoire.
Dann überließen Jim und Bob ihnen die Hälfte ihres Proviants und ihrer Reiseapotheke. Jim schien ehrlich besorgt um ihr Wohlergehen in der Kalahari, denn er ließ ihnen auch noch einen Sack mit unfermentiertem Tabak da. »Damit wollten wir eigentlich bei den Buschmännern gut Wetter machen. Jetzt haben wir keine Verwendung mehr dafür. Falls ihr durch Zufall auf Buschmänner stoßen solltet, könnte euch der Knaster nützlich sein.«
Jim nahm ihnen das Versprechen ab, sie in ihrem Basis-Camp bei Nata, ungefähr 350 Kilometer nordöstlich, zu besuchen, sobald die Luft rein sei, und zum Schluß sagte er sehr ernst: »Aus der Kalahari sind schon viele nicht mehr zurückgekehrt. Ohne Führer wärt ihr ein Festschmaus für die Geier. Deshalb möchten wir euch Klick-Klack vererben. Er wird euch sicher wieder herausbringen.«
Bob band die angepflockte Ziege los und drückte Tutuma wortlos das lose Ende der Leine in die Hand.
»Ach ja, Lizzy«, sagte Jim. »Ich habe mit Linda noch mal darüber gesprochen. Sie meint auch, daß Lizzy bei euch gut aufgehoben ist.«
Als sie in ihren Datsun Patrol einstiegen, warf Linda einen tränenfeuchten Abschiedsblick auf die gleichmütig wiederkäuende Ziege, dann einen beschwörenden auf Dieter. »Aber ihr dürft

Lizzy wirklich nur dann aufessen, wenn ihr kurz vor dem Verhungern seid.«
Dann brach sich der Datsun, mit Jim, Bob und Linda im Fahrerhaus und Dits auf dem Dach, Bahn durch die Dornbüsche und verschwand bald in einer Staubwolke.
Dieter und Tutuma sahen ihnen eine Weile schweigend nach. Klick-Klack hockte auf dem Boden, passiv wie immer, und Lizzy wandte sich mit kläglichem Meckern wieder den Gräsern zu.

Plumtree

Kurz vor 16 Uhr rollte der Zug der Rhodesia Railways auf dem Bahnhof von Plumtree ein. Johan Vermaak atmete erleichtet auf, als er die grünweißgrüne Nationalflagge der rhodesischen Vettern mit den beiden aufgerichteten Antilopen, die das Staatswappen stützen, neben dem kleinen Bahnhofsgebäude erkannte. Auf der Fahrt zwischen der südafrikanischen Grenzstadt Mafeking durch den Grüngürtel im Ostteil Botswanas hatte es hinter Francistown auf freier Strecke einen längeren Aufenthalt gegeben. Ein Wolkenbruch hatte den eingleisigen Bahndamm unterspült, und eine Kolonne von schwarzen Gleisarbeitern den Schaden in gänzlich unafrikanischer Eile repariert.

Immerhin waren es diesmal nicht, wie so oft in den letzten Monaten, schwarze Partisanen, die den Aufenthalt verursacht hatten.

Vermaak und Edson Mojo waren die einzigen Passagiere, die in Plumtree aus dem Zug stiegen, Vermaak aus einem der bequemen Erste-Klasse-Abteile, Mojo aus einem der vierten Klasse. Unterwegs hatten sie sich strikt an General van Zyls Anweisung gehalten, jeden Kontakt miteinander zu vermeiden. Schließlich hatten beide, der schwarze Agent und sein weißer Führungsoffizier, ihre Instruktionen schon vor der Abreise auswendig gelernt.

Während er Mojo nachblickte, der sich mit seinem Bündel davonmachte auf die Suche nach einem Lastwagen, der ihn vielleicht zu dem schwarzen Wehrdorf mitnahm, wandte sich Vermaak dem offenbar einzigen Hotel hundert Meter neben den Gleisen zu.

Plumtree machte nicht den Eindruck eines Ortes, der Vermaak in der Wartezeit, die vor ihm lag, viel Kurzweil bieten könnte. Eine Teerstraße mit trostlosen Häusern, deren rotangestrichene Wellblechdächer wie das Make-up einer verblühten Frau wirkten, die zuviel Rouge aufgelegt hatte; die unvermeidlichen Filialen der siamesischen Bank-Zwillinge Barclay's und Standard, rührende Fossilien einer jahrhundertalten, längst absurd gewordenen Prestigekonkurrenz, dem anderen Bankinstitut keinen noch so unbedeutenden Geschäftsplatz allein zu überlassen; zwei Tankstellen, von denen die eine geschlossen war und die andere Benzin nur gegen Rationierungsmarken abgab, ein Gemischtwarenladen, ein Konfektionshaus mit verstaubten Schaufensterdekorationen, ein Postamt, eine Polizeistation, und am Ende der Straße die von Militär bewachte Internatsschule für die Kinder der weißen Farmer.

Drei mächtige Akazien und eine blühende Bougainville verbargen die renovierungsbedürftige Fassade des namenlosen Hotels vor indiskreten Blicken. Vermaak empfand den Zustand des Hauses als geradezu defätistisch. Anscheinend war der Besitzer nicht mehr bereit, auch nur einen Cent in die Zukunft zu investieren.

Polly, das pickelige Mädchen am Empfang wies Vermaak ein Zimmer im ersten Stock an, das offenbar seit Tagen nicht mehr gelüftet war. Nur die Reproduktion eines Ölgemäldes, das die Queen Victoria zeigte, beließ dem Raum einen anachronistischen Schimmer vergangener kolonialer Größe.

»Wie lange werden Sie bleiben, Sir?«

»Ein paar Tage.«

»Geschäfte?«

»Hm.«

Polly öffnete das Fenster, schlug das Bett auf und strich es glatt. Sie ließ sich viel Zeit dabei. Sie hätte den einsilbigen Fremden gern in eine Unterhaltung verwickelt. Er war Südafrikaner und trug keinen Ehering. Seit zwei Jahren arbeitete sie in diesem Hotel an der Grenze. Hier war sie der Erfüllung ihres Traumes näher, eines Tages von einem Fremden mitgenommen zu werden, in ein Land, wo es sich ohne Angst leben ließ und wo es sich noch lohnte, Kinder in die Welt zu setzen. In Südafrika hatten die Weißen die Situation noch besser im Griff, dort standen vier oder fünf Millionen gegen die schwarze Übermacht. Hier in Rhodesien waren es nur 270000.

»Die Bar öffnet um fünf«, sagte sie, als es beim besten Willen nichts mehr aufzuräumen gab.

Nachdem er geduscht hatte, ging Vermaak hinunter auf einen Drink. Das pickelige Mädchen spülte hinter der Theke Gläser und nickte ihm freundlich zu. »Ein Guinness?«

Es war eine weiße Männerbar mit einem Hinweisschild neben dem Eingang, auf dem sich der Wirt das Recht auf Abweisung unerwünschter Gäste vorbehielt. Keinem Schwarzen wäre es jemals eingefallen, seinen Fuß über die Schwelle des Etablissements zu setzen. In Südafrika wurde Apartheid per Gesetz verordnet, in Rhodesien individuell praktiziert.

Trotz der frühen Stunde war die kleine Bar fast überfüllt. Die Farmer aus der Umgebung und die Geschäftsleute aus Plumtree nahmen die Gelegenheit wahr, sich die Langeweile des viktorianisch puritanischen Sonntags in Männergesellschaft zu vertreiben, unter den Jagdtrophäen an der Wand, Kudu-Geweihen und den ebenholzgerahmten, braunstichigen Fotos von Winston Churchill, Anthony Eden, Dwight D. Eisenhower, Sir Cecil Rhodes, Ian Smith, John Vorster und dem britischen Königspaar.

Vermaak beschlich das nostalgische Gefühl, in dieser Bar habe sich seit 30 Jahren nichts verändert, nicht einmal die zernarbte Dartpot-Scheibe neben der Eingangstür. Er blieb an der Theke stehen und trank, ein Fremder unter all den englischstämmigen Rhodesiern, sein Bier.

Ein leicht angetrunkener Farmer im karierten Holzfällerhemd, eine Magnum im Hosenbund, schob sein Bier neben das Vermaaks. »Wo kommst'n her?«

»Johannesburg.«
»Willst wohl auf die Jagd?«
»Nein, Maschinen verkaufen.«
Der Farmer nickte bedächtig. »Maschinen verkaufen ist gut. Keiner will uns was verkaufen. Nur die Buren. Maschinen können wir gut gebrauchen. Was für welche hast du?«
Vermaak legte zwei Finger auf die Lippen und deutete auf eins der vielen patriotischen Plakate an der Wand, mit der Warnung: »Verbreite keine Gerüchte – denke stets an die nationale Sicherheit.«
»Hier hört uns ja keiner.« Der Farmer zwinkerte. »Sieh dich um – alles unsere Leute. Ihr Buren und wir... ehrlich gesagt, früher hab' ich euch nicht ausstehen können. Heute sitzen wir alle in einem Boot. Werft ihr uns den schwarzen Krokodilen zum Fraß vor, dann werden sie morgen euch verschlingen.« Er sah Vermaak mit einem Ausdruck banger Erwartung an, als hoffte er auf eine Bestätigung.
Ein zweiter Farmer schob sich zwischen die beiden. »Kann schon sein, daß der das begriffen hat, Jerry, aber Vorster...«
»Der muß genauso taktieren wie Smithie, Bill«, sagte Jerry. Er wandte sich an Vermaak. »Stimmt's? Wie heißt du?«
»Johan.«
»Noch ein Guinness für Johan, oder – gib ihm einen Pink Gin, Polly. Er ist mein Gast.«
Das pickelige Mädchen mixte den Drink der Saison aus Gin, Tonic und einem Schuß Angostura.
»Keine Angst, Bill«, sagte Jerry. »Vorster weiß genau, was er will.«
»Gibst du einem Schwarzen den kleinen Finger, dann will er gleich die ganze Hand«, rief einer von denen, die sich inzwischen dazugestellt hatten.
»Mein Großvater hat die Farm aufgebaut, und ich bin hier geboren. Und das soll ich den Kaffern einfach in den Rachen schmeißen, damit sie's verkommen lassen wie die Farmen in Moçam-

bique und Angola, die sie den Portugiesen gestohlen haben?« In Bills Stimme schwang Trotz und Erbitterung mit. »Eher sprenge ich alles in die Luft.«
»Wenn uns die Welt nicht hilft, müssen wir uns selber helfen«, rief ein anderer. »Damit!« Er klopfte auf seine Magnum im Hosenbund.
Ein Missionar versuchte, sich in dem erregten Stimmengewirr Gehör zu verschaffen. »Dafür seid ihr zu wenige. Oder habt ihr vergessen, daß auf jeden von euch 22 Schwarze kommen?«
»Na und?« Bill schob sich breitbäuchig näher heran. »Drei Millionen Israelis sind mit 100 Millionen Arabern bisher auch ganz gut fertig geworden. Auf die Masse ist es noch nie angekommen, sondern auf die Macht und die Intelligenz der Elite. Mit Waffen können sie uns nicht vertreiben, da versuchen sie's eben mit der sogenannten Demokratie. Ein Mann, eine Stimme – lächerlich. Die können das Land ja gar nicht regieren, selbst wenn man sie ließe, so faul und undiszipliniert, wie sie sind. Da kommt doch nur Chaos raus.«
»Wenn die Schwarzen ungebildet sind, dann liegt das an euch«, gab der Missionar zu bedenken. »Ihr habt ihnen ja keine Chance gegeben.«
Ein langanhaltender Ton wie aus der Autohupe eines Oldtimers ließ die Gesellschaft verstummen.
»Sit-Rep«, rief der Wirt, und die Männer drängten sich an das Funkgerät unter Churchills Bild.
»Situationsreport«, erläuterte Jerry dem südafrikanischen Gast. »Immer um halb sieben.«
»Achtung, Operationszone Tangent«, verkündete eine Stimme aus dem Funkgerät. »Sechs bewaffnete Terrs haben heute nachmittag die Missionsschule von Tuli überfallen und 400 schwarze Kinder über die Grenze nach Botswana entführt. Um eine rechtzeitige Benachrichtigung unserer Streitkräfte zu vereiteln, haben die Terrs zuvor das Funkgerät zerschlagen, drei Lehrer, einen Pastor und zwei Krankenschwestern mitgenommen und

erst jenseits des Shashi-Flusses wieder freigelassen. Fünf Kindern gelang es, den Entführern zu entkommen. Das Innenministerium nimmt an, daß die Kinder von Botswana nach Sambia gebracht und dort zu Terroristen ausgebildet werden sollen. Außenminister van der Byl hat an die Regierung von Botswana appelliert, für die Rückkehr der gewaltsam entführten Schulkinder zu sorgen. Over and out – Ende der Durchsage.«

»Da gibt's nur eins!« Bill schlug mit der geballten Faust auf die Theke, daß die Gläser klirrten. »Einmarschieren und die Kinder wieder rausholen.«

»Das wäre unklug«, meinte Vermaak bedächtig. »Botswana ist für die westlichen Industrienationen eine heilige Kuh. Sie päppeln das Land mit Entwicklungshilfe, damit sie gegenüber den anderen schwarzen Regierungen ihren lukrativen Handel mit uns rechtfertigen können.«

»Botswana wird einfach behaupten, die Kinder seien freiwillig mitgegangen«, sagte ein anderer.

»Einmarschieren und das ganze Land besetzen«, wiederholte Bill beharrlich. »Diese Scheiß-Beschwichtigungspolitik ist doch Selbstmord auf Raten.« Er zeigte auf das Churchill-Bild. »Der hat's damals begriffen.«

»Vertraut ihr etwa immer noch auf die Engländer?« fragte Vermaak.

»Das verstehst du nicht, Johan. Du bist Bure. Die meisten von uns haben Angehörige in England. Glaubst du, die Queen würde zulassen, daß hier rhodesische Engländer abgeschlachtet werden?«

»Die Engländer werden ja nicht mal mit ihren Rebellen in Nordirland fertig«, sagte der Missionar. »Und das liegt vor ihrer Haustür.«

»Trotzdem! Wehren können wir uns allein, nur das Embargo muß weg.«

»Wie?«

»Warte nur die nächste Parlamentswahl ab.«

Die Atmosphäre zwischen Trotz und Niedergeschlagenheit hellte sich etwas auf, Jerry bestellte eine neue Runde Pink Gin, nur der Missionar und Vermaak schienen sich von der aufkommenden Euphorie nicht anstecken zu lassen. Die Männer in der Bar kamen Vermaak vor wie Schiffbrüchige, die sich an eine morsche und viel zu kleine Planke klammerten.
»Labour muß weg!« brüllte Bill. »Das sind ja selber halbe Kommunisten. Die Torries müssen wieder ans Ruder, das sind Realisten. Die wissen, wieviel das Mutterland in Rhodesien investiert hat. Das schenkt man doch nicht einfach weg!«
Aus dem Funkgerät ertönte wieder das Hupzeichen des Sit-Rep.
»Achtung! An alle Mitglieder der Bürgerwehr im Bezirk Plumtree. Eine Gruppe Terrs hat die Bates-Farm unter Beschuß genommen.«
»Das ist bei mir!« Jerry griff instinktiv nach seiner Magnum.
»Obwohl Peggy Bates und die Kinder die Situation noch unter Kontrolle haben, sind alle verfügbaren Mitglieder der Bürgerwehr aufgerufen, Peggy Bates Hilfe zu leisten. Ich wiederhole...«
Die Männer rannten hinaus zu ihren Wagen, ohne das Ende der Durchsage abzuwarten. Vermaak, von der Woge mitgerissen, fand sich draußen in Jerrys Landrover wieder.
Jerry fuhr so vorsichtig an, daß Vermaak ihn verwundert fragte: »Hast du's nicht eilig, zu deiner Familie zu kommen?«
»Geht nicht schneller«, sagte Jerry. »Ich hab' die Reifen mit Wasser gefüllt. Und schwere Panzerplatten unter dem Fahrgestell. Und einen Überrollbügel. Die Terrs haben überall Minen gelegt.« Er steuerte seinen Landrover konzentriert im Slalom an den Schlaglöchern vorbei.
Auf dem Rücksitz legte Bill ein neues Magazin in seine israelische Uzi-Maschinenpistole ein. »Hoffentlich haben sie sich noch nicht aus dem Staub gemacht.« Seine Augen flackerten. »Ein paar von den Kerlen würde ich schon gern mitnehmen.«
»Hast du keine Angst um deine Familie?« fragte Vermaak den verbissen schweigenden Jerry.

»Wir haben einen drei Meter hohen Stacheldrahtzaun ums Haus. Und eine Flutlichtanlage und Betonmauern und Sandsäcke vor den Fenstern. Und Peggy und die Kinder können mit Gewehren umgehen. Wenn's sein muß, schießen die einem Webervogel im Flug aus 50 Metern das linke Auge aus.«
»Hoffentlich lassen die für mich noch was übrig«, knurrte Bill auf dem Rücksitz.
Jerry starrte auf die Schlaglöcher auf der dunklen Straße. »Trinkt ihr noch einen Tee bei uns, wenn wir die Terrs zum Teufel gejagt haben?«
Als sie die hellerleuchtete Farm erreicht hatten, war alles längst vorbei. Ein Mann der Bürgerwehr von der Nachbarfarm, der ihnen zuvorgekommen war, begrüßte Jerry. »Peggy hat sie schon in den Busch zurückgejagt. Sie sagt, es waren ungefähr 15 Mann.«
Zwei schwarze Guerilleros, beide höchstens 16 Jahre alt, lagen jenseits des Zauns, dort, wo das Gras niedergebrannt war, um für Jerry und seine Familie freies Schußfeld zu gewinnen.
Jerry stieß sie mit dem Fuß an. »Kopfschuß.« Er wandte sich an den Südafrikaner. »Wie trinkst du den Tee, Johan – mit Milch oder Zitrone?«
Vermaak grinste respektvoll. »Bis vor einer Stunde habe ich noch geglaubt, daß wir Buren das sturste Volk auf Gottes Erde sind. Aber ihr schlagt wirklich alle Rekorde.«

Edson Mojo hatte sich die Erfüllung seines Auftrags schwieriger vorgestellt.
Außerhalb von Plumtree war er von einem Lastwagen, vollbesetzt mit schwarzen Landarbeitern, mitgenommen worden. Der Wagen fuhr zu dem Wehrdorf, in das die Schwarzen eingeschlossen wurden, von abends sechs bis morgens sechs, um sie, wie die rhodesischen Behörden vorgaben, vor Überfällen der Terroristen zu schützen.
Die Formalitäten am Eingangstor wurden lässiger gehandhabt,

als Mojo befürchtet hatte. Die weißen Wachmänner stellten keine Fragen. Als Mojo seine Identitätskarte vorzeigte, die ihn als Wanderarbeiter, auf der Heimreise aus den südafrikanischen Goldminen auswies, winkten sie ihn durch.
Die erste Klippe war überwunden, Mojo heimgekehrt ins Matabeleland. Dennoch, so ganz behaglich fühlte er sich nicht. Allzuviel hatte sich verändert in den vier Jahren seiner Abwesenheit. Seine Stammesbrüder schienen ihm weniger fröhlich als einst, sie wirkten verschlossen, fatalistisch, keineswegs wie Menschen, die ihre bevorstehende Befreiung erwarteten. Sie lebten nicht mehr verstreut in den von den Weißen niedergebrannten Krals und Barackendörfern, sondern in diesem riesigen, von hohen Zäunen und Wachttürmen umgebenen Lager, wo sie sich in provisorischen Hütten aus Lehm und Elefantengras eingerichtet hatten. Alles Leben spielte sich innerhalb des Zaunes ab, selbst der Gottesdienst und der Schulunterricht, und wer nach 18 Uhr außerhalb des Lagers angetroffen wurde, riskierte, von einem weißen Wachsoldaten abgeknallt zu werden wie ein Schakal. Einer der Lastwagen, mit dem Mojo ins Lager gelangt war, brachte sie morgens zur Maisernte auf die umliegenden Farmen und abends zurück. Es war praktisch unmöglich, Waffen einzuschmuggeln, denn jeder Matabele hatte vorzuzeigen, was er ins Lager einzuführen gedachte.
Das Wiedersehen mit seinem Volk stimmte Mojo traurig. Wehmütig erinnerte er sich an friedlichere Zeiten, als er gutgelaunten weißen Touristen im Victoria Falls Hotel die uralten Tänze seines Stammes vorgeführt hatte. Jetzt standen die Luxushotels an den berühmten Wasserfällen fast leer, die Touristen aus Europa und den USA wurden umgeleitet nach Südafrika oder Namibia, sofern sie es nicht vorzogen, den unruhigen Süden Afrikas überhaupt zu meiden.
Da es damals für Mojo nichts mehr zu tun gab und er außer Tanzen nichts gelernt hatte, meldete er sich beim Rekrutierungsbüro von De Beers und verdingte sich als Minenarbeiter in Südafrika.

In Soweto, der trostlosen Afrikaner-Vorstadt von Johannesburg, lernte Mojo von schwarzen Agitatoren neue Begriffe kennen, von denen er nie zuvor gehört hatte: Freiheit, Solidarität, Unabhängigkeit. Die Worte gefielen ihm, nachdem er sich ihre Bedeutung hatte erklären lassen, und da Mojo nicht auf den Mund gefallen war, brachte er es im verbotenen African National Congress bald zum Führer einer Zelle. Eines Tages holten ihn Sicherheitspolizisten aus dem Vorortzug nach Johannesburg heraus und beschlagnahmten alles, was er bei sich trug. Natürlich verriet Mojo nichts, und als die Weißen ihn nach stundenlangem Verhör freiließen, erhielt er auch seine Habe zurück, darunter 50 Rand, gegen Quittung. Es ging alles sehr korrekt zu. Ein paar Tage später holten sie ihn wieder aus dem Zug heraus. Sie fuhren ihn in ein Büro, wo ein Weißer ihm die unterschriebene Empfangsquittung über die 50 Rand vorlegte und ihm zwei Möglichkeiten eröffnete. Man werde ihn auf unbestimmte Zeit auf der Gefangeneninsel Robben Island einsperren, wozu ihnen das südafrikanische Terroristengesetz auch ohne Gerichtsverhandlung das Recht gab; gleichzeitig werde man dem ANC die von ihm unterschriebene Empfangsquittung zuspielen – als fingierten Beweis dafür, daß er ein Verräter im Solde der Geheimpolizei war.
Es sei denn – und dies war die zweite Möglichkeit –, Mojo verpflichtete sich, alle Informationen über den ANC, die ihm zur Kenntnis kamen, an BOSS weiterzugeben. In diesem Fall werde man ihn unbehelligt lassen und ihm obendrein ein kleines Gehalt zahlen.
Sosehr Mojo auch die zweite Alternative gegen den Strich ging, erschien sie ihm doch weniger hoffnungslos, und so stieg er auf zum Vertrauensmann des Bureau of State Security im ANC. BOSS hatte ihm den beziehungsvollen Decknamen *bat-eared fox* und einen Führungsoffizier namens Johan Vermaak beigegeben, denselben Vermaak, der ihn auch jetzt bei seinem Spezialauftrag im Wehrdorf von Plumtree betreute.

Nachdem er ohne Schwierigkeiten Zutritt erlangt hatte, war es für ihn ein Kinderspiel, Naledi Nkalas Hütte zu finden. Die junge Lehrerin war im Wehrdorf überaus beliebt, und jederman konnte ihm den Weg zu ihr weisen.
Mojo fand sie vor ihrer runden Lehmhütte im Zentrum des Dorfes, wo sie, umgeben von Kindern, aus ihrem Kofferradio Musik hörte.
»Ich bin Edson Mojo. Sind das deine Kinder?«
»Ich habe keine Kinder«, antwortete sie.
»Dann schick sie weg. Ich habe dir eine Botschaft zu überbringen.«
Als die Kinder fort waren, gingen sie in die Hütte, und Mojo nestelte einen zusammengefalteten Zettel aus seinem Brustbeutel.
»Lies das, Naledi.«
»Naledi hielt den Zettel gegen den Widerschein des Feuers und las halblaut den in Ndebele geschriebenen Brief. »Nimm den Überbringer dieses Schreibens auf. Er hat mein Vertrauen. Ich bin nicht mehr in O.«
Sie blickt auf. »Orapa?«
»Ich weiß nicht.«
»Es ist etwas schiefgegangen«, las sie weiter. »Sobald ich hier weg kann, werde ich mich bei dir melden, aber im Augenblick muß ich mich versteckt halten. Es ist wichtig, daß der Überbringer eine Botschaft von mir an meine Freunde weitergibt. Zeig ihm bitte den Weg. Es lebe die Freiheit von Zimbabwe! Dein M.«
Als sie zu Ende gelesen hatte, begann sie noch einmal von vorn, diesmal lautlos. Sie hielt das Papier gegen das Feuer, wie ein Bankkassierer, der das Wasserzeichen einer Banknote prüft. In ihrem Gesicht wechselten Sorge, Zweifel und Erleichterung. »Es ist seine Schrift, und es sind seine orthographischen Fehler«, sagte sie schließlich. »Wo hält Moses sich versteckt?«
»In Angola.«
»In Serpa Pinto?«

»Ich habe ihn in Balundaland getroffen, an der Grenze nach Zaire.« Eine steile Falte erschien auf ihrer glatten Stirn. »Zaire?« Sie hatte ein flächiges breites Gesicht mit wachen schwarzen Augen und ihre kurzen Haare zu einem Geflecht kunstvoller Zöpfchen arrangiert. Mojo überlegte, für wen sie sich so schön machte, da ihr Mann doch so weit fort war.

»Ist Moses gesund?«

»Gesund ja, aber er kann dort nicht weg. Die Unita kontrolliert das Gebiet. Außerdem sind die Südafrikaner hinter ihm her, hat er mir gesagt. Genau hab' ich es nicht verstanden, wir hatten zuwenig Zeit, um zu reden. Aber ich soll deinen Freunden etwas ausrichten, es ist dringend.«

»Warum nicht mir – ich bin seine Frau.«

»Für dich hat er mir nur den Brief gegeben.«

»War er allein?«

»Ja.«

»Kein Freund bei ihm? Vielleicht ein Mann mit einer hohen Stirn?«

»Es stimmt, er hat von einem Freund erzählt, aber ich habe den Freund nicht gesehen. Er nannte ihn Kgosi, und er hat von irgendwelchen Koffern gesprochen und von einem Flugzeug, das an einer falschen Stelle gelandet sein soll.«

»Und wo ist Kgosi?«

»Wenn ich richtig verstanden habe, ist er mit den Koffern verschwunden.«

Naledi wiegte skeptisch den Kopf. »Nach Zaire, sagst du?«

»Mehr darf ich dir nicht verraten.«

Naledi sprang auf. »Warte hier.« Sie lief davon und kehrte zehn Minuten später mit einem älteren Matabele zurück.

Der Matabele gab sich keine Mühe, seinen Argwohn zu verbergen. Er verzichtete auf die üblichen Höflichkeitsfloskeln. Ohne sich vorzustellen, nahm er Mojo sofort ins Kreuzverhör: »Hast du Moses schon vorher gekannt?«

»Nein. Ich hab' ihn zufällig dort angetroffen.«

»Wo?«
»In der Nähe von Muriege.«
»Wo ist das?«
»An der Grenze nach Zaire.«
»Zufällig getroffen, ja?«
»Moses hat mich angesprochen. Er sah gehetzt aus, so als würde er gejagt.«
»Von wem?«
»Von den Südafrikanern, glaube ich.«
»Nun laß dir doch die Würmer nicht einzeln aus der Nase ziehen! Was hast du oben in Angola gesucht?«
»Der ANC hat mich geschickt. Ich habe Freunde bei der MPLA.«
»Bei Agostinho Neto?«
»Ich hatte mit ihnen für die Befreiung Angolas gekämpft.«
»Weiter.«
»Wir hatten ein geheimes Treffen. Es geht um solidarische Hilfe für die MPLA... Ich bin Mitglied des ANC in Soweto. Mehr darf ich nicht sagen.«
Als Mojo ein paar Namen von ANC-Führern genannt hatte, schwand der Argwohn des alten Matabele allmählich. »Erklär mir nur noch eins, Edson. Wie kommt es, daß Moses ausgerechnet zu dir Vertrauen gefaßt hat?«
Mojo öffnete sein Hemd und entblößte seine Brust. An einem Elefantenhaar, das er um den Hals trug, baumelten vier Pavianzähne.
Der Matabele lächelte wie erlöst und entblößte seinerseits die Brust. Er trug ein gleichartiges Amulett, das geheime Erkennungszeichen des African National Congress.
Der alte Matabele umarmte seinen Gast.
Auch Naledi war beruhigt. »Entschuldige mein Mißtrauen, Edson«, sagte sie. »Der Brief kam mir so... merkwürdig vor. Es ist Moses' Handschrift und auch seine Diktion. Das sagt mir die Lehrerin Naledi. Aber es gibt noch die Ehefrau Naledi, und die

wundert sich über die unpersönliche Sprache. Keine Anrede, kein Wort der Liebe. Moses ist ein zärtlicher Ehemann, und bisher hat er in keinem Brief vergessen zu erwähnen, daß er meine Augen liebt, weil sie so sanft blicken wie die einer Gazelle.« Sie sah verlegen zur Seite. Offensichtlich war es ihr peinlich, Intimitäten ausgeplaudert zu haben.
Mojo war auf diesen Einwand gefaßt. »Er fürchtete, daß man mich unterwegs aufgreifen und den Brief finden würde. Deshalb keine Anrede und keine Worte, die auf den Empfänger hätten hindeuten können.«
»Das leuchtet mir ein«, sagte der Matabele. »An seiner Stelle hätte ich auch nicht anders gehandelt. Aber nun Schluß mit dem Versteckspiel, Bruder. Was ist mit Moses wirklich geschehen?«
»Ich sagte schon, er war auf der Flucht. Einer unserer Freunde in Angola hat ihn zu mir geschickt, weil wir beide Matabele sind. Wir haben nur wenige Minuten miteinander sprechen können, denn er hatte Angst. Der Arm Südafrikas reicht weit, hat er gesagt, sogar bis nach Angola. Aber das war nicht alles.« Mojo zögerte. »Was er mir sonst noch anvertraut hat, das darf ich eigentlich nur seinem Chef erzählen.«
»Das verstehe ich nicht ganz«, sagte der Matabele. »Der Chef war doch mit ihm in Angola.«
»Meinst du den Mann, den er Kgosi nannte?«
»Ja. Kgosi ist Tutuma.«
Mojo spürte, daß er allmählich zum Kern vordrang. »Dann ist Tutuma also der Mann, mit dem er das Flugzeug aus Orapa entführt hat...«
»Ja«, antwortete der Matabele ungeduldig. »Hat er dir nicht erzählt, warum Tutuma nicht mehr mit ihm zusammen war?«
»Er hat es mir erzählt.« Mojo kratzte sich unschlüssig am Kopf. »Aber ich darf es nur seinem Chef persönlich berichten, niemandem sonst.«
»Er wird January gemeint haben«, sagte Naledi.
»Jedenfalls soll ich mich bei ihm melden. Er würde Leute wie mich brauchen, hat Moses gesagt.«

»Gehst du denn nicht zurück nach Südafrika?«
»Ich bin Matabele, und mein Platz ist hier bei meinem Volk. Wenn Zimbabwe erst befreit ist, kann ich immer noch mit unseren Brüdern in Südafrika kämpfen.«
Sie unterhielten sich noch eine Weile über den ANC und über den Freiheitskampf in Zimbabwe und Südafrika, bis der alte Matabele müde wurde. Er zog sich zurück und ließ die beiden jungen Leute allein.
Naledi lud Mojo ein, die Nacht in ihrer Rundhütte zu verbringen. Als er vorschlug, sich ein Lager in der Küche zurechtzumachen, sah sie ihn erstaunt an. »Gefalle ich dir denn nicht?«

Sie war anders als die Afrikanerinnen in Soweto, die die Liebe eines Mannes nur passiv erduldeten und deren Zärtlichkeit nur ihren Kindern gehörte. Zum erstenmal erlebte Mojo eine aktive Frau, die Freude an ihrem Körper hatte. Ihre Selbstsicherheit irritierte ihn im gleichen Maße, wie sie ihn anzog.
Als er erschöpft neben ihr lag, fragte er: »Wirst du es Moses sagen?«
»Daß wir uns geliebt haben?«
»Ja.«
»Er würde es mir übelnehmen, wenn er nach Hause käme und mich in den Armen eines anderen fände. Und ich würde es ihm nicht verzeihen, wenn er mich durch sein unangemeldetes Kommen in Verlegenheit brächte. Er ist monatelang fort, und seine Seele lebt mit mir in dieser Hütte. Aber unsere Körper verlangen ihr Recht. Unsere Liebe berührt das nicht.«
Mojo schwieg eine Weile. »Ich finde es schön bei dir«, sagte er schließlich. »Kann ich eine Weile hierbleiben?«
»Du hast einen Auftrag. Hast du das vergessen?«
Für ihn erhielten ihre Worte einen fatalen Doppelsinn. Selten hatte er den Ekel über seine Tätigkeit so intensiv empfunden wie jetzt, und um ein Haar hätte er der Versuchung nachgegeben, sich von der Gewissenslast zu befreien. Aber nur einen Augen-

blick lang. Wenn er Naledi seine wahren Absichten beichtete, würde er das Wehrdorf kaum lebend verlassen können.
»Du mußt morgen nach Botswana«, sagte sie. »Nach Francistown. Ich geb' dir eine Botschaft mit für January. Das ist sein Kriegsname. In Wirklichkeit heißt er anders. January ist der zweite Mann in unserer Bewegung, eine Art Generalstabschef.«
»Wann geht der Zug nach Plumtree?«
»Ihr könnt den Zug nicht nehmen. Ihr müßt zu Fuß über die Grenze.«
»Ihr? Kommt jemand mit?«
»Ungefähr zwanzig Kinder aus meiner Schule. Ich vertraue sie deiner Obhut an.«
Und als er sie verständnislos ansah, sagte sie: »Die Kinder hält es nicht mehr in diesem Internierungslager. Sie wollen keine englischen Vokabeln lernen, sie wollen an Tutumas Seite kämpfen. Ich nehme nur die älteren. Immer dann, wenn sich ein zuverlässiger Begleiter findet, schicke ich Rekruten nach Botswana.«
»Wo soll ich die Kinder abliefern?«
»Bei January. Der bringt sie ins Ausbildungslager.«
»Nach Sambia?«
»Sie bleiben in Botswana. Im Busch.«
»Erlaubt das die Regierung von Botswana?«
»Das ist keine Aktion, bei der wir irgendwelche Regierungen um Erlaubnis fragen können.« Sie strich spielerisch über sein Pfefferkorn-Haar. »Edson – bist du sehr müde?«

Am nächsten Morgen, nach der dritten Unterrichtsstunde, verließ Naledi mit 18 Schulkindern, 14 Jungen und vier Mädchen im Alter von 13 bis 17 Jahren, das Wehrdorf, zum praktischen Botanikunterricht, wie sie dem weißen Posten am Tor erläuterte. An dem vereinbarten Platz außer Sichtweite der Posten stieß Mojo zu ihnen. Nach zweistündigem Fußmarsch durch den Busch übergab ihm Naledi ein Säckchen mit Maismehl. »Für den Fall, daß ihr unterwegs Hunger bekommt. Wir sind jetzt in

Botswana. Bis Francistown sind es noch ungefähr 50 Kilometer.« Sie zeigte nach Südwesten. »Am besten haltet ihr euch an die Bahnlinie. Geht einfach den Schienen nach.«
Bevor sie zurückkehrte in ihr Dorf, drehte sie sich noch einmal um. »Paß gut auf die Kinder auf, Edson.«
Die Kinder balgten sich, legten mit abgebrochenen Mopane-Ästen aufeinander an und jagten die vergnügt kreischenden Mädchen – wie übermütige Kinder, die sich auf einen Klassenausflug freuten.
Aber sie zogen in den Krieg.

Staub

Der erste Mensch, den Jan Feuchtenbeiner in Rakops sprach, war der Albino. Monna sweu hockte wie immer mit seiner Ziege auf seinem aufgespannten Regenschirm am Zaun des Polizeicamps, im langen Schatten, den der Wassertank um diese Tageszeit warf; denn es war Abend.
Feuchtenbeiner brachte seinen Range Rover zum Stehen, stieg aus und überwand sich zu einem Lächeln. »War ein heißer Tag.«
»Ein heißer Tag«, wiederholte der Albino dankbar. Es kam nicht oft vor, daß ein Weißer durch Rakops fuhr und noch viel seltener, daß er dann das Wort an ihn richtete.
»Gibt's hier so was wie ein Hotel oder eine Bar?«
Monna sweu schüttelte grinsend den Kopf. Eine so seltsame Frage hatte er schon lange nicht mehr gehört.
»Wo kann ich erfahren, ob mein Freund schon da ist?«
»Ich kann sagen. Wenn Fremder kommt, fährt hier vorbei.«
»Ein Schwarzer mit einer hohen Stirn...«
»Dits?«
Feuchtenbeiner nestelte eine Zigarette aus der Packung und gab sie dem Albino. »Wie sieht er aus – dieser Dits?«
»Er ist an Fluß mit Weißen. Kommt aus Kalahari.«
Feuchtenbeiner ließ sich den Weg zu dem Lager beschreiben. Zehn Minuten später hatte er Bob, Linda und Jim gefunden. Linda, die in Rakops ein Stück frisches Rindfleisch ergattert hatte, kochte gerade über dem Lagerfeuer eine dicke Suppe. Daß der Schwarze, der bei ihnen war, nicht der Hijacker war, sah Feuchtenbeiner auf den ersten Blick. Es mußte Dits sein.

Die drei Weißen nahmen Feuchtenbeiner kaum zur Kenntnis. Sie schienen wenig Wert auf seine Gesellschaft zu legen.
Er scharrte eine Art Kratzfuß in den Sand. »Höre, Sie kommen gerade aus der Kalahari.«
Niemand schien sich für die Antwort zuständig zu fühlen. Linda rührte im Topf, Jim kramte im Werkzeugkasten, und Bob seifte sich seinen mächtigen Bart ein.
»Müde, was?« Feuchtenbeiner versuchte einen zweiten Anlauf. »Kann ich verstehen, nach so 'ner langen Reise.« Trotzdem ließ er sich auf den Boden nieder. »Ich habe drüben ein paar Dosen Bier. Warm, aber immerhin...«
»Danke«, knurrte Jim. »Wir sind Guttempler.«
Feuchtenbeiner beschloß, die Abfuhr zu ignorieren. »Muß jetzt voll von Großwild sein, die Kalahari.«
Bob quetschte einen unlustigen Quäklaut hervor.
»Bin nämlich Jäger.«
»Mhm.«
»Sonst nicht viel los in der Kalahari, was? Keine Menschen...«
Die drei Archäologen gingen weiter ihren Beschäftigungen nach, ohne Feuchtenbeiner zu beachten. Nach einer demütigenden Viertelstunde trollte er sich, nicht ohne vorher versichert zu haben, wie sehr es ihn gefreut habe, in diesem entlegenen Winkel Afrikas Weiße zu treffen.
»Ganz unsererseits, Boß«, rief Jim ihm nach.
»Ob er die Anspielung verstanden hat?« fragte Linda leise.
»Das hättest du dir verkneifen sollen«, meinte Bob vorwurfsvoll. »So was macht hellhörig.«
»Ich habe ja die großen Buchstaben nicht betont.«

Ein paar hundert Meter weiter unten am Fluß schlug Feuchtenbeiner sein Lager auf, nicht sonderlich gekränkt. In seinem Beruf konnte er sich Dünnhäutigkeit ohnehin nicht leisten. Vielleicht waren die Amerikaner nach ihrer anstrengenden Expedition nicht zum Plaudern aufgelegt, oder sie waren Intellektuelle

und, wie die meisten ausländischen Intellektuellen, Kommunisten und mochten keine weißen Südafrikaner. Sicherlich hatten sie ihn an seinem Akzent als Buren identifiziert.
Er war zu erschöpft, um länger über die Gründe der Abfuhr nachzugrübeln. Obwohl er den ganzen Tag lang seine Sonnenbrille nicht abgenommen hatte, brannten seine Augen noch immer. Er hatte einen und einen halben Tag die Sohle des ausgetrockneten Lake Nxau nach dem Hijacker abgesucht, ohne Erfolg. Dabei war er völlig sicher, in der richtigen Gegend gesucht zu haben. Bevor er gestern früh von Orapa gestartet war – angeblich zu einem Jagdurlaub im Moremi-Wildpark –, hatte er noch einmal gründlich nachgerechnet. Die Flugzeit von Orapa bis zum Absprung des Hijackers, die Fluggeschwindigkeit und der Kurs – alle Daten ergaben immer wieder, daß nur ein Gebiet von höchstens 50 Quadratkilometern in Frage kam.
Seine stille Hoffnung, der Afrikaner könne sich beim Absprung den Hals gebrochen haben, schien sich nicht zu erfüllen. Ein Toter oder Verletzter hätte unweigerlich die Gesundheitspolizei der Savanne aufmerksam gemacht. Aber nirgendwo in dem Areal waren Feuchtenbeiner Ansammlungen von Geiern, Hyänen, Schakalen oder Wildhunden aufgefallen.
So begann er sich damit abzufinden, daß ihm der Flugzeugentführer vorerst entwischt war. Den Fallschirm hätte er zu einem handlichen Paket zusammenfalten können, aber was mochte er mit den Koffern voller Diamanten angestellt haben?
400000 Karat, das waren 80000 Gramm, das Eigengewicht der beiden Aluminiumkoffer nicht gerechnet. Wie weit kommt ein Mann zu Fuß mit 80 Kilogramm Gepäck?
Da war freilich die Fahrspur von Orapa nach Rakops, die das Gebiet durchschnitt. Ein Komplize hätte den Mann unterwegs in seinem Wagen mitsamt den Diamanten erwartet haben können.
Feuchtenbeiner verwarf diese Idee sofort wieder. Der Hijacker wollte das Flugzeug ja nach Angola dirigieren, das plötzliche

Auftauchen der Mirage-Jäger war völlig unvorhersehbar und folglich auch der Absprung mit dem Fallschirm im Dunkeln. Mehr Sinn ergäbe die Sache, wenn der Diamantenräuber bald nach dem Absprung auf einen Wagen gestoßen wäre, der ihn aufgelesen hätte. Jemand, der überhaupt nichts mit dem Überfall zu tun hatte. Ein Wagen, der in Richtung Orapa fuhr, wäre dafür kaum in Frage gekommen. Überallhin hätte der Mann fliehen können, nur nicht nach Orapa, wo es mindestens zwei Männer gab, die sein Gesicht kannten, nämlich ihn, Feuchtenbeiner, und den Piloten.

Also ein Wagen auf dem Wege nach Rakops. Auch dies war unwahrscheinlich genug. Es gab höchstens drei bis vier Wagen in der Woche, die sich über die unwegsame Fahrspur bis nach Rakops quälten. Die Piste war verrufen wegen der vielen Springhasenlöcher, und niemand riskierte ohne zwingenden Grund einen Achsbruch, es sei denn, er kannte die Tücken dieser Gegend nicht.

Feuchtenbeiner schloß die Augen, um sich besser konzentrieren zu können. Da war doch jemand, der nach Rakops wollte. Bruchstückweise kam ihm die Erinnerung zurück. Am Osttor von Orapa. Ein freiwilliger Entwicklungshelfer aus Deutschland, der einen Passierschein forderte, weil er keine Lust hatte, den holprigen Weg außenherum zu nehmen. Ein sandfarbener Anderthalbtonner.

»Dumela Morena.«

Feuchtenbeiner schrak zusammen, er hatte den Albino nicht kommen hören. »Dumela.«

Im Widerschein des Feuers glühte das sonnenverbrannte Gesicht des Albinos wie eine rote Lampe. Er band seine Ziege an der Stoßstange des Range Rovers fest und hockte sich auf den Boden, höflich wartend, bis der Weiße das Wort an ihn richtete.

Feuchtenbeiner unterdrückte eine scharfe Zurückweisung, die ihm auf der Zunge lag. Er war hier nicht zu Hause. Der aufdringliche Albino mit seiner rosigen Haut und dem rötlich-fah-

len Kraushaar flößte ihm noch mehr physischen Widerwillen ein als ein gewöhnlicher Schwarzer.
Er stand auf und machte sich mürrisch an seinem Gewehr zu schaffen.
»Abend nicht mehr so heiß«, sagte Monna sweu schließlich.
»Ja, ja, schon gut.«
»Noch Zigarette für Monna sweu?«
Feuchtenbeiner warf ihm eine Zigarette hinüber. Ob der Kerl auch bei andern so aufdringlich war? Wer weiß, vielleicht hatte er etwas aufgeschnappt.
»Freund nicht gefunden?«
»Nein. Sag mal, du hast vorhin gesagt, du siehst jeden, der durch Rakops kommt.«
»Jeden.«
»Meinen Freund hast du nicht gesehen?«
»Kein fremder Schwarzer hiergewesen. Aber großer Vogel, der brüllt und pfeift und trägt zwei weiße Männer.«
»Ein Flugzeug?«
»Nicht Flugzeug, aber ähnlich wie Flugzeug.« Der Albino ließ seine Arme über dem Kopf kreisen. »Macht Wind und Wind macht viel Staub. Viel Staub.«
Feuchtenbeiner hatte von den BOSS-Leuten in Orapa gehört, daß von dem Hubschrauber in der Kalahari ein Lastwagen gesichtet worden war. Offenbar der Wagen mit den drei Archäologen.
»Haben nicht gefunden weißer Mann mit Lastwagen.«
Feuchtenbeiner hob den Kopf. »Welche Farbe hatte der Lastwagen?«
»Farbe wie Sand.«
»Ist der Mann allein in die Kalahari gefahren?«
»Polizeichef furchtbar schimpfen, weil allein gefährlich. Regierung großer Vogel geschickt, aber Mann mit Lastwagen nicht gefunden. Dits sagt, weißer Mann nicht allein. Schwarzer Mann bei ihm. Schwarzer Mann kennt Kalahari.«
»Moment mal! Du hast doch gesagt, hier war kein fremder schwarzer Mann?«

»War nicht. Aber jetzt ist. Dits hat gesehen bei weißer Mann mit Lastwagen in Kalahari.«
Feuchtenbeiner zwang sich zur Ruhe. »Wo hat er sie gesehen?«
Der Albino deutete nach Südwesten. »Sunday pans.«
»Warte.« Feuchtenbeiner ging zu seinem Range Rover und holte einen Stapel von Landkarten und Luftaufnahmen, die er sich von den Geologen in Orapa hatte geben lassen. »Zeig mir, wo das war. Aber genau.«
Der Albino starrte verwirrt auf die Karte. Er konnte sie nicht lesen.
Feuchtenbeiner suchte eine Weile, dann blieb sein Zeigefinger auf einem Punkt westsüdwestlich von Rakops stehen. Die Bezeichnung *Sunday pans* war so klein gedruckt, daß er die Schrift fast übersehen hätte.
»Hast du gehört, wohin sie wollen?«
Der Albino schüttelte den Kopf.
Feuchtenbeiner schenkte ihm noch eine Zigarette. Dann sagte er: »Laß mich jetzt allein. Ich muß schlafen.«
Er schlief nicht sehr lange. Im ersten Morgengrauen startete er den Range Rover, und zehn Minuten später hatte er die letzten Hütten von Rakops hinter sich gelassen.
Er hatte keine Zeit mehr zu verlieren, er mußte BOSS zuvorkommen. Wenn der Hijacker erst den BOSS-Agenten in die Hände fiel, würden die ihn sehr bald zum Sprechen bringen. Feuchtenbeiner strich mit einer fast kreatürlichen Zuneigung über den glatten kalten Lauf seiner Elefantenbüchse. Er würde eine sichere Hand brauchen.

Den ganzen Tag über hatten sich Dieter und Tutuma am Steuer abgelöst. Es gab längere Strecken, wo die Springhasen so viele Löcher gegraben hatten, daß der Buschmann, seine Augen auf den Boden gerichtet, vorauslaufen mußte. Dennoch rumpelte der Anderthalbtonner von Zeit zu Zeit in ein Loch, die Erschütterung ließ sie jedesmal von ihren Sitzen so jäh emporschnellen,

daß sie sich am Dach der Fahrerkabine die Köpfe stießen. Auch Lizzy stand nur auf wackeligen Beinen auf der schwankenden Ladefläche und gab meckernd ihren Unmut kund.
Klick-Klack bestimmte das Tempo mit seinem Dauertrab. Stunde um Stunde lief er wie ein Jagdhund voraus mit langen Schritten und vornübergebeugtem Rumpf, und Dieter fragte sich mit wachsender Sorge, wie lange es wohl dauern mochte, bis der Buschmann erschöpft umfiel. Doch Klick-Klack ließ keine Anzeichen von Müdigkeit erkennen.
Je tiefer sie in die Kalahari eindrangen, desto karger wurde die Vegetation. Die Mopane-Bäume mit ihren ledrigen Zwillingsblättern hatten längst aufgehört, die Büsche reichten gerade noch bis zur Kühlerhaube des Fords, viele von ihnen waren verdurstet, entlaubte, grauweiß bizarre Ruinen mit bösartigen Dornen, die tiefe Schrammen in die Haut rissen.
Auch das Savannengras wuchs hier niedriger, so daß die Stoßstange die Halme schon niederdrückte, bevor die feinen Samen in den Radiator wirbeln konnten. Dieter behielt das Wasserthermometer im Auge, das Kühlwasser blieb immer knapp unter 100 Grad, obwohl der Motor schon seit Stunden den Geländegang antreiben mußte.
Ein Schwarm metallisch glänzender, türkisgrüner Glanzstare begleitete sie zeternd ein Stück.
Plötzlich blieb Klick-Klack abrupt stehen, drehte seinen Kopf in alle Richtungen wie ein Wild, das Witterung aufgenommen hat. Seine Nasenflügel blähten sich, und Dieter las in den schrägstehenden Augen des Buschmanns so etwas wie Beunruhigung.
Klick-Klack machte auf dem Absatz kehrt und zeigte nach rückwärts. Das Gras hinter ihnen brannte. Ein niedriges Flämmchen, kaum sichtbar in der gleißenden Sonne, kroch wie eine Lunte langsam auf sie zu.
Dieter und Tutuma sprangen vom Wagen und traten zusammen mit Klick-Klack das Feuer aus. 50 Meter weiter rückwärts züngelte ein anderes Flämmchen an einem toten Dornbusch hoch,

der sofort zu brennen anfing. Dieter holte vom Lastwagen eine Decke und erstickte damit das Feuer.
»Wir haben Glück gehabt«, schnaufte Tutuma, nachdem sie die glimmende Fährte niedergetreten hatten. »Hätten wir es später gemerkt, dann hätte sich das Feuer zu einem Buschbrand ausgebreitet.«
Dieter schauderte bei der Vorstellung, daß das Feuer sie eingeholt, den Wagen in Brand gesetzt und mitsamt dem Benzinfaß in die Luft gejagt hätte.
Er bückte sich und verfolgte die Spur verkohlter Grashalme 200 Meter weit zurück, wo sie übergangslos aufhörte. »Hier hat's angefangen.«
»Es war der Auspuff«, sagte Tutuma. »Ein Funke hat einen trocknen Halm entzündet. Zum Glück hatten wir keinen Wind, sonst stünde rundherum längst alles in Flammen.«
»Und wir auch.«
Tutuma nickte. »Machen wir Pause?«
Zehn Minuten später kaute Dieter lustlos auf dem klitschigen Brot herum, das sie in Rakops erstanden hatten. Mit Sardinen in Tomatensoße, heißem Tee und frischer Ziegenmilch war es einigermaßen genießbar.
Klick-Klack nahm nur einen Emaillebecher Tee mit viel Zucker.
»Auf Honig und Zucker sind sie ganz versessen«, sagte Tutuma. »Aber Pilchards kennen sie nicht. Ich wette, daß Klick-Klack noch nie einen Fisch gesehen hat.«
»Ich werde ihm eine Dose Corned beef öffnen.«
Aber Klick-Klack hatte sich längst in die Büsche geschlagen. Nach einer Viertelstunde kam er zurück mit einem Arm voller Pflanzen, an deren Strünken goldgelbe Knollen hingen, etwa so groß wie Golfbälle. Er riß das Kraut ab und legte die Knollen in den heißen Sand neben der Glut.
Dann lief er wieder davon. Dieter folgte ihm diesmal und sah, wie Klick-Klack eine lange Ranke aus dem Boden riß, in den sie sich mit ihren Kriechwurzeln gekrallt hatte. Er pflückte die

Früchte, bauchige Schoten, von der Ranke, bis er genügend für ein Mahl zusammen hatte. Dann schälte er die daumengroßen Kerne aus den Schoten und legte sie zu den Knollen in die Asche. Es dauerte lange, bis sie gar wurden. Klick-Klack starrte gleichmütig in die Glut, er nahm nichts wahr außer der Mahlzeit, auf die er wartete, und es schien ihm nicht darauf anzukommen, ob die Früchte eine Stunde früher oder später genießbar wurden. Sein gleichmütiger Blick schweifte umher und blieb ein paar Sekunden an einem Busch hängen. Plötzlich kam Bewegung in seinen kleinen Körper. Klick-Klack sprang auf und brach eine biegsame Rute ab, an deren Ende er mit einer abgerissenen Ranke einen spitzen Haken befestigte. Er lief umher und suchte unter den toten Ästen einen Stock. Er probierte einige aus, schlug sie gegeneinander, bis sie durchbrachen. Den, der der Belastung standhielt, behielt er.

Ohne sich um die röstenden Früchte zu kümmern, lief er mitsamt der Gerte und dem Stock davon. Neben einem Springhasenbau kauerte er nieder. Behutsam untersuchte er den aufgeworfenen Sand neben dem Eingang.

Dann wandte er sich dem nächsten zu und dem übernächsten, bis er schließlich einen Haufen frischen Sandes fand, der auf einen bewohnten Bau zu deuten schien.

In diesem Augenblick entdeckte Dieter so etwas wie Jagdfieber in den schrägstehenden Augen des Buschmannes. Klick-Klack stocherte mit der Rute, dem Haken, zuerst in dem Sandloch umher. Was dann geschah, passierte so rasch, daß Dieter es nur ahnen konnte. Neben dem Loch lag plötzlich ein blutbeflecktes Fellbündel. Klick-Klack hatte den Springhasen mit einem glatten, zielsicheren Schlag auf den Kopf getötet.

Ein zweiter Springhase flitzte aus dem Bau. Mit ein paar riesigen Känguruhsätzen, ängstlich quiekend, hüpfte er auf seinen langen Hinterbeinen wie ein mit aller Kraft geschlagener Tennisball davon.

Klick-Klack kümmerte sich nicht um ihn. Seine volle Aufmerk-

samkeit gehörte dem erlegten Wild. Es war ein ausgewachsenes Tier, dessen gedrungener Rumpf fast ein Meter lang und dessen buschiger Schwanz mindestens noch einmal so lang war. Die Vorderpfoten waren unproportional kurz und mit kräftigen Scharrnägeln bewehrt.
Dieter hatte ein derartiges Tier noch nie gesehen, auch nicht in zoologischen Gärten. Es ähnelte einem Bastard aus Biber, Ratte und Känguruh. Als Klick-Klack sich suchend nach einem spitzen Werkzeug umsah, gab Dieter ihm sein Taschenmesser. In kürzester Frist hatte der Buschmann den Springhasen geschickt enthäutet und ausgeweidet.
Das Fleisch, an dem eisernen Spieß gegrillt, den Jim ihnen geschenkt hatte, schmeckte zart und saftig wie ein Osterlamm. Selbst Tutuma, der seine Zurückhaltung gegenüber dem Buschmann keineswegs aufgegeben hatte, beteiligte sich an dem Festschmaus, aber er weigerte sich, Klick-Klacks geröstete Früchte zu probieren.
»Buschmann-Kartoffeln, Buschmann-Bohnen«, schnaubte er verächtlich.
Dieter kostete eine der Knollen. Sie schmeckte neutral, ein wenig fad, im Gegensatz zu den Bohnen, deren Geschmack ihn an geröstete Pistazien erinnerte.
Unbeeindruckt von seiner Umgebung gab sich Klick-Klack vollkommen dem Essen hin, mit der den Buschmännern eigenen Inbrunst.
Dieter amüsierte sich. »Sieh nur, wie er sich den Bauch vollschlägt. Wie sich seine Bauchdecke zu spannen beginnt. Seine Haut wird praller und praller wie ein Schlauch, in den Wasser hineinläuft.«
»Er ist ein Tier«, brummte Tutuma angewidert. »Wilde Tiere fressen sich bis zum Bersten voll, weil sie nicht wissen, wie lange sie von dieser Mahlzeit zehren müssen und wann sie die nächste Beute erlegen. Buschmänner werden von ihren Instinkten getrieben und nicht von ihrem Verstand. Denn eigentlich müßte er wissen, daß wir genügend Proviant bei uns haben.«

»Er mag nun mal keine Fischkonserven.« Dieter lachte. »Und wenn du mich fragst, Tutuma: Ich ziehe auch gegrillten Springhasen mit Bohnen und Kartoffeln vor.«
Er nickte Klick-Klack anerkennend zu, aber der war, solange das Springhasengerippe noch eine Faser Fleisch hergab, unbeirrbar schmatzend damit beschäftigt, sich ein Fettdepot für magere Zeiten anzulegen.
Ein leichter Wind war aufgekommen, und Dieter betrachtete fasziniert eine Staubsäule, die mit beträchtlicher Geschwindigkeit über den Boden der Steppe wirbelte. Die Windhose war wenig mehr als mannshoch und bewegte sich im Zickzackkurs, als könnte sie sich nicht für eine bestimmte Richtung entscheiden, um schließlich zusammenzufallen und hundert Meter weiter wieder aufzuerstehen.
»Ein Motswana ist gestorben«, sagte Tutuma. »Seine Seele findet keine Ruhe.«
»Hübscher Aberglaube.«
»Du nennst es Aberglaube, aber für uns ist es Realität.«
Dieter sah überrascht auf. »Glaubst du wirklich an so etwas?«
»Ich wollte, ich könnte es noch«. Tutumas Stimme klang noch leiser als sonst. »Die weißen Professoren der Universität in Salisbury haben es mir ausgetrieben. Es ist, als hätten sie mir mit dem Aberglauben – wie ihr es nennt – ein Stück meiner afrikanischen Identität genommen. Unwiederbringlich weggenommen.« Seine Augen hingen an der Windhose, die sich in diesem Augenblick in nichts auflöste. »Ich habe Jura studiert, englisches Recht. Darin ist kein Raum für Irrationales, für Dinge, die nicht logisch zu beweisen sind. Ihr Europäer habt uns nie verstanden, ihr habt euch nicht mal die Mühe gemacht, es zu versuchen.« Tutuma sah Dieter herausfordernd an. »Und du? Was weißt du eigentlich über Afrika?«
»Ich habe in Berlin drei Monate lang einen Vorbereitungskursus besucht. Mein Englisch verbessert, Tutoren haben uns über die geographischen und politischen Strukturen unterrichtet, man

hat uns viele praktische Tips gegeben und uns dabei genau beobachtet, um auch den letzten Rassisten, der ihnen durch alle Siebe geschlüpft war, auszusondern.«

»Baumwollene Wäsche tragen, weil synthetische Fasern in unserem Klima die Transpiration behindern. Ein paar oberflächliche Daten über Botswana. Daß es jahrelang Betschuanaland hieß und den Engländern als Puffer gegen Südafrika diente, daß es so groß wie Frankreich ist und nur 700000 Einwohner hat, daß seine Infrastruktur völlig unentwickelt ist, daß ihr die armen Neger nicht mehr so herablassend behandeln sollt, wie eure Väter und Vorväter es getan haben.«

»Stimmt genau.« Dieter mußte wider Willen lachen. »Als wärst du dabeigewesen. Aber ich sehe nicht, was dagegen einzuwenden wäre.«

»Was habt ihr gelernt über unsere Sprachen? Über unseren Glauben? Über unser Wesen? Worüber wir lachen und was wir bewundern? Hat euch einer von euren Tutoren vielleicht auf den Gedanken gebracht, daß die Weißen auch viel von uns Negern lernen könnten?«

»Wir sagen Afrikaner...«

»Ich weiß, das Wort Neger ist neuerdings verpönt. Auch so eine kosmetische Korrektur. Wir schwarzen Afrikaner hätten euch soviel geben können, euch einäugigen Zivilisationsmenschen mit euren verkrüppelten Sinnen.«

»Deshalb bin ich doch hier, um zu lernen.«

»Ich will dir den guten Willen gar nicht absprechen, Dieter. Aber du kommst hundert Jahre zu spät. Was wollt ihr hier noch? Ihr habt doch längst den Zugang zu den Seelen der Menschen verloren.«

»Und woher hast du deine Weisheit? Aus Hollywood-Filmen?«

»Ich weiß, wovon ich rede. Ich habe einen Sommer lang in Cambridge studiert, als Gast der englischen Regierung, und ich habe dort eine Menge gelernt. Nicht über englisches Recht, sondern über die Beschaffenheit eurer Zivilisation. Ich habe kaputte

Studenten gesehen, die haben mich mal mitgenommen in ihre Kommune. Gruppentherapie haben sie das genannt, mit Urschrei und Anfassen und all diesem pseudopsychologischen Hokuspokus. Ein bißchen menschliche Wärme, körperliche Berührung bei anderen Typen finden, die genauso kaputt waren wie sie. Sie klammern sich aneinander wie Ertrinkende. Und dann gehen sie heulend miteinander ins Bett, weil sie anders nicht mehr miteinander verkehren können. Oder eure Altersheime, auf die eure Sozialpolitiker so stolz sind. Kannst du dir eigentlich vorstellen, wie bedrückend diese Errungenschaft auf einen Afrikaner wirken muß? Schön, die Zimmer sind sauber, die Pflege ist anständig, und das Essen ist reichlich. Ihr habt sie lebendig begraben in diesen trostlosen Häusern, eure Eltern. Ihr haltet sie für nutzlos und laßt sie ihre Nutzlosigkeit obendrein noch spüren. Jeder Afrikaner fühlt sich beschenkt, wenn er seine Eltern bei sich behalten darf, er weiß sich in ihrer Schuld, weil er von ihrer Weisheit profitiert. Es gibt keine Familie, die ihr Brot nicht teilen würde mit einem noch so nichtsnutzigen faulen Onkel, Vetter oder Bruder.«

Während des Monologs hatte Dieter ein paarmal zu einer Erwiderung ansetzen wollen, aber die Kraftlosigkeit seiner Argumente gespürt. Betroffen stocherte er in der verglimmenden Glut.

Es war dunkel geworden, und der Buschmann hatte sich nach einigen zufriedenen Rülpsern auf ein Lager aus Savannengras gebettet. Sein leises Schnarchen hatte etwas ungemein Erdhaftes, es gab den besänftigenden Kontrabaß in der Kalahari-Serenade, deren Melodie in dieser Nacht die wilden Hunde trugen.

Dieter holte die Schlafsäcke von der Ladefläche, und Tutuma löschte die Glut mit Sand.

Sie leisteten sich noch den Luxus einer Schüssel Waschwasser, bevor sie sich eine Schlafmulde in den noch sonnenwarmen Sand wühlten.

Chrom

Dikeledi blickte auf von ihrer Schreibmaschine, auf der sie gerade einen Mietwagenvertrag tippte. Obwohl das Amulett des ANC, das Elefantenhaar mit den vier daran befestigten Pavianzähnen auf der Brust des Besuchers, ihr eigentlich hätte auffallen müssen, ließ sie nur ein knappes und abwartendes »Sir?« hören.
»Naledi schickt mich«, sagte Edson Mojo. »Ich soll die Kinder hier abliefern.«
Dikeledis schwarze Augen musterten den Fremden wie durch ein Stacheldrahtverhau aus Argwohn und Vorbehalten. Nach außen hin legte sie das höfliche Desinteresse einer Vorzimmerdame an den Tag, deren Aufgabe darin besteht, Besucher abzuwimmeln.
»Sorry?«
»Ist das nicht das Reisebüro?« Mojos Finger spielten irritiert mit dem Amulett. »Das einzige Reisebüro in Francistown, mit einer *Hertz Rent-a-car*-Agentur, hat man mir gesagt. Sie kann mich doch nicht zu einer falschen Adresse geschickt haben«, sagte er mehr zu sich selbst. »Die Kinder stehen draußen. Sie sind naß und müde, unterwegs hat's geregnet. Ich soll hier Mr. January treffen.«
»Sorry, Sir – ein Mr. January arbeitet hier nicht«, flötete Dikeledi. »Aber wenn Ihnen daran liegt, frage ich den Chef, Mr. Badubi.« Sie stand auf, öffnete eine Tür und sprach in ein winziges Büro hinein. »Ein Mr. ... wie war Ihr Name, Sir?«
»Mojo. Edson Mojo aus Plumtree.«
Ein Afrikaner von etwa 35 Jahren trat aus dem Büro in den klei-

nen Laden, ging auf Mojo zu und drückte ihm die Hand. »Freut mich, Sie kennenzulernen. Was kann ich für Sie tun?«
Mojo nestelte einen zerknüllten Zettel aus seinem Brustbeutel und reichte ihn Badubi. Er war immer noch nicht ganz davon überzeugt, an die richtige Adresse geraten zu sein.
Badubi überflog den Zettel und nickte. »Schließ den Laden«, sagte er zu Dikeledi. »Naledi schreibt, daß sie den Überbringer in Plumtree überprüft haben. Er gehört zu uns und bringt 18 neue Rekruten.« Dann wandte er sich wieder an Mojo. »Entschuldige, Bruder. Francistown ist voll von Spitzeln und Provokateuren. Willst du was essen?« Er sprach Setswana.
»Draußen warten die Kinder. Wir hatten einen anstrengenden Marsch von Plumtree.«
»Keine Grenzkontrollen?«
»Nein, aber die Kinder sind völlig durchnäßt.«
»Wo sind sie?«
»Drüben am Bahnhof.«
Ohne eine Aufforderung ihres Chefs abzuwarten, verließ Dikeledi das Büro.
»Sie wird sich um die Kinder kümmern«, sagte Badubi.»Bis morgen früh bringen wir sie hier unter, und dann fahre ich sie ins Camp zur Ausbildung.«
»Nach Sambia?«
»Nein, nicht so weit. Nach Sambia müßte ich sie ausfliegen lassen, und das würde auffallen. Die Botswana Air Lines gehört den Südafrikanern. Komm, wir gehen zu mir. Du wirst Hunger haben.«
Badubi hängte das Schild »Closed« in die Tür und schloß den Laden ab.
»Kennst du Francistown?«
»Nein.«
»Die Engländer erbauten die Stadt vor hundert Jahren, als sie am Tati-Fluß Gold gefunden hatten. Sogar eine richtige Schotterstraße legten sie damals an, nur weil König Georg VI. hier mal

mit dem Zug durchgefahren ist. Es war ein kurzer Rausch. Bald darauf entdeckten sie in Kimberley Diamanten. Sie haben die Minen hier geschlossen, und das ganze weiße Pack ist weitergezogen nach Transvaal, um aus der Erde unserer Brüder dort die Diamanten zu stehlen. Damit war die Blütezeit von Francistown vorbei. Was sich nicht mehr auszubeuten lohnt, lassen sie einfach sterben.«

Mojo empfand das als übertrieben, denn zumindest auf den ersten Blick machte Francistown keineswegs den Eindruck einer erloschenen Stadt. Auf gewisse Weise wirkte die alte Goldgräbersiedlung sogar urbaner und gewachsener als die neue Metropole Gaborone. Die Hauptstraße, in der sich Badubis Reisebüro befand, war nur einseitig mit skrofulösen Häusern bebaut, die andere, offene Seite bildete der Bahnhof, wo Hunderte von Botswana mit ihren Bündeln der ungewissen Ankunft des nächsten Zuges harrten.

Auf dem Platz davor hockten blütenweiß gekleidete Mazazuru-Frauen und boten Kartoffeln, Maiskolben, Tomaten und Honigmelonen feil. Ein kleiner Junge zupfte Mojo am Hosenbein: »Gib mir 5 Cents.« Er kam von jenseits der Bahn, wo die Stadt endete und die Slums mit Hütten aus Lehm, Wellblech und Pappe begannen. »Da drüben in Bluetown haben wir erst mal die 18 Rekruten untergebracht«, sagte Badubi. »Dorthin trauen die weißen Spitzel sich nicht.«

Mit einigen Seitenblicken vergewisserte sich Mojo, daß Badubi zum Establishment der Stadt gehörte. Die wenigen Weißen, denen sie begegneten, begrüßten ihn ohne eine Spur von Herablassung, und Badubi winkte unbefangen zurück. In seinem makellos gebügelten Khakianzug mit dem bunten Schlipsknoten, so groß wie eine Männerfaust, und seinen perforierten weißen Lederschuhen ähnelte er ein wenig der Figur des Sporting Life aus dem Musical »Porgy and Bess«, das Mojo einmal in einem südafrikanischen Kino gesehen hatte.

Nur war der Sporting Life von Francistown attraktiver anzuse-

hen als Sammy Davis jun., der ihn in dem Hollywood-Film verkörpert hatte. Und er war sehr viel angepaßter.
Badubi steuerte auf einen ziemlich neuen, milchkaffeebraun lakkierten Jaguar Mark 10 zu und genoß Mojos Überraschung, als er die Wagentür öffnete. »Ich weiß, er sieht protzig aus«, sagte er, als sie es sich in den roten Lederpolstern bequem gemacht hatten. »Ich kann den Jaguar nur in der Stadt fahren, wo die Straßen was taugen. Auf der Landstraße nach Gaborone oder nach Maun würde er bestimmt zusammenbrechen. Aber es ist wichtig, den Eindruck eines wohlhabenden Geschäftsmanns zu erwecken. Wer Geld hat, kann in den Augen der Weißen kein Revolutionär sein. Eine bessere Tarnung gibt es nicht.« Nach 300 Metern, gleich hinter dem Hotel, dessen morsche Fassade ein Schild mit der großspurigen Aufschrift »Grand Hotel« schmückte, war die Fahrt schon zu Ende. Badubi wohnte in einem komfortablen Holzhaus im Kolonialstil, mit weißgestrichenen Säulen und mit einer schmiedeeisernen Balustrade um eine Veranda, im Schatten eines prächtigen, lachsrosa blühenden Tamarisken-Baumes.
Badubi mischte aus dem öligen Orangensirup Squash, Wasser, Gin und Eis einen Drink. »Dikeledi macht uns nachher was zu essen. Nun erzähl mal, was gibt's Neues in Plumtree?«
»Ich war nur einen Tag dort. Ich komme aus Südafrika.«
»Aber du bist doch Matabele...«
»Wanderarbeiter. Ich leite eine ANC-Gruppe. Der *Congress* ist in Soweto sehr aktiv.«
»Ich weiß. Aber wieso schickt Naledi dich und keinen Mann aus dem Wehrdorf?«
Mojo erzählte dieselbe Geschichte, die er Naledi schon aufgetischt hatte. Von seinem Geheimauftrag in Angola und seiner Begegnung mit Moses und der Nachricht, die Moses ihm an seine Frau mitgegeben hatte. »Er hat mir noch etwas aufgetragen, das ich in Plumtree vorsichtshalber nicht erwähnt habe. Er hat mir eingeschärft, die Nachricht an niemand anderen als an

seine Freunde weiterzugeben. Er meinte wohl seine Chefs. Namen hat er mir nicht genannt, aber Naledi meinte, er könnte nur Mr. January gemeint haben. Wo finde ich diesen Mr. January?«
»Ich bin Mr. January. Das ist mein Kriegsname. Was für eine Nachricht hast du für mich?«
»Es betrifft Orapa.«
»Orapa?« Das Stichwort schien January aufs höchste zu alarmieren. Seine Backenmuskeln spannten sich, sein Oberkörper richtete sich auf, als sitze er auf dem Sprung.
»Moses hat mich in alles eingeweiht.«
January schüttelte ungläubig den Kopf. »Das durfte er doch gar nicht.«
Mojo spürte, daß das Gespräch an einem kritischen Punkt angelangt war. Jetzt mußte er jedes Wort genau abwägen. »Normalerweise hätte er mit niemandem darüber gesprochen. Aber in seiner Situation... er muß sich versteckt halten und euch andererseits Nachricht zukommen lassen.«
January lehnte sich zurück. »Erzähl die Geschichte von Anfang an.«
»Ich kann nur die Version von Moses wiedergeben. Also... zuerst hat alles nach Plan funktioniert. Moses und Tutuma haben das Flugzeug gekapert, den Piloten und diesen Sicherheitschef, diesen... ich habe den Namen vergessen.«
»Feuchtenbeiner.«
»Sie haben also den Piloten und Feuchtenbeiner mit ihren Dynagelstangen in Schach gehalten und sie gezwungen, Kurs auf Angola zu nehmen.«
»Waren die Diamanten an Bord?«
Mojo überlegte. Auf diese Frage hatte ihn van Zyl nicht präpariert. »Darüber hat Moses mit mir nicht gesprochen. Nur daß sie es auf Diamanten abgesehen hatten, aber ob sie wirklich in den beiden Koffern waren...«
»Weiter!«
»Nachdem sie die Grenze passiert hatten, soll Tutuma sich

plötzlich merkwürdig verhalten haben. Er hat das Flugzeug umdirigiert, noch bevor sie Serpa Pinto erreicht hatten. Auf einen Flugplatz dicht an der Grenze nach Zaire.«
»Wieso?« January sah ihn verständnislos an. Er selbst hatte doch die Russen nach Serpa Pinto bestellt.
»Moses sagt, Tutuma sei ein Verräter. Ein Dieb. Er hat das Flugzeug umdirigiert, Feuchtenbeiner und den Piloten nach der Landung fortgejagt und dann Moses erklärt, er denke nicht daran, die beiden Koffer mit der Kriegsbeute abzuliefern. Er habe den Plan nur ausgeheckt, um ein reicher Mann zu werden. Dann hat er Moses angeboten, mit ihm nach Zaire zu flüchten. Er wollte mit Moses teilen. Moses hat abgelehnt. Da hat Tutuma ihn mit der Pistole bedroht und ist verschwunden. In Richtung Osten. Es war schon dunkel, und Moses ist ihm nicht gefolgt, weil er Angst hatte, aus dem Hinterhalt erschossen zu werden. Später hat er beobachtet, wie das Flugzeug mit den beiden Weißen nach Botswana zurückgeflogen ist.«
Mojo hatte den Text der Geschichte immer und immer wiederholt, bis er ihn auswendig kannte. General van Zyl hatte ihm eingeschärft, mit keinem Wort von diesem Text abzuweichen und allen Fragen nach weiteren Details mit der Behauptung auszuweichen, mehr habe er von Moses nicht erfahren.
January schwieg eine Weile. Offenbar brauchte er Zeit, den Schock zu verarbeiten. »Irgendwas stimmt da nicht«, sagte er schließlich. »Tutuma hat sich nie was aus Geld gemacht. Er hat nur für ein Ziel gelebt: Zimbabwe von den Weißen zu befreien. So sehr kann man sich in einem Freund nicht irren.« Wieder versank er in tiefes Grübeln. »Wieso nach Zaire ... Mobutu arbeitet doch mit Südafrika zusammen. In Zaire sitzen überall Oppenheimers Leute von der *Central Selling Organisation*. Wie will er da auch nur einen Diamanten unbemerkt verkaufen?«
»Ich verstehe nichts von Diamanten«, sagte Mojo. »Ich bin nur der Bote.«
Dikeledi kam nach Hause. »Die Kinder sind untergebracht. Ogo-

lotse sagt, wir müßten morgen für den Transport den Bedford nehmen, der Pick-up-Chevy ist kaputt.« Erst jetzt fiel ihr Januarys betroffene Miene auf. »Ist was nicht in Ordnung?«

Während January dem Mädchen die Neuigkeiten erzählte, entschuldigte sich Mojo. Der ANC in Soweto erwarte seinen Anruf. January schickte ihn zum Telefonieren ins Grand Hotel.

In der Hotelbar bahnte sich Mojo durch die buntgemischte Gesellschaft aus Flüchtlingen, Spitzeln, weißen Deserteuren und schwarzen Guerilleros aus Rhodesien, einheimischen Geschäftsleuten, Farmern und barfüßigen Bierschnorrern einen Weg zum Telefon. In der mit Zigarettenkippen übersäten Zelle erreichte er nach einem halben Dutzend Fehlverbindungen endlich das Hotel in Plumtree, in dem sein Führungsoffizier Johan Vermaak abgestiegen war.

Es dauerte eine Weile, bis Vermaak begriff, auf welche Weise Mojo von Plumtree nach Francistown geraten war, aber als er es kapiert hatte, war er mehr als zufrieden und kündigte an, er werde mit dem nächsten Zug nach Francistown folgen. Mojo solle unbedingt versuchen, Offizier in Januarys Guerillatruppe zu werden und den Standort des Ausbildungscamps herauszufinden, in das die 18 Kinder abtransportiert würden.

Mojo verbrachte die Nacht in Januarys Haus nach einem vergeblichen Versuch, den niedergeschlagenen Hausherrn und die hemmungslos weinende Dikeledi über den Verlust ihres Führers und der Kriegsbeute zu trösten.

Kurz nach Sonnenaufgang holten January und Mojo den Bedford, um die 18 Kinder aufzuladen. Der wandlungsfähige January hatte seinen Khaki-Anzug zu Hause gelassen. Er trug jetzt zerschlissene Cord-Hosen und ein kariertes Holzfällerhemd. Aus Sporting Life war ein schwarzer Che Guevara geworden.

Auf der Straße nach Maun, kurz vor Sebina, bog January nach Norden ab, überquerte den Shashe-Fluß an einer seichten Stelle und fuhr noch drei Stunden durch den weglosen Busch. Auf den

letzten Kilometern wurden sie von einer Herde Paviane begleitet, die mit den vergnügten Kindern auf der Ladefläche um die Wette kreischten. Als vor ihnen in der Wildnis, völlig unvermutet und mit einer Wehr aus verdorrten Dornbüschen gegen grasendes Wild umgeben, ein großes Maisfeld auftauchte, kündigte January an: »Wir sind gleich da.«
Im Herzen des gelben Maisfeldes entdeckte Mojo einen grünen Fleck. »Dagga«, erklärte January. »Mais allein bringt nicht genug Geld, um den Unterhalt des Camps zu finanzieren. Wir pflanzen es versteckt an, falls sich die Polizei einmal hierherverirren sollte. Bisher kennt niemand unser Camp. Das einzige, was wir fürchten, sind Flugzeuge, die unser Camp von oben ausmachen könnten. Aber solange Botswana keine eigene Armee und keine Luftwaffe hat...«
»Laßt ihr etwa eure Kinder Dagga rauchen?«
»Dagga ist nichts für Freiheitskämpfer. Es macht aus harten Kriegern Träumer.« January lachte. »Wir verkaufen es nur an Weiße, die nennen es Marihuana und zahlen viel Geld dafür.«
Die ersten offenen Hütten kamen in Sicht, Pfähle, die Dächer aus Elefantengras trugen. Ein paar Dutzend Kinder rannten ihnen entgegen und kletterten auf die Ladefläche zu den Neuankömmlingen.
Vor der größten Hütte hielt January. Er sprang hinunter. »Hilf mir beim Abladen.«
Mojo klappte die Rampe herab und rollte die beiden Benzinfässer an den Rand der Ladefläche.
»Das Camp versorgt sich selbst«, sagte January nicht ohne Stolz. »Mais, Hirse und Gemüse bauen die Kinder allein an. Nur Benzin und Waffen kommen von außen.« Er wandte sich an einen Ausbilder in einem gefleckten Tarnanzug aus Drillich.
»Ich habe 18 Neue mitgebracht. Kümmere dich um sie.«
»Wo sind die Waffen?« wollte der Ausbilder wissen.
»Die Lieferung hat sich verzögert. Ihr müßt noch Geduld haben.«

»Geduld, Geduld«, murrte der Ausbilder. »Die Rekruten wollen nicht immer nur üben. Wann geht's endlich los?«
»Sobald die Waffen da sind.«
Während der Ausbilder mürrisch mit den Kindern davonging, um sie in ihre Hütten einzuweisen, wandte sich January an Mojo. »Rekruten haben wir genug, um den Krieg zu entscheiden. Allein in den Lagern hier in der Gegend sind es 6500. Tutuma hat die Lager aufgebaut, er ist ein glänzender Organisator. Wie soll ich den Kindern nur beibringen, daß ihr Idol in Wirklichkeit kein Held, sondern ein Dieb und Verräter ist? Wenn unsere Aktion in Orapa geglückt wäre, hätten wir in ein paar Wochen genug Sam 7-Raketen, um an der Westgrenze von Zimbabwe eine zweite Front aufzubauen. Unsere Freunde in Sambia warten nur darauf, über den Sambesi nach Norden einzumarschieren. Mit unseren Truppen im Osten an der Grenze zu Moçambique, werden wir die Weißen dann von drei Seiten in der Zange haben. Die Rhodesier sind fanatische Kämpfer. Wir unterschätzen sie nicht. Aber sie haben nicht genügend Soldaten, um an drei Fronten gleichzeitig Widerstand zu leisten.«
»Wollt ihr die Kinder mit Messern auf den Feind loslassen?«
»Die Waffen werden wir schon kriegen, früher oder später.« January kratzte sich bedächtig am Kopf. »Was mir viel mehr Sorge macht, ist Tutuma. Ohne einen Führer bricht jede Revolution zusammen. Die Kinder glauben an Helden. Ideologien kann man nicht anfassen.«
»Und wenn du Tutumas Platz einnimmst...«
Einen Augenblick lang schien auch January darüber nachzudenken, wie über eine verbotene, aber reizvolle Verlockung. Schließlich schüttelte er den Kopf. »Niemand kann Tutuma ersetzen.« Es klang endgültig.
Er legt beschwörend eine Hand auf Mojos Schulter. »Nur Moses, Dikeledi, du und ich wissen von Tutumas Verrat. Dabei muß es bleiben. Vorläufig jedenfalls.«
»Ich verspreche es dir«, nickte Mojo mit einem flauen Gefühl im

Magen. Er wünschte, er könnte alles wieder rückgängig machen, was geschehen war, seit er die Victoriafälle verlassen hatte. Damals hatte er die Weißen als gutgelaunte Trinkgeldspender kennengelernt, nicht als Feinde und Unterdrücker. Seither war er wohl klüger, aber so glücklich wie damals, als er nur tanzen mußte und keine Freunde ans Messer liefern, war er nie wieder geworden.

Vollbeladen, wie er im Camp angekommen war, fuhr der Bedford wieder ab. Auf dem Rückweg hatte er statt Rekruten frischen Mais für den Markt in Francistown geladen, und unter dem Mais versteckt acht Platten gepreßten Dagga.

Wenn Wolodja Naumow etwas an seinem Beruf nicht ausstehen konnte, dann waren es die mit umständlicher Vorsicht arrangierten Treffs in konspirativen Wohnungen. General Korotkow hätte ihn genausogut in sein Büro bestellen können, das auf dem gleichen Stockwerk in der Lubjanka lag, wo auch Wolodja in der KGB-Hauptabteilung für afrikanische Angelegenheiten seinen Dienst am Schreibtisch verrichtete.

Im Auslandseinsatz hatte Wolodja Verständnis für die Einhaltung bestimmter konspirativer Regeln, doch hier in Moskau empfand er es als lächerlich, wegen einer simplen Besprechung mit einem Wolga hinter geschlossenen Fenstergardinen zur Sadowa Spasskaja Nummer 18 fahren zu müssen.

Sadowa Spasskaja Nummer 18 war eines der sechsstöckigen Bürgerhäuser noch aus der Zarenzeit, düster, längst heruntergekommen und immer noch überbelegt mit allzu vielen Mietparteien, die sich das einzige Badezimmer und das einzige Telefon in jeder der überdimensionierten Wohnungen teilen mußten. Platz genug, geradezu verschwenderisch viel Platz, gemessen an Moskauer Verhältnissen, gab es nur in der Wohnung im dritten Stock rechts. Die Hausmieter wußten lediglich, daß sich hinter dem billigen Blechschild an der Wohnungstür mit der Aufschrift »Sowintorg« ein staatliches Handelsbüro verbarg, in dem unre-

gelmäßig gearbeitet wurde und dessen Angestellte keinen Wert auf Kontakte mit anderen Hausbewohnern legten.
Wolodja haßte die Atmosphäre dieser Wohnungen, die kahlen, nur mit Tisch und Stühlen ausgestatteten Zimmer, die unvermeidliche Birnenlimonade, die ebenso zum Szenario gehörte wie das anonyme Mädchen im schwarzen Kleid mit weißer Spitzenschürze, das beim Servieren des klebrigen Getränks mit geradezu aufdringlicher Diskretion an den Teilnehmern der Besprechung vorbeizublicken pflegte.
General Korotkow war schon vor ihm da, seine Hand lag auf einem Aktendeckel.
»Wenn man mich in konspirative Wohnungen bestellt, geht es entweder um Beförderungen oder um eine besonders wichtige Angelegenheit«, sagte Wolodja nach der Begrüßung. »Ihre Miene deutet auf letzteres, General.«
»Stimmt. Und sollten Sie diese wichtige Angelegenheit zur Zufriedenheit des KGB erledigen, dann kann auch ersteres bald eintreten, Oberst Naumow.« Er schob Wolodja den Aktendeckel über den Tisch. »Ihre Komandirowka.«
Wolodja überflog das Papier. »Entschuldigen Sie, General, aber ich verstehe das nicht. Was ist mit Tutuma?«
»Ich versteh's auch nicht.« Korotkows eisige Miene bestätigte seinen KGB-internen Spitznamen *Djeduschka Moros,* Väterchen Frost. »Daß das Außenministerium Tutuma in Zimbabwe als Premierminister einsetzen will, ist Ihnen ja bekannt.«
»Auf Empfehlung des KGB.«
»Eben. Und das macht die Affäre etwas heikel. Ich habe mich auf Ihre Recherchen verlassen und auf Ihre Menschenkenntnis.«
»Sie haben ihn selbst kennengelernt, General. Erinnern Sie sich an das Essen im Aragwi? Sie waren von dem Mann sehr beeindruckt. Und danach haben Sie meine Empfehlung ausdrücklich unterstützt.«
Korotkow winkte ab. »Darauf kommt es jetzt nicht an.« Ihm war die Erörterung eines möglichen Fehlers offensichtlich lästig.

»Ich will, daß Sie so bald wie möglich ausreisen. Ihr Paß und Ihre Legende liegen bei. Sie heißen James Pritchard, stammen aus Liverpool...«
»London wär' mir ehrlich gesagt lieber, da war ich vier Jahre an der Botschaft.«
»Liverpool«, knurrte der General. »Lernen Sie Ihren Lebenslauf auswendig, und vernichten Sie ihn. Sie kennen ja die Prozedur.«
»Ich war lange nicht mehr im Ausland. Warum übernimmt das eigentlich keiner von unseren Leuten in Sambia?«
»Weil Sie der einzige sind, zu dem Tutuma eine menschliche Beziehung hat. Sie sind eine Art Vaterfigur für ihn. Unsere Leute in Sambia würden ihn so schnell nicht in den Griff bekommen. Auf das persönliche Vertrauen kommt es an.«
»Ich weiß, daß Sie es nicht gerne hören, General, aber ich mag ihn wirklich.«
»Meinetwegen. Solange Sie Ihre Pflichten darüber nicht aus den Augen verlieren.« Er nahm einen Schluck Birnenlimonade. »Die Dokumentenabteilung hat alles vorbereitet. Sie bekommen das komplette Reisegepäck eines Engländers der oberen Mittelklasse. Auch englische Garderobe.«
Wolodja rümpfte die Nase. »Hoffentlich nicht wieder diese billigen Anzüge aus der DDR mit eingenähten Etiketts von Marks and Spencer.«
»Original englische Garderobe. Zwei Tropenanzüge und alles, was Sie brauchen. Reiseschecks und ein reserviertes Flugticket für Mr. Pritchard liegen in London am Schalter der Aeroflot bereit. Abflug mit der Sambian Air Lines übermorgen nach Lusaka. Dort steigen Sie um in die Maschine der Air Botswana nach Francistown. Einreisevisum brauchen Sie nicht, das gibt's in Botswana am Flugplatz.«
»Schon übermorgen... ich hätte gern vorher mein Oxford-Englisch noch etwas aufpoliert.«
»Keine Ausflüchte, Wolodja. Ihr Englisch ist perfekt.«
»Und was sucht dieser Mr. Pritchard in Botswana?«

»Tourist. Will Afrika kennenlernen. Elefanten fotografieren. Den europäischen Winter schwänzen. Die Behörden in Botswana sind nicht besonders wachsam. Und einem Engländer treten sie nicht gern auf die Füße, dazu waren sie zu lange britisches Protektorat. In dieser Hinsicht wird es also keine Probleme geben. Schwieriger wird es sein, Tutuma zu finden. Angeblich ist er bei dem mißglückten Versuch, das Flugzeug aus Orapa zu entführen, irgendwo über den Makgadikgadi-Pfannen abgesprungen und seitdem spurlos verschwunden, zusammen mit zwei Aluminiumkoffern voller Diamanten. Das meldet jedenfalls unser V-Mann bei BOSS in Pretoria. Möglich, daß diese Version stimmt, denn in Serpa Pinto ist die Maschine aus Orapa nicht angekommen. Oder...«

»... die Südafrikaner haben uns eine gezielte Desinformation zukommen lassen.«

»Eine Finte, schon möglich. Sie haben Tutuma gefangen oder liquidiert und wollen uns in dem Glauben lassen, daß er noch lebt.«

»Was würden sie damit bezwecken wollen?«

»Angenommen, sie haben Tutuma gefangengenommen und verhört.«

»Tutuma ist nicht der Typ, der im Verhör plaudert.«

»Angenommen, er hat doch. Vielleicht unter der Folter. Dann wissen die Südafrikaner jetzt, daß ein Frachter mit sowjetischem Kriegsmaterial an Bord unterwegs ist. In 14 Tagen soll er in Beira entladen und die Ladung von Moçambique nach Sambia gebracht werden. Dann brauchen die Südafrikaner nur den geeigneten Augenblick abzuwarten, um der Weltöffentlichkeit die Sensation zu servieren: Die sowjetische Regierung zettelt einen Raubüberfall an und läßt sich aus der Beute ihre Waffenlieferung bezahlen.«

»Tutuma hat uns die Diamanten förmlich aufgedrängt. Wir wollten ja die Waffen der ZLA schenken.«

»Schenken«!« schnaubte Korotkow. »Das versuchen Sie mal einem Kapitalistenhirn klarzumachen. Sie können sich vorstellen,

Oberst, welche Folgen das für unsere Afrika-Politik hätte. Tutumas Bewegung und wir wären für Jahre aus dem Spiel, und die Südafrikaner würden die Zeit zu nutzen wissen, da bin ich ganz sicher. Zimbabwe würde eine schwarz-weiße Regierung erhalten, mit Muzorewa als Premier. Wissen Sie, was das für die Sowjetunion bedeutet?«

»Die USA würden weiterhin Zugang zu den rhodesischen Chromvorkommen haben.«

»Sehen Sie sich mal die Analyse des Verteidigungsministeriums an, Oberst.« Korotkow zog das unterste Blatt aus dem Aktendeckel und schob es Wolodja hinüber. »Öl, Gold, Kupfer, Diamanten – alles kann man ersetzen, nur Chrom nicht. Es gibt kein anderes Legierungsmittel, um Stahl zu härten und hitzebeständig zu machen. Ohne Chrom keine Rüstungsindustrie. Wir haben genug davon in Sibirien, wir verkaufen unsere Überschüsse sogar an die Amerikaner. Sie bezahlen sehr gut, weil sie selbst keins haben und die Vorräte in der Türkei erschöpft sind. 94 Prozent der westlichen Chromvorkommen liegen in Südafrika und Zimbabwe. Wenn wir die in die Hand bekommen, haben wir das Weltmonopol. Wir können die Ausfuhr sperren und der amerikanischen Regierung unsere Abrüstungsbedingungen diktieren.« Der General pochte energisch mit dem Knöchel auf den Tisch. »Eine einmalige politische Chance, Oberst.«

»Das leuchtet mir ein«, sagte Wolodja. »Aber was ich nicht begreife, ist die Haltung des neuen amerikanische Präsidenten. Dieser Carter kennt doch die Zusammenhänge genauso gut wie wir. Warum hat er dann das Chrom-Embargo gegen Rhodesien, das Nixon vor sechs Jahren aufgehoben hat, wieder eingeführt?«

»Das ist nur eine Geste. Einmal innenpolitisch für die schwarzen Wähler, die diesen Handel als unmoralische Unterstützung des weißen Minderheitsregimes betrachten. Und außenpolitisch mußte er den Schritt tun, um in Schwarzafrika seine Glaubwürdigkeit nicht zu verlieren.«

»Und von wem kauft Amerika jetzt sein Chrom? Nur von uns?«

»Und von Südafrika natürlich. Und Südafrika kauft es von den Rhodesiern. Der Zwischenhandel macht die Sache nur etwas teurer. Damit sind die USA wieder auf die Linie der UNO-Sanktionen eingeschwenkt, nach außen hin jedenfalls. Sie stehen wieder sauber da. Das wird ihnen in Schwarzafrika mehr Vertrauen einbringen und damit mehr politischen Spielraum. Im Augenblick arbeiten die Amerikaner mit Hochdruck darauf hin, in Rhodesien und Südafrika schwarze Regierungen einzusetzen, die ihre politischen und wirtschaftlichen Interessen verteidigen. Aber das braucht Zeit, wir haben da noch einen Vorsprung. Deshalb drängt unser Außenministerium auf eine Politik der vollendeten Tatsachen.«

»Also Revolution in Zimbabwe.«

»Gut vorbereitet und so bald wie möglich. Und dazu brauchen wir Tutuma.«

»Falls er noch lebt...«

»Das müssen Sie jetzt herausfinden, Oberst.«

»Aber seine eigenen Leute müßten doch mehr über sein Schicksal wissen.«

»Sein Stellvertreter hat mit Lusaka Verbindung aufgenommen, dieser Mr. January. Seine Darstellung unterscheidet sich in Nuancen von der BOSS-Version. January behauptet, daß Tutuma in den Besitz der Diamanten gekommen sei, sich jedoch vorläufig verborgen halten müsse, bis Gras über die Sache gewachsen ist. January verspricht, die Diamanten bald zu liefern, und drängt auf die Bewaffnung seiner Armee. Er sagt, sonst liefen ihm seine Rekruten davon. Tutuma würde rechtzeitig zurückkehren, um den Oberbefehl zu übernehmen. Wenn es nach January ginge, könnte der Feldzug sofort beginnen.«

»Wie stellt er sich das vor?«

»Ein Teil der Freiheitskämpfer steht in Sambia auf Abruf bereit. Der würde mit den Waffen für Tutuma östlich der Victoriafälle auf rhodesisches Gebiet übersetzen, gleichzeitig würde Januarys Armee von Botswana aus einsickern. Im Wankie-Nationalpark

würden Januarys Leute sich mit den Truppen aus Sambia vereinigen und dort die Waffen übernehmen. Unser Militärattaché in Lusaka hat den Plan überprüft. Er ist brauchbar.«
»Und January – ist der auch brauchbar?«
Korotkow hob die Schultern. »Die Berichte aus Lusaka sind widersprüchlich. Einerseits soll er Tutuma absolut ergeben sein, andererseits demonstriert er einen westlichen, dekadenten Lebensstil. Ich möchte, daß Sie ihm auf den Zahn fühlen. Außerdem scheint er der einzige zu sein, der noch Kontakt mit Tutuma hat. Bei ihm würde ich ansetzen. Er hat das Reisebüro in Francistown.«
Der General erhob sich. »Sie haben freie Hand, Oberst, im Rahmen der Vorschriften für illegale Residenten natürlich. Wir werden Verbindung über die legale Residentur in Lusaka halten. Und vergessen Sie bitte keinen Augenblick, daß der Erfolg Ihrer Mission entscheidenden Einfluß auf die Konzeption der sowjetischen Afrika-Politik haben kann. Noch eine Birnenlimonade?«
»Ein Whisky wäre mir lieber, General; schließlich muß ich mich an den westlichen, dekadenten Lebensstil gewöhnen.«
Korotkow drohte lächelnd mit dem Zeigefinger. »Denken Sie an den Armenier!«
Dieser Satz war ein geflügeltes Wort im KGB geworden. Jeder kannte die Geschichte des illegalen Residenten Owanessian, der 1957 mit dem Auftrag nach Italien geschickt worden war, einen Agentenring und gleichzeitig als bürgerliche Tarnung ein Geschäft aufzubauen. Doch der tüchtige Armenier hatte bald der Nebentätigkeit so viel Geschmack abgewonnen, daß er über der Gründung einer Fabrik seine eigentliche Aufgabe gröblich vernachlässigte.
Als ihn das KGB schließlich wegen seiner Unergiebigkeit zurückbeordern wollte, gelang es dem Mann, der Zentrale in Moskau klarzumachen, er sei mittlerweile so reich und bekannt geworden, daß die Aufgabe der Fabrik und sein plötzliches Verschwinden Verdacht erregen würden. Da sei es doch viel ge-

schickter, schlug er statt dessen vor, ihn von seinen eigentlichen Aufgaben zu entbinden und statt dessen die Hälfte seiner laufenden Einkünfte anzunehmen, sozusagen als Regreß für entgangene Information.
So blieb dem KGB nichts weiter übrig, als den Mann auf seinem Posten zu belassen, wo er heute noch, dem Geheimdienst längst entrückt, kapitalistische Geschäfte betreibt.

Black Mamba

Dieter erwachte von einem erfrischenden Tropfen, der ihm auf die Stirn gefallen war. Er fühlte sich frei und unternehmungslustig wie an jedem Morgen nach einer Nacht in der Kalahari, und auch die Entdeckung, daß der Tropfen aus einer Portion Taubendreck bestand, konnte seine gute Stimmung nicht trüben.
Er wickelte sich aus seinem Schlafsack und reckte sich der aufgehenden Sonne entgegen. Es schien wieder ein heißer Tag zu werden.
Der Sand, mit dem er gestern abend das Lagerfeuer gelöscht hatte, war noch warm. Eine dünne Rauchfahne kräuselte sich aus einem verkohlten Holzstück empor. Das Gerippe des Springhasen war blankgenagt, Klick-Klack hatte ganze Arbeit geleistet. Die Ziege lag auf ihren Hinterläufen, käute wieder und starrte Dieter aus unergründlichen Bernsteinaugen an.
Dieter tätschelte sie zwischen den Hörnern. »Aufstehen, Lizzy. Wir brauchen Milch zum Kaffee. Diesmal kitzle ich dich auch nicht beim Melken, Ehrenwort.«
Als Lizzy dennoch keine Anstalten machte, ihren Euter Dieters Zugriff preiszugeben, wandte er sich vorerst der Morgentoilette zu. Solange ein Plastikkanister noch Wasser hergab und der andere voll war, leistete er sich den Luxus, sich mit Wasser zu waschen. Wenn es später knapp werden würde, müßte die Hygiene eben ein bißchen darunter leiden. Schon jetzt fühlte sich Dieter stets schmutzig, die Haare waren stumpf und strähnig, aber es war rechtschaffener Schmutz, Sandstaub und Asche, mit Schweiß vermischt – reine Produkte der Natur.

Der Buschmann war fort zu einem seiner morgendlichen Ausflüge. Wahrscheinlich suchte er wieder in der Nähe Spuren, um sich zu vergewissern, ob ihr Lager nächtlichen Besuch hatte, von einem Löwen vielleicht, einer Hyäne oder von dem Rudel wilder Hunde, deren Heulen Dieter in der Nacht gehört hatte. Dieter sammelte Holz, fachte das Feuer an und setzte den gußeisernen Topf mit Wasser auf. Dann kramte er aus dem Proviantkarton eine Packung Knäckebrot und ein Glas Aprikosenmarmelade hervor.
Drüben neben dem Ford, wo Tutuma lag, regte sich noch immer nichts.
»He, Tutuma! So haben wir nicht gewettet. Wenn ich für Rassengleichheit bin, heißt das noch lange nicht, daß nun die Schwarzen die Arbeitskraft der Weißen ausbeuten dürfen.«
Als Tutuma sich noch immer nicht rührte, ging Dieter zu ihm herüber. Er wird den flapsigen Scherz doch nicht in den falschen Hals bekommen haben? Vielleicht waren die Schwarzen in diesem Punkt besonders empfindlich.
»Ich hab's nicht so gemeint, Tutuma. Du sollst mir nur beim Frühstück helfen.«
Tutuma lag stocksteif in seinem Schlafsack, nur der Kopf lugte heraus. Die Augen waren weit aufgerissen, sein schwarzes Gesicht hatte sich aschgrau verfärbt.
»Ich will nur wissen, ob du Tee oder Kaffee willst.«
Tutuma rührte sich noch immer nicht. Auf seiner Stirn perlte dicker Schweiß, nur seine Augen lebten. Sie schienen Dieter warnen zu wollen.
Besorgt beugte sich Dieter hinunter. »Hast du Fieber?«
Keine Muskel regte sich in Tutumas aschgrauem Gesicht, nur in seinen Augen lag so etwas wie eine flehentliche Warnung.
»Kannst du nicht sprechen? Malaria?«
Tutuma riß die Augen noch weiter auf als vorher, und Dieter spürte, daß er Angst hatte. Todesangst.
Dieter blickte sich verstört um, ob ein Raubtier in der Nähe sei,

aber außer dem gerade zurückkehrenden Klick-Klack konnte er nichts entdecken.
Im Geist ging Dieter all die Tropenkrankheiten durch, gegen die er vor seiner Abreise nach Botswana geimpft oder über die er zumindest belehrt worden war: Schlafkrankheit, Bilharzia, Fleckfieber, Typhus. Es muß etwas Gefährliches sein, dachte er, Tutuma hat wohl Angst, daß ich mich anstecke.
Tutuma rollte die Augen hinüber in Klick-Klacks Richtung, als wollten sie sagen: »Frag ihn!«
Seine Unruhe war übergesprungen auf den Buschmann, der sich von einer Sekunde auf die andere ebenfalls sehr eigenartig verhielt. Er stutzte, dann verharrte er mitten in der Bewegung und setzte langsam und lautlos seinen Fuß auf den Boden.
Keine Frage, Klick-Klack wußte, was Tutuma widerfahren war, die Augen des Buschmanns und die des Kalanga verständigten sich, und es irritierte Dieter maßlos, daß er, ein Fremder in dieser Welt, von dem stummen Dialog ausgeschlossen blieb.
Mindestens eine Minute lang geschah nichts. Dann beugte sich Klick-Klack unendlich langsam nieder, und seine rechte Hand tastete, ohne daß er die Augen von Tutuma wandte, über den Sand, bis sie einen Stock zu fassen kriegte. Ebenso behutsam hob der Buschmann den Stock auf. Wie er so dastand, regungslos, den Knüppel schlagbereit in Schulterhöhe, erinnerte er Dieter an eine Statue.
Noch immer wußte er die Situation nicht zu deuten. Fühlte sich der Buschmann von Tutuma bedroht, wollte er auf ihn losgehen?
Tutuma drehte jetzt die Augäpfel nach unten, bis die Iris fast unter den Tränensäcken verschwand, er schielte, als versuchte er mit aller Macht, sich in den Hals zu sehen.
Da schob sich der Kopf der Schlange aus dem Schlafsack, dicht neben Tutumas linker Wange – züngelnd, starre kalte Augen zwischen olivfarbenen Schuppen. Zentimeterweise glitt sie heraus, erst der Hals hinter dem Kopf, flach wie ein plattgedrückter Gartenschlauch, dann der Körper.

Elegant wand sie sich über Tutumas Brust auf die Erde, und als sie ihren ganzen, fast endlos scheinenden Körper nachgezogen hatte, richtete sie sich zu einem Drittel auf, um Ausschau zu halten wie durch ein Teleskop. Sie blickte Dieter an, ausdruckslos, keineswegs beunruhigt. Dann entschied sie sich für eine andere Richtung.
Leicht und behende schlüpfte sie davon.
Klick-Klack ließ seinen Knüppel sinken und Tutuma seinen Kopf auf die Seite fallen.
So blieb er eine Weile liegen, bevor er aus dem Schlafsack herauskroch. Sein nackter Körper war naßgeschwitzt, die schwarze Haut glänzte. Er reckte die erstarrten Glieder.
Tutuma versuchte zu sprechen, aber er brachte nur ein trockenes Krächzen hervor. Dieter holte ihm einen Becher Wasser.
Nachdem er getrunken hatte, sagte Tutuma: »Sie muß hineingekrochen sein, als ich schlief. Schlangen lieben Wärme. Irgendwann habe ich gespürt, wie sich etwas neben meiner Hand regte. Bei der geringsten Bewegung hätte sie sofort zugebissen.« Tutuma schüttelte sich. »Ich hatte furchtbare Angst, daß du sie aufscheuchst.«
»Eine Kobra?«
»Black Mamba. In unserem Dorf ist ein Mann von einer Black Mamba gebissen worden. Ein teuflisches Nervengift. Es lähmt die Atemmuskeln. Wir mußten mitansehen, wie der Mann in wenigen Minuten qualvoll erstickt ist.«
Tutuma starrte ins Feuer. Er sprach nicht mehr und rührte auch keinen Bissen an. Nur Klick-Klack schleckte ungerührt und mit Behagen die Aprikosenmarmelade. Dieter gab ihm eine Handvoll Rohtabak, und Klick-Klack stopfte ihn in seine Pfeife, entzündete ihn an der Glut und schmauchte lustvoll den Knaster. Diesmal war es nicht die Pfeife, die er sich aus einer Wurzel geschnitzt hatte, sondern eine andere, aus einem Röhrenknochen gefertigte.
Unterdessen begann Dieter, die Ziege zu melken. Tutuma fing

die Milch in seinem Emaillebecher auf. Er trank einen Schluck und bot auch Dieter davon an, aber der lehnte ab. Er hatte sich an den herben Geschmack von Ziegenmilch noch nicht gewöhnen können.

»Laß uns ein Stück fahren«, schlug Tutuma vor. »Bevor es wieder zu heiß wird. Dann müssen wir sowieso rasten.«

Sie luden ihre Ausrüstung auf. Tutuma setzte sich ans Steuer. Einigermaßen schien er sich von dem Schock erholt zu haben. Klick-Klack kletterte auf das Dach der Fahrerkabine, gleichmütig wie immer.

»Komischer Bursche, dieser Buschmann«, sagte Dieter.

»Jims Dolmetscher hat mir erzählt, er sei nicht ganz wild und nicht ganz zahm. Im Winter, wenn die Kalahari ihn nicht ernähren kann, treibt er sich auf den Farmen herum, und im Sommer verschwindet er, um mit seinem Volk zu jagen. Aber er weiß nicht, wo sich sein Volk gerade aufhält. Buschmänner sind Nomaden.«

»Gibt's denn genug Arbeit auf den Farmen für die Halbgezähmten?«

»Früher haben sie für die Farmer die Rinderherden durch die Kalahari getrieben, zum Schlachthof nach Lobatse. Aber es hat sich nicht ausgezahlt, weil die Rinder auf dem monatelangen Treck zuviel Gewicht verloren. Heute treiben sie die Rinder nach Ghanzi und verladen sie dort auf Lastwagen. Ein Lastwagen braucht nur zwei Tage bis Lobatse. Es gibt eine Piste, die leidlich befahrbar ist.«

»Und was wird aus den halbzahmen Buschmännern?«

Tutuma zuckte die Achseln. »Tagsüber lungern sie in der Nähe der Farmen herum, und nachts stehlen sie Vieh. Alle Buschmänner sind Diebe.«

»Vielleicht liegt das daran, daß sie den Begriff Eigentum nicht kennen.«

»Sie leben von einem Tag auf den andern, ohne Sinn, ohne Ziel. Wenn sie Hunger haben, stehlen sie. Eine Plage für die Farmer.

Die haben sich eines Tages in ihrer Not an ihren Abgeordneten gewandt, und der brachte im Parlament einen Gesetzesantrag ein: Jeder Viehdieb solle künftig körperlich bestraft werden. Für jedes gestohlene Rind solle ihm ein Finger abgehackt werden.«

»Ist das Gesetz etwa durchgekommen?«

»Nachdem ein anderer Abgeordneter sich erkundigt hat, welches Glied nach dem elften gestohlenen Rind abgehackt werden solle, ist der Antrag im Gelächter untergegangen.« Tutumas Lächeln dauerte nur eine Sekunde. »Aber damit ist das Problem nicht gelöst.«

»Sie stehlen, um nicht zu verhungern.«

»Es sind zu viele, denen das Leben in der Kalahari zu hart wird, jedenfalls im Winter, wenn es kein Wasser gibt. Die Farmen haben keine Arbeit für sie. Die zahmen Buschmänner sind ja noch ganz anstellig beim Rinderhüten, aber die halbzahmen sind kaum brauchbar.«

»Man müßte eine sinnvolle Beschäftigung für sie finden.«

»Sie können nichts weiter als jagen und Pflanzen sammeln. Und wenn sie erst einmal dem freien Leben entwöhnt sind, haben sie auch das verlernt. Sie sind unnütz geworden, die Entwicklung ist über sie hinweggegangen. Und die paar tausend wilder Buschmänner, die das ganze Jahr über in der Kalahari umherstreifen, werden immer weniger. Denn auch bei den entlegensten Stämmen hat sich herumgesprochen, daß es auf den Farmen in der Trockenzeit Wasser gibt und Vieh, das man nachts forttreiben kann.«

»Aber den Zahmen habt ihr in eurer Gesellschaft einen Platz eingeräumt?«

»In unserer Sprache heißt ein Buschmann Massarwa, und das heißt Untergebener. Irgendwie machen sie sich nützlich. Sie leben in einem abgesonderten Teil des Dorfes, und niemand tut ihnen etwas zuleide. Sie kriegen sogar etwas Maismehl, Milch und jedes Jahr eine Decke. Mehr brauchen sie nicht. Essen und Trinken. Sonst sind sie völlig anspruchslos. Sie waschen sich nie. Sie haben ja nicht einmal die Grundschule besucht.«

»Und ihr gebt ihnen auch keine Chance.«
Tutuma antwortete nicht. Für ihn war das Thema Buschmann erledigt.
Aber nicht für Dieter. »Ihr verlangt nach Freiheit und haltet euch selbst noch Menschen als Leibeigene.«
»Keine Menschen. Wilde.«
»Ihr würdet also keinen Finger rühren, um die Buschmänner vor der Ausrottung zu bewahren.«
»Eine Kultur geht unter, eine andere entwickelt sich. Das ist der Lauf der Geschichte, Dieter. Die Uhr der Buschmänner läuft ab. Ihr habt doch die Zivilisation nach Afrika gebracht. Warum beklagst du dich dann, wenn du plötzlich entdeckst, daß für die Primitiven in der Zivilisation kein Platz vorgesehen ist? Krokodilstränen. Ich mag diese westliche Heuchelei nicht.«
Sie fuhren schon eine ganze Weile im Schrittempo, weil sie wieder ein von Springhasen bevölkertes Gebiet passierten. Klick-Klack trabte voraus und gab Zeichen, sobald seine scharfen Augen einen Bau erspäht hatten.
In den letzten Minuten war eine seltsame Veränderung in ihm vorgegangen. Immer öfter blieb er stehen, reckte seinen Hals und hob seine Nase, als wollte er Witterung aufnehmen. Schließlich bedeutete er Tutuma anzuhalten. Er kletterte aufs Kabinendach und hielt Ausschau nach vorn. Was er dort sah, schien ihn in höchste Unruhe zu versetzen.
Dieter und Tutuma stiegen zu Klick-Klack auf das Dach, aber sie konnten in der Richtung, die der Buschmann, aufgeregte Klick-Laute ausstoßend, ihnen wies, nichts endecken, allenfalls den Hauch eines zarten Staubschleiers. Dieter erinnerte sich an das Fernglas, das er für das *Peace Corps* nach Maun mitnehmen sollte. Während er es aus einer Kiste kramte, rannte Klick-Klack voraus. Er drehte sich noch einmal um, und seine beschwörenden Gesten schienen auszudrücken: »Bleibt hier, bis ich zurück bin.«
Dieter putzte das Fernglas, das, obwohl im ledernen Etui, mit

feinstem Staub bedeckt war, schaute hindurch und reichte es Tutuma.
»Sieht aus wie eine Herde Impalas«, sagte Tutuma. »Und ein Stück weiter ein paar Strauße. Sie scheinen sich langsam auf uns zuzubewegen.«
»Gib mal her.« Aber so angestrengt Dieter auch durch das Glas starrte, er konnte nichts entdecken außer einigen winzigen Punkten, die sich im gleißenden Dunst über dem wogenden Elefantengras bewegten.
Er setzte das Glas ab. »Meine Vorliebe für Strauße hat etwas gelitten, seit ich einen näher kennenlernen durfte.«
Tutuma lachte leise. »Deiner war ein zänkischer alter Hahn. Normalerweise sind sie ganz friedlich.«
Klick-Klack hatte sich schon einen Kilometer von ihnen entfernt. Von Zeit zu Zeit blieb er stehen, und je näher er dem Geschehen am Horizont kam, desto mehr erinnerten seine Bewegungen Dieter an die langen Schritte und die eigenartige Choreographie des Straußes, mit dem er vor Tagen auf Leben und Tod gekämpft hatte. Schließlich blieb der Buschmann stehen, den Kopf zur Seite gewandt, so wie es der Strauß während der Belagerung getan hatte.
Inzwischen war die Impala-Herde deutlich im Fernglas auszumachen und dahinter die plumpen Körper der Strauße, die den Antilopen näherrückten.
»Es sind fünf Stück!« rief Tutuma. »Sieh mal, sie stehen genau gegen den Wind. Wenn ich nicht wüßte, daß es Strauße sind, dann würde ich schwören, daß sie sich allmählich an die Impalas heranpirschen, um sie zu jagen.«
»Einem Strauß traue ich jede Gemeinheit zu«, knurrte Dieter.
Sie hatten jetzt einen guten Blick auf die Impalas, die, nach einem kurzen Galopp, ungefähr 1500 Meter von ihnen entfernt ästen. Die Strauße folgten ihnen in wippendem Trab, ihre langen Hälse ragten wie Schnorchel aus dem Elefantengras, und auch Klick-Klack setzte sich jetzt in Bewegung. Er schlug einen weiten Bogen in Richtung auf die Strauße.

»Was kann er von ihnen wollen?« fragte Tutuma.
»Vielleicht will er ihnen ein Ei klauen. Ich setze mich lieber in den Wagen.«
Die Prozession war jetzt so nahe herangekommen, daß Dieter von der Fahrerkabine aus, widerwillig fasziniert, mit bloßem Auge das Verhalten der Strauße beobachten konnte. Offenbar lag ein für Außenstehende undurchschaubares System darin, denn wie zufällig hatten sie sich – zu einem Halbkreis ausgeschwärmt und immer gegen den Wind – der Herde auf weniger als 50 Meter genähert.
Plötzlich brach ein feister Antilopenbock, wie von einem unsichtbaren Schlag getroffen, in die Knie, fast gleichzeitig eine Ricke. Die Herde stob auseinander, galoppierte mit weiten Sätzen davon, formierte sich in wilder Flucht. Breitbeinig taumelnd, versuchten die beiden verwundeten Impalas sich aufzurappeln und der Herde zu folgen. Nach hundert Metern knickten sie wieder um, ihre Bewegungen erlahmten, sie brachen in die Knie, bis sie zuckend liegenblieben. Ihre Köpfe wurden schwer, neigten sich zur Seite.
Während die Herde bald in einer Staubwolke am Horizont verschwand, war mit den fünf Straußen eine unerklärliche Veränderung vorgegangen. Sie richteten sich aus ihrer bisher gebeugten Haltung auf, rannten mit nun keineswegs mehr straußenähnlichen Bewegungen auf die beiden verwundeten Impalas zu und rissen sich mit ihren Stummelflügeln, die sich auf einmal in menschliche Arme verwandelten, ihre Hälse aus.
Erst jetzt merkte Dieter, daß die langen Hälse in Wirklichkeit widerhakenbewehrte Speere waren, auf denen primitiv bemalte Attrappen von Straußenköpfen steckten. Sie rissen die Köpfe ab und stachen die Speere in die Leiber der verwundeten Impalas. Irgendwo in dem Getümmel tauchte jetzt auch Klick-Klack auf.
»Das waren gar keine Strauße«, rief Dieter. »Das sind ja Menschen!« Er startete den Motor.

»Warte. Laß erst Klick-Klack mit ihnen reden. Es sind Buschmänner.«

Nun, da die Beute erlegt war, streiften die fünf Buschmänner ihre Straußenhäute ab, die sie sich als Camouflage über ihre nackten Leiber gestülpt hatten. Unter dem Gefieder kamen Bögen und Köcher mit Pfeilen zum Vorschein.

Klick-Klack sprach mit ihnen, und ihre Aufmerksamkeit richtete sich jetzt auf den Anderthalbtonner, den sie in ihrem Jagdfieber bisher übersehen hatten. Nach einem aufgeregten Palaver war es Klick-Klack offenbar gelungen, die wilden Buschmänner von der Harmlosigkeit des Ford und dessen Insassen zu überzeugen, denn er winkte Dieter und Tutuma herbei.

»Fahr langsam, damit sie keinen Schreck bekommen«, riet Tutuma. »Die meisten wilden Buschmänner haben noch nie ein Auto gesehen.«

Aber sie waren weit davon entfernt, Angst zu zeigen. Als der Ford auf zwanzig Meter heran war, fielen die kleinen Männer vor Staunen hintüber, wälzten sich im Sand und brachen in kreischendes Gelächter aus.

Dieter stieg aus, stützte sich verlegen auf die Kühlerhaube, das Gelächter flog ihn an wie ein ansteckender Bazillus, und bald hockte er, unfähig seine Muskeln zu kontrollieren, ebenfalls im Sand und lachte, bis ihm die Tränen den Staub aus dem Gesicht wuschen.

Als das Gelächter abebbte, ließ Lizzy von der Ladefläche her in die Stille hinein ihr dünnes Meckern hören, was sofort eine zweite Welle auslöste. Selbst Tutuma, der lange mit mokantem Lächeln Widerstand geleistet hatte, schnappte jetzt mühsam nach Luft.

Nach zehn Minuten fühlte sich Dieter erschöpft. Die Buschmänner betasteten, aufgeregt klickend und schnalzend den Ford. Einer kletterte in die Fahrerkabine und hielt triumphierend den Werkzeugkasten in der Hand.

»Auf Eisen sind sie so scharf wie ihr Weißen auf Gold«, sagte

Tutuma. »Wenn du nicht aufpaßt, haben sie in einer halben Stunde den ganzen Wagen auseinandergenommen.«

Dieter entsann sich der Tüte mit Rohtabak, die Bob und Jim ihnen als Tauschobjekt dagelassen hatten. Ohne große Umstände stopften die fünf Buschmänner und Klick-Klack ihre Pfeifen. Einer zog zwei Hölzer aus einem Sammelbeutel aus Antilopenhaut, stellte den Stab aus härterem Holz auf das weichere und wirbelte den härteren Stab zwischen den Handflächen so schnell und so oft, bis das quergelegte Weichholz zu glimmen begann. Nacheinander entzündeten sie am trockenen Gras ihre selbstgefertigten Pfeifen aus Knochen und Wurzeln und begannen behaglich zu rauchen.

Dieter beneidete sie um die Unbefangenheit, mit der sie ihn musterten, zwanglos, unverkrampft, aufrichtig. Er wünschte sich in diesem Moment nichts mehr, als sich mit den kleinen Männern in ihren fremdartigen Schnalz- und Klicklauten unterhalten zu können, die keiner anderen menschlichen Sprache ähnelten. Was mochten sie jetzt empfinden? Sicher hatten sie noch nie einen Menschen mit weißer Hautfarbe gesehen, der noch dazu auf einem riesigen, brummenden Tier aus Eisen in ihre Wildnis geritten kam.

Dieter holte sein Feuerzeug aus der Hosentasche und zündete den Rest des trockenen Grases an. Die Buschmänner reagierten mit einem erregten Geschnatter. Wahrscheinlich hielten sie ihn für einen Zauberer.

Ohne die Straußenkleider waren sie nackt, ihre walnußfarbige Haut war faltig wie die junger Hunde, unter einer Schicht aus Asche, Staub und Pflanzensaft, mit der sie sich vor der Sonne schützten. Jeder der fünf trug seinen Penis erigiert, als sei er den Fremden einen Salut schuldig, und Dieter erinnerte sich an einen Fotoband mit alten Buschmann-Malereien auf Felswänden, auf denen ihm der stets aufgerichtete Penis der Modelle aufgefallen war, anscheinend das besondere Merkmal ihrer Manneswürde.

Trotz ihrer Jugend waren die Gesichter der fünf Buschmänner schon so runzelig wie die kaukasischer Greise, ihre schrägen Mongolenaugen hinter dicken Wülsten verborgen, und Dieter glaubte einen schwachen Eindruck zu bekommen von der Härte ihres Lebens, stets ungeschützt der prallen Sonne ausgesetzt, die die nackten Körper ausdörrte wie Backpflaumen. Ein Lebenszyklus zwischen Durst, Hunger und kurzen Perioden maßloser Freßorgien.

Die eingefallenen Körper der fünf ließen auf eine längere Fastenzeit schließen, die nun fürs erste überstanden war. Dieter bewunderte das Geschick der Jäger, ihre Schläue, Anpassungsfähigkeit und Beobachtungsgabe, mit der sie den Impalas eine harmlose Straußenherde vorzutäuschen verstanden, bis sie sich nahe genug an die Opfer herangepirscht hatten, um ihre vergifteten Pfeile abzuschießen.

»Ob sie gekränkt sind, wenn ich mir ihre Waffen ansehe?«

Tutuma zuckte mit den Achseln. Er kräuselte die Nase. Die Buschmänner hatten eine strenge Ausdünstung, ein würziges Gemisch aus Rauch, Schweiß, ranzigem Fett und wilden Tieren.

Auch Dieter nahm den Gestank wahr. Er versuchte, gegen den in ihm aufsteigenden Widerwillen anzukämpfen, und redete sich ein, man müsse die Buschmänner nehmen, wie sie sind, mit all ihren Gewohnheiten, Sitten und Gerüchen. Wenn er in einem Gebiet ohne Wasser leben müßte, würde er sicher auch nicht besser riechen.

Dieter lächelte sie fragend an und bückte sich nach einem der abgelegten Straußenkostüme; nach einem Speer, dessen Spitze mit einem Wurzelstück drapiert war, angemalt und einem Straußenkopf täuschend ähnlich. Der Schaft des Speers bestand aus einem geraden Stock, die Spitze, mit wilden Sisalfasern fest an den Schaft gebunden, aus einem kunstvoll zugespitzten Knochen. Die Spitze eines anderen Speers bestand aus Eisen, das der Jäger weiß Gott wo ergattert hatte und sicher sein Leben lang hütete wie einen Schatz.

Auf die gleiche Art waren die Pfeile präpariert, die in einem Köcher aus ausgehöhltem Holz steckten. Als Dieter mit dem Finger über die klebrige Pfeilspitze streichen wollte, riß ihm ein Buschmann blitzschnell den Pfeil aus der Hand und barg ihn hinter seinem Rücken.
»Willst du dich umbringen?« schrie Tutuma Dieter an. »Du brauchst dir nur den Finger zu ritzen, und du stehst nie wieder auf. Du bist bei vollem Bewußtsein und nimmst alles um dich wahr und kannst dich nicht mehr bewegen.«
»Ob ich sie bitte, uns ein Stück mitzunehmen? Ich möchte mehr über sie erfahren.«
Wieder rümpfte Tutuma die Nase. »Sie stinken, und sie stehlen wie die Affen. Laß dich nicht auf so was ein.«
»Ich habe mich auch auf dich eingelassen.«
»Dann los.« Tutuma kletterte unlustig in den Ford, und als habe er Dieters Wunsch erraten, begann Klick-Klack eine lange Diskussion mit den Buschmännern. Nach einer Weile schien er sie überzeugt zu haben. Sie schleppten ihre Waffen, Sammelbeutel und die Jagdbeute auf die Ladefläche, und nachdem Klick-Klack die Richtung gewiesen hatte, fuhr Tutuma los.
Eine Stunde später klopfte Klick-Klack, der wie immer den Ford vom Dach der Fahrerkabine aus dirigierte, hart auf das Blech. Tutuma hielt an, die Buschmänner sprangen einer nach dem anderen ab und liefen in nördlicher Richtung davon.
Als Dieter sich schon damit abzufinden begann, sie nie wiederzusehen, entdeckte er auf der Ladefläche die beiden rotbraunen Impalas, den Bock mit seinen lyraförmigen Hörnern und die hornlose Ricke. »Sie werden uns doch nicht das Fleisch schenken?«
Tutuma lachte. »Dazu haben sie es viel zu schwer erjagt. Außerdem sind sie hungrig.«
Dieter startete den Ford und folgte den Buschmännern, die jetzt neben einem Dornbusch hockten und mit ihren Händen den Sand aufgruben, bis drei Straußeneier zum Vorschein kamen. In

die Eierschalen waren Löcher gebohrt, die fest mit Grasbüscheln zugestopft waren. Die Buschmänner entkorkten die Eier, hoben sie an ihre Münder und tranken, sorgsam darauf bedacht, keinen Tropfen des kostbaren Inhalts zu verschütten.
»Sie haben ihre Wasserdepots überall«, erklärte Tutuma. »Sonst würden sie auf der Jagd verdursten.«
Einer der Buschmänner brachte Dieter und Tutuma ein Straußenei und bot ihnen zu trinken an.
Dieter nahm das Ei behutsam in die Hand. Dann kam ihm eine Idee. Er kletterte auf die Ladefläche und füllte das Ei mit Wasser aus dem Plastiktank.
Der Buschmann schnalzte die anderen herbei. Voller Entzücken sahen sie zu, wie Dieter ihre Straußeneier bis an den Rand füllte.
»Vorsicht«, mahnte Tutuma. »Wir werden unser Wasser noch brauchen.«
Mit diesem Geschenk schien Dieter das Vertrauen der Buschmänner vollends gewonnen zu haben. Wieder gab es ein längeres Palaver zwischen Klick-Klack und den fünf wilden Buschmännern. Es endete mit der gestenreichen Aufforderung an Dieter und Tutuma, sie zu ihrem Lager zu begleiten – aber ohne ihren Ford, dieses brummende Ungetüm aus Eisen.
Dieter hatte Bedenken, den ihm anvertrauten Ford einfach stehenzulassen, eine Spende des Deutschen Entwicklungs-Dienstes im Wert von 30 000 Mark. Aber schließlich behielt seine Neugierde die Oberhand. Um sein Gewissen wenigstens einigermaßen zu beschwichtigen, verstaute er alles von einigem Wert von der Ladefläche in die abschließbare Fahrerkabine und deckte die Reifen mit Zeitungspapier und Kartonpappe gegen allzu intensive Sonnenstrahlung ab.
Er nahm nur das Allernotwendigste mit auf den Weg: Zahnbürste, eine Decke, in die er je eine Dose Trockenmilch, Nescafé und ein paar Büchsen Corned beef eingewickelt hatte, eine mit Wasser gefüllte Feldflasche, den Kompaß und das Schweizer Offiziers-

messer mit den zwölf verschiedenen Anwendungsmöglichkeiten. Kompaß und Messer hatte ihm seine Mutter mit auf die Reise gegeben, jetzt leistete er ihr im stillen Abbitte, weil er sich damals über ihre übertriebene Fürsorge lustig gemacht hatte.

Schließlich machte sich die kleine Karawane auf den Weg, leichtfüßig voran die wilden Buschmänner, scheinbar mühelos ihre über die Speere gehängte Jagdbeute tragend, danach Klick-Klack und als letzte Dieter und Tutuma.

Als Dieter sich noch einmal umsah, bemerkte er auf der Ladefläche die Ziege, die ihnen nachstarrte.

»Jetzt haben wir in der Eile Lizzy vergessen«, rief er und lief noch einmal zurück, um sie zu holen.

Ein paar hundert Meter außerhalb von Rakops hatte sich die Fahrspur verwischt. Feuchtenbeiner war nur noch auf seinen Kompaß angewiesen und die magere Fährte des Lasters des amerikanischen Archäologen: umgeknickte Grashalme, gelegentlich ein niedergewalzter Dornbusch.

Feuchtenbeiner ließ sich Zeit. Sobald die Fährte der Amerikaner zu undeutlich wurde, sprang er ab und untersuchte das Gras, bis er sich Gewißheit verschafft hatte. Es irritierte ihn nicht, daß sein Range Rover keine acht Kilometer in der Stunde schaffte. Sorgfalt ging vor Eile.

Bevor Feuchtenbeiner in das wogende Elefantengras einfuhr, dichtete er den Kühlergrill mit drei Lagen Moskitogaze ab, um den Radiator vor den aufgewirbelten Grassamen zu schützen.

Die verborgenen Bauten der Springhasen bereiteten ihm wenig Sorgen; sein Range Rover war leicht und wendig genug, um die Stöße schadlos abzufangen, wenn er nur langsam fuhr.

Am späten Nachmittag konnte er sich vergewissern, daß er auf dem richtigen Weg war. Unter einer Dornakazie lagen drei leere Dosen Corned beef. Verkohlte Holzreste steckten im Sand. Drei Dosen waren entschieden zuviel für vier Personen, die beiden weißen Männer mit ihrer Frau und den Kaffer Dits. Zwei

hätten ausgereicht. Also mußten auch dieser deutsche Entwicklungshelfer und der Schwarze, von dem Dits dem Albino in Rakops erzählt hatte, an dem Biwak teilgenommen haben. Danach hatten sie sich wahrscheinlich getrennt.
Feuchtenbeiner studierte die Karte und die Luftbilder. Sein Standort war etwa drei Kilometer von den *Sunday pans* entfernt. Der Albino hatte also nicht gelogen.
Wie auch immer Feuchtenbeiner seine Informationen drehte und wendete, sie ergaben keinen schlüssigen Ablauf. Der Schwarze, mit dem man Dieter gesehen hatte, war der Hijacker, dessen war Feuchtenbeiner nun ziemlich sicher. Warum sonst hätte der Deutsche beim Polizeichef in Rakops den Eindruck erwecken sollen, ohne Begleitung in die Kalahari fahren zu wollen? So was würde nicht einmal dem dümmsten europäischen Greenhorn einfallen.
Aber warum machte er sich zum Komplizen eines flüchtigen Verbrechers? Hatte er etwa mit dem Schwarzen zusammen die Flugzeugentführung geplant? Wußte er von den kompromittierenden Fotos, mit denen die Bande ihn erpreßt hatte?
An diesem Punkt fielen alle Spekulationen in sich zusammen, weil der nächtliche Fallschirmabsprung über der Kalahari im Konzept des Flugzeugentführers nicht vorgesehen war, folglich der Deutsche den Kaffer dort auch nicht erwartet haben konnte.
Also war das Zusammentreffen der beiden Zufall. Aber es ging Feuchtenbeiner nicht in den Kopf, warum ein unbeteiligter Weißer einem aufgelesenen Verbrecher auf der Flucht helfen sollte, noch dazu einem Schwarzen. Vielleicht hatte ihn der Kaffer mit der Hälfte der Beute bestochen?
Irgend etwas in Feuchtenbeiner sträubte sich gegen diese Theorie, und wenn es auch nur seine burische Mentalität war, in der es einfach keinen Raum gab für den Gedanken einer Komplizenschaft zwischen Schwarzen und Weißen.
Wie auch immer es sich zugetragen haben mochte – wichtig war jetzt nur, den Schwarzen mitsamt seinem weißen Chauffeur für immer zum Schweigen zu bringen.

Bevor es dunkel wurde, schritt Feuchtenbeiner systematisch die nähere Umgebung des Biwaks ab. Bald fand er, was er suchte: den Reifenabdruck eines zweiten Lastwagens, einen Ölfleck im Sand und ein paar zerdrückte Grashalme auf der Route ins Innere der Kalahari.
Hier waren sich die Amerikaner und der Deutsche offensichtlich begegnet, hier hatten sie ihr gemeinsames Nachtlager aufgeschlagen und sich gestern früh getrennt.
Es lohnte nicht mehr, heute abend weiterzufahren. Außerdem hatte Feuchtenbeiner Hunger. Er hatte seit dem frühen Morgen nichts mehr gegessen.
Später fiel er in einen kurzen und tiefen Schlaf, und noch bevor die Sonne wieder aufging, sprang er auf, erfrischt und hellwach. Er gönnte sich gerade einen heißen Nescafé und ein paar Zwiebäcke, bevor er den Range Rover startete, um der Fährte zu folgen, die der Deutsche vor 48 Stunden hinterlassen hatte.
48 Stunden waren für einen geübten Großwildjäger kein großer Vorsprung. Niedergedrücktes Elefantengras brauchte mehrere Tage, bis es sich wieder aufrichtete.
Schon am Nachmittag stieß Feuchtenbeiner auf die Überreste eines zweiten Biwaks des Deutschen. An dem stinkenden Fell erkannte er, daß das Gerippe neben dem abgebrannten Feuer zu einem Springhasen gehört hatte. Es war so sauber abgenagt, als hätten sich später die Hyänen und Geier darüber hergemacht, aber die hätten Abdrücke im Sand hinterlassen. Entweder hatte der Deutsche einen ungeheuren Appetit entwickelt oder sein schwarzer Begleiter. Wahrscheinlich der Schwarze.
Kaffer bleibt Kaffer, dachte Feuchtenbeiner, auch wenn man ihn in Hemd und Hose steckt. Man erkennt es an der Maßlosigkeit, mit der sie fressen.
Bei der Flugzeugentführung hatte der Schwarze keine Schußwaffe bei sich getragen. Wahrscheinlich hatte also der Weiße den Springhasen geschossen.
Feuchtenbeiner wühlte mit einem Stecken in dem erloschenen

Feuer. In der noch warmen Asche fand er einen Rest von Glut. Anscheinend hatten die beiden es nicht so besonders eilig gehabt, sonst hätten sie nicht so frühzeitig ihr zweites Lager aufgeschlagen.

Um so besser. Ein paar Stunden waren heute noch bequem aufzuholen.

Feuchtenbeiner nutzte das Tageslicht so lange, wie es ihm erlaubte, die Fährte zu lesen. Erst mit der untergehenden Sonne brach er die Verfolgung ab. Er war mit dem Ergebnis der Etappe zufrieden, er hatte viel Boden gewonnen, und wenn es weiterhin so glatt ging, konnte er die beiden vielleicht schon morgen im Visier haben.

In dieser Nacht zog er es vor, kein Feuer zu machen, um nicht vorzeitig Aufmerksamkeit auf sich zu lenken. Er begnügte sich mit Zwiebäcken, kaltem Lunchmeat und zwei Dosen Lions, mit denen er sein karges Dinner hinunterspülte.

In dieser Nacht fand er kaum Schlaf. Er spürte die Nähe der Verfolgten. Sie würden ihm nicht mehr entkommen. Morgen würde er sich mit zwei Schüssen aus der wochenlangen Bedrängnis befreien. Daß der Deutsche anscheinend bewaffnet war, beunruhigte ihn nicht weiter. Der würde gar nicht erst zum Schuß kommen.

Am nächsten Tag entdeckte Feuchtenbeiner schon gegen Mittag den Platz, der von vielen, auffallend kleinen Abdrücken menschlicher Füße übersät war und von Schleifspuren, die neben den Reifenspuren verschwanden. Ferner lagen einige lose Straußenfedern herum.

Buschmänner. Nur Buschmänner hatten so kleine Füße. Sie hatten gejagt und ein Feuer entfacht. Die Asche war noch heiß. Anscheinend waren auch sie auf die Spuren des Anderthalbtonners gestoßen und verfolgten ihn jetzt, um die Insassen zu töten und die Ladung zu stehlen.

Falls sie ihm die Arbeit abnehmen wollten – Feuchtenbeiner war es nur recht. Auf jeden Fall mußte er sich aber vergewissern, ob

sie den Deutschen und seinen Kaffernfreund mit ihren Giftpfeilen auch wirklich erlegt hatten.
Die Reifenspuren verrieten ihm, daß der Anderthalbtonner gleich hinter dem Rastplatz eine andere Fahrtrichtung eingeschlagen hatte. Er hatte von West auf Süd gewechselt. Die Buschmänner waren ihm nicht gefolgt, die Fußspuren jedenfalls verschwunden.
Ein Blick auf die Benzinuhr belehrte Feuchtenbeiner, daß er nachtanken mußte, bevor er die Jagd fortsetzte. Er schraubte das Benzinfaß auf der Ladefläche des Range Rovers auf, führte einen Schlauch ein, saugte ihn an und ließ den Tank vollaufen.
Er spuckte aus. Etwas Benzin war ihm in den Mund geraten, aber er nahm sich, jetzt, da er seinem Ziel so nahe war, nicht mehr die Zeit, den Mund auszuspülen und fuhr weiter.
Nach einer Weile, als er von der Fährte aufblickte, entdeckte er in der Ferne den Anderthalbtonner.
Feuchtenbeiner hielt im Schutz einer Akazie an und blickte durch das Fernglas. Der Anderthalbtonner stand zwischen zwei verdorrten Dornbüschen, von den Insassen verlassen. Die Reifen waren mit Zeitungspapier abgedeckt.
Eine Panne? War ihnen das Benzin ausgegangen? Waren sie auf der Jagd? Oder hatten die Buschmänner sie doch mit ihren Pfeilen erwischt?
Feuchtenbeiner stieg aus, entsicherte seine Elefantenbüchse und pirschte sich an den Anderthalbtonner heran.
Der Sand im Umkreis des Fords war niedergetrampelt von kleinen nackten Buschmannfüßen, dazwischen die Abdrücke von zwei Paar verschiedenen Tennisschuhen. Es sah nicht nach einem Kampf aus, eher nach einem gemeinsamen Marsch in südwestlicher Richtung.
Die Tür zur Fahrerkabine war abgeschlossen, die offene Ladepritsche jedoch zugänglich. Sie hatten ihr Gepäck dagelassen. Wahrscheinlich kehrten sie bald von ihrem Ausflug zurück. Feuchtenbeiner sah auf den ersten Blick, daß die beiden Aluminiumkoffer mit den Diamanten nicht dabei waren.

Er kletterte auf die Pritsche. Seit dem Überfall, drei Tage lang, hatte er sehnsüchtig auf den Augenblick gewartet, den verdammten Kaffern vor die Flinte zu bekommen. Wenn er ihn schon nicht leibhaftig zu fassen bekam, immerhin – hier lagen wenigstens seine Habseligkeiten.
Aber es war nur eine kurze Aufwallung. Die Vernunft gebot ihm, dem Anfall von Zerstörungswut nicht nachzugeben.
Es wäre unklug, den Feind zu warnen, indem er sein Gepäck vernichtete. Was er jetzt brauchte, war ein bißchen Geduld, ein kühler Kopf und eine sichere Hand.
Aber ganz konnte Feuchtenbeiner der Versuchung doch nicht widerstehen. Irgend etwas wollte er zerstören. Und so öffnete er den Hahn des Plastiktanks und ließ das Wasser auf die Ladefläche laufen, auf der es sich einen Weg bahnte bis zur Rampe. Von dort tropfte es hinunter in den Sand.
Als es restlos versickert war, fühlte er sich wohler. So billig sollte der Kaffer nicht davonkommen, nur mit einem glatten Kopfschuß, den er kaum spüren würde. Der Bursche hatte ihm übel mitgespielt. Ein paar Stunden Durst und Todesangst würden ihm eine Lehre sein, daß man Jan Feuchtenbeiner nicht ungestraft hereinlegen konnte.
Er ging zurück zu seinem Range Rover, fuhr ihn ein paar hundert Meter zurück hinter einen Hügel und legte sich auf die Lauer.

Buschmänner

Das Lager der Buschmänner fügte sich so unauffällig in seine natürliche Umgebung ein, daß Dieter es erst bemerkte, als er schon hundert Meter davorstand. Die Hütten waren leicht und vergänglich gebaut, jeweils vier in den Boden gerammte Stecken, mit einem Geflecht aus Gras und Buschwerk lose bedeckt zum Schutz gegen die Sonne.
Dieter und Tutuma hatten mitsamt der Ziege unterwegs nicht ganz Schritt halten können mit den fünf Buschmännern und Klick-Klack, die im Tempo von Langstreckenläufern vorausgetrabt waren, obwohl sie außer ihrer Jagdausrüstung auch noch die beiden erlegten Impalas zu tragen hatten.
So waren die Bewohner der kleinen Siedlung vorgewarnt und nahmen die Ankunft der Fremden mit einer Mischung aus Gleichmut und Neugier hin. Mehr Interesse zeigten sie für die Jagdbeute. Die fünf Jäger, Klick-Klack, zwei alte Männer und vier Buschmann-Frauen enthäuteten unverzüglich die beiden rehgroßen Gazellen mit einer beinernen, an den Rändern scharf geschliffenen Schaufel, angefertigt aus dem Schulterblatt einer großen Elenantilope.
Mit ähnlichen Werkzeugen aus Tierknochen schnitten die Steinzeitjäger dort, wo ihre vergifteten Pfeile gesteckt hatten, das Fleisch heraus und vergruben es im Sand.
Beim Ausweiden gingen sie zielstrebig und geschickt vor, sorgfältig darauf bedacht, nichts umkommen zu lassen, Leber, Herz, Magen, Lunge, Kopf, sogar den vom Kot entleerten Darm. Sie wrangen das halbverdaute Gras über aufgespannten Häuten aus

und schlürften die Flüssigkeit. Dann lösten sie die Sehnen aus den Lenden und säuberten sie von Fleischresten, um später mit ihnen ihre Bögen zu spannen. Aus den freigelegten Knochen sogen sie schließlich das rohe Mark, für Buschmänner eine besondere Delikatesse.

Während die Männer das Fleisch über dem Feuer rösteten, begannen drei der Frauen, die Häute zu bearbeiten, indem sie die Innenseiten mit dem Saft einer Knolle beträufelten und einrieben. Im nächsten Winter würden ihnen die Häute als Kleidung dienen.

Einer der Buschmänner hatte das Blut der Impalas in einem Schildkrötenpanzer aufgefangen und ließ die Schale reihumgehen, bis die Männer den Inhalt ausgetrunken hatten.

Sie waren so sehr bei der Sache, daß Dieter sich überflüssig vorkam. Gern hätte er seinen guten Willen bewiesen und sich irgendwie nützlich gemacht, aber ihm war klar, daß er hier nur stören würde. Selbst mit seinem Schweizer Offiziersmesser fühlte er sich den Buschmännern an Geschicklichkeit hoffnungslos unterlegen.

Sie alle sahen aus, als hätten sie schon lange keine richtige Mahlzeit mehr zu sich genommen. Der Älteste hustete. Er war mager und zerknittert, sein Hinterteil hing faltig herab, die Augen waren stumpf und müde nach einem Leben voller Entbehrungen.

Dieter stand auf und sah sich im Lager um. Vor einer Hütte stampfte eine junge Buschmannfrau in einem Hartholzmörser die Kerne einer Tsama, der wildwachsenden Wassermelone der Kalahari, zu Mehl. Sie war nackt bis auf ein zerfetztes Ledertuch, das oberhalb ihres Bauchnabels zusammengeknottet war und nur einen Teil ihres Hinterns bedeckte. Ihr einziger Schmuck bestand aus einer Art Perlenkette, mit der sie ihr Geschlechtsteil eher betonte als verhüllte, und auch das Material zu diesem Schmuck war der Natur entnommen: Straußeneierschalen, zerkleinert, abgefeilt, durchlöchert und an einem Sisalfaden aufgereiht.

Die Frau war zierlich gebaut, die Spitzen ihrer festen Brüste ragten steil nach oben, das Gesicht war fein geschnitten unter einem strähnigen Haarpilz, Ohren und Nase sehr klein. Sie strahlte Würde und Anmut aus.
Dieter fragte Tutuma, wo die Kinder der Buschmänner seien.
»Sie pflanzen sich kaum noch fort«, antwortete Tutuma. »In der Dürrezeit sind die Frauen ohnehin unfruchtbar, und wenn eine Frau in der Regenzeit ein Kind empfängt und es später in der Dürreperiode austrägt, nehmen es ihr die anderen Frauen sofort nach der Geburt weg und töten es.«
»Sie töten ihre Kinder?«
»Ein Kind in der Trockenzeit würde das Weiterleben des ganzen Stammes gefährden.« Tutuma sprach noch leiser als sonst, wie immer, wenn ihn etwas besonders bewegte. Zum erstenmal zeigte er so etwas wie Anteilnahme am Schicksal der verachteten Massarwa. »Es muß furchtbar sein für die Frauen.«
Als er Dieters Betroffenheit bemerkte, lenkte er ab: »Sieh mal den Massarwa da drüben. Scheint der Giftmischer zu sein.«
Der Buschmann kaute Blätter, ohne sich von den beiden Fremden stören zu lassen. Hin und wieder öffnete er den Mund, ließ dabei eine Reihe olivgrün-verfärbter Zähne sehen, spuckte den zerkauten Extrakt in eine Holzschale und vermischte ihn mit einer Prise grauweißen Pulvers.
»Das Pulver gewinnen sie aus der Larve eines Käfers«, sagte Tutuma. »Und wenn dieser Käfer in der Gegend nicht vorkommt, zapfen sie ihr Gift aus den Zähnen einer totgeschlagenen Kobra. Das ganze wird zu einer Paste verrührt und eine Prise davon an die Pfeilspitzen gegeben.« Es klang wie die Beschreibung eines Kochrezepts. »Bei kleinen Gazellen weniger, bei Großwild nehmen sie etwas mehr. Manchmal müssen sie eine angeschossene Elenantilope zwei Tage lang verfolgen, bis sie endlich zusammenbricht.«
»Und schleppen die Beute zwei Tage zurück ins Lager?«
»Nein. Die anderen folgen ihnen. Das Lager ist immer da, wo es zuletzt was zu essen gegeben hat.«

Um das spärliche Feuer herum, an dem die Buschmänner die beiden Impalas rösteten, entstand Bewegung. Alle, auch der hustende Alte und die Frauen, hockten am Grill, hölzernen Stangen, die durch die Körper der Imapalas gezogen und von Astgabeln gestützt waren.
Einer der Jäger lud, gestenreich klickend und schnalzend, die beiden Fremden, zum Buschmann-Supper ein, während sich seine Gefährten ihre Hände wuschen, indem sie frischen Urin darüber laufen ließen.
Dieter wandte sich irritiert ab. Dann stieg ihm der appetitliche Duft des Bratens in die Nase, aber vorher gab es eine Art Hors d'œuvre – dünne schwarze Streifen undefinierbarer Herkunft.
»Schmeckt wie Räuchersprotten«, meinte Dieter. »Und sieht aus wie getrocknete Würmer.«
Tutuma grinste hinterhältig. »Falsch! Raupen einer Motte.«
Dieter blieb der Bissen zwischen den Zähnen stecken. »Mach keine Witze!«
»Ehrenwort! Erst werden die Eingeweide zwischen Daumen und Zeigefinger rausgedrückt, dann wird die Raupe gekocht und zum Schluß getrocknet. Gilt als besonderer Leckerbissen.«
»Für Vögel vielleicht«, würgte Dieter.
»Du wirst doch unsere Gastgeber nicht kränken wollen.«
Dieter schob die Raupe von einer Wange in die andere und kaute mit langen Zähnen darauf herum.
»Runterschlucken«, befahl Tutuma.
Dieter grinste gequält. »Wenn ich wenigstens was zum Runterspülen hätte.«
Als hätte sie Dieters Worte verstanden, reichte ihm die Buschmannfrau, die er vor ihrer Hütte beobachtet hatte, eine ovale Frucht von der Größe einer Pampelmuse. »Tsama«, schnalzte sie, als sie sein Zögern bemerkte.
»Kalahari-Melonen«, dolmetschte Tutuma.
Die Frau köpfte mit einem Knochenmesser die Melone wie ein Frühstücksei, kratzte mit den Fingern etwas Fruchtfleisch her-

aus und steckte es sich in den Mund. Dann drückte sie Dieter die Melone in die Hand.
Vorsichtig kostete er. Das wäßrige Fruchtfleisch hatte einen angenehm süßen und aromatischen Geschmack.
Als er die sehnsüchtigen Blicke der anderen Buschmänner bemerkte, gab er die Tsama weiter, und nachdem die Melone einmal die Runde gemacht hatte, war sie leergegessen bis auf einen kleinen Rest, den der hustende Alte bedächtig mit einem Stock zu einem wäßrigen Mus verrührte und schließlich ausschlürfte.
Die Buschmänner sahen ihn verstohlen an, und Dieter las so etwas wie kreatürliches Mitleid in ihren Augen. Tat er den anderen leid, weil er so alt oder weil er so krank war?
Die Melancholie verflog, als der Braten gar war. Einer nach dem anderen säbelte sich ein Stück ab, voller Behagen schmatzten sie das saftige Fleisch und wischten sich mit den Händen über die Münder, ohne Hast und ohne Gier, so hungrig sie auch sein mochten.
Die beiden Antilopen reichten aus, um alle zu sättigen. So wie tags zuvor Klick-Klack den Springhasen bis auf die letzte Faser vertilgt hatte, so nagten auch sie die Knochen ab und lutschten sie aus, bis nur noch eine unversehrte Keule übrigblieb.
Sie lösten die Keule vom blanken Gerippe, einer trug sie hinüber zu der Hütte des Alten und legte sie dort nieder.
Dann stimmten die Frauen ein Lied an, und die Männer klatschten mit den Händen den Takt. Es war ein unendlich wehmütiges Lied mit vielen Strophen, und irgendwoher hatten die Frauen jetzt auch eine Art Harfe, einen hölzernen Resonanzboden mit vier Darmsaiten, auf den die junge Schöne mit einem Stöckchen schlug, während eine andere Frau mit dem Daumen eine Saite hinunterdrückte, um die Töne zu finden, aus denen sich die seltsam wilde und zugleich traurige Melodie formte.
Die ganze Zeit über starrte der Alte aus erloschenen Augen ins Feuer, auch noch, nachdem einer nach dem anderen zurückge-

gangen war in seine Hütte. Dieter und Tutuma blieben am Feuer sitzen mit dem Alten, der bald in sich zusammensank und den Kopf auf die Brust fallen ließ.
Er schlief.
Auch Dieter und Tutuma machten sich aus Gras ein Bett, und während Tutuma bald einschlief, starrte Dieter auf den Himmel, überwältigt von dieser unmittelbaren Konfrontation mit der Steinzeit, die ihn, wenn er sie früher in Expeditionsfilmen gesehen hatte, ziemlich kalt gelassen hatte.
Was er einst als exotische Idylle empfunden hatte, war aus der Nähe erfahren ein aussichtsloser Kampf ums Überleben in einer unerbittlich harten Welt, in der es keinen Platz mehr gab für die archaische Lebensform von Naturvölkern.
Dieter versuchte, Ordnung in seine Gedanken zu bringen. Die Buschmänner hatten einst den ganzen Süden Afrikas bevölkert, im Laufe der Jahrhunderte waren sie von den Bantu-Stämmen und den weißen Kolonisatoren zurückgedrängt worden in die öde Kalahari-Steppe, wo nur sie allein noch, dank ihrer Geschicklichkeit als Jäger und ihrer einzigartigen Kenntnis der wildwachsenden Pflanzen, ein Leben am Rande des Verhungerns fristeten.
In trockenen Wintern flohen sie aus der lebensfeindlichen Steppe zu den Farmen der Batswana, wo es Wasser gab. Aber da ihre Fähigkeiten dort nicht gebraucht wurden, blieben sie bettelnde Parias. Jahrhundertelang hatten sie Tiere als ihre rechtmäßige Beute angesehen, und so töteten sie, wenn sie Hunger verspürten, die Rinder der Farmer.
Wem der Begriff Eigentum fremd ist, der kennt auch das Wort Diebstahl nicht. Niemand hatte ihnen beigebracht, nicht nur für den Augenblick zu leben, zu jagen und Früchte zu sammeln, sondern Vieh zu halten und zu züchten und Korn anzubauen, um vielleicht auch morgen noch satt zu werden.
Von ihrem Standpunkt aus hatten die Farmer recht, wenn sie die plündernden Buschmänner fortjagten. Es gab keine Brücke zwi-

schen den Farmern und den Steinzeitjägern, es gab nicht mal eine gemeinsame Sprache, in der sie sich hätten verständigen können. Dieter war nicht bereit, sich mit dieser Schlußfolgerung abzufinden. Es mußte eine Lösung geben, ein System des Zusammenlebens, von dem beide Gruppen profitieren könnten. Warum sollten die Buschmänner eigentlich nicht lernen, auf weniger entbehrungsreiche Weise satt zu werden? Und – umgekehrt – warum sollten die Farmer sich nicht die einzigartigen Jagdmethoden der Buschmänner zu eigen machen?

Vor dem Gesetz waren sie gleichberechtigte Bürger der Republik von Botswana. Sie waren sich ihrer Rechte aber nicht bewußt. Buschmänner sind ausnahmslos Analphabeten, sie beherrschen nicht einmal die Landessprache Englisch und Setswana. Sie haben keine Lobby und keine Anwälte außer der Buschmann-Referentin Liz Wily, von der Dieter in Gaborone gehört hatte, einer jungen Neuseeländerin, die einen unermüdlichen, unpopulären Kampf gegen desinteressierte Behörden führte, einflußlos, belächelt, unterbezahlt und ohne nennenswerte Mittel.

In Serowe hatte Dieter von dem neuen Landverteilungsgesetz der Regierung gehört. Immer größere Gebiete sollten bewässert und eingezäunt werden. Es gab Projekte mit tiefen Brunnen am Rande der Kalahari, um neue Weideflächen für Rinder zu erschließen. Wo Vieh auftaucht, wird das Großwild zurückweichen müssen, immer tiefer hinein in die wasserlose Kalahari. Und mit ihnen die von Wild und Wasser abhängigen Buschmänner.

Warum sollte es nicht möglich sein, ihnen dort ein eigenes Reservat zu schaffen, ihnen die Chance zu geben, weiter ihr Wild zu jagen und sie gleichzeitig auf eine Lebensform vorzubereiten, mit der sie sich auch in der Zukunft behaupten könnten?

Dieter stieß Tutuma an. »Was kostet ein Bohrloch hier in der Kalahari?«

»Was!« Tutuma sprang auf die Beine wie ein aufgeschrecktes Tier und schaute sich sichernd nach allen Seiten um.

»Was ein Bohrloch kosten würde.«
»Deswegen weckst du mich?«
»Also wieviel?«
»Grundwasser gibt's in 200 Meter Tiefe. Aber an manchen Stellen ist es ungenießbar, weil es durch dicke Salzflöze läuft.«
»Wie kommt man an das Wasser?«
»Hier?«
»Zum Beispiel hier.«
»Man braucht einen Drillbohrer und einen Generator, um ihn anzutreiben. Ein paar Arbeiter und Dieselöl. Später genügt ein kleiner Motor. Du kannst Wasser aus 200 Meter Tiefe nicht mit Muskelkraft fördern, mit einer Winde und Eimern. Ein Bohrloch drillen kostet ungefähr 10 000 Pula, der Unterhalt kostet ein paar hundert Pula im Jahr.«
»Wenn die Buschmänner mitarbeiten, wird's sicher billiger.«
»Du willst Buschmänner hier ansiedeln?«
»Warum eigentlich nicht?«
»Das sind Nomaden.«
»Unfreiwillige Nomaden.«
Tutuma gluckste belustigt. »Seit Jahrhunderten ziehen Massarwa durch die Kalahari. Sie jagen und sammeln Früchte. Bis ein Entwicklungshelfer aus Deutschland kommt, um ihnen beizubringen, wie sie leben sollen. Als Farmer und Viehzüchter nämlich.«
»Sicher bin ich nicht der erste, dem das eingefallen ist.«
»Stimmt. Es hat schon Versuche gegeben.«
»Und woran sind sie gescheitert?«
»Wie gesagt«, Tutuma zuckte die Achseln. »Buschmänner sind Nomaden.«
»Hat ihnen schon mal jemand einen Brunnen gebohrt und das Land ringsum geschenkt?«
»Solange Botswana ein Protektorat war, haben die Engländer für das Land überhaupt nichts getan. Jetzt ist Botswana unabhängig, und Seretse Khama hat genug zu tun, für das unterent-

wickelte Land wenigstens so etwas wie eine notdürftige Infrastruktur zu schaffen. Schau dir doch mal unsere Straßen an.«
»Ich könnte ein Buschmann-Projekt vorschlagen und die Finanzierung beim Deutschen Entwicklungs-Dienst beantragen. Die Sache muß natürlich Hand und Fuß haben. Ein durchdachtes Projekt. Ich werde mich mit Buschmann-Experten unterhalten müssen.« Dieter fiel Liz Wily ein, auch Bob, Jim und Linda würden ihm wertvolle Tips geben können.
Tutuma gähnte verdrossen. »Ich kannte mal einen Lehrer vom Peace Corps, einen Schwarzen. Ein wahnsinnig netter Bursche. Der kam auch hierher aus seiner vollklimatisierten Wohnung in Philadelphia und wollte alles ändern, was in Jahrhunderten gewachsen ist. Sofort alles ändern.«
»Und? Was hat er erreicht?«
»Er hat ein paar Kindern Volleyball und Englisch beigebracht.«
Dieter starrte ins niedergebrannte Feuer. »Das Bohrloch wäre der Anfang. Wo Wasser ist, da würden sie bleiben. Dann ein Weidezaun, um die Schakale abzuhalten. Man könnte mit ein paar Ziegen anfangen, um die Buschmänner erst mal an die einfachste Form der Viehzucht zu gewöhnen. Dann ein paar Felder, auf denen sie Mais, Gemüse, Hirse und Tabak anbauen könnten. Natürlich müßten sie Instrukteure haben, die ihnen zeigen, wie man das macht. Wetterbeständige Hütten aus Zementstein. Oder Lehmhütten für den Anfang.«
Tutuma lächelte. »Wer soll ihnen das alles bauen?«
»Sie selbst natürlich – unter Anleitung. Eine Schule wäre wichtig. Ich würde mich beim DED dafür einsetzen, daß man einen Projektmanager herschickt. Und einen Lehrer. Am besten ein Lehrerehepaar. Die Frau müßte sich um die Buschmann-Frauen kümmern. Da liegen so viele Talente brach. Hast du gesehen, was für hübsche Ketten die aus Straußeneiern machen? Oder die Buschmann-Harfe? Für so was gibt's einen Markt, und aus dem Verkauf ihrer Handarbeiten könnten sie später die laufenden

Unkosten für die Siedlung finanzieren, das Dieselöl für die Wasserpumpe, die Decken, und alles, was sie sonst noch brauchen.«

»Vergiß nicht das Kino, die Kirche, das Krankenhaus und das Fitness-Center.«

Dieter ignorierte den Spott. »Ein Laden muß her, mit einem Lagerraum für die Waren, für die landwirtschaftlichen Geräte und ihre Ernte. Kunststoffrohre müssen verlegt werden für die Bewässerung der Felder. Und jede Familie bekommt einen Esel für die Feldarbeit.«

Tutuma schüttelte nachdenklich den Kopf. »Das hört sich alles ganz bestechend an. Wie alle Utopien. Aber den Sprung direkt aus der Steinzeit in eine moderne Agrargesellschaft – das hat noch keiner geschafft.«

»Natürlich ist es eine beträchtliche geistige Anstrengung für die Buschmänner, und die Instrukteure werden viel Geduld brauchen. Aber die Buschmänner sind ja nicht dumm, nur technisch unentwickelt. Wie gut sie sich ihrer Umwelt anzupassen verstehen, das hast du ja gestern gesehen, bei der Jagd in Straußenkleidern. Das Überleben in der Kalahari ist gewiß eine härtete Herausforderung als alles, was sie in ihrem Dorf erwarten würde. Ich beneide sie um ihre Fähigkeiten.«

»So wie du dir das vorstellst, Dieter, funktioniert das nicht.«

»Ich werde das Projekt ausarbeiten und vorschlagen. Oder siehst du eine andere Chance, dieses Volk vor dem Untergang zu bewahren?«

Und es war die beruhigende Aussicht, an der Verbesserung der Welt mitzuwirken, die Dieter schließlich doch noch ein paar Stunden Schlaf bescherte.

Als Dieter morgens erwachte, diskutierten die Buschmänner gerade lebhaft mit Klick-Klack in ihren merkwürdigen Schnalzlauten. Es sah so aus, als wollten sie aufbrechen. Ihre Speere, Bögen und Pfeile steckten schon in den Sammelbeuteln aus gegerbter

Tierhaut, die sie um ihre Taillen gehängt hatten. Die Frauen trugen wassergefüllte Straußeneier herbei in Netzen aus Sisalfasern.
Einer wusch sich wieder in seinem eigenen Urin, den er über die Hände laufen ließ. Die Buschmann-Frau, die Dieter gestern aufgefallen war, warf uringetränkten Sand über ihren Körper und rieb sich damit ein, um sich zu kühlen und dem Körper Feuchtigkeit zuzuführen. Mit der freien Hand verjagte sie gleichzeitig die Fliegen, die sie, angelockt von dem Geruch, umschwirrten.
Über Nacht war eine wunderliche Verwandlung mit den Buschmännern vor sich gegangen. Ihre faltige Haut war jetzt glatt, ihre eingefallenen Bäuche waren prall wie die hochschwangerer Frauen, und ihre plissierten Gesäße hatten Fett angesetzt, von dem ihre Körper nach der reichlichen Mahlzeit noch Tage, vielleicht Wochen, zehren konnten.
Als sie weiterzogen, formlos und ohne sich von den beiden Fremden zu verabschieden, wandte sich Klick-Klack von ihnen ab und setzte sich neben Dieter wie ein gehorsamer Hund.
»Der Alte«, rief Dieter. »Sie haben ihn vergessen.«
Der alte Buschmann hockte im Schatten vor einer der provisorischen Hütten, hustend und starrte aus erloschenen Augen seinem davonziehenden Volk nach. Sein zerklüftetes Gesicht blieb ausdruckslos. Dieter las zwischen den vielen Falten weder Erschütterung noch Wehmut, allenfalls stoischen Gleichmut. Nur sein immer noch erigierter Penis verriet einen letzten Funken von Lebenswillen.
Tutuma dämpfte seine Stimme zu einem Flüstern. »Er hat Tuberkulose. Sie haben ihn zum Sterben zurückgelassen.«
»Er braucht einen Arzt. Wenn wir ihn mitnehmen – vielleicht ist er noch zu retten.«
Tutuma hielt Dieter am Hemd fest. »Wir haben nicht das Recht, in den natürlichen Ablauf einzugreifen. Es ist unabänderlich. Er stirbt nach den Gesetzen der Buschmänner. Sie haben alles getan, um ihm das Sterben zu erleichtern.«

Die Hand des alten Mannes tastete nach den beiden mit Wasser gefüllten Straußeneiern, die ihn eine Weile vor dem Verdursten bewahren sollten. Sein Anteil an der letzten Jagdbeute, die Keule des Impala, würde ihn fürs erste vor dem Verhungern schützen. Am Eingang der Hütte lehnten ein Bogen und ein Köcher mit Giftpfeilen, mit denen er, solange es seine Kräfte noch zuließen, sich die Hyänen und Schakale vom Leibe halten konnte.
Dieter erhob sich, voller Unbehagen. »Laß uns gehen.«
Auf dem Weg zurück zu seinem Anderthalbtonner verspürte Dieter noch einmal den Wunsch, sich umzudrehen.
Aber er wandte den Kopf nicht mehr. Er hatte Angst, die Würde des Alten zu verletzen. Er wäre sich vorgekommen wie ein Voyeur.

Klick-Klack, der, die Ziege am Strick, voranging, führte sie in weniger als drei Stunden zu ihrem Ford. Dieter war froh, daß der Buschmann bei ihnen geblieben war, obwohl er dessen Motive nicht ganz verstand. Treue war es gewiß nicht, denn bisher hatte Klick-Klack sie weder Zuneigung noch Ablehnung spüren lassen. Vielleicht wollte ihn die Gruppe nicht bei sich aufnehmen, weil er zu einem anderen Volk gehörte. Oder vielleicht fühlte er, ein halbzahmer Buschmann, sich den harten Lebensbedingungen der Kalahari auf die Dauer nicht mehr gewachsen.
Während Dieter die in der Fahrerkabine eingeschlossenen Sachen wieder auf der Ladefläche verstaute, wollte er seine leere Feldflasche füllen. Doch der Hahn des Plastiktanks gab kein Wasser mehr her.
Auch der andere Plastiktank hörte sich hohl an, als er mit der flachen Hand dagegenschlug.
»Tutuma!«
Gemeinsam hoben sie die beiden 150-Liter Tanks hoch. Nur ein Rest Wasser schwappte auf dem Boden der Kanister.
»Höchstens drei Liter«, flüsterte Tutuma.

Dieter setzte sich entmutigt auf die Ladefläche. »Die Hähne sind aufgedreht. Jemand hat das Wasser über die Ladefläche vergossen.« Er befühlte den Boden seines Rucksacks. Er war noch feucht.
»Das Abschiedsgeschenk der Massarwa«, meinte Tutuma. »Wir hätten den Wagen nicht unbeaufsichtigt stehenlassen dürfen.«
»Wer so was macht, ist mehr als bösartig. Und unsere Buschmänner waren alles andere als das.«
»Fällt dir sonst jemand ein?«
Klick-Klack hatte mitbekommen, was passiert war. Er bückte sich und begann dort, wo das Wasser unter der hochgeklappten und verriegelten Rampe hinabgelaufen war, den feuchten Sand zusammenzuscharren. Tutuma löste den Spaten aus seiner Halterung und schaufelte den aufgehäufelten Sand in eine ausgebreitete Plastikplane.
»Besser als gar kein Wasser«, sagte er. »Hast du einen Eimer oder so was?«
Dieter schraubte die Wassertanks oben auf und schüttete den Rest von sauberem Wasser aus dem einen Tank in den anderen. Dann hievten sie die Plastikplane mit dem feuchten Sand auf die Ladefläche und ließen das Wasser durch ein zur Tülle geformtes Ende der Plane in den leeren Tank tröpfeln.
Es war nicht viel, was sie auf diese Weise gewannen, höchstens zwei Liter. Außerdem war das Wasser, obwohl sie es durch Dieters Taschentuch filterten, noch immer schmutzig-braun.
Bald gab der feuchte Sand nichts mehr her, und Dieter ließ resigniert die Schultern hängen. »Das bringt uns nicht viel weiter.« Er sah sich beunruhigt nach allen Seiten um. »Unser Buschmann hat sich aus dem Staub gemacht.« Aber noch bevor er sich über Klick-Klacks Treulosigkeit auslassen konnte, hatte er ihn schon entdeckt.
Klick-Klack tauchte hinter einem Busch auf; trug drei Straußeneier, je eins zwischen Taille und Ellenbogen geklemmt, das dritte in den Händen.

»Das Depot der Buschmänner!« rief Dieter. »Klick-Klack hat es ausgebuddelt. Und du hast mich noch gewarnt, den Massarwa unser Wasser zu schenken.«
Trotz ihrer kritischen Situation ließ es sich Dieter nicht nehmen, den kleinen Triumph auszukosten. »Manchmal macht es sich doch bezahlt, wenn man anständig zu Buschmännern ist.«
Behutsam löste er den Graspfropfen aus den oberen Enden der Straußeneier und schüttete das Wasser in den Plastiktank.
»Wieviel haben wir jetzt?« fragte Tutuma.
»Ich schätze, knapp zehn Liter sauberes Wasser.« Dieter klappte die Motorhaube hoch, schraubte den Kühler auf und maß den Wasserstand mit einem Stock. »Das Dreckwasser ist für den Kühler. Wenn wir Glück haben, schaffen wir es bis Rakops. Zähneputzen fällt natürlich aus.«
Tutuma schüttelte den Kopf. »Laß mir ein bißchen Wasser da und ein paar Dosen Corned beef.«
»Was soll das heißen?«
»Nach Rakops fahre ich nicht.«
»Wegen der Südafrikaner?«
Tutuma nickte. »Rakops ist voll von ihren Spitzeln.«
»Übertreibst du nicht ein bißchen?«
»Nein.«
»Wir machen's wie auf der Herfahrt. Du bleibst unten am Fluß, und ich fahre allein ins Dorf.«
»Inzwischen sind Bob, Jim und Linda mit ihrem Dolmetscher in Rakops gewesen.«
»Die haben dichtgehalten. Darauf würde ich unser ganzes Trinkwasser verwetten.«
»Als du vor drei Tagen durch Rakops fuhrst, war es gerade erst passiert.«
»Was war passiert?«
Tutuma zögerte. Dann zog er es doch vor zu schweigen. »Es geht nicht um mich. Ich habe keine Angst um mein Leben. Aber wenn ich nicht lebend zurückkomme, bricht unsere Bewegung auseinander.«

Dieter spürte, daß er an der Verschlossenheit seines Gefährten abprallen würde. Nach einer Pause sagte er: »Dich hier aussetzen, wie den alten Buschmann, das kommt nicht in Frage. Also – was schlägst du sonst vor?«
»Wir könnten uns vielleicht nach Norden durchschlagen, bis zur Straße von Francistown nach Maun. Das sind drei oder vier Tage.«
»Mit zehn Litern Wasser?«
»Ich muß über die Grenze nach Angola oder Sambia.«
»An der Straße nach Maun liegt auch Nata. Wir haben Bob, Jim und Linda versprochen, sie in ihrem Basis-Camp zu besuchen. Linda macht sich bestimmt Sorgen wegen ihrer Lizzy.«
»Buschmänner und Ziegen – hast du nichts weiter im Kopf?«
Dieter brauchte eine Weile, bis er Klick-Klack mit Gesten klargemacht hatte, daß sie nach Norden wollten und nicht nach Nordosten, wo es Wasser gab.
Zehn Minuten später brachen sie auf. Klick-Klack gab ihnen zu verstehen, daß er vorauslaufen wollte, und Dieter folgte ihm im Abstand von einem Kilometer. Das Gelände war kaum bewachsen und übersichtlich, so daß sie in dem Ford keine Angst zu haben brauchten, ihren Führer aus den Augen zu verlieren. Dieter vermutete, daß der Buschmann irgendwo in der Nähe ein Wasserloch aufspüren wollte.
Er legte seinen Kompaß neben den Sitz und kontrollierte von Zeit zu Zeit den Kurs. Gelegentlich wich Klick-Klack einer unbefahrbaren Senke aus, um dann aber sofort wieder auf strikten Nordkurs einzuschwenken, ohne einen Grad Abweichung, so als trüge er einen inneren Kompaß in seinem Körper.

Feuchtenbeiner erwachte von einem Schweißtropfen, der in seinen Augenwinkel eingedrungen war und wie Seifenlauge brannte. Die Sonne war um den Range Rover, in dessen Schatten er sich niedergelegt hatte, herumgewandert. Jetzt schien sie ihm direkt ins Gesicht.

Er sah auf die Uhr. Ein Uhr mittags. Er sprang auf. So lange hatte er nicht schlafen wollen, allenfalls eine Stunde. Jetzt bedauerte er, daß er nach durchwachter Nacht gegen Morgen einem Anfall von bleierner Müdigkeit nachgegeben hatte.
Seine Kleidung schlappte am Körper, überall lief ihm der Schweiß herunter, vom Gesicht, von den Achselhöhlen in die Hose, von den Oberschenkeln in die *Desertboots.*
Feuchtenbeiner griff nach Fernglas und Elefantenbüchse, ging zu der kleinen Anhöhe und spähte hinüber zu der Stelle, wo er gestern abend den Anderthalbtonner aufgespürt hatte.
Der Ford stand nicht mehr da. Während er geschlafen hatte, mußten der Deutsche und der Hijacker ihn abgeholt haben.
Ohne übermäßige Hast lud Feuchtenbeiner seine Sachen auf den Range Rover und fuhr hinunter zu dem Platz. Die Reifenspuren des Ford wiesen nach Norden. Entweder hatten die beiden die Orientierung verloren, oder sie wollten Rakops umgehen.
Feuchtenbeiner war nicht unzufrieden. Das einzige, was ihn ein wenig ärgerte, war der verpaßte Augenblick ihrer Rückkehr. Er hatte sich auf das Gesicht des Flugzeugentführers beim Anblick der leeren Wassertanks gefreut.
Wahrscheinlich waren sie überstürzt aufgebrochen, in der Hoffnung, irgendwo Menschen oder eine Wasserstelle zu finden. Sie würden Tage dazu brauchen, und ohne frisches Kühlwasser in Reserve mußten sie langsam fahren, um den Motor ihres Lastwagens nicht zu überhitzen.
Der Abdruck ihrer Reifen war noch frisch, das Relief zeigte deutliche Konturen. Weit konnten sie also noch nicht sein – eine Stunde, zwei Stunden, egal.
Feuchtenbeiner wusch sich, putzte sich die Zähne, wechselte die verschwitzte Kleidung, rührte mit lauwarmem Wasser einen Nescafé an und vergaß auch nicht, ein paar Salztabletten zu schlukken, bevor er sich gemächlich an die Verfolgung machte.

Fangschuß

In dieser Gegend war die Kalahari rot. Kein Rot, das Dieters überanstrengten Augen weh getan hätte. Es war, als hätte man allen Rost der Welt zusammengetragen, fein gemahlen und hier abgelagert.
Die meisten Dornbüsche waren verdorrte Ruinen, und die Blätter der wenigen, die in der verbrannten Erde noch vegetierten, deckte eine stumpfe Glasur aus Staub.
Der rote Staub war Dieter in jede Hautfalte gekrochen, hatte auch Tutumas schwarze Haut überpudert, und selbst die helleren Partien in Lizzys weißbraunem Zottelfell waren getönt.
Dieter versuchte einen matten Scherz. »Wenn wir bei Linda eine rote Ziege abliefern, wird sie ihr Kind verleugnen.«
Tutuma war zu einer Unterhaltung nicht aufgelegt. Er starrte aus zusammengekniffenen Augen nach vorn, um Klick-Klack nicht aus den Augen zu verlieren. Im gleichmäßigen Trab eines Marathonläufers setzte der Buschmann die Fährte, und Dieter fragte sich immer wieder, wann er endlich erschöpft zusammenbrechen würde.
In der Fahrerkabine war es heiß und stickig. Dieter kurbelte das Fenster auf seiner Seite herunter, aber der schwache Luftzug wirbelte mehr neuen Staub als Kühlung herein. In wenigen Minuten waren die kunstledernen Polster von einer roten Schicht überzogen.
Dieter spülte sich den trockenen Mund mit einem Schluck aus der Feldflasche. Er fühlte sich klebrig und stinkend, seine Haare waren stumpf und strähnig, er sehnte sich nach einer kalten Du-

sche, die Sehnsucht wuchs zu einem übermächtigen Verlangen wie Essen oder Trinken. Er begann sich zu fragen, welcher Teufel ihn wohl geritten hatte, sich mit diesem Afrikaner einzulassen.

Was ging ihn das alles eigentlich an?

Im Basis-Camp bei Bob, Jim und Linda würde er Tutuma absetzen mitsamt Klick-Klack und dieser stinkenden Ziege, mit der sie jetzt womöglich ihren kargen Rest Wasser teilen mußten. Falls sie das Camp überhaupt jemals erreichen sollten.

Das ausgetrocknete Flußbett, dem sie jetzt folgten, war voller Steine und angeschwemmtem rotem Flugsand. Nachdem Dieter zweimal in Sandlöchern steckengeblieben war und sie die Räder mühsam wieder freischaufeln mußten, übernahm Tutuma das Steuer. Klick-Klack war ihnen unterdessen so weit voraus, daß sie ihn ganz aus den Augen verloren hatten. Erst hinter einer Windung des Flußbetts tauchte er plötzlich wieder auf. Er kniete in einer Senke und wühlte aufgeregt mit den Händen darin herum.

Dieter und Tutuma stiegen aus und sahen ihm zu. Klick-Klack hatte eine flache Grube gegraben, und als Tutuma den Boden auf dem Grund der Grube betastet hatte, rief er Dieter zu: »Fühl mal! Ich glaube, es wird schon ein bißchen feucht.«

Dieter rieb den roten Sand zwischen den Fingern. »Soll ich den Spaten holen?«

Tutuma winkte ab. »Laß ihn machen.«

Der Buschmann zog aus seinem Sammelbeutel einen Stab, den sie bisher bei ihm noch nicht gesehen hatten. Er war daumendick, etwas über einen Meter lang und innen hohl.

Dann hob Klick-Klack mit einer Hand ein Loch aus, und erst als er so tief gegraben hatte, daß er den Arm bis zur Achsel hineinstecken konnte, umwickelte er das untere Ende der Röhre mit trockenem Gras.

Er steckte sie in den Sand, schüttete das Loch wieder zu, trat den Sand fest, und lief zurück zu dem Ford.

Von der Ladefläche nahm er die drei leeren Straußeneier und stellte sie aufrecht in den Sand neben die Röhre. Er kramte eine zweite Röhre aus seinem Beutel, dünner und kürzer als die erste, steckte ein Ende in die Öffnung des Straußeneis und das andere Ende in den Mundwinkel.
Er holte tief Luft, wie ein Taucher vor dem Sprung ins Wasser. Dann nahm er das offene Ende der ersten Röhre in den Mund und fing an, daran zu saugen.
In immer kürzeren Intervallen hoben und senkten sich seine Schultern, die Backen blähten sich wie die eines Ochsenfroschs, die weißen Augäpfel röteten sich.
Minutenlang geschah nichts, alle Anstrengung schien erfolglos. Dann plötzlich sprudelte ein Schwall klaren Wassers aus seinem Mundwinkel, lief den Stab hinab direkt in das Straußenei, und als das Ei vollgelaufen war, stellte Dieter rasch das zweite darunter.
Gleich darauf versiegte die Quelle. Klick-Klack blies noch drei-, viermal seine Backen auf, dann setzte er ab und spuckte nassen roten Sand aus. Schwer atmend, rollte er sich auf die Seite.
Dieter schüttete ihm etwas von dem gerade geförderten Wasser in den offenen Mund. »Die Anstrengung muß übermenschlich für ihn gewesen sein«, murmelte er. »Faß mit an, Tutuma.«
Sie richteten den Buschmann auf und stützten ihn, als er zum Anderthalbtonner taumelte und sich zwischen die Räder in den Schatten legte.
Dieter und Tutuma nutzten die Erholungspause zu einer kurzen Rast. Sie kochten Tee, aßen Pilchards mit Zwieback, und Lizzy steuerte einen Becher herber Ziegenmilch bei. Klick-Klack verweigerte wieder die Pilchards, nahm aber den Maisbrei an, den Dieter ihm kochte und schleckte dazu gierig eine Dose Orangenmarmelade leer.
Die schien ihn auch wieder auf die Beine gebracht zu haben, denn obwohl Dieter einladend mit der Hand aufs Kabinendach klopfte, zog der Buschmann es wieder vor zu laufen, in seinem

unermüdlichen Dauertrab, dem Ford immer um ein paar hundert Meter voraus.

Für einen Mann, der sich im Busch auskannte, war die Verfolgung des Ford ein Kinderspiel. Solange die Büsche niedrig blieben, war der wendige Range Rover jedem Lastwagen überlegen.

Jan Feuchtenbeiner brauchte sich nicht um die Fährte des Anderthalbtonners zu kümmern, er orientierte sich an der roten Dunstwolke am Horizont, die ihm gleichzeitig Aufschluß gab über den Vorsprung der beiden Männer, die er jagte. Feuchtenbeiner achtete darauf, gerade so viel Abstand zu halten, daß er nicht ins Blickfeld der Verfolgten geriet. Zweifellos war es ein Fehler gewesen, das Trinkwasser der beiden zu vernichten. Nachträglich bereute Feuchtenbeiner seine Unbeherrschtheit. Es wäre einfacher gewesen, auf einen unvorbereiteten Feind zu schießen, als auf zwei vorgewarnte Männer, selbst wenn sie unbewaffnet sein sollten.

Als am frühen Nachmittag die rostrote Staubsäule in dem ausgetrockneten Flußbett nicht mehr weiterwanderte, wußte Feuchtenbeiner, daß die beiden Männer sich eine Rast gönnten. Er stieg aus, vertrat sich die Beine und machte ein paar Kniebeugen. Dann studierte er die Geologen-Karte des Gebiets, in dem er sich befand, breitete sie auf dem Sand aus und versuchte, die Position zu bestimmen. Das Flußbett hieß *Deception*, und Feuchtenbeiner fragte sich, warum die Geographen es so bezeichnet hatten: Trugbild.

Die Karte stimmte mit den Luftbildern überein. Feuchtenbeiner legte die nördlich anschließenden Luftbilder daran. Das Bett des Deception führte noch etwa 40 Kilometer nach Norden, dann schwenkte es nach Nordosten, auf Rakops zu, bevor es in einer namenlosen Mulde endete. Wahrscheinlich nutzte der Hijacker das Bett des *Deception* als Orientierungshilfe, denn der Deutsche hatte womöglich nicht einmal einen Kompaß bei sich. Zuzutrauen war es diesem Greenhorn ohne weiteres.

Als die Staubwolke sich wieder vorwärts bewegte, setzte Feuchtenbeiner die Verfolgung fort. Seine Sorge, daß die beiden Männer die Nacht hindurch weiterfahren würden – was in diesem Gelände freilich ein tollkühnes Wagnis gewesen wäre –, erwies sich als unbegründet. Kurz vor Sonnenuntergang fiel die Staubwolke zusammen, ein sicheres Indiz, daß sie angehalten und ihr Nachtlager aufgeschlagen hatten.
Feuchtenbeiner wendete und fuhr 800 Meter zurück, wo auch er sich auf die Nacht vorbereitete. So weit würden sie beim Holzsammeln bestimmt nicht ausschwärmen.
Bevor er sich zu Fuß auf den Weg machte, überprüfte er noch einmal seine Ausrüstung. Sorgfältig reinigte er den Lauf der Elefantenbüchse und putzte die Linsen des Fernglases.
Dann schlug er einen Bogen. Er wollte sich dem Lager der beiden von Westen nähern, gegen den Wind, wie er es auf der Großwildjagd immer getan hatte.
Eine halbe Stunde später entdeckte er den Ford, dicht neben dem Flußbett. Er pirschte sich auf ungefähr 200 Meter heran. Dann legte er sich bäuchlings in den Sand und betrachtete in aller Ruhe das Lager der beiden Flüchtlinge.
Der Kaffer sammelte Holz. Er trug nicht mehr den Overall wie bei der Flugzeugentführung, sondern Jeans und einen grünen Niki. Als er sich aufrichtete, bekam Feuchtenbeiner sein Gesicht genau ins Visier: Es war der Hijacker, den sein Kumpan Kgosi genannt hatte, was auf Setswana soviel wie Chef bedeutete.
Eine heiße Welle der Wut stieg in ihm auf, aber Feuchtenbeiner widerstand der Versuchung, den Mann sofort abzuknallen. Er wollte sichergehen. Er hatte das Zielfernrohr in seinem Range Rover gelassen, und für einen Schuß ohne Zielfernrohr war die Entfernung zu groß.
Jetzt geriet auch der Deutsche in sein Blickfeld. Er öffnete gerade eine Konservendose. Feuchtenbeiner kroch rückwärts auf allen vieren, und erst als er aus dem Blickfeld der beiden geraten war, ging er aufgerichtet zu seinem Range Rover. Das Zielfern-

rohr lag, staubsicher verpackt, im Lederetui hinter dem Fahrersitz.
Während er das Zielfernrohr auf die Elefantenbüchse montierte, fiel ihm Harvey Oswald ein. Feuchtenbeiner hatte seinerzeit jeden Bericht über das Kennedy-Attentat gelesen. Dieser Oswald war ein Dilettant, ein kommunistischer Wirrkopf mit einer Ausrüstung aus Versandhausschrott. Trotzdem hatte er sein Ziel getroffen, wenn er auch drei Schüsse gebraucht hatte.
Feuchtenbeiner würde mit einem Schuß auskommen. Er war ein erstklassiger Schütze mit einer erstklassigen Ausrüstung.
Die Sonne war untergegangen, doch bevor die völlige Finsternis anbrach, stieg der Mond auf. Es war Vollmond, gerade hell genug, um den Weg zurück zu seinem Beobachtungsposten zu finden, und dunkel genug, sich ungesehen auf Schußnähe heranzupirschen.
Vorsichtshalber steckte Feuchtenbeiner eine Packung Papiertaschentücher ein. Die Hitze des Tages war gebrochen, doch seine Hände schwitzten noch immer.
Diesmal war es der Streß.

Die Schakale stimmten das Lied der Nacht an.
Dieter schlürfte mit Trockenmilch angerührten Nescafé. Lizzys Euter hatte heute abend kaum Milch hergegeben. Wahrscheinlich hatten sie der Ziege tagsüber zuwenig Gelegenheit zum Grasen gegeben.
Seltsamerweise schien sie immer noch keinen Hunger zu haben. Als die Schakale zu heulen begannen, rückte sie von dem einzigen belaubten Dornbusch ab, an dessen Blättern sie zuvor lustlos geknabbert hatte, und drängte schutzsuchend in die Nähe der Menschen.
Auch die beiden Männer hatten kaum Appetit. Tutuma kaute an einem trockenen Knäckebrot und beobachtete Klick-Klack, der seine Nase hob wie ein witternder Hund.
»Er hat irgendwas«, sagte Dieter.

»Es werden die Schakale sein.« Tutuma gähnte. »Mach das Feuer aus, bevor du schlafen gehst. Wir müssen morgen sehr früh aufbrechen. Sonst schaffen wir es nicht mit unserem wenigen Wasser.«
»Schade, daß er sich nicht verständlich machen kann.«
»Wer?«
»Klick-Klack. So unruhig war er noch nie.«
Als Tutuma sich neben dem Wagen hingelegt hatte, stopfte sich Dieter noch eine Pfeife mit dem unfermentierten Buschmanntabak und entzündete sie an der Glut.
Obwohl sie seit dem Vormittag kein Wort mehr über das verschüttete Wasser verloren hatten, ahnte Dieter, warum Tutuma diesmal auf einem sparsamen Feuer bestanden hatte, gerade groß genug, um das Kaffeewasser zu wärmen, aber zu klein, um unwillkommene Gäste anzulocken.

Das Feuer war zusammengesunken zu einem Häufchen Glut, das seinen roten Widerschein auf das Gesicht des Deutschen warf. Wie er da saß, das Gesicht Feuchtenbeiner zugewandt, von Zeit zu Zeit ein Rauchwölkchen aus seiner Pfeife ausstoßend, bot er ein exzellentes Ziel.
Feuchtenbeiner setzte das Gewehr wieder ab. Erst der Kaffer, dann der andere. Aber ein Dornbusch verstellte ihm die Sicht auf den Schwarzen.
Er robbte ein paar Meter weiter nach rechts, bis er freie Schußbahn hatte. Er legte sich auf den Bauch und häufelte vor sich etwas Sand auf, um dem Lauf der Elefantenbüchse besseren Halt zu geben.
Dann nahm er sein Ziel ins Fadenkreuz. Der Kaffer saß am Feuer, mit dem Rücken zu ihm. Er hatte Niki und Hose schon ausgezogen, wahrscheinlich wollte er sich gleich schlafen legen.
Feuchtenbeiner zielte auf einen Punkt unterhalb des linken Schulterblatts. Dann entschied er sich anders. Ein Kopfschuß war immer noch das Sicherste, am besten dicht über dem Nakken.

Feuchtenbeiner wischte sich Gesicht und Hände mit einem Papiertaschentuch trocken und stopfte das verbrauchte Tuch zurück in die Hosentasche. Hierher würde so schnell niemand kommen, wer weiß, ob man die Leichen überhaupt jemals auffinden würde. Trotzdem wollte er keine Spuren hinterlassen.

Das Ziel war höchstens 35 Meter entfernt, für einen Schützen seines Ranges kein Problem; und als er den Nacken im Fadenkreuz hatte, wo sich der Ansatz des Pfefferkornhaars befinden mußte, drückte er ab zum Fangschuß.

Der Sandhaufen vor ihm fing den Rückstoß der schweren Büchse ab. Der Kaffer fiel vornüber mit dem Gesicht in die Glut. Es war ein glatter sauberer Kopfschuß.

Nach einer Schrecksekunde sprang der Deutsche, seine Pfeife noch immer im Mundwinkel, auf, riß den Oberkörper des Kaffern aus dem Feuer und beugte sich über ihn.

Feuchtenbeiner lud noch einmal durch. Jetzt hatte er den Kinnwinkel des Deutschen im Fadenkreuz. Die Kugel würde ihm die Halsschlagader zerfetzen und wahrscheinlich den Schädel zertrümmern.

Zu Feuchtenbeiners Überraschung hielt der Deutsche still, statt in der Dunkelheit Deckung zu suchen. So bot er ein ausgezeichnetes Ziel. Wie all diese jungen Weichlinge aus Europa schien er keinerlei Kampferfahrung zu haben.

Feuchtenbeiners Zeigefinger spürte den Druckpunkt, aber den letzten Zentimeter schaffte er nicht. Plötzlich gab es da eine Schwelle.

Immerhin war der Mann im Fadenkreuz ein Weißer.

Als Zeuge würde ihm der Deutsche kaum gefährlich werden können. Tutuma wird ihn kaum in seine Aktionen, insbesondere in die Flugzeugentführung, eingeweiht haben. Noch unwahrscheinlicher war, daß Dieter eine Ahnung hatte von seiner, Feuchtenbeiners Rolle in dieser Affäre. Und mit dem wenigen, was er vielleicht wußte, würde er keinen Schaden anrichten kön-

nen – falls er überhaupt jemals aus der Kalahari herausfände, ohne Führer und ohne Wasser.
Feuchtenbeiner ließ die Büchse sinken und wischte sich über die Stirn.
Ohne sich noch einmal umzuwenden, lief Feuchtenbeiner zurück zu seinem Range Rover. Er warf den Motor an und fuhr in östlicher Richtung davon. Wenn er Rakops südlich liegen ließ und erst später ungesehen auf die Fahrbahn nach Orapa stieß, würde man ihn nicht mit dem toten Kaffern in Verbindung bringen können.
Unterwegs fiel ihm ein, daß er zum erstenmal einen Menschen erschossen hatte. Es war ganz einfach gewesen.

Was Dieter im Arm hielt, war kein Kopf mehr, sondern ein formloser Brei aus Blut, Hirn und Knochensplittern. In der Schrecksekunde nach dem Schuß hatte er den Pfeifenstiel abgebissen, das Mundstück war ihm in den Hals gerutscht. Grauen und Ekel würgten es mit Erbrochenem wieder heraus.
Aus unwirklicher Ferne registrierte er einen Ruf: »Weg da! Aus dem Licht!«
Es dauerte eine Weile, bis er begriffen hatte, daß die Rufe von Tutuma kamen und daß sie ihm galten.
Sein Gehirn registrierte den Befehl, aber sein Instinkt sträubte sich dagegen, vom Feuer wegzulaufen in die Dunkelheit, dort, wo ein Mörder auf der Lauer lag.
Dann fühlte er sich beim Arm gepackt. Der Afrikaner riß ihn mit sich. »Weg vom Feuer!« Tutumas Atem flatterte.
»Sie haben Klick-Klack erschossen.« Dieters Hände hielten noch immer den Kopf des Buschmanns umklammert. Er wollte zurücklaufen, aber Tutuma hielt ihn fest, zerrte ihn weiter, tiefer ins Dunkel, und als Dieter sich noch immer sträubte, versetzte er ihm einen kräftigen Tritt. »Lauf!«
»Ich kann nichts sehen!«
Tutuma riß ihm die blutverschmierte Brille ab. »Besser?«

Im Laufen krümmte sich Dieter und übergab sich aufs neue. Er spürte das Erbrochene über seine Hände laufen und ließ sich in einen Busch fallen. Die Dornen zerkratzten sein Gesicht, ihm war, als ertränke er in einem Meer von Blut, von Tränen und Erbrochenem. Als Tutuma ihn hochriß und ihn ins Gesicht schlug, rappelte er sich auf und folgte ihm taumelnd ein paar Meter. Er weinte, und er ahnte, daß er ein jämmerliches Bild bot. Ihm war es egal, ob der Afrikaner ihn für einen Feigling hielt oder nicht, wenn er nur in seiner Nähe blieb.

Dieter hatte keine Ahnung, wie lange er an der Hand des Freundes blind durch das Dunkel gestolpert war. Irgendwann drückte ihn Tutuma zu Boden und warf sich daneben. »Hör auf zu heulen«, sagte er.

So blieben sie eine Weile reglos liegen und horchten in die Nacht hinaus. Hier draußen schien Dieter der Gesang der Schakale noch viel bedrohlicher als vorhin am Feuer, vielleicht, weil sie schon die Witterung des frischen Blutes in den Nasen hatten. Irgendwo in weiter Ferne war ein leises Brummen zu hören.

»Sie fahren weg« flüsterte Tutuma.

Jetzt, da er sich ganz auf die Geräusche zu konzentrieren versuchte, konnte auch Dieter das Brummen herausfiltern, eine Dissonanz im Orchester der Kalahari. Es wurde leiser und leiser, bis die Dunkelheit es aufsog, weit im Osten.

»Wer macht so was?« flüsterte Dieter. »Einen harmlosen Buschmann erschießen...«

»Ich war gemeint. Sie wollten uns beide abknallen, einen nach dem anderen.«

Dieter starrte ihn an. »Wer?«

»BOSS.«

»Er hat es gewittert«, sagte Dieter nach einer Weile. »Hast du gesehen, wie er unruhig hin und her lief. Aber er hat es uns nicht sagen können.«

»Sei still!« Tutuma hob den Kopf und lauschte in die Finsternis. Er behielt die Gegend um das niedergebrannte Feuer ständig im

Auge, und als sich eine halbe Stunde nichts geregt hatte, erhob er sich. »Komm!«
»Sind sie wirklich weg?«
»Ich weiß es nicht.«
»Wenn sie noch da sind, werden sie dich abknallen.«
»Dich auch, Dieter.« Tutuma legte ihm eine Hand auf die Schulter. »Tut mir leid, daß ich dich da reingezogen habe.«
»Macht nichts.« Am liebsten hätte Dieter die dumme Floskel gleich wieder zurückgenommen.
»Wir müssen so schnell wie möglich weg.«
»Zu Fuß?«
»Mit dem Ford.«
»Und Klick-Klack?«
Tutuma hob die Schultern.
»Wir können ihn doch nicht einfach liegenlassen!«
»Was schlägst du vor: ein christliches Begräbnis mit einem Salut der Südafrikaner?«
»Entschuldige, Tutuma. Ich werde mit dieser Situation nicht fertig.«
»Die Schakale würden ihn sowieso wieder ausbuddeln.«
Das Feuer war fast vollständig niedergebrannt, Dieter und Tutuma warfen in aller Eile ihre Habseligkeiten auf die Ladefläche des Ford. Dieter vermied es, den toten Klick-Klack noch einmal anzusehen.
»Fahr du«, bat er. »Ich bin völlig fertig.«
Tutuma legte den Geländegang ein. »Ich fahr' erst mal ohne Licht. Paß auf den Kompaß auf.«
Nach 50 Metern rief Dieter: »Halt an!«
»Was vergessen?«
»Lizzy.«
Dieter lief noch einmal zurück und zerrte die heftig widerstrebende Ziege an ihrem Strick.
Als er mit Lizzy beim Anderthalbtonner angelangt war, sah ihn Tutuma seltsam an. »Ich glaube, ich werde euch nie verstehen.

Einen Menschen abzuknallen, macht Euch nichts aus. Aber bei einer Ziege werdet ihr sentimental..«

Eine Windhose stieg aus dem Boden, legte sich ein Kleid aus rotem Sand an und wirbelte neben dem Ford her wie ein Kreisel. Mitunter entfernte sie sich ein Stück, dann kehrte sie in bizarrem Zickzackkurs zurück und kreuzte ihren Weg.
»Er ist noch immer bei uns«, murmelte Dieter.
»Wer?«
»Der Geist des Buschmanns.«
Tutuma antwortete nicht. Er starrte aus trüben Augen nach vorn. »Fühlst du dich jetzt besser?« fragte er schließlich.
Dieter zuckte die Achseln.
Auf ihrer kopflosen Flucht vor dem unsichtbaren Heckenschützen hatten sie eine halsbrecherische Nachtfahrt hinter sich. Sie waren nur dem Kompaß gefolgt, hatten alle Dornbüsche auf dem Wege einfach niedergewalzt, um keine Zeit zu verlieren, und jedesmal, wenn sie über eines der vielen Springhasenlöcher rumpelten, hatte Dieter um die Achsen des Lastwagens gefürchtet. Aber sie hatten gehalten.
Am Morgen fühlte er sich völlig zermürbt. Sein Hintern war wundgerieben, die strapazierten Beckenknochen schmerzten, er hatte Beulen am Kopf von den häufigen Stößen gegen das Wagendach.
Doch die aufgehende Sonne verscheuchte die Schimären der Nacht.
Von einem Verfolger war nichts zu sehen, und plötzlich schien alles so unwirklich wie ein Alptraum. Nur die Flecken auf seiner Hose, verkrustetes Blut vermischt mit festgetrocknetem Erbrochenem, erinnerten Dieter an die Wirklichkeit.
Ein flimmernder Dunst hatte sich über den roten Staub gelegt, die Luft war ungewohnt schwer geworden. Der Schweiß verdunstete nicht mehr, er verkroch sich in den Fasern seiner Kleidung. Bald klebte der Stoff an seinem Körper. Elektrische Spannung lag in der Luft.

Im Westen tauchte eine weiße Wolke auf, klein, rund und harmlos wie ein Tennisball. Bald gesellten sich andere Wölkchen hinzu. Sie vereinigten sich, verfärbten sich grau. Schon Minuten später bedeckten sie die Hälfte des Himmels. Fasziniert beobachtete Dieter, wie sie sich im Zeitraffertempo heranschoben und einen schwarzen Vorhang vor die Sonne zogen.
Von einer Sekunde zur anderen wurde es dunkel.
Tutuma nahm seine Sonnenbrille ab und hielt an. Es war ihr erster Stopp seit zwölf Stunden.
»Die Plane!« rief Tutuma.
Steifbeinig sprangen sie ab, und während Dieter seine tauben Glieder reckte, zerrte Tutuma die zusammengefaltete Plastikplane von der Ladefläche.
Die durstige Erde schien sich der plötzlichen Wohltat zunächst verweigern zu wollen. Die ersten schweren Tropfen wies sie spröde ab, ließ sie im Staub zersprühen wie Quecksilberkugeln.
Eine Minute lang rollten die Kügelchen umher, Tausende neue kamen hinzu, und erst jetzt begann die Erde, sie wie ein Löschblatt gierig aufzusaugen.
Tutuma versuchte, die sperrige Plane auseinanderzufalten. »Dieter! Hast du noch nie Regen gesehen? Hol lieber die Tanks.«
Dieter lief zum Wagen und hob die Tanks von der Ladefläche, schraubte sie auf und stellte sie neben Tutuma ab. Als der erste Regen den gröbsten Staub von der Plane weggespült hatte, fing Tutuma an, das Wasser aus den Mulden der Plane mit den Händen in die offenen Tanks zu schöpfen. Nach einer Weile sah er auf: »Das bringt zuwenig.«
Von der Ladefläche des Ford rann ein kleiner Sturzbach hinunter in den Sand. Tutuma stellte die Tanks unter den Strahl, und während sie langsam volliefen, riß sich Dieter die blutverschmierten Kleider vom Leib, T-Shirt, Jeans und Unterhose, bis er nackt dastand, die Arme hochgereckt und das Gesicht an-

dächtig dem Regen zugewandt, der das Grauen der letzten Nacht davonschwemmte.

Tutuma hatte ebenfalls seine Kleidung abgeworfen, und sein glänzender Körper erinnerte Dieter an eine afrikanische Statue aus poliertem Ebenholz.

»Verstehst du jetzt, warum wir unsere Währung Pula getauft haben?«

»Was bedeutet das – Pula?«

»Es ist das Wort, das unseren ganzen Reichtum ausdrückt. Es heißt: Regen.«

Der Regen hatte einen Temperatursturz bewirkt, und als sie zu frieren begannen, flüchteten sie in die Fahrerkabine.

Nach einer Stunde hörte der Regen auf, genauso unvermittelt, wie er gekommen war. Als sie wieder ausstiegen, versanken sie knöcheltief im roten schlüpfrigen Schlamm.

Der Ford war blankgewaschen, auf der Ladefläche staute sich Wasser. Lizzy troff und stank erbärmlich. Die Schlafsäcke waren durchgeweicht.

»Wir hätten wenigstens den Rucksack in Sicherheit bringen sollen«, sagte Tutuma.

Dieter schnürte den großen Rucksack auf. Den Inhalt konnte er nur noch auswringen und zum Trocknen ausbreiten. »Jetzt haben wir nichts zum Wechseln«, sagte er. »Alles, was ich zum Anziehen mithabe, steckt im Rucksack.«

So setzten sie sich nackt ans Steuer. Der Motor sprang sofort an, aber die Räder drehten durch, das Heck brach aus, und der Ford vollführte eine Wendung um 180 Grad.

Der Regen hatte den Staub in einen Belag aus roter Schmierseife verwandelt.

»Stell den Motor ab«, sagte Tutuma. »Schade um das Benzin.«

Dieter sah aus dem Fenster. »Ob sie noch hinter uns her sind?«

»Möglich.« Tutuma zuckte mit den Achseln. »Und wenn, dann stecken sie genauso im Schlamm wie wir.«

Puzzle

Für die Afrikaner ist der Bahnhof der einzige Platz in Gaborone, der ihnen Zuflucht vor der Sterilität ihrer Reißbrett-Metropole gewährt. Wer keinen Job in der Mall, im Regierungsviertel oder in einem Handwerksbetrieb gefunden hat, verbringt seine Tage palavernd unter den Schirmen der behäbigen Akazien und wartet auf einen Zug oder auf irgend etwas, das nie passiert.
Die blütenweiß gekleideten Frauen der Mazazuru-Sekte, stets abgesondert von den anderen, haben vor sich ihre Waren ausgebreitet, Schüsseln, Koffer und Kuhglocken aus blankgeputztem Zinkblech, Produkte der bescheidenen heimischen Industrie.
Neben einem gewaltigen Abfallhaufen aus leeren Dosen, Papier, Pappe und Plastikresten, den seit Monaten niemand mehr abgetragen hat, bewachen Familien ihre Bündel, Decken und Kartons für eine Reise in ein anderes Dorf, zu Freunden, zu Verwandten oder einfach irgendwohin. In Botswana ist immer die Hälfte der Nation unterwegs.
Ein paar Meter weiter, jenseits der großen Pfütze, die der letzte Regen übriggelassen hat, üben zwei Friseure unter freiem Himmel ihr Handwerk aus, und unweit des Wasserspeichers, eines fremdartigen silbernen Riesenbovists in der afrikanischen Erde, verkaufen Frauen Äpfel, Tomaten, Kürbisse, Melonen und die kleinen hiesigen Bananen.
Und alle warten auf die ungewisse Ankunft des nächsten Zuges der eingleisigen Rhodesian Railways, die Südafrika mit Rhodesien verbindet, nach einer Fahrt von drei Tagen und vier Nächten zwischen Kapstadt und Bulawayo. Einen Tag dieser halben

Woche legt der Zug durch den fruchtbaren Grüngürtel im Osten Botswanas zurück.
Als sich an diesem Sonnabend der Zug aus dem Norden mit drei langgezogenen Pfiffen ankündigte, unterbrachen die Afrikaner ihr Palaver, sprangen auf und drängten sich längs des Gleises. Aus den Wagen der dritten und vierten Klasse kletterten reisende Afrikaner, aus den Fenstern der reservierten Abteile erster und zweiter Klasse schauten gelangweilt die weißen Passagiere, dankbar für eine kurze Abwechslung nach der ermüdenden Fahrt durch öden Busch. Nur vier Weiße stiegen aus.
Einer von ihnen war Jan Feuchtenbeiner.
Er kam mit kleinem Gepäck, einer Reisetasche aus Segeltuch. Er sah übernächtigt aus. Nach seiner Expedition in die Kalahari und der Rückkehr nach Orapa hatte er noch keine Gelegenheit bekommen, sich auszuruhen. Er hatte ausgerechnet, daß er in keiner Nacht der letzten Woche mehr als drei Stunden geschlafen hatte, in den letzten beiden Nächten nicht einmal die.
Nach dem Fangschuß auf den Hijacker war er ohne Unterbrechung in seinem Range Rover zurückgefahren, die Nacht hindurch und den ganzen darauffolgenden Tag, und am späten Nachmittag des gestrigen Tages endlich in Orapa eingetroffen. Sein erster Weg hatte ihn in sein Büro geführt, wo ihm seine Sekretärin von einem weiteren Anruf des Fotografen aus Gaborone berichtet hatte. Der Mann habe sich erkundigen wollen, wohin er die Fotos nun schicken solle. Sie habe ihm gesagt, Mr. Feuchtenbeiner sei zur Jagd im Busch, und der Anrufer habe ihr aufgetragen, ihrem Chef auszurichten, daß er ihn am Sonnabend in Gaborone treffen wolle, wo er ihm während der Abendvorstellung im Kino die Fotos aushändigen wolle.
Dieser January wurde immer frecher; ein verdammter Wahnsinn, ihn im Büro anzurufen. Für einen Uneingeweihten mochte seine Botschaft zwar unverfänglich klingen, aber wenn January wirklich so schlau war, wie er sich gab, dann hätte er eigentlich voraussehen müssen, daß BOSS jetzt, nach dem Hijacking, alle Telefone in Orapa abhören würde.

Seine eigene Existenz setzte January kaum aufs Spiel, wenn er ihn nach Gaborone ins Kino bestellte. Und ob Feuchtenbeiner dabei Kopf und Kragen riskierte, war ihm wahrscheinlich ziemlich gleichgültig.

Auf dem Flugplatz hatte Feuchtenbeiner erfahren, daß die King Air vor ein paar Stunden nach Gaborone geflogen war. Es war ein Leerflug gewesen, an der Routine hatte sich seit dem Hijakking nichts geändert, abgesehen davon, daß De Beers die verlorengegangenen Aluminiumkoffer durch zwei neue und den Transportbegleiter Feuchtenbeiner während dessen Jagdurlaub durch Laurens ersetzen mußte.

So war Feuchtenbeiner keine Wahl geblieben, als mit dem Range Rover bis Francistown zu fahren und dort zu versuchen, einen Zug nach Gaborone zu erreichen. Zu Hause hatte er sich gar nicht erst blicken lassen, sosehr er sich auch nach einem Bad, einer Rasur und frischer Kleidung sehnte. Aber dann hatte er es doch vorgezogen, Junes bohrenden Fragen aus dem Wege zu gehen.

Da er am Bahnhof in Gaborone keinen Bekannten traf, ging er die halbe Stunde zur Mall zu Fuß. Er hatte keine Lust, Laurens, der im Holiday Inn abgestiegen war, seine Anwesenheit in Gaborone zu erklären. So blieb er in der Mall und belegte ein Zimmer mit Bad im Hotel President, schräg gegenüber dem Kino.

Niemand nahm Anstoß an seinem verwahrlosten Äußeren. Der Anblick von Männern, die direkt aus dem Busch kamen, war hier etwas Alltägliches.

Eine Stunde später saß er frisch gewaschen auf der Terrasse des President und verzehrte einen gekochten Heilbutt. Es war seine erste richtige Mahlzeit seit vier Tagen. Von hier aus konnte er den Platz vor dem Kino gut überblicken. Die Afrikaner, die Hände freundschaftlich ineinander verschränkt, einige sogar in Anzug und Krawatte, schwatzten ungezwungen, flirteten mit den aufgetakelten Mädchen, deren stramme Bürzel die engen Kleider zu sprengen drohten, zwischen weißen Experten, Ge-

schäftsleuten und Entwicklungshelfern, von denen viele wiederum wie Afrikaner gekleidet waren, in buntbestickten kragenlosen Hemden mit weiten Ärmeln.
Wer in Gaborone dabeisein wollte, fand sich am Sonnabend auf dem Platz vor dem Kino ein. Das Kino war die kulturelle und gesellschaftliche Attraktion der Metropole.
Feuchtenbeiner gab sich Mühe, sich möglichst viele Gesichter von Afrikanern einzuprägen. Er war überzeugt, daß eines davon dem Erpresser gehörte, der sich Mr. January nannte. Wahrscheinlich beobachtete dieser January ihn schon eine ganze Weile.
Eine halbe Stunde vor Beginn der Vorstellung ging Feuchtenbeiner hinüber und kaufte zwei Eintrittskarten für einen halben Pula, unten im Parkett, wo die Weißen sich mit der schwarzen Oberschicht mischten.
Er setzte sich auf den zweiten Platz in der letzten Reihe und belegte den Eckplatz daneben mit einer Ausgabe der »Botswana Daily News«, der einzigen Zeitung des Landes, vier Seiten, die von der Regierung herausgegeben und kostenlos verteilt wurde.
Das Kino war fast ausverkauft, und als die Lichter ausgingen, war der Platz neben Feuchtenbeiner immer noch leer. Es gab einen dieser Karate-Filme aus Hongkong mit Bruce Lee in der Hauptrolle, in denen die Kämpfer sich unentwegt brüllend ansprangen und in Leiber und Gesichter traten. Die Filmkopie war zerkratzt, der Ton dumpf, der Dialog – soweit es überhaupt einen gab – kaum zu verstehen, doch all dies ging ohnehin unter in dem Höllenspektakel der Zuschauer, die lautstark den Leinwandhelden anfeuerten oder mit ihm litten, sobald ihn seine Feinde in Bedrängnis brachten.
Keiner nahm Notiz von Feuchtenbeiner und von dem Afrikaner, der inzwischen lautlos den Eckplatz eingenommen hatte. Als Feuchtenbeiner instinktiv nach seiner Luger im Hosenbund greifen wollte, legte ihm der Afrikaner seine Hand auf den Oberschenkel.

»War nur ein Reflex«, entschuldigte sich Feuchtenbeiner.
»Sehen Sie geradeaus, Feuchtenbeiner.«
Der Mann, der zu Januarys Stimme gehörte, war nicht sehr groß, eher klein, trug einen hellen Anzug und eine Sonnenbrille. Mehr hatte Feuchtenbeiner in dieser Sekunde nicht erkennen können.
Feuchtenbeiner räusperte sich. »Haben Sie die Fotos?«
»Immer der Reihe nach.«
»Was wollen Sie denn noch? An mir hat's doch nicht gelegen, daß die Sache schiefgegangen ist. Ich habe Sie gewarnt. Geben Sie die Fotos raus, und wir ziehen einen dicken Strich unter die Sache.«
January lachte leise. »Sie kriegen die Fotos. Aber erst will ich etwas von Ihnen hören.«
»Da gibt's nicht mehr viel zu erzählen, January. Der Pilot hat Ihre Leute reingelegt. Er hat die Funksprechanlage nicht abgestellt, und als euer Moses es gemerkt hat, war es zu spät. Gegen Mirage-Jäger kommt eine Cessna nicht an.«
»Wo ist Moses?«
»Sie haben uns gezwungen, nach Südwestafrika zu fliegen. Und von da haben sie ihn nach Pretoria gebracht. Ich habe mit der Sache nichts mehr zu tun. BOSS hat die Untersuchung übernommen.«
Zum erstenmal erlebte Feuchtenbeiner den Afrikaner sprachlos.
»BOSS?« fragte er schließlich.
»Wie sollte ich es denn verhindern? Ich habe wirklich alles getan. Ich habe dem Piloten sogar Anweisung gegeben, keinen Widerstand zu leisten.«
»Was ist nach der Landung in Angola passiert?«
»Wir sind doch gar nicht bis Angola...« Er wollte seinen Kopf zu January wenden, aber der stieß ihn sofort an. »Da vorn läuft der Film.«
»War keine Absicht, wollte Sie nicht hintergehen.« Feuchtenbeiner mußte an sich halten, um nicht dreinzuschlagen. »Es ist

nur, weil ich gewohnt bin, jemanden anzusehen, wenn ich mit ihm spreche...«
»Weiter.«
»Die Mirages haben uns abgefangen und nach Südwest umgeleitet.«
»Was ist mit dem zweiten Mann?«
»Der ist doch abgesprungen. Mit dem Fallschirm.«
»Wo?«
»Irgendwo über dem Lake Nxau.«
»Und die Diamanten?«
»Die Koffer hat er vorher runtergeworfen.«
Hier im Kino, auf Tuchfühlung mit seinem Verhandlungspartner, wirkte January keineswegs so selbstsicher wie am Telefon. Feuchtenbeiner ließ ihm Zeit, die Informationen zu verarbeiten. Offenbar war er ahnungslos, der Hijacker hatte ja auch kaum Gelegenheit gehabt, mit ihm in Verbindung zu treten.
Schließlich fragte January: »Hat er was von Zaire erwähnt?«
»Zaire? Nach Angola wollte er, nach Serpa Pinto. Aber dann sind uns diese verdammten Mirages in die Quere gekommen.«
Feuchtenbeiners letzter Satz ging unter im Getöse der Zuschauer, die lautstark Partei nahmen in einer auf der Leinwand stattfindenden Karate-Schlacht zwischen Malayen und Chinesen. Viele hielt es nicht mehr auf ihren Sitzen. Sie sprangen zwischen den Stuhlreihen hin und her, der ganze Saal verwandelte sich in eine Ballettbühne, auf der gewaltige Luftsprünge und Handkantenschläge vollführt wurden, ein fröhliches Inferno, ein, zwei Minuten lang.
Dann wurde es etwas stiller, und January sagte: »Feuchtenbeiner, Sie werden doch nicht so selbstmörderisch sein, mir hier ein Märchen aufzutischen.«
»Ehrenwort, January. An mir hat's nicht gelegen. Fragen Sie Ihren zweiten Mann.«
»Wenn Sie wirklich die Wahrheit sagen, dann wundert es mich, daß er sich mit uns noch nicht in Verbindung gesetzt hat.«

»Vielleicht hat er Angst, daß Moses im Verhör etwas erzählt hat.«
»Moses weiß nicht viel.«
»Auch über die Fotos nicht?«
»Davon wissen nur drei.«
Feuchtenbeiner rechnete nach: Einen hatte er umgelegt. Der zweite saß neben ihm.
Er tastete nach seiner Luger. Er brauchte nur einen günstigen Moment abzupassen, niemand würde in dem Höllenlärm den Schuß wahrnehmen. Den Lauf ganz dicht an den Bauch halten und abdrücken. Dann bliebe nur noch der Lockvogel, diese Dikeledi. Aber selbst wenn es ihm später gelänge, auch sie zu erwischen – wie konnte er wissen, ob January die Wahrheit gesagt hatte? Wenn es doch weitere Mitwisser gab?
Feuchtenbeiner weigerte sich, den Gedanken zu Ende zu denken. »Kann ich jetzt die Fotos haben?«
January griff in seine Brusttasche, holte ein weißes Kuvert heraus und übergab es ihm.
Feuchtenbeiner öffnete das Kuvert und zählte nach. Es waren acht Fotos, genauso viele wie in dem Kuvert, das ihm vor vier Wochen an der Rezeption des Holiday Inn übergeben worden war. Ob es auch die richtigen Fotos waren, konnte er im Dunkeln nicht ausmachen.
Er streckte eine Hand aus, ohne den Kopf zu wenden. »Und jetzt die Negative.«
»Ich habe Ihnen nur die Fotos versprochen«, sagte January. »Von Negativen war nicht die Rede.«
Feuchtenbeiner zwang sich zur Ruhe. »Was haben Sie damit vor?«
»Nichts. Vorausgesetzt, Sie haben mir keinen Bären aufgebunden.«
»Ich hätt's wissen müssen. Erpresser halten sich nie an Spielregeln.«
»Ein Krieg ist kein Tennis-Match.«

Und während auf der Leinwand sich eine neue Massenschlacht anbahnte, nutzte January das Getümmel im Parkett, um sich durch den Seitenausgang abzusetzen.
Als Feuchtenbeiner das Verschwinden Januarys entdeckte, waren erst wenige Sekunden verstrichen. Er sprang auf und bahnte sich wütend einen Weg durch die schattenboxenden Afrikaner zum Hauptausgang.
Der Platz draußen vor dem Kino hatte sich geleert. Nur wenige Afrikaner standen noch herum, aber keiner trug einen hellen Anzug und eine Sonnenbrille.
Feuchtenbeiner sah hinunter auf seine Hand, die noch immer die Fotos hielt, aufgefächert wie ein Kartenspiel. Er fühlte sich wie ein Pokerspieler, der mit einem plumpen Bluff genarrt worden ist.

In seiner Behörde galt Erik van Zyl als ein Mann ohne Leidenschaften, wenn man von seiner Vorliebe für Puzzlespiele absah. Das Wort Vorliebe wurde seiner seltsamen Besessenheit kaum gerecht.
Der General besaß zwei Schränke voller Puzzlespiele aus aller Welt, darunter wahre Kunstwerke mit 6000, 8000 und sogar eins mit 12 000 Einzelstücken, und er hielt sich viel darauf zugute, noch vor keinem Puzzle kapituliert zu haben, so kompliziert es auch sein mochte. Er besaß auch ein japanisches Puzzle, von dem es hieß, daß erst drei Menschen seine 13 944 Bausteine vollständig hatten zusammensetzen können. Nach vier Jahren geduldiger Arbeit hatte auch van Zyl es geschafft. Er war der vierte.
General van Zyl war davon überzeugt, daß ein Teil ihrer rassischen Überlegenheit auf der Fähigkeit der Weißen zu systematischem Denken beruhte. Einzelinformationen in größere Zusammenhänge einordnen, Unwichtiges aussondern, ein Muster analytisch einordnen, noch bevor es sich deutlich abzeichnete. Ein Afrikaner war dazu nicht in der Lage. Kaffern waren zu un-

geduldig. Sie warfen das Einzelstück, das sie nicht sofort verwerten konnten, weg, statt es aufzubewahren für den Augenblick, da es seine Bedeutung erhielt. Sie waren eben unfähig, hinter dem Einzelnen das Ganze zu sehen.
Kein Volk, sondern bestenfalls eine amorphe Masse, zusammengesetzt aus verspielten Individualisten.
Gelegentlich machte sich van Zyl den Spaß, einem politischen Gefangenen für den Fall die Freiheit zu versprechen, daß es ihm innerhalb eines Tages gelänge, ein mittelschweres Puzzle zusammenzusetzen. Bisher hatte er noch keinen Schwarzen vorzeitig laufen lassen müssen, auch Moses, der Komplize des Hijackers, hatte seine Aufgabe nicht lösen können.
Seit fünf Tagen spielte van Zyl ein anderes Puzzle, und daß es noch nicht gelöst war, lag seiner Meinung nach daran, daß er noch nicht über alle Bausteine verfügte. Immerhin lagen ihm ein paar hundert Berichte vor, von den Residenten und Vertrauensleuten aus allen Städten und Dörfern Botswanas. Man mußte sie nur richtig zusammensetzen, um Bilder zu erahnen oder zumindest Konturen.
Die meisten Einzelteile hatte bisher der Matabele Edson Mojo geliefert, Deckname *»bat-eared fox«*, den er mit dem gefälschten Brief zu Moses' Frau geschickt hatte. Von dessen Führungsoffizier Johann Vermaak, der mit Mojo ständig Verbindung hielt, wußte van Zyl, daß hinter dem Anschlag auf den Diamantentransport eine bisher unbekannte, aber offenbar schlagkräftige Guerilla-Organisation stand, deren Anführer Tutuma noch flüchtig war, möglicherweise auch in der Kalahari verreckt, und deren zweiter Mann Teko Badubi hieß und sich Mr. January nannte.
Draußen im Busch von Botswana unterhielt January illegale Ausbildungslager, deren Rekruten er unter den Schulkindern in Rhodesien anwarb. Noch fehlten die Waffen, aber es sah so aus, als seien sie aus der Sowjetunion unterwegs. Es war ratsam, die Köpfe der Organisation abzuschlagen, bevor sie das gefährliche

Potential fanatisierter Kinder bewaffnen, formieren und nach Rhodesien in Marsch setzen konnten.
Noch kein klares Bild ergaben die Einzelstücke zum Komplex Feuchtenbeiner. Van Zyl lag nur eine Meldung von Niehoujs aus Orapa vor, daß Feuchtenbeiner zwei Tage nach dem Überfall Urlaub genommen hatte und zur Jagd in den Moremi-Wildpark am Ostrand des Okavango-Deltas fahren wollte, wo er jedoch nicht eingetroffen war. Der BOSS-Konfident an der Parkeinfahrt hatte jedenfalls keinen Range Rover gemeldet, der die Desinfektionsschleuse gegen Tse-Tse-Fliegen passiert hatte. Statt dessen tauchte Feuchtenbeiner überraschend nach drei Tagen wieder in Orapa auf, um gleich darauf noch einmal zu verschwinden, ebenso überraschend.
Drei Erklärungen boten sich für Feuchtenbeiners merkwürdiges Verhalten an. Die harmloseste: Nachdem BOSS seine Kompetenzen in Orapa übernommen hatte, hatte sich Feuchtenbeiner gekränkt zurückgezogen. Außerdem schien er nach dem Diamantenraub ohnehin urlaubsreif.
Etwas weniger harmlos war die zweite Erklärung: Der ehrgeizige Feuchtenbeiner wollte den Hijacker auf eigene Faust fangen.
An die dritte Möglichkeit zu glauben, sträubte sich noch immer alles in van Zyl: Der Sicherheitschef von Orapa hatte mit dem Hijacker Tutuma gemeinsame Sache gemacht und war nun unterwegs, um seinen Anteil an der Beute zu kassieren.
Ein Bure als Komplize eines schwarzen Terroristen?
So undenkbar dies schien, immerhin gab van Zyl Anweisung, Feuchtenbeiner künftig zu überwachen. Er wollte sich keine Unterlassung nachsagen lassen.
Ihm lagen noch eine Reihe weiterer Agenten-Berichte aus Botswana vor, darunter die Meldung des Albino aus dem entlegenen Rakops, ein Weißer sei dort auf der Durchfahrt gesichtet worden, und ein Gerücht, wonach später in der Kalahari ein Schwarzer zu dem Weißen gestoßen sei. So vage die Spur auch schien, van Zyl schickte einen zweiten Mann nach Rakops und

wies nebenbei die Hauptabteilung I an, den Außenposten Rakops künftig mit einem qualifizierteren Mann als dem Albino zu besetzen.
Und schließlich gab es da noch den jüngsten Bericht von Niehoujs, der Pilot eines der immer noch über der nördlichen Kalahari kreisenden Suchflugzeuge habe eine Leiche ausgemacht. Aber Stunden später erwies sich diese vielversprechende Fährte als Niete. Schakale und Geier hatten von dem Toten nur das blanke Gerippe übriggelassen, und der Agent in dem sofort entsandten Hubschrauber hatte herausgefunden, daß die Utensilien neben der Leiche, der charakteristische Sammelbeutel mitsamt Inhalt, auf einen Buschmann deuteten. Jemand hatte ihm einen Kopfschuß verpaßt. Wahrscheinlich der tollwütige belgische Söldner, ein Relikt aus dem Angola-Krieg, der seit 17 Monaten ziellos und marodierend durch den Busch in Botswana zog.
Erik van Zyl legte das Blatt beiseite. Was kümmerten ihn schon ein versprengter Söldner und ein ermordeter Buschmann? Zwei Bausteine, die nicht in dieses Puzzle paßten.

Über Nacht war die Kalahari grün geworden. Neben dem schütteren gelben Gras waren Milliarden neuer Halme aus der regenfeuchten Erde geschossen, durchsetzt mit bunten Blüten. An dem verdorrten Holz der sonnengebleichten Dornbüsche sprossen frische Blätter. Die Erde hatte die Wassermengen geschluckt, war in der Sonne zusammengeschrumpft, die Lehmkruste war geplatzt und hatte ein Geflecht aus Rissen und Spalten gebildet.
Es war der erste Regen nach acht Monaten gewesen, und die Kalahari schickte sich an, wieder zum trockenen Alltag überzugehen. Windhosen erhoben sich aus dem Staub, als wäre nichts geschehen. Am späten Nachmittag hatten Dieter und Tutuma den Botletle-Fluß erreicht. Der gestrige Regen hatte das seichte Rinnsal in einen braunen reißenden Strom verwandelt, mindestens 40 Meter breit, der es auf einmal eilig zu haben schien auf

seinem weiten Weg zu dem 150 Kilometer entfernten Mopipi-Stausee, aus dem wiederum durch eine 45 Kilometer lange Pipeline die Diamantenmine von Orapa gespeist wurde.
Jenseits des Flusses, vom anderen Ufer, leuchteten schneeweiß die Ausläufer der Makgadikgadi-Pfannen, ein Waschbrett aus Salzrippen, in deren Vertiefungen jetzt Wasser stand.
»Dahinter liegt die Straße von Francistown nach Maun«, erklärte Tutuma.
Dieter faltete seine Landkarte auseinander. »Gibt's irgendwo eine Brücke?«
Tutuma schüttelte den Kopf. »Wir müssen warten, bis das Hochwasser abgeflossen ist, und dann eine flache Stelle zum Übersetzen suchen. Ich hab's mindestens genauso eilig wie du.«
»Wegen der Südafrikaner?«
»Ich muß so schnell wie möglich über die Grenze.«
Dieter warf ihm einen schrägen Blick zu. »Warum soviel Aufwand für einen Mann? Sie jagen dich durchs halbe Land, das nicht einmal ihr eigenes ist. Riskieren diplomatische Verwicklungen, Proteste und was weiß ich noch alles, nur um dich zu kriegen.«
Tutuma stieß einen Seufzer aus. »Ich hätte dich da wirklich nicht reinziehen dürfen.«
»Das hab' ich schon mal von dir gehört. Aber da ich einmal mit drinstecke, will ich wenigstens wissen, was mit dir los ist.«
»Ich bin der Anführer einer Guerilla-Armee in Zimbabwe.«
»Hast du sonst noch was auf dem Kerbholz?«
Tutuma zögerte. »Die Weißen machen ihre Gesetze, um ihre Herrschaft zu festigen. Und wir handeln nach unseren Gesetzen.«
»Du weichst aus, Tutuma.«
»Wir führen Krieg. Ich will dich nicht anlügen.«
»Du traust mir nicht, weil ich ein Weißer bin.«
»Doch, aber...«

»Ich habe für dich einiges aufs Spiel gesetzt. Zum Beispiel mein Leben. Zum Beispiel den Anderthalbtonner. Wenn wir mit einem Achsenbruch liegengeblieben wären, müßte ich ihn dem DED ersetzen. 12 000 Pula. Das sind 30 000 Mark. Dafür muß ich zu Hause länger als ein Jahr arbeiten.« Er sah Tutuma voll an. »Ich will endlich wissen, wofür ich das alles tue, verdammt nochmal!«
»Am besten, du hältst dich da raus. Es ist nicht dein Krieg.«
»Ich bin dein Freund, du Idiot!«
»Warum brüllst du so?«
»Weil ich in Deutschland alles stehen- und liegengelassen habe, um euch Afrikanern zu helfen. Weil ich versuchen will, ein bißchen von dem gutzumachen, was die Weißen an euch verbrochen haben. Ich hatte einen guten Job in Deutschland. Lehrer an einer Volksschule. Eine Freundin, an der ich sehr hänge. Sie wäre mitgekommen, aber es gab keinen Projektplatz für sie. Wer braucht schon eine Grafikerin in Botswana? Wenn ich in zwei Jahren zurückkomme, wird sie einen anderen haben. Sie ist nicht der Typ, der lange allein leben kann.«
»Warum erzählst du mir das?«
»Damit du endlich begreifst, wie wichtig mir das hier ist.«
Tutuma antwortete nicht. Er kletterte auf die Ladefläche, um sich unter Dieters dort ausgebreiteten Hemden und Hosen etwas Passendes auszusuchen. Die Sonne und der Fahrtwind hatten die Kleidung leidlich getrocknet. Die Kordhose, die Tutuma sich schließlich anzog, war zu weit und zu lang. Er schlug die Hosenbeine einmal um.
Dieter betastete die noch immer dampfenden Schlafsäcke. »Am Feuer werden sie bis zur Nacht trocknen.«
»Wir dürfen kein großes Feuer anzünden«, sagte Tutuma. »Oder willst du wieder Besuch von unseren weißen Freunden haben?«
Eine Erdhörnchenfamilie, die buschigen Schwänze steil aufgerichtet, beobachtete neugierig die beiden Männer beim Holzsammeln.

Dieters Feuerzeug funktionierte nicht, es war naß geworden. Aber im Handschuhfach fand er eine Schachtel Streichhölzer.
Als sie ihren Tee getrunken und ihr Stew aus Corned beef und Dosenmais hinuntergeschlungen hatten, bestand Tutuma darauf, das Feuer vor Anbruch der Dunkelheit zu löschen.
»Ob sie heute Nacht wiederkommen?«
Tutuma zwirbelte nervös an seinem Ho-Tschi-Minh-Schnurrbart. Zum erstenmal zeigte auch er so etwas wie Furcht. »Am besten, wir legen uns zwischen die Büsche dort.«
Sie trugen ihre Schlafsäcke hinüber zu der Gruppe von Dornbüschen, die ihnen Sichtschutz von drei Seiten bot. Hier fühlten sie sich einigermaßen geborgen. Obwohl er todmüde war, fand Dieter keine Ruhe. Seine Erinnerung spielte immer den gleichen Filmstreifen ab, wie einen Take im Synchronstudio: den vornüber ins Feuer fallenden Buschmann, dessen zerborstenen blutigen Kopf in seinem Schoß, und Tutuma, der ihn vom Feuer und der Leiche hinweg ins Dunkle zerrte.
Die gemeinsam überstandene Gefahr hatte ihn dem Afrikaner noch näher gebracht. Aus der Kumpanei einer zufälligen Begegnung war Freundschaft geworden, wenigstens von seiner Seite. Um so mehr irritierte ihn, daß Tutuma seine Vorsicht, seine ironische Distanz immer noch nicht aufgegeben hatte.
Lag es an der anderen Hautfarbe? An der Geschichte seines Volkes, das in jedem Weißen zwangsläufig einen Unterdrücker und Ausbeuter sehen mußte?
Immerhin es waren Weiße – dessen war er ziemlich sicher –, die Tutuma vor weniger als 40 Stunden zu ermorden versucht hatten.
»In Deutschland hatten wir zu Weihnachten immer afrikanische Praktikanten eingeladen.« Dieter biß sich auf die Lippen. Kaum hatte er ihn ausgesprochen, da empfand er den Satz als plumpe Anbiederung. Was hatte er sich eigentlich vorzuwerfen? Hatte er persönlich jemals einen Schwarzen ausgebeutet?
Das nicht. Aber irgendwann hatte er den Gedanken weiterge-

dacht, und es gehörte kein besonderer Scharfsinn dazu, herauszufinden, daß die Weißen in Europa ihren Wohlstand auf Kosten der dritten Welt begründet hatten, deren Völker gezwungen waren, ihnen Bodenschätze und menschliche Arbeitskraft für ein Almosen zu verkaufen.
Trotz aller guten Worte würde die ältere Generation an diesem Zustand ernsthaft nichts ändern wollen. Sie würden immer reicher, die Entwicklungsländer würden immer ärmer werden, immer abhängiger von den Reichen.
Wie lange konnte das noch gutgehen?
Dieter war sicher, daß dieses System der Ausbeutung noch in diesem Jahrhundert zusammenbrechen mußte. Es würde einen Aufstand der Hungernden geben, der schrumpfende exklusive Club der Industrie-Nationen würde sich einer vielfachen Übermacht zu erwehren versuchen. Am Ende würde ein gigantischer Rassenkrieg stehen, Chaos und totale Vernichtung.
Tutuma sah ihn spöttisch an. »Und wenn die Praktikanten am zweiten Feiertag gegangen sind, habt ihr euch bestimmt als gute Menschen gefühlt. Bis zum nächsten Weihnachtsfest.«
Als Dieter betroffen schwieg, legte ihm Tutuma versöhnlich die Hand auf die Schulter. »Sicher haben sich die Praktikanten bei euch wohl gefühlt. Als ich Gaststudent in London war, hätte ich mich auch über eine Einladung von einer weißen Familie gefreut.«
Auch früher schon hatte Dieter hinter diesen gemeinsamen Weihnachtsfeiern die Heuchelei gespürt. Letztes Jahr hatte es eine heftige Auseinandersetzung mit seinem Vater gegeben, als er ihm vorgehalten hatte, daß es ihm doch nur um die Beschwichtigung seines schlechten Gewissens gehe und nicht um die Afrikaner. »Sing du mit ihnen nur weiter Weihnachtslieder«, hatte er gesagt. »Ich melde mich zum Entwicklungsdienst. Ich gehe in den Busch, wo ich wirklich was für sie tun kann.«
Seine Mutter hatte erschrocken die Hände über dem Kopf zusammengeschlagen und sein Vater ihm einen Vortrag gehalten.

Er finde dieses Vorhaben sehr achtbar und sei richtig stolz auf seinen Sohn. Natürlich begrüße er jede Art von sozialem Engagement, und Entwicklungshilfe sei gewiß eine notwendige Sache. Aber warum ausgerechnet er? In den Tropen gebe es so viele gefährliche Krankheiten, und Dieter sei nun wirklich nicht einer der Robustesten. Dann hatte er die zwei Dienstjahre als Lehrer erwähnt, die Dieter verlorengingen. Ob das denn nun wirklich nötig sei und ob Dieter so vermessen sei zu glauben, als einzelner irgend etwas zu bewirken. Hier in Deutschland sei für einen engagierten Christen weiß Gott genug zu tun, sinnvolle Arbeit. Ob er es denn verantworten könne, die Menschen im Stich zu lassen, die ihn wirklich brauchten.
Das war ein Argument. Dieter hatte in einer Sonderschule unterrichtet. Vierzehnjährige Mädchen, die vergewaltigt worden waren oder drogensüchtig oder beides, Jungen, die Autos und Automaten geknackt hatten. Kinder von Gastarbeitern kamen mit der deutschen Sprache nicht zurecht. Für einige dieser Kinder war Dieter die einzige Bezugsperson gewesen.
Im Grunde zweifelte Dieter noch immer, ob es richtig gewesen war, sie ihrem Schicksal zu überlassen. Er hätte gern Tutuma nach seiner Meinung gefragt, aber er fürchtete wieder eine Abfuhr.
»Du stehst das ganz gut durch«, hörte er Tutuma sagen. »Bestimmt nicht einfach für einen Europäer, der noch nie zuvor im Busch war.«
»Die Nacht, in der sie Klick-Klack abgeknallt haben, hat mir einen Schock versetzt.«
»Ich meine körperlich...«
»Als Jugendlicher war ich ein brauchbarer Leichtathlet. Mein Vater hatte mich auf den Sportplatz geschickt. Ich sollte mich bewähren. Lernen, daß man sich für einen Erfolg quälen muß.«
»Hat es dir genutzt?«
»Seit einer Meniskusoperation laufe ich keine Rennen mehr. Ich hatte mich übernommen.«

»Du wolltest deinem Vater wohl was beweisen.«
»Mein Vater gehörte zu den Honoratioren in unserer Stadt. Er hat sich immer an den Leuten orientiert, die über ihm standen. Gesellschaftlich und kulturell. Vielleicht hat man von mir mehr erwartet, als ich geben konnte. Ich war nie einer unter vielen, sondern immer nur der Sohn vom Stadtrat Hahn.« Dieter lächelte. »Ich hab' viel zuviel Zeit damit vergeudet, so zu werden wie mein Vater. Er wollte, daß ich Studienrat werde. Auf der Schule bin ich sitzengeblieben. Zweimal sogar. Da hat's eben nur noch zum Studium an der Pädagogischen Hochschule gereicht. Schmalspurakademiker nennen sie das bei uns. Aber das habe ich mir selbst finanziert, als Straßenbahnschaffner in den Semesterferien.«
»Um dich unabhängig zu machen?«
»Irgendwann ist mir ein Licht aufgegangen. In Wirklichkeit wollte ich gar nicht so werden wie mein Vater. Jedenfalls nicht so angepaßt. Ich bin drauf gekommen, daß mich seine Welt einen Dreck interessierte. Der Fabrikant, der Chefredakteur der Lokalzeitung, der Direktor am Gymnasium, der Chefarzt vom Kreiskrankenhaus...«
Jetzt, als er sich aussprach, fühlte er sich dem schwarzen Afrikaner, den er erst vier Tage kannte, näher als seinem Vater, näher sogar als seiner Mutter, die ihm in seinen 25 Jahren so viel Verständnis entgegengebracht hatte, ohne ihn je wirklich verstanden zu haben. Die Dunkelheit löste Herz und Zunge. War es die Intimität der Situation mitten im Busch oder die Nacht, die das Gesicht des Gesprächspartners verbarg wie die Wand eines Beichtstuhls?
»Wir Afrikaner glauben, daß das Alter weise macht«, sagte Tutuma. »Aber das ist nur die Hälfte der Wahrheit. Das Alter korrumpiert auch. Anpassung ist ein schleichendes Gift, sie deformiert die Persönlichkeit des Menschen. Mein Vater war so ein Anpasser, ein Onkel Tom, genauso wie dein Vater, nur auf seine Art. Er hat sein Leben lang das Wort Gottes gepredigt, ohne zu

merken, daß es nicht Gottes Wort, sondern das Wort der weißen Herren in Zimbabwe war. Er glaubte an göttliche Gerechtigkeit und an Gewaltlosigkeit, und als Dorfältester und Adventistenprediger hatte er viel Einfluß auf unseren Stamm, leider viel zuviel. Wenn die Weißen immer reicher wurden und wir arm blieben, hielt er das für Gottes Fügung, die wir dankbar und demütig zu ertragen hätten. Kein Wunder, daß ihm die Weißen ein gutes Gehalt gezahlt und seinem Sohn eine gute Ausbildung ermöglicht haben. Bildung ist ein Reichtum, der sonst nur den Weißen vorbehalten ist. Aber mein Jurastudium ist auf Kosten meines Volkes gegangen. Ich habe meinem Vater verziehen. Jetzt bin ich auf der Flucht vor den Südafrikanern.« Tutuma lachte, lautlos wie immer. »Und du bist auf der Flucht vor deinem Vater.«

»Lebt dein Vater noch?«

»Er ist am Herzschlag gestorben, als er erfuhr, auf welche Weise meine Frau und mein kleiner Sohn Onkgopotse umgekommen sind.«

»Du hast nie von deiner Familie gesprochen...«

»Die Weißen hatten ein paar gedungene Killer in unser Wehrdorf geschickt, die sich als schwarze Guerillakämpfer ausgaben und wild um sich schossen. Es war eine abgekartete Aktion. Sie wollten die Freiheitsbewegungen in Mißkredit bringen. Unser Volk sollte glauben, daß nur die weißen Herren ihm Ruhe und Schutz vor den schwarzen Mörderbanden geben können.« Tutuma sprach noch leiser als sonst, fast unhörbar, wie immer, wenn ihm etwas besonders naheging. »Sie sind zu allem entschlossen, ihre Privilegien zu verteidigen. Und wir sind entschlossen, unser Recht zu erkämpfen.«

»Also Krieg?«

Tutuma verschränkte die Arme hinter dem Kopf und starrte in den Himmel. »Hat es in der Geschichte jemals eine revolutionäre Veränderung ohne Gewalt gegeben?«

Francistown

In der Bar war der Fremde von einem Afrikaner, der barfuß in einer Bierlache auf dem Estrich stand, um einen Drink angebettelt worden. Das Telefon auf seinem Zimmer funktionierte nicht, der Warmwasserhahn spendete statt Wasser nur ein asthmatisches Krächzen. Als er das Bett aufschlug, flitzten Kakerlaken über das grauweiß gestärkte Laken die Bettpfosten hinab und unter den Schrank.
Unter einem Grandhotel westlichen Standards hatte sich Wolodja Naumow eigentlich etwas anderes vorgestellt.
Vor einer Stunde hatte er sich ins Gästebuch des Hotels als »Mr. James Pritchard aus Liverpool« eingeschrieben. Naumows letzter Auslandseinsatz lag schon einige Jahre zurück, er hatte unerquicklich geendet mit der spektakulären Massenausweisung von einigen Dutzend spionageverdächtigen Angehörigen der Sowjetbotschaft in London. Einer von ihnen war Wolodja gewesen.
Seither lebte er mit Nadjeschda und den Kindern, beide inzwischen erwachsen, zu Hause in Moskau. Das KGB hatte ihm den Leninorden verliehen, ihn zum Obersten befördert und auf einen beschaulichen Posten in der Abteilung für afrikanische Angelegenheiten versetzt. Im Grunde war Wolodja auf Auslandseinsätze nicht mehr versessen. Mit 55 Jahren fühlte er sich zu alt für die Arbeit eines illegalen Residenten, mit der unvermeidlichen Maskerade, den konspirativen Treffs, mit all dem Agenten-Hokuspokus. Sollten sich doch die Jungen den Wind um die Nase wehen lassen, die waren noch hungrig und neugierig auf die Welt.

»Djems Prritschett« – wenigstens die Aussprache saß noch. Es tröstete ihn, daß das Restaurant einigermaßen manierlich aussah. Die Tische waren weiß gedeckt, die schwarzen Kellner höflich und sauber. Das ganze Lokal war besetzt, und man hatte ihm einen Platz am Tisch eines Weißen angewiesen, der sich als Johan Vermaak vorstellte und offenbar Bure war.
»Sie sollten das Stroganoff probieren«, riet Vermaak, während Wolodja die Speisekarte studierte.«
»Einverstanden. Taugt der Lachs was?«
»Annehmbar, aber Sie dürfen keine europäischen Maßstäbe anlegen.«
Wolodja lockerte seinen Hemdkragen.
»Sie sind wohl gerade erst angekommen, Mr. Pritchard?«
»Man sieht's mir wohl an?« Wolodja lächelte entschuldigend. »Vor einer Stunde mit der Sambian Airlines aus Lusaka.« Sein Oberhemd klebte am Körper. Er hatte ausdrücklich um baumwollene Wäsche gebeten, und nun hatten ihm diese Idioten von der Dokumentationsabteilung doch diese verdammten Nylonhemden eingepackt.
»Von London?«
»Ja, über Nairobi und Dar-es-Salam.« Wenigstens der Anzug stimmte, ein Leinen-Sakko und eine leichte Khakihose von Harrods. Nur den Strohhut hätten sie sich sparen können. In der Zentrale schienen sie zu glauben, daß englische Touristen in Afrika immer noch wie zu Queen Victorias Zeiten herumlaufen. Ein Wunder, daß sie ihm nicht auch noch einen Tropenhelm mitgegeben hatten.
»Was hat Sie ausgerechnet in dieses gottvergessene Francistown verschlagen?«
»Wollte schon immer mal eine alte Goldgräberstadt kennenlernen.«
»Na, viel gibt's hier nicht mehr zu sehen. Mir kommt Francistown immer vor wie die Kulisse zu einem Hollywood-Western der C-Kategorie. Nur die Schwarzen passen da nicht ganz rein.

Wenn Sie wirklich was erleben wollen, dann sollten Sie lieber nach Südafrika fahren.«
Und während Vermaak ausführlich die touristischen Vorzüge seiner südafrikanischen Heimat pries, stocherte Wolodja appetitlos in dem Räucherlachs herum. Der Klimawechsel machte ihm zu schaffen. Gestern war er bei klirrendem Frost in Moskau abgeflogen. Er schätzte den Temperaturunterschied auf mindestens 50 Grad, aber das war nicht das Schlimmste. Viel unangenehmer empfand er die Schwüle, die sich nach dem Regen wie ein heißes feuchtes Tuch über Francistown gelegt hatte.
Wolodja tupfte sich die Stirn ab und schloß für ein paar Sekunden die Augen.
Rechts neben dem Nabel, wo sie ihm vor 34 Jahren den Bauch aufgeschnitten hatten, um die losen Darmenden wieder zusammenzunähen, schmerzte die Narbe.
Nach dem Essen schlug Wolodja eine Einladung Vermaaks aus, mit ihm einen Drink an der Bar zu nehmen. Er hatte keine Lust, seine Zeit mit einem geschwätzigen Handelsvertreter zu vergeuden und schützte eine Kreislaufschwäche vor, was nicht einmal gelogen war.
Der Südafrikaner schien nicht sonderlich enttäuscht. Im Grunde interessierte ihn dieser langweilige Engländer nicht.
Dabei hätten sie sich eine Menge erzählen können, denn sie hielten sich beide aus dem gleichen Grund hier in Francistown auf.

Der Zettel war in fehlerhaftem Englisch geschrieben, die Botschaft kurz: »January aus Gaborone zurück. Donerstag neu Transport Reckruten aus Schule Rodesien.«
January faltete den Zettel achtmal, steckte ihn zurück in den durchsichtigen Plastikbeutel und legte den Beutel unter den Stein, so wie er ihn vorgefunden hatte.
Edson Mojo war nicht besonders umsichtig zu Werke gegangen, als er die Nachricht unter dem Knüppeldamm an der Straße nach Gaborone versteckte. Ein Freund Januarys, mit der Überwa-

chung Mojos beauftragt, hatte den Matabele dabei beobachten können und January informiert, der mit dem Freund sofort in seinem Jaguar zu der Fundstelle gerast war.
»Versteck dich hinter dem Baum, und paß auf, wer den Zettel abholt«, ordnete er an, bevor er in die Stadt zurückfuhr.
Also stimmte Feuchtenbeiners Geschichte doch, und Mojos Version war erlogen. Sie hatten einen Spitzel eingeschleust und es so geschickt eingefädelt, daß sogar er dem Mann auf den Leim gegangen war. Fast jeden in Francistown hätte er verdächtigt, im Solde von BOSS zu stehen, nur Edson Mojo nicht, den Matabele, der das Amulett des *African National Congress* trug und der ihm den Bruderkuß gegeben hatte. Einen Judaskuß.
In einer ersten Aufwallung erwog er, den Verräter zu liquidieren, aber dann überlegte er, daß es klüger sei, den Feind mit dessen eigenen Werkzeugen zu bekämpfen. Er würde Mojo eine Weile benützen, um die Südafrikaner mit falschen Informationen zu füttern und gleichzeitig den Schaden zu beseitigen, den Mojo bisher angerichtet hatte. Das Ausbildungscamp im Busch, das Mojo nun kannte, mußte allerdings in aller Stille aufgelöst, das Reisebüro geschlossen, weitere Rekrutentransporte aus Zimbabwe mußten fürs erste abgeblasen werden.
Die Abwicklung würde ein paar Tage dauern. Danach mußte er ein neues Hauptquartier aufschlagen, in einem anderen Lager im Busch. Wenn die sowjetischen Waffen erst eingetroffen waren, benötigte er ohnehin keine Tarnung mehr. Nachdem BOSS so viele Interna aus der Organisation erfahren hatte, blieb nur noch die Flucht nach vorn.
Mit Tutuma war nun nicht mehr zu rechnen. Vielleicht hatte er sich beim Absprung über der Kalahari das Genick gebrochen. Wahrscheinlicher war jedoch, daß die Südafrikaner ihn mitsamt den Diamanten erwischt und in aller Stille außer Landes geflogen hatten. Und um den Rest der Organisation zu entschärfen, hatten sie ihm den Spitzel Mojo auf den Hals geschickt.
Dann eben ohne Tutuma. Alle Fäden liefen sowieso bei ihm, Ja-

nuary, zusammen. Wenn er jetzt losschlug, würde er seine Truppen eine ganze Weile mit der Behauptung hinhalten können, Tutuma halte sich gerade an einem anderen Frontabschnitt auf, und im Laufe der Zeit würden sich die Soldaten an den neuen Führer gewöhnen, an January.

Allmählich begann er, Gefallen an dieser Vorstellung zu finden. Gewiß, Tutuma hatte ihm einiges voraus: Er war populär, europäisch gebildet und integer. Wenn es in Zimbabwe überhaupt einen Führer gab, der die zerstrittenen Völker der Shona und Matabele im Kampf gegen den weißen Feind einigen konnte, dann war es Tutuma. Nicht Muzorewa, nicht Nkomo, nicht Mugabe und nicht Sithole.

Doch der Mann, der im stillen die Fäden zog, war nicht Tutuma, sondern er, January. Strategisch war er Tutuma mindestens ebenbürtig, und mit dem Kredit des Mannes, der die Weißen aus dem Land gejagt hat, würde er später auch in die Aufgaben eines Staatsmannes hineinwachsen, fähig, das befreite Zimbabwe zu regieren.

Je früher er sich darauf vorbereitete, desto besser. Zunächst einmal sollte er sich anders kleiden, weniger modisch, sondern schlichter, wie Nyerere in Tansania. Auch den Jaguar konnte er nicht behalten, ein Geländefahrzeug war einem Guerillaführer angemessener.

Vor seinem Haus angekommen, strich January abschiednehmend über den Lack des Jaguar. Wenn er erst Regierungschef war, stand ihm ohnehin ein Rolls Royce oder ein Mercedes zu.

Er schloß den Wagen ab und wollte ins Haus gehen.

»Hallo, Mr. Badubi.«

January schrak zusammen. Der weiße Mann, der auf der Terrasse gewartet hatte, zog höflich seinen Strohhut. »Ich überbringe Ihnen brüderliche Grüße aus Lusaka.«

Im ersten Augenblick hatte January den Fremden für Mojos Kontaktmann gehalten, doch seine Aufmachung entsprach eher der eines europäischen Touristen.

January blieb abwartend stehen. »Ja?«
»Darf ich reinkommen?«
»Worum geht es denn?«
»Ich möchte eine Reise nach Manila buchen.«
Es war die Parole, mit der sich der aus Lusaka avisierte Russe bei ihm einführen sollte.
»Steigen Sie ein.« Er ging zurück zum Jaguar und schloß ihn auf. »Ich zeige Ihnen die Stadt.«
Als sie ein paar hundert Meter gefahren waren, schien der Russe auf irgend etwas zu warten, ein Wort oder eine Bemerkung. Richtig, die Antwort auf die Parole. Wie war das noch? Endlich fiel January der Satz ein. Er kam sich etwas albern vor, als er ihn aussprach: »In Manila wachsen die Vanillestengel auf Bäumen.«
Ein Lächeln erhellte die leidende Miene des Russen. »Ich heiße James Pritchard.«
»Entschuldigen Sie, daß ich Sie vorhin nicht ins Haus gebeten habe, Mr. Pritchard.«
»Das war sehr umsichtig«, lobte Wolodja. »Im Auto kann man nicht abgehört werden.«
January nickte zerstreut, während Pritchard langatmig über die afrikanisch-sowjetische Freundschaft dozierte. Jetzt, da so viel zu tun war, kam ihm der Russe nicht sehr gelegen. Andererseits konnte er ihn nicht einfach abwimmeln, denn von seinem Bericht würde womöglich abhängen, ob die Sowjets ihm anstelle von Tutuma in Beira die Waffen aushändigten.
Um das Gespräch abzukürzen, kam January direkt auf diesen Punkt zu sprechen: »Sie wollen sicher von mir erfahren, wo die Diamanten geblieben sind, Mr. Pritchard.«
»Ach, die Diamanten.« Der Russe winkte ab. »Wir machen uns viel mehr Sorgen um Tutuma.«
»Tutuma ist wohlauf. Er hält sich im Busch versteckt. Sie können sich vorstellen, daß die Buren hinter ihm her sind. Er hat mir den Auftrag erteilt, die Waffen in Empfang zu nehmen und den Be-

freiungskrieg von Botswana aus zu starten. Unsere Leute sind ungeduldig, verstehen Sie. Sobald der Krieg begonnen hat, will Tutuma zu uns stoßen. Mit den Diamanten übrigens.«
Pritchard schien von dieser Idee nicht sehr begeistert. »Ich hätte vorher gern mit ihm gesprochen.«
»Ausgeschlossen! Das ist viel zu gefährlich für uns alle. Aber ich könnte ihm vielleicht eine Nachricht zukommen lassen.«
»Unsere Leute in Serpa Pinto haben auf die Ankunft der Maschine gewartet...«
January wich einer Kuh aus, die sich mitten auf der Fahrbahn niedergelassen hatte. »Leider ist die Aktion nicht ganz planmäßig verlaufen.«
»Ich hätte gern die Einzelheiten erfahren.«
January erzählte ihm die Feuchtenbeiner-Version des Zwischenfalls, vom Eingreifen der Mirage-Jäger und von Tutumas Fallschirmlandung in der Kalahari. »Zuverlässige Freunde haben ihm weitergeholfen«, sagte er dunkel. »Tutuma hat überall im Land Freunde.«
Und bei dieser Andeutung ließ er es bewenden, so hartnäckig Pritchard auch nach weiteren Einzelheiten fragte.
Nachdem er den Russen in der Nähe des Grandhotels abgesetzt hatte, suchte January noch den Afrikaner auf, den er am Knüppeldamm zurückgelassen hatte. Er erfuhr, daß der Handelsvertreter Johan Vermaak aus Südafrika Mojos Zettel aus dem toten Briefkasten gefischt hatte.
Wenigstens wußte er jetzt Bescheid.

Auf dem Platz vor dem Direktionskasino in Orapa bremste Feuchtenbeiner den Range Rover ab und steckte seinen Kopf aus dem Fenster. Der erste Bekannte, der ihm nach seiner Rückkehr über den Weg lief, war ausgerechnet Roger Niehoujs. Der BOSS-Agent sah noch mürrischer aus als gewöhnlich. Er teilte Feuchtenbeiner mit, daß der Mann, nach dem er zu suchen hatte, Tutuma hieße, aber das habe ihm auch nicht weitergeholfen.

»Wie haben Sie so schnell den Namen rausgekriegt?«
»Die Zentrale hat ihn ermittelt«, antwortete Niehoujs kurz.
Feuchtenbeiner rieb sich den Nacken. »Wissen Sie, Niehoujs, ich glaube, der ist längst irgendwo verreckt.«
Der BOSS-Agent blinzelte mißmutig. »Meinen Sie?«
»Na, wenn Sie ihn bisher nicht aufgestöbert haben...«
»Komisch, gestern dachten wir schon, wir hätten ihn. Das Flugzeug hat einen Schwarm Geier aufgescheucht. Da unten am *Deception*, wo sich die Hyänen gute Nacht sagen. Ich bin natürlich sofort hin, mit dem Helikopter.«
»Und?«
»Ein Skelett, so sauber wie im Biologieunterricht. Die Schakale haben ganze Arbeit geleistet, und was sie übriggelassen hatten, haben sich die Geier geholt.« Er starrte auf die frischen Schweißflecken, die Feuchtenbeiners Buschhemd dunkel färbten. »Mann, warum schwitzen Sie denn so?«
»Muß an der Schwüle liegen. Regen liegt in der Luft.« Feuchtenbeiner zwang sich zu einem Grinsen. »Zu Hause geh' ich erst mal unter die Dusche.«
»Haben Sie was geschossen?«
Feuchtenbeiner sah an dem Agenten vorbei. Was wollte er mit dieser Frage andeuten? »Ein Warzenschwein.«
»Lange haben Sie's nicht ausgehalten. Dachte, Sie bleiben mindestens 'ne Woche.«
»Die Sache hat mir doch keine Ruhe gelassen. Und dann diese Tse-Tse-Fliegen da oben im Moremi-Park. Scheußliche Viecher.« Er schüttelte sich. »Sagen Sie, der Tote in der Kalahari – hatte der die Koffer bei sich?«
»Welche Koffer?«
»Na, die mit den Diamanten.«
»Was soll denn ein Buschmann mit Diamanten anfangen?«
»Es war also nicht dieser Tutuma?« Diese verräterischen Schweißausbrüche konnten ihn noch mal den Kopf kosten.
»Ich sag' doch: ein Buschmann. Wir haben das Skelett ausge-

messen. Der Mann war höchstens 1,60 groß und trug keine Schuhe. Nur einen Lederschurz und einen Sammelbeutel. Das Merkwürdige war: Er war gar nicht verdurstet. Kopfschuß. Der belgische Söldner scheint wieder mal einen Rappel gekriegt zu haben. Sehe ich Sie nachher im Kasino?«

Feuchtenbeiner starrte dem BOSS-Agenten entgeistert nach. Er brauchte eine Weile, um diese Wendung zu verarbeiten. Er versuchte, die Ereignisse jenes Abends zu rekonstruieren. Er hatte Tutuma doch durchs Fernglas deutlich erkannt. Tutuma und den Deutschen. Dann war er wieder zum Range Rover gegangen, um seine Elefantenbüchse zu holen.

Als er zurückgekommen war, hatte Tutuma mit dem Rücken zu ihm gesessen. Nach dem Schuß muß er sofort tot gewesen sein, Irrtum ausgeschlossen. Oder?

Natürlich hatte er sich nicht noch einmal vergewissert, ob der Mann am Feuer wirklich Tutuma gewesen war. Wo sollte denn plötzlich ein zweiter Kaffer hergekommen sein?

Vielleicht log Niehoujs ihn an. BOSS wollte seine Reaktion testen, um herauszufinden, ob er Tutuma umgelegt hatte. Vielleicht hatten sie ihn sogar im Verdacht, nach dem Schuß die Koffer mit den Diamanten beiseite geschafft zu haben. Egal, was sie glaubten, nachweisen konnte man ihm nichts.

Es sei denn, er hätte tatsächlich den falschen Mann erwischt. Dann wäre er jetzt noch übler dran als zuvor. Tutuma würde diesen January bei der nächstbesten Gelegenheit über den Mordanschlag informieren. Schon morgen könnten die Fotos in Bill Scrantons Postfach liegen.

Gestern im Kino hatte January von einem Anschlag auf Tutuma – fehlgeschlagen oder nicht – offenbar noch nichts gewußt. Sonst hätte er anders reagiert.

Feuchtenbeiner nahm sich vor, dafür zu sorgen, daß es dabei blieb. Es gab noch eine Chance, nicht sehr groß, aber auch nicht unrealistisch. Der Deutsche wollte mit seinem Lastwagen nach Maun. Maun lag auf dem Weg nach Angola, und Angola war das

Ziel, das Tutuma im Flugzeug angegeben hatte. Es war also gut möglich, daß die beiden noch immer zusammen waren.
Feuchtenbeiner sah auf die Uhr. Um diese Zeit würde er Bill auf dem Golfplatz antreffen, wie immer am Sonntagnachmittag.

Bill Scranton lehnte sich verwundert auf seinen Schläger, als er Feuchtenbeiner auf sich zukommen sah. »Ich denke, du jagst Elefanten im Moremi-Park.«
»Bin noch mal zurückgekommen. Hatte nicht die richtige Ausrüstung mit.«
»Du wirst auch immer schusseliger, Jan.«
»Hab's mir anders überlegt. Ich geh' lieber auf Krokodile.«
Bill runzelte die Stirn. »Du willst doch nicht schon wieder los?«
»Klar. Du hast mich doch selbst in Urlaub geschickt.«
»War keine gute Idee von mir, Jan. Dachte, es täte dir gut, mal ein paar Tage auszuspannen nach dem Streß mit dem Diamantenraub. Macht aber keinen guten Eindruck auf unsere Freunde aus Pretoria. Die wundern sich unentwegt, wie wenig du dich für die Aufklärung des Falles interessierst.«
»Die haben mich ja selbst ausgebootet. BOSS führt die Untersuchung allein. Was soll ich dabei?«
»Trotzdem.« Bill Scranton wechselte den Schläger, fixierte den Golfball und nahm Maß. »Ich würde mir an deiner Stelle jetzt das Trotzköpfchen abschminken. Immerhin haben deine Sicherheitsvorkehrungen nicht funktioniert, sonst wäre das alles nicht passiert.« Er legte ihm die Hand auf die Schulter. »Soll kein Vorwurf sein, Jan, beileibe nicht. Aber du mußt dich mal in deren Lage versetzen. Bei 400 000 Karat hört der Spaß auf.«
»Ich hab' eben Niehoujs getroffen. Meinst du, der hat einen Ton gesagt, daß ich ihm bei den Ermittlungen helfen soll? Der Mann, den wir suchen, soll übrigens Tutuma heißen.«
»Ein schwarzer Rhodesier. Sieht nach einem politischen Verbrechen aus. Mehr haben sie mir auch nicht verraten.«
»Hat er dir auch von dem erschossenen Buschmann erzählt?«

»Ja. Wir haben die Sache der hiesigen Polizei übergeben. Hoffentlich schnappen die jetzt endlich diesen Söldner.« Scranton holte aus zu einem weiten Treibschlag. »Einen Buschmann erschießen – einfach so! Der Kerl muß die Tollwut haben.«
Bills Entrüstung war nicht gespielt. Also stimmte Niehoujs' Geschichte. Er hatte den Falschen aufs Korn genommen.
»Wie wär's, Jan, wenn wir morgen früh unsere Tennis-Serie fortsetzen?«
»Nach dem Urlaub, Bill.«
Bill sah erstaunt auf. »Du fährst also doch?«
»Nicht lange. Da oben im Delta wimmelt's von Krokodilen. Einmal im Leben möchte ich eins vor die Flinte bekommen.«
Jan Feuchtenbeiner war sicher, daß er diesmal den Richtigen erwischen würde.

Im Vorbeigehen hinterließ Edson Mojo an der Hauswand des Supermarkts einen dünnen Kreidestrich. Für den Nichteingeweihten war er kaum zu erkennen, aber Vermaak würde ihn sofort entdecken. Es war das vereinbarte Signal, daß Mojo etwas Neues für ihn hatte.
Es waren wichtige und erfreuliche Neuigkeiten, nicht nur für seinen Führungsoffizier und die BOSS-Zentrale in Pretoria, sondern auch für Mojo selbst. Vor einer Stunde hatte ihm January seinen Entschluß anvertraut, die Freiheitsbewegung aufzulösen, mitsamt den Ausbildungscamps im Busch. January habe gerade erfahren, daß die seit langem angekündigten Waffen nicht geliefert würden. Ohne Waffen und ohne Tutuma sei die Errichtung einer zweiten Front zur Befreiung Zimbabwes sinnlos geworden.
Für Mojo war dies eine gute Nachricht. Wenn January vorzeitig aufgäbe, bespitzelten die Südafrikaner ihn vielleicht nicht mehr, und Mojos Auftrag wäre beendet.
Es sollte ohnehin sein letzter Auftrag sein, das hatte ihm der General persönlich versprochen. Wenn er ihn zu seiner Zufrieden-

heit erledigte, würde man ihm die kompromittierende Quittung über 50 Rand zurückgeben und ihn aus den Diensten von BOSS entlassen.
Und hatte er nicht hervorragend gearbeitet?
Nachher wollte er Vermaak an das Versprechen des Generals erinnern. Dieser Job ging allmählich über seine Kraft. Der Gedanke, Naledi, January, Dikeledi und all die anderen den Südafrikanern ans Messer zu liefern, bedrückte ihn von Tag zu Tag mehr. Zwei- oder dreimal hatte er schon mit dem Gedanken gespielt, sich einfach umzubringen. Dann könnte ihn niemand mehr zwingen, weiter Dinge zu tun, die ihm seine Selbstachtung nahmen, Stück für Stück.
Auf dem Postamt legte Mojo den Benachrichtigungszettel vor. »Ich soll ein Paket für Mr. Badubi abholen.«
Der Angestellte fischte das richtige Paket heraus. »Warum kommt er nicht selbst?«
»Er hat keine Zeit.«
Daß January ihn seine Post abholen ließ, machte Mojo gleichermaßen stolz und unglücklich. Stolz über den Vertrauensbeweis, unglücklich darüber, dieses Vertrauen mißbrauchen zu müssen.
Mojo quittierte den Empfang und nahm das Paket an sich. Es war verschnürt und etwas kleiner als ein Schuhkarton. Mojo drehte das Paket um und warf einen Blick auf den Absender: Botschaft der UdSSR in der Republik Sambia. Poststempel Lusaka.
Mojo nahm das Paket unter den Arm und lief drei Blocks weiter zu dem Buchladen. Der Besitzer, ein Inder, war allein im Laden, und Mojo überlegte, ob er die Gelegenheit nutzen sollte, den Inder zu fragen, ob er deshalb immer so traurig dreinblicke, weil auch ihn die Südafrikaner zur Mitarbeit gepreßt hatten.
Aber der Inder war nicht zu einer Unterhaltung aufgelegt. Mit einer knappen Kopfbewegung bedeutete er, daß Mojo im Hinterzimmer erwartet werde.
Mojo ging hinein und wartete, bis Vermaak, der mit der Reinigung seiner Fingernägel beschäftigt war, aufblickte.

Schließlich fragte der Bure: »Was gibt's?«
»Ich habe wichtige Neuigkeiten von January, Mr. Vermaak. Er hat mir vorhin erzählt, er will...«
»Was hast du da für ein Paket?«
»An January. Von der sowjetischen Botschaft in Lusaka. Wird Sie bestimmt interessieren, Mr. Vermaak.«
»Zeig mal her.« Vermaak drehte und wendete interessiert das Paket, hielt es an sein Ohr und schüttelte es. Dann klappte er sein Taschenmesser auf.
»Vorsicht! January darf doch nicht merken, daß wir es geöffnet haben.«
Vorsichtig lockerte Vermaak mit der Messerspitze den Knoten der Verschnürung, bevor er ihn mit den Fingern zu lösen begann.
Sofort nach der Explosion stürzte der Inder ins Hinterzimmer. Er trat auf Glasscherben und Mörtel. Es roch nach angesengtem Fleisch.
Als sich die Schwaden des Mörtelstaubs gesetzt hatten, sah der Inder auf dem Boden einen abgerissenen Kopf liegen, den Kopf des Buren.
Einen Meter weiter entdeckte er den Körper Edson Mojos. Er blutete aus vielen Wunden. Sein Gesicht war weiß gepudert von dem Mörtel, den die Explosion freigesetzt hatte. »Die Götter haben sich gerächt«, sagte er leise in der Sprache der Matabele.

Der Tod des schwarzen Wanderarbeiters Edson Mojo und des weißen Handelsvertreters John Vermaak wurde von den Zeitungen im südlichen Afrika unterschiedlich kommentiert. Die Blätter der weißen Minderheit sprachen von einem feigen Meuchelmord kommunistischer Aggressoren; die Blätter der schwarzen Front-Staaten von einem heimtückischen Anschlag des südafrikanischen Geheimdienstes auf den afrikanischen Patrioten Edson Mojo.
Nur in der Schlußfolgerung waren sich alle einig: der Kampf müsse weitergehen.
Nun erst recht.

Spinnenweibchen

Verglichen mit den achsbrecherischen Fahrspuren, auf denen er sich in der letzten Woche hatte fortbewegen müssen, erschien Dieter die Straße von Francistown nach Maun wie eine Autobahn. Der Belag bestand aus gestampftem Lehm und Steinen und war einigermaßen eben. Dafür sorgten die Traktoren der Straßenbaubehörde, Grader genannt, die ständig die Straßenoberfläche mit Büscheln von Dornenzweigen planierten, dem kostenlosen Material, über das Botswana im Überfluß verfügte.

Am Morgen hatten sie den Botletle-Fluß überquert und nach einer Stunde Fahrt über die steinharten Salzrippen der Makgadikgadi-Pfannen die Straße erreicht. In der Debatte, welche Richtung sie nun einschlagen sollten, konnte Dieter sich durchsetzen. Er bestand darauf, erst nach Nata zu fahren, um den amerikanischen Archäologen die Ziege zurückzubringen, und Tutuma, der eigentlich westwärts nach Maun wollte, fügte sich schließlich und verkroch sich unter der Decke auf der Ladefläche. Er wollte nicht gesehen werden.

Für botswanische Verhältnisse war der Verkehr auf der Allwetterstraße lebhaft. Fast jede Stunde begegnete ihnen ein Wagen. Kurz vor Gweta war der schrottreife blaue Bus nach Francistown wieder einmal mit einer Panne liegengeblieben. Ein paar Dutzend Afrikaner mit ihren Familien und ihren Bündeln hockten auf der Straße und winkten, in der Hoffnung, mitgenommen zu werden.

Dieter steuerte den Ford an den gestikulierenden Anhaltern

vorbei. Tutuma hatte ihn gebeten, unter keinen Umständen jemanden mitzunehmen. Er hatte Angst, erkannt zu werden.
Am Schlagbaum von Gweta, einem Dorf mit ungefähr 30 Lehmhütten, mußte sich Dieter in das Buch des Polizisten eintragen lassen, der jeden Wagen samt Fahrer notierte, bevor er ihn über die Desinfektionsschwelle schickte. Bewegliche Rollen zwangen die Rinder, außen herum zu laufen, durch ein Quarantäne-Becken, das die an ihren Hufen haftenden Erreger der Maul- und Klauenseuche abtötete.
Eine landesweite Ausbreitung der Seuche hätte eine Hungersnot zur Folge und den wirtschaftlichen Ruin der Bevölkerung, die auf den Export der Rinder angewiesen war.
Dieter ging hinüber zu einer weißgestrichenen Bude, vor der ein alter Afrikaner hinter einem hölzernen Kasten stand. Bei näherem Hinsehen identifizierte Dieter den Kasten als einen vorsintflutlichen Fotoapparat.
Der Alte grinste ihn zahnlos an. »Foto, Monna? Ein Pula.«
Als Dieter belustigt nickte, stellte ihn der Alte vor eine abgewetzte Pappwand, auf die ein Löwe gemalt war, wobei er Dieter so postierte, daß es später auf dem Foto aussehen würde, als legte ihm der Löwe zutraulich eine Pranke aufs Knie.
Der Kopf des Alten verschwand unter einem schwarzen Tuch, und eine Minute später war das Foto im Kasten. Dieter gab dem Alten eine Pula-Note und schrieb ihm die Postfachnummer von Helmuth Dieckmann in Maun auf.
Dann kaufte er zwei Dosen Mirinda-Orangeade, eine davon für Tutuma, und ging zurück zu dem Anderthalbtonner.
Dort hatten in der Zwischenzeit die Afrikaner aus dem liegengebliebenen Bus die Ladefläche erobert. Sie saßen auf ihren zerfledderten Pappkoffern, Decken und Bündeln und starrten Dieter hoffnungsvoll an. Einige hatten sogar ihr Bettzeug mit auf die Reise genommen. Irgendwo darunter mußte Tutuma unter seiner Decke liegen.
Dieter schüttelte energisch den Kopf, und als die ungebetenen

Passagiere keine Anstalten machten, die Ladefläche zu räumen, entsann er sich einer Geste, die ihm Tutuma beigebracht hatte: Er drehte seine Handflächen nach oben, was in der Gebärdensprache der Batswana ein unwiderrufliches Nein bedeutete. Nach und nach kletterten alle Afrikaner enttäuscht herunter und trollten sich zu der Bude mit dem Fotografen.
Als sie wieder allein waren, fragte Dieter leise: »Bist du noch okay?«
»Es geht«, ächzte Tutuma unter seiner Decke. »Sie haben auf mir rumgetrampelt wie eine ganze Rinderherde, aber ich bin noch einigermaßen heil.«
Dieter schlug die Decke zurück und reichte Tutuma die Limonadendose. »Hat dich einer gesehen?«
»Ja.«
»Und erkannt?«
Tutuma riß den Verschlußring der Dose ab. Die warme Limonade lief ihm über die Hand. »Ich hoffe nicht.« Er trank einen Schluck und blinzelte in die Sonne. »Wo sind wir? In Gweta?«
Dieter nickte. »Es ist nicht mehr sehr weit bis Nata.«
Tutuma kroch wieder unter seine Decke, und Dieter stieg in die Fahrerkabine. Als er seine Dose leergetrunken hatte, widerstand er der Versuchung, sie aus dem Fenster zu werfen. Überall an den Straßenrändern lagen plattgedrückte Dosen. Manchmal hoben die Afrikaner sie auf, um sie als Dachschindeln, Baumaterial oder als Spielzeug für ihre Kinder zu verwenden.
Tutuma hat recht, dachte Dieter. Welche Errungenschaften unserer Zivilisation haben wir den Afrikanern schon vermittelt? In Afrika war der Weg zum Fortschritt mit plattgedrückten Bierdosen gepflastert.
Es hatte zu regnen begonnen, der Staub verband sich mit dem Wasser zu einem schlüpfrigen Belag, auf dem die Räder kaum noch hafteten. Dieter schaltete herunter in den zweiten Gang, und obwohl er jetzt noch höchstens 15 Stundenkilometer fuhr, gelang es ihm nicht mehr, einem Esel auszuweichen, der die

Straße überqueren wollte. Das Heck des bremsenden Anderthalbtonners brach aus und streifte den Esel, der einen unwilligen Satz zur Seite machte. Hinter einem Busch tauchte schimpfend der Besitzer des Tieres auf.
Gegen Abend erreichten sie Nata, eine größere Ansammlung von Lehmhütten. Schilfdächer verrieten die Nähe von Wasser. Ein Afrikanerjunge wies ihnen den Weg zum Nata-Fluß, wo Bob, Jim und Linda ihr Basis-Camp aufgeschlagen hatten, etwas abseits vom Dorf.
In einem offenen, mit Schilf bedeckten Unterstand hämmerte Bob auf die Tasten einer Schreibmaschine. Linda stand mit aufgekrempelten Jeans im Fluß und wusch den gußeisernen Kochtopf, und von Jim waren nur die Beine zu sehen. Er lag unter dem Datsun Patrol und feuerte Kaskaden phantasievoller amerikanischer Flüche ab.
Ein schwarzer Boy versuchte, mit dem regenfeuchten Holz in einem in der Mitte durchgeschnittenen leeren Benzinfaß ein Feuer zu entfachen.
Als erster erspähte Bob den Besucher. Er kam aus dem Unterstand gerannt und umarmte Dieter, dem er gerade bis zum Kinn reichte. Dann rief er zum Datsun hinüber: »Mäßige deine Ausdrucksweise, Jim! Wir haben hohen Besuch.«
»Wer?«
»Der Staatskommisar zur Überwachung und Pflege der amerikanischen Umgangssprache.«
Jim verstummte und kroch unter dem Wagen hervor. »Dieter! Hat dich die Kalahari wieder hergegeben!« Ölverschmiert und bärtig, sah er aus wie ein geretteter Bergmann, der eine Woche lang verschüttet gewesen war.
Jetzt kam auch Linda vom Fluß. »Wo ist Lizzy? Hast du sie etwa aufgefressen?«
Stolz deutete Dieter auf die Ziege, die stinkend, triefend und stoisch wiederkäuend auf der Ladefläche des Ford stand und keinerlei Spur von Wiedersehensfreude bekundete, nicht einmal ein dünnes Meckern.

»Und Tutuma?« fragte Jim.
»Fast hätten sie ihn erwischt.« Dieter schien es, als hätten die Augen des schwarzen Boys bei der Erwähnung von Tutumas Namen aufgeleuchtet. »Spricht der Englisch?«
»Nur einen Satz, und der lautet: Gib mir zehn Cents.«
»Schickt ihn trotzdem weg.«
Bob warf dem Boy eine Dose Lunchmeat zu. *»Boela kwa morago – tswi tswi.«*
Als er verschwunden war, tauchte Tutuma unter der Decke auf. Er hörte schweigend zu, als Dieter den Amerikanern von dem rätselhaften Mordanschlag auf Klick-Klack erzählte. »Tut mir leid, wenn ich euch die Stimmung verderbe mit dieser Geschichte.«
Jim spuckte wütend ins Feuer. »Und ob du uns die Stimmung versaut hast!«
Nach dem Dinner, das sie schweigend an dem Blechtisch unter der großen Schirmakazie einnahmen, erwähnte Bob, daß der Direktor des Deutschen Entwicklungs-Dienstes sich in Gaborone große Sorgen um Dieter Hahn mache. »Er hat sogar das Innenministerium eingeschaltet, sie sollten dich in der Kalahari suchen lassen. Da Botswana keine eigenen Flugzeuge besitzt, hat das Innenministerium das Management von De Beers gebeten, ein Auge auf einen einzelnen Anderthalbtonner zu richten.«
Tutuma verschluckte sich an seinem Nescafé. »Die Leute von Orapa?«
»Ja, die Geologen machen gerade eine Serie von Erkundungsflügen über der Kalahari. Ich will dir keine Verhaltensmaßregeln geben, Dieter, aber vielleicht solltest du deine Leute in Gaborone anrufen. Es ist nicht gerade fair, sie so lange im ungewissen zu lassen.«
Dieter putzte verlegen seine Brille. »Gibt's in Nata ein Telefon?«
»Ja, sie haben eine Anlage aus dem vorigen Jahrhundert. Manchmal kommt man sogar durch.«

»Ich fahre morgen sowieso nach Francistown«, sagte Bob. »Einkaufen und den Bericht über unsere Buschmann-Expedition an die Uni absenden. Die müssen den privaten Mäzenen etwas Schriftliches vorlegen, sonst glauben die, wir machen hier nur eine Safari auf ihre Kosten. Wenn du willst, nehme ich dir den Anruf nach Gaborone ab.«
»Das wäre nett. Und was deinen Bericht anbetrifft – vielleicht können wir noch ein paar Einzelheiten beisteuern.«
Er erzählte von ihrer Begegnung mit den Buschmännern, von der Jagd in Straußenkleidern, von dem gemeinsamen Mahl und von dem alten Buschmann, den sein Volk in der Kalahari zurückgelassen hatte.
Es wurde eine lange Nacht, denn Bob, Jim und Linda ließen nicht locker, bis sie auch die letzte Einzelheit aus Dieter herausgepreßt hatten. Am Schluß versprachen sie ihm, sich bei ihrer Universität dafür einzusetzen, Geld für Dieters geplantes Buschmannprojekt beizusteuern.
Gegen Morgen, als die Hyänen noch heulten und die Wildtauben schon zu gurren begannen, kroch Dieter in das Zelt zu Tutuma, der schon vor Stunden schlafen gegangen war.
Vorhin am Feuer hatte der Rauch die Moskitos ferngehalten, aber hier im Zelt machte Dieter zum erstenmal ihre Bekanntschaft. Draußen in der trockenen Kalahari, wo ihnen die Brutplätze fehlten, hatte es keine gegeben.
Dieter schluckte vorsorglich eine Resochin-Tablette gegen Malaria und hörte eine Weile dem Sirren der Moskitos zu. Sie sangen eine Oktave höher als die europäischen Mücken, fast oberhalb der Schwelle, an der das menschliche Ohr Frequenzen wahrzunehmen imstande ist. Dieter zerdrückte einen Moskito auf seiner Wange.
Als die unsichtbaren Geschwader ihn über und über zerstochen hatten, entzündete er die Paraffinlampe, um die Insekten bei Licht besser jagen zu können. Auch als er die Flamme höher drehte, blieb seine Abschußquote gering. Die Moskitos waren

zu winzig. In seiner Kniekehle ertastete er eine Schwellung so groß wie eine Erbse. Sie entpuppte sich als eine vollgesogene Zecke, die sich in seine Haut eingebohrt hatte. Er drehte sie heraus und zertrat sie am Boden.
Als er es nicht mehr aushielt, floh er ins Freie, wo er Bob traf, der im Fluß badete. Auch Dieter sprang ins Wasser, um die höllisch brennenden Quaddeln auf seiner Haut zu kühlen.
»Wie haltet ihr das bloß aus ohne Moskitonetze?« fragte er Bob.
Bob kletterte ans Ufer und kramte aus einer Blechkiste einen Moskitocoil, eine Spirale aus brüchigem grünem Material. »Wenn du es am äußeren Ende anzündest, brennt's ungefähr sieben Stunden lang. Riecht wie Weihrauch. Moskitos mögen den Gestank nicht.« Bob grinste. »Ich auch nicht. Muß daran liegen, daß ich Heide bin.«

Nach dem Frühstück bat Tutuma die Archäologen um einen Kugelschreiber und ein Blatt Papier. Er schrieb das Blatt voll und gab es Bob. »Kannst du das in Francistown für mich erledigen?« Er beschrieb ihm den Weg zu Januarys Reisebüro. »Der Mann heißt Mr. Badubi.«
Bob warf einen Blick auf den Zettel. »Ist das der Entwurf für die Unabhängigkeitserklärung von Zimbabwe?«
»Es ist in Kalanga geschrieben und außerdem verschlüsselt.« Tutuma sah ihn beschwörend an. »Ich muß mich darauf verlassen, daß die Nachricht keinem Falschen in die Hände fällt. Sonst kann ich sie gleich mit der Post schicken.«
»Und was steht tatsächlich drin?«
Tutuma drehte abweisend die Handflächen nach oben. »Das ist eine Sache, die nur Badubi und mich etwas angeht.«

General Erik van Zyl ging über den Tod seiner beiden Agenten in Francistown mit dem achselzuckenden Gleichmut eines alten Soldaten hinweg. Der Witwe Johan Vermaaks diktierte er einen

Kondolenzbrief, in dem er einerseits die skrupellosen Methoden der Terroristen auf das schärfste verurteilte, aber auch zu Herzen gehende Worte des Trostes fand: »Daß die christliche Ethik und der Reichtum unserer Nation sich den Zugriffen der kommunistischen Mörder zu entziehen verstanden haben und auch in Zukunft entziehen werden, verdanken wir nicht zuletzt dem Wirken der stillen Helden, die an vorderster Front ihre Pflicht tun. Einer von ihnen war Johan Vermaak. Sein Tod war nicht umsonst. Er wird uns stets ein leuchtendes Vorbild an Tapferkeit und Pflichterfüllung sein.«

Daß Edson Mojo, der unter seinem Decknamen *»bat-eared fox«* so viele wertvolle Bausteine für van Zyls Puzzle geliefert hatte, nun ausfiel, war bedauerlich, aber vorhersehbar gewesen. Früher oder später wäre January ohnehin hinter Mojos Doppelrolle gekommen und hätte ihn liquidiert. Daß ausgerechnet seine eigenen Auftraggeber Mojo ausgeschaltet hatten, war auf eine jener Pannen zurückzuführen, die sich dem Kalkül jedes noch so umsichtig arbeitenden Geheimdienstes entzogen.

Denn wer hätte schon voraussehen können, daß January ganz gegen seine Gewohnheit diesmal seine Post nicht selbst abholen und öffnen würde?

In diesem Punkt sprach sich van Zyl von jeglichen Selbstvorwürfen frei.

Es hatte einiges gegen den Plan gesprochen, January durch eine Paketbombe zu beseitigen, solange BOSS durch *»bat-eared fox«* über alle Absichten des Feindes direkt aus dem Zentrum der ZLA informiert wurde. Eigentlich hätte van Zyl es vorgezogen, January noch eine Weile observieren zu lassen.

Andererseits war Eile geboten. Wenn January seine Armee erst bewaffnet hätte, wäre es vielleicht zu spät gewesen. Die Köpfe mußten abgeschlagen werden, bevor die Organisation ernsthaften Schaden anrichten konnte.

Durch den Fehlschlag des Attentats war eine neue Lage entstanden, und van Zyl mußte nun ernsthaft befürchten, die Kontrolle

zu verlieren. January war gewarnt, er würde reagieren: untertauchen, seine Ausbildungscamps im Busch auflösen oder verlegen.
An diese Ecke des Puzzles jedenfalls würde van Zyl vorerst keine neuen Einzelteile anlegen können.
Aber an einer anderen Ecke begann sich ein Muster abzuzeichnen.
Zwei Puzzle-Teile waren vom Veterinär-Kontrollpunkt Gweta hinzugekommen. Der Fotograf hatte dem BOSS-Residenten in Francistown von einem Afrikaner berichtet, der auf der Ladefläche eines sandfarbenen Ford-Anderthalbtonners einen unter der Decke verborgenen Mann aufgespürt hatte. Und der hatte dem Phantombild Tutumas sehr ähnlich gesehen.
Der Anderthalbtonner gehörte dem deutschen Entwicklungshelfer Dieter Hahn, demselben Dieter Hahn, der eine Weile als vermißt gemeldet war. Ein Foto dieses Deutschen, das ihn mit einem Papplöwen im Hintergrund zeigte, hatte der Informant beigelegt. Und die Nummer eines Postfachs in Maun, an die er das Foto schicken sollte – c/o Helmuth Dieckmann. Offenbar auch ein deutscher Entwicklungshelfer.
Wenn der Mann auf der Ladefläche Tutuma war, dann war der Deutsche vermutlich der Faden in dem Knäuel, an dem der Anführer der Guerilleros und zwei Koffer mit Rohdiamanten hingen. Man mußte den Faden nun bis zum Ende aufräufeln und wenn nötig, auch ein paarmal kräftig dran zupfen. Wer sich mit Terroristen einließ, durfte sich über die Folgen dieser Komplizenschaft nicht wundern.
Schließlich gab es noch ein Teilchen, von dem van Zyl noch immer nicht genau wußte, ob es in sein Puzzle paßte oder nicht: Jan Feuchtenbeiner.
Orapa hatte ihm gemeldet, daß der Sicherheitschef, kaum von seinem weiß Gott unzeitgemäßen Jagdausflug zurückgekehrt, sich schon wieder auf den Weg gemacht habe. Diesmal ins Okavango-Delta, angeblich, um Krokodile zu jagen.

Van Zyl hätte gern erfahren, hinter welchen Krokodilen Feuchtenbeiner her war. Vielleicht war eines davon schwarz.
Noch eine Fährte, die nach Maun führte.
Obwohl BOSS in Maun, dem Tor zum Okavango-Delta sehr gut vertreten war, beschloß van Zyl, vier seiner tüchtigsten Leute dorthin zu entsenden, einzeln und voneinander unabhängig.

Seit dem mißglückten Attentat zeigte sich January auf den Straßen von Francistown nur noch in Begleitung von Leibwächtern. Die Südafrikaner nahmen ihn als Gegner ernst, sonst hätten sie nicht soviel Aufwand betrieben, um ihn in einem neutralen Land umzubringen, ungeachtet des verheerenden Eindrucks, den diese Aktion auf die Weltöffentlichkeit machte.
Sein, Teko Badubis, bürgerlicher Name, stand in den Zeitungen. Ein englischer Journalist war eigens aus Lusaka angereist, um ihn zu interviewen. January hatte sich dieser Pflicht mit staatsmännischer Würde entledigt. Die Welt beachtete ihn, Südafrika fürchtete ihn, und bald würden auch die weißen Rhodesier zu spüren bekommen, mit welchem Gegner sie es zu tun hatten.
Es gab Telegramme, die Mojo bedauerten und Badubi beglückwünschten, daß er den feigen Anschlag durch eine Fügung Gottes überlebt habe. Auch die chinesische Botschaft in Gaborone drückte telegrafisch ihre Befriedigung aus, nur machten die Chinesen nicht Südafrika, sondern die sozialimperialistische Sowjetunion für das Attentat verantwortlich. Offenbar nahmen sie den fingierten Absender für bare Münze. January antwortete dem Botschafter, daß er seiner Einladung zu einem Gespräch gern Folge leisten werde, sobald seine vielfältigen politischen Pflichten ihm dafür Zeit ließen.
January fühlte sich zu einer Persönlichkeit der Weltpolitik herangereift.
Einen Tag nach dem Attentat war er in den Busch hinausgefah-

ren, um seine noch immer waffenlosen Gruppen zu inspizieren und in aller Eile das Lager aufzulösen, dessen Standort Edson Mojo zweifellos an die Südafrikaner verraten hatte. Die Rekruten verteilte er auf die anderen Camps.
Nur der überraschende Besuch des amerikansichen Archäologen Bob war ihm nicht gelegen gekommen. Ein paar Tage früher wäre January glücklich über ein Lebenszeichen von Tutuma gewesen, aber wie die Dinge jetzt lagen, verwirrte ihn Tutumas handgeschriebene Botschaft mehr, als sie ihn freute. In der Sprache der Kalanga und verschlüsselt, für den weißen Boten nicht zu enträtseln, bestätigte Tutuma in wenigen Sätzen, was January schon von Feuchtenbeiner über den Verlauf des Orapa-Unternehmens erfahren hatte. Er schrieb, daß er sich auf dem Wege nach Angola befinde, weil ihm vorläufig der Boden in Botswana zu heiß sei und er mit den Sowjets über die Waffenlieferung verhandeln müsse. Falls January ihm eine Nachricht zukommen lassen wolle, könne er ihn noch einige Tage über den deutschen Entwicklungshelfer Dieter Hahn in Maun erreichen.
Nachdem er den Zettel gelesen hatte, verbrannte ihn January. Warum mischte sich Tutuma ein, jetzt, da sich die Dinge auch ohne sein Zutun so blendend entwickelten?
Das Attentat hatte die Szenerie völlig verändert. Wer sprach denn noch von Tutuma?
Schließlich war er, January, es gewesen, den die Südafrikaner in die Luft sprengen wollten. Jetzt war er aufgerückt. Einer mußte die Verantwortung übernehmen, für zwei Führer war kein Platz. Er verfügte über die Truppen.
Wer die Armee hat, hat die Macht.

Am nächsten Tag lud January Dikeledi zu einem Ausflug in seinem Jaguar ein.
Als sie am Shashe-Staudamm ausgestiegen waren, sagte er: »Es ist gut, einen Menschen zu haben, dem man ganz und gar vertrauen kann. Man fühlt sich nicht so allein.«

»Hast du Sorgen, Teko?«
»Es ist immer bitter, wenn man sich in einem Freund getäuscht hat.« Er ließ der Feststellung ein nachdenkliches Schweigen folgen.
»Tutuma?«
»Eigentlich wollte ich nicht mehr darüber sprechen.«
»Du hast immer deine Sorgen mit mir geteilt, Teko.«
»Laß mir noch etwas Zeit, Dikeledi.«
Sie gingen eine Weile schweigend nebeneinander her, dann setzten sie sich unter einen Mopanebaum. January nahm einen Stein auf und warf ihn wütend ins Wasser. »Alles haben wir für ihn geopfert. Du hast sogar mit diesem Feuchtenbeiner geschlafen.«
Bei der Erwähnung dieses Namens schüttelte sich Dikeledi. »Ich habe es nicht für Tutuma getan, sondern für die Befreiung unseres Volkes.«
»Aber er hat uns für seine Zwecke ausgenutzt, dich und mich. Und jetzt besitzt er noch die Frechheit, uns einen Boten mit einer Nachricht zu schicken.«
Dikeledi sah ihn verblüfft an.
»Erinnerst du dich an den kleinen Amerikaner, der mich gestern besucht hat?«
»Der mit dem schwarzen Bart?«
»Er überbrachte einen Zettel von Tutuma.«
»Tutuma hat einem Weißen eine Nachricht mitgegeben?«
»Das mache ich ihm nicht zum Vorwurf. Er hat die Nachricht ja verschlüsselt.«
»Zeigst du sie mir?«
»Hab' sie verbrannt. Ich war so empört. Er tut, als sei nichts geschehen. Als habe er uns nicht betrogen und bestohlen.«
»Er konnte ja nicht ahnen, daß Moses uns längst die Wahrheit über seinen Verrat übermittelt hat«, sagte Dikeledi nachdenklich.
»Auf dem Zettel schreibt er, daß er mit dem Fallschirm über der

Kalahari abspringen und die beiden Koffer mit den Diamanten verstecken mußte.«

»Dann ist er also nicht in Zaire?«

»Er ist zurückgekommen nach Botswana, weil er sich hier mit einem Aufkäufer der *Central Selling Organisation* von De Beers verabredet hat. In Zaire hat er nämlich keinen Käufer gefunden, der Bürgerkrieg in Katanga scheint ihm in die Quere gekommen zu sein. Er wird die Steine nicht los. Nur die CSO kann einen so gewaltigen Posten Diamanten abnehmen. Weißt du, wie sie es machen? Sie Kaufen die Diamanten einfach zurück, und beide bringen bei dem Handel ihr Schäfchen ins trockene: De Beers braucht nur einen Bruchteil ihres wahren Wertes zu zahlen, sagen wir mal, eine Million Dollar, und Tutuma hat dann immer noch genug, um sich irgendwo in der Welt damit niederzulassen und das Leben eines weißen Herrn zu führen.«

»Wo hast du das her mit der Million Dollar und dem Aufkäufer?« Auf Dikeledis glatter Stirn erschienen zwei senkrechte Falten. »Hat Tutuma dich etwa auch ins Vertrauen gezogen?«

»Tutuma meint, ich sei ahnungslos. Aber mein Vertrauensmann in Maun hat es mir berichtet. Der Aufkäufer wartet dort schon auf Tutuma und seine Diamanten.«

»Bist du sicher, daß der die Wahrheit sagt?«

January nickte traurig. »Es gibt zu viele Beweise dafür. Der Aufkäufer in Maun, Mojos Bericht, die Tatsache, daß De Beers die Flugzeugaffäre bis heute geheimgehalten hat. Wenn ich mich irrte – ich gäbe zehn Jahre meines Lebens dafür her.«

»Du meinst, Tutuma hat sich über den Amerikaner mit dir in Verbindung gesetzt, um uns über seine wahren Absichten zu täuschen?«

»Er will uns hinters Licht führen, wie er es immer getan hat. Und weißt du, was die größte Unverfrorenheit ist? Ich soll mich mit ihm treffen. Wahrscheinlich will er mich über unsere Absichten aushorchen, um sie den Südafrikanern zu verraten. Vielleicht ist das im Kaufpreis inbegriffen.«

January ließ Dikeledi etwas Zeit, all diese Neuigkeiten zu verarbeiten. Schließlich fragte sie ihn, ratlos und deprimiert: »Und was nun?«
»Er hält sich für schlau. Aber wir sind schlauer als er. Du wirst zu ihm fahren. Ich werde dir sagen, was du ihm erzählen sollst.« Er zögerte. »Aber es ist eine Gefahr dabei.«
»Ich habe keine Angst, Teko.«
»Ich mach' mir keine Sorgen um die Sicherheit deines Körpers, nur um die Sicherheit deiner Seele. Tutuma spricht mit tausend Zungen, das hat er auf der Universität von den Weißen gelernt. Er wird dich mit seiner sanften Stimme einhüllen in ein neues Spinngewebe von Lügen, so wie er es immer mit uns gemacht hat. Versprich mir eins, Dikeledi.«
»Was?«
»Was immer er dir erzählen mag – du darfst ihm kein Wort glauben. Denk immer an deinen Auftrag.«
»Welchen Auftrag?«
»Du mußt versuchen, ihm sein Geheimnis zu entlocken.«
»Sein Geheimnis?«
»Das Versteck der Diamanten.«
»Warum sollte er es mir verraten?«
January strich ihr sanft über die Oberschenkel. »Er mag dich, er hat es mir mal gesagt.«
»Aber er weiß doch, daß ich deine Freundin bin.«
»Deshalb hat er es ja auch nie versucht.« January drückte sie an sich. »Aber du mußt mir versprechen, daß du nichts dabei empfindest.«
»So wie bei Feuchtenbeiner?«
»Wie bei Feuchtenbeiner.«
Dikeledis Miene erstarrte. Sie entwand sich ihm, stand auf und strich sich den Rock glatt.
»Es ist auch für mich nicht leicht, Dikeledi. Aber wir brauchen die Diamanten. Sonst können wir die Waffen nicht bezahlen.«
Dikeledi drehte sich zu ihm um. »Und wenn ich's herausbekommen habe?«

»Dann gib ihm das.« Aus der Tasche seines Buschhemdes förderte er ein Stück Holz zutage, das auf den ersten Blick wie ein Zahnstocher aussah. Bei näherem Hinsehen erkannte Dikeledi, daß es ein Stück Bambusrohr war, so lang wie ihr kleiner Finger. Das Ende war zu einer scharfen Spitze geschliffen.
Aus der anderen Tasche holte January eine unscheinbare kleine Dose und schraubte sie auf.
»Was ist das?«
»Es ist ganz einfach. Du tauchst die Bambusspitze hinein und ritzt ihn damit im Schlaf. Er wird es kaum merken, vielleicht wird er nicht einmal aufwachen. Eigentlich hätte er einen schwereren Tod verdient.«
Dikeledis Hand, die erst nach der Dose greifen wollte, zuckte zurück. »Das kann ich nicht, Teko. Ich bin kein Spinnenweibchen.«
»Es ist viel, was ich von dir verlange, für eine Frau vielleicht zu viel.« Er musterte sie mit einem langen, beschwörenden Blick. »Tu's für unser Volk, Dikeledi.«

Tse-Tse-Fliegen

Das Boot kämpfte sich gegen die starke Strömung nach Norden. Von Zeit zu Zeit schien der Motor von einem erstickenden Husten befallen. Der Sumpf griff mit tausend Fingern nach den Eindringlingen, Wasserpflanzen umschlangen die Bootsschraube und brachten sie zum Stillstand.

Dieter stellte den stotternden Motor ab und säuberte die Schraube von den Vallisnerien, während Tutuma aufmerksam zu den Ufern hinüberspähte. Bisher hatte er noch keine Insel gefunden, die ihm zusagte. Niemand hatte die Inseln im Okavango-Delta gezählt, die Biologen der UNO schätzten sie auf zehntausend, von denen vielleicht ein Dutzend bewohnt waren.

Auf den ersten Kilometern am Rande des Deltas, nach der Island Safari Lodge, waren ihnen noch gelegentlich Menschen begegnet, einsame Jäger oder Fischer, die lautlos in ihren Mocoro-Einbäumen auf dem Thamalakane-Fluß dahinglitten, oder verschlossene Bayeis, die ihnen ernst zunickten.

Später waren sie nach Nordwesten abgebogen, in den Boro-Fluß, einen der wenigen halbwegs passierbaren Wasserläufe, der mitten hinein führte in das unübersichtliche Labyrinth aus Flußarmen und Lagunen. Tony Graham, der Bootsverleiher und Besitzer der schilfrohrgedeckten Island Safari Lodge, hatte Dieter gewarnt, den Boro-Fluß zu verlassen. Nur im Boro gebe es eine schmale ausgebaggerte Fahrrinne, die Seitenarme seien meist hoffnungslos verkrautet.

Hinter der zweiten Flußbiegung hatte Dieter seinen Freund an Bord genommen. Selbst hier ließ Tutuma seine gewohnte Vorsicht nicht außer acht. Dieters Angebot, ihn im Haus eines Entwicklungshelfers in Maun unterzubringen, hatte er, ohne zu zögern, abgelehnt. Im Delta, weitab von allen Menschen, fühlte er sich sicherer.

Dieter empfand das Okavango-Delta als eine bösartige Laune der Natur in einem Land, dessen Armut so eng mit dem Mangel an Wasser zusammenhing. Hier wurde es in unvorstellbarem Maße verschwendet. Es kam von Norden mit dem Okavango-Strom aus Angola, teilte sich hinter der botswanischen Grenze in Tausende von Flüssen, Lagunen, Kanälen und Seitenarmen, irrte durch ein Gebiet fast von der Größe Hollands und fand keinen Ausweg mehr aus dem Labyrinth. Milliarden Kubikmeter Wasser verdunsteten und versickerten nutzlos am Südrand des Binnendeltas.

Sie hätten ausgereicht, das ganze Land in einen fruchtbaren Garten zu verwandeln.

Hier in der weltentrückten Stille schien das harte Tuckern des Motorboots nicht nur Dieters Ohren weh zu tun. Kraniche erhoben sich unwillig in die Luft. Vom Ufer her hörte er das Zetern einer aufgeschreckten Pavianherde. Ein Flußpferd tauchte prustend und schnaubend auf, starrte zu ihnen hinüber und flatterte entrüstet mit seinen winzigen Ohren.

Nur die Fischadler blieben unbeeindruckt von dem Lärm. Hin und wieder sah Dieter ihre weißen Köpfe durch die Wipfel der Bäume schimmern.

Endlich meinte Tutuma eine geeignete Insel gefunden zu haben, und Dieter steuerte mit abgestelltem Motor darauf zu. Tutuma sprang ins Wasser, das ihm bis zur Taille reichte, und schob das Boot über den Teppich der weißen und blauen Wasserlilien in den Schilfgürtel. Die letzten Meter mußten sie durch eine fast undurchdringliche Phalanx von Papyrusstauden waten.

Als sie das Ufer erreicht hatten, schaute sich Tutuma unruhig um. »Manchmal gibt es Löwen auf den Inseln.« Er flüsterte. »Sie jagen eine Insel leer und schwimmen dann zur nächsten.«

Dieter war überrascht, daß er auf festen Lehm trat. Die Insel war vielleicht vier Hektar groß. Auf der ihnen abgewandten Seite standen Palmen. Aus einem mannshohen Termitenbau wuchs ein Mopane-Baum.
Behutsam setzte Tutuma einen Fuß vor den anderen. Als Dieter die Insel näher erforschen wollte, hielt der Afrikaner ihn zurück. »Laß uns lieber in der Nähe des Bootes bleiben.« Tutuma fürchtete sich vor Krokodilen und Flußpferden, die gefährlich werden konnten, wenn man sie störte. »Ich war noch nie im Delta. Mir wär' wohler, ich hätte ein Gewehr bei mir.«
Dieter hielt den Atem an und horchte in die Stille. Neben ihnen bewegten sich die Quasten der Papyrusstauden, und irgendwo ertönte ein eigenartiges hartes Klappern wie aus einem Würfelbecher: Ein Stachelschwein brach heraus und suchte mit angelegten Stacheln das Weite.
Dieter nahm sein Taschenmesser und half Tutuma beim Sammeln von Papyrusblättern, aus denen der Afrikaner sich auf einem freien Platz ein Bett bereitete.
Dann schwärmten sie aus, um trockenes Holz zu suchen.
Den ersten Stich spürte Dieter im Nacken, er wußte sofort, daß dies kein Moskito sein konnte. Moskito-Stiche juckten und waren bei weitem nicht so schmerzhaft. Dieser Stich war wie von einer glühenden Nadel.
Er klatschte sich auf den Nacken und zerdrückte ein Insekt, das entfernt einer Pferdebremse ähnelte. Ein Blutfleck blieb zurück, aber kein Jucken und keine Schwellung. Auch der plötzliche Schmerz war sofort vorüber, bis der nächste kam und der übernächste. Auf einmal attackierte ihn ein ganzer Schwarm, und das Unheimliche war, daß diese Fliegen weder zu hören noch zu sehen waren. Sie ließen sich einfach von den Bäumen fallen und landeten auf der Haut, so sanft, daß Dieter sie erst spürte, wenn sie ihm die Saugrüssel in die Haut bohrten.
Und während er wild um sich zu schlagen begann, flogen die lautlosen Stuka-Geschwader immer neue Angriffe. Nur selten

gelang es ihm, eine der Fliegen zu zerquetschen, bevor sie ihn stach. Offenbar waren sie nur verwundbar, wenn sie sich gerade auf der Haut niedergelassen hatten, trunken von Blut. Sein gelbes T-Shirt bekam rote Flecken, die meisten Fliegen aber schienen eine eigenartige Vorliebe für seine blauen Jeans zu hegen, die bald über und über mit ihnen bedeckt waren.

Hilfesuchend rannte Dieter hinüber zu Tutuma, der zwanzig Meter entfernt Holz sammelte und von den Attacken nichts gemerkt hatte.

Als der Afrikaner aufsah, wußte er sofort Bescheid. »Zieh die Jeans aus und spring ins Wasser«, rief er.

Dieter gehorchte, stieg aus den Hosen, und sobald er ins kristallklare Wasser tauchte, ließen die Fliegen von ihm ab.

»Warum haben sie dich nicht angefallen?« rief er zum Ufer hinüber. »Mögen sie keine Schwarzen?«

Tutuma lachte. »Weil du blaue Jeans getragen hast. Tse-Tse-Fliegen sind ganz versessen auf Blau.«

Wegen der Tse-Tse-Fliegen, die im Blattwerk der Bäume auf Opfer lauerten, entzündeten sie ihr Feuer auf einer Lichtung.

»Es wird bald dunkel«, murmelte Tutuma. »Nachts schwärmen sie nicht aus.« Er lauschte dem feinen Sirren, das die Luft erfüllte. »Hörst du? Da kommt die Ablösung. Moskitos.«

»Schlafkrankheit oder Malaria. Schöne Alternative.« Dieter schluckte wieder eine Resochin und erhob sich. »Ohne mich.«

»Wo willst du hin?«

»Nach Maun.«

»Du kannst im Dunkeln nicht mit dem Boot durch das Delta fahren.«

»Scheiße!« Dieter setzte sich wieder und schwieg verdrossen.

»In manchen Teilen des Sumpfes haben sie die Tse-Tse-Fliege ausgerottet«, sagte Tutuma. »Sie überfliegen das Gebiet und sprühen Chemikalien. Ich hatte gehofft, daß wir uns hier noch im Tse-Tse-freien Gürtel befinden.«

»Warum rotten sie die verdammten Biester nicht ganz und gar aus?«

»Dann würden die Rinderzüchter ihre Herden hineintreiben. Sie würden auf den Inseln Dörfer bauen, die Vegetation vernichten und das Wild vertreiben. Die Regierung und die Weißen sind dagegen. Sie wollen das Delta erhalten, wie es jetzt ist. Sie nennen es eines der letzten unangetasteten Wildschutzgebiete in Afrika.«
»Erhalten – für wen? Für die Großwildjäger?«
»Die Jäger bringen Devisen ins Land.« Tutuma lachte leise. »Alle geben vor, die Natur zu schützen, aber alle wollen das Delta ausplündern. Unsere schwarzen Rinderzüchter. Die Großwildjäger, die so viele Flußpferde abgeschossen haben, bis die Flußarme hoffnungslos verkrautet sind. Früher waren es die Flußpferde, die die Wasserpflanzen fraßen und die Wasserwege sauberhielten. Jetzt, nachdem sie das Gleichgewicht der Natur zerstört haben, müssen die Weißen die wuchernden Schwimmpflanzen mit chemischen Mitteln vernichten.« Tutuma legte ein neues Stück Holz ins Feuer. »Aber den größten Appetit auf das Delta haben die Minen-Konzerne. Du hast den Mopipi-Staudamm gesehen. Das Wasser kommt aus dem Delta, und bis es in Orapa ankommt, ist fast alles verdunstet. De Beers hat ganze Flußläufe im Delta ausgebaggert, allmählich läuft das Wasser ab, der Wasserspiegel senkt sich, und irgendwann wird das Delta völlig austrocknen. Und wofür?« Wütend riß Tutuma einen Zweig aus dem Feuer und schleuderte ihn ins Wasser. »Damit die Südafrikaner bequemer unsere Diamanten stehlen können.«
»Aber Botswana profitiert doch auch von Orapa.«
»Mit einem Trinkgeld. Fünfzehn Prozent Beteiligung und zweitausend schlecht bezahlte Arbeitsplätze. Die Diamanten gehören uns, sie liegen in unserer Erde. An jedem Tag, an dem die Weißen sie herausholen, rauben sie uns einen Teil unseres Reichtums.« Tutuma war merkwüdig erregt, wie selten zuvor bei ihren Diskussionen. »Oder bist du anderer Meinung?«
»Mag sein, daß du recht hast.« Dieter gähnte. »Aber es gibt

Schlimmeres als die paar Diamanten, die sie aus eurer Erde kratzen.«
»Sie gehören uns«, wiederholte Tutuma halsstarrig.
Dieter war müde und hungrig und verärgert, weil er wieder eine Nacht im Freien verbringen mußte, mit all den Moskitos, Tse-Tse-Fliegen und weiß der Teufel noch für Ungeziefer. Er hatte sich auf das Bett gefreut, das im Haus von Helmuth Dieckmann auf ihn wartete. Maun verfügte sogar über elektrisches Licht, ein unerhörter Luxus für ein Dorf im Busch. Irgendwann hatten die Rhodesier einen Generator dort hingeschafft, mit dem sie einen Rundfunksender betreiben wollten. Als sich der Plan mit dem Sender wegen der politischen Entwicklung zerschlug, ließen sie den Generator in Maun einfach stehen. Das kam billiger, als ihn den ganzen Weg nach Rhodesien zurückzutransportieren. Angeblich sollte es in Helmuths Haus sogar ein richtiges Wasserklosett und eine Badewanne mit einem aus einer Butangasflasche gespeisten Boiler geben. Bei Ulrike und Emil, die er auf der Durchreise in Serowe besucht hatte, stand im Garten nur ein stets von Fliegen umschwirrtes, diabolisch stinkendes Wellblech-Klo. Und um sich duschen zu können, hatten sie vom Wasserhahn im Garten ein Steigrohr in einen Raum neben der Küche geführt und unter der Decke eine durchlöcherte Coca-Cola-Dose befestigt. Natürlich gab es auch keine Sickergrube, die Abwässer flossen direkt aus dem Haus in den Garten.
»Ich habe die Nase voll von dem ewigen Corned beef«, nörgelte Dieter.
Tutuma versuchte, ihn mit einem aufmunternden Blick zu trösten. »Heute gibt's frischen Fisch.«
Später, als es ganz dunkel wurde, zog der Afrikaner einen brennenden Stock aus dem Feuer und hielt ihn wie eine Fackel über das Wasser. Sofort versammelte sich ein Schwarm Buntbarsche unter dem Licht.
Tutuma schlug ein paarmal kräftig ins Wasser und holte ein halbes Dutzend betäubter Fische heraus. Als Vorspeise fing er ein

paar Frösche, nahm sie aus und warf sie zu den Barschen auf den Grill.

Es wurde eine einsilbige Mahlzeit. Seitdem Klick-Klack vor seinen Augen erschossen wurde, waren Dieter die Nächte unter freiem Himmel unheimlich geworden, besonders hier auf dieser Insel, deren Bewohner er noch nicht kannte und die sich jetzt zu Wort meldeten. An das Konzert der Kalahari hatte er sich gewöhnt, selbst das Heulen der Hyänen und Schakale hatte ihm nicht mehr viel anhaben können.

Die Geräusche im Sumpf wirkten noch fremdartiger, vielfältiger, bedrohlicher. Drüben vom Feigenbaum hörte er ein leises Schmatzen, das von einer fruchtfressenden Fledermaus herrühren mochte. Eine Eule rauschte auf leisen Schwingen über ihn hinweg und ließ sich in der Nähe nieder. Auf der anderen Inselseite bellten die Paviane, und ganz in der Nähe brach ein Tier durch die Büsche – eine Antilope oder ein Warzenschwein, anscheinend auf der Flucht. Auf der Flucht vor wem?

Die Dunkelheit schärfte Dieters Gehör, und er nahm etwas wahr, das wie ein unwilliges Stampfen klang. Es wehte herüber von einer Nachbarinsel, auf der sich anscheinend eine Büffelherde eingerichtet hatte.

Ein gedämpftes »Plop« begleitete von Zeit zu Zeit den Gesang der Zikaden – ein Fisch sprang aus dem Wasser, um nach einem Insekt zu schnappen. Und über allem lag das gleichbleibende Läuten der Unken: Millionen Schlittenglöckchen, die ihn schließlich doch noch in einen unruhigen Schlaf klingelten.

Am Morgen hatte Dieter es eilig wegzukommen. Als er seine Moskitostiche im Wasser gekühlt hatte, nahm ihm Tutuma das Versprechen ab, so bald wie möglich mit einem Moskitonetz, einem Buschmesser und frischem Proviant zurückzukehren.

»Was hast du hier überhaupt verloren, in diesem unheimlichen Sumpf?« wollte Dieter wissen. »Du willst doch nach Angola.«

»Ich warte hier auf Nachricht. Ein Afrikaner wird in Maun zu dir kommen und nach mir fragen. Führ ihn bitte hierher.«

»Woher soll ich wissen, daß es der Richtige ist?«

»Wenn er den Namen January erwähnt, kannst du ihm trauen.«
Als Dieter den Motor des Bootes anwarf, legte ihm der Afrikaner die Hand auf die Schulter. »Du hast viel für mich getan, Dieter. Es ist das letzte, worum ich dich bitte.«
Der Deutsche winkte noch einmal zurück. Er wischte sich den kalten Schweiß aus dem Gesicht. Von Abenteuern hatte er fürs erste genug.

Alles, was Dieter zunächst von seinem Gastgeber in Maun zu sehen bekam, war dessen Kehrseite. Helmuth Dieckmann lag auf dem Estrichboden vor dem Schrank, eine selbstgebastelte Fliegenklatsche in der Hand. Er ähnelte einer Katze vor dem Mauseloch.
»Ich bin Dieter.«
»Pscht«, machte Helmuth, ohne sich umzusehen.
»Ich bringe den Anderthalbtonner.«
Helmuths freie Hand wedelte unbestimmt. »Setz dich irgendwohin.« Helmuth legte sich seitlich auf den Boden und versuchte, unter den Schrank zu blicken. Sein dichter Bart, der ihm bis auf die Brust reichte, fegte dabei den staubigen Estrich.
»Suchst du was Bestimmtes?«
»Komm raus, du Miststück!« sagte Helmuth. Er sprach, als trüge er einen Stein in der Wange.
Unter dem anderen Ende des Schranks flitzte eine Kakerlake hervor. Helmuth verfolgte sie, auf den Knien rutschend, holte mit der Fliegenklatsche aus und – schlug daneben. Die Kakerlake entkam durch den Türspalt ins Freie.
Enttäuscht richtete Helmuth sich auf und reichte Dieter die Hand. »Hab' dich eigentlich schon vor einer Woche erwartet.«
Ein paar Staubflocken hingen in seinem Bart. Als er den Gast aus vertrauenerweckenden braunen Augen hinter einer dicken Hornbrille ansah, erinnerte er Dieter an eine Mischung aus Tou-

louse-Lautrec und seinem Mathematiklehrer. Helmuth war 29, wirkte aber zehn Jahre älter. Dieter mochte ihn auf Anhieb.
»Ich habe einen Umweg über Orapa und Rakops gemacht.«
Helmuth schlurfte zum Kühlschrank in der Küche und mixte eine Kanne Squash. Bei jedem Schritt knickte er in der Hüfte ein. In Gaborone hatte Dieter gehört, daß Helmuth als Kind jahrelang mit einer schweren Polio zu kämpfen hatte.
»Wie lange bleibst du?«
»Weiß noch nicht. Ich will mir mal deine Brigade anschauen. Soll selbst eine aufbauen in Ghanzi.«
»Ich mach' dir mein Arbeitszimmer frei.«
Während Dieter seine Sachen von der Ladefläche holte, begutachtete Helmuth den Anderthalbtonner, den er in zähen Verhandlungen, die sich über zwei Jahre hingezogen hatten, als Spende des DED ergattert hatte. Jetzt war er endlich da. Helmuth grinste zufrieden.
Er hatte Anträge über Anträge geschrieben, an das Ministerium für Jugend und Erziehung, dem seine Brigade unterstand, an die britische Entwicklungshilfe-Organisation Oxfam und an den DED. Projektprüfer hatten seine Brigade besichtigt, lobende Gutachten verfaßt, und als Helmuth sie schließlich mit der Drohung unter Druck gesetzt hatte, seinen zweijährigen Vertrag nicht um ein weiteres Jahr zu verlängern, hatten sie ihm endlich den Lastwagen bewilligt.
Er brauchte ihn für die Farm seiner Brigade, die eine Autostunde außerhalb Mauns lag, am Rande des Sumpfes, zwei Autostunden, wenn die Piste nach einem Regen verschlammt war. Die Schüler lernten dort, Bohnen, Mais, Kohl, Zwiebeln und Tomaten anzupflanzen, und bald hatten sie so viel Erfolg, daß sie einen beträchtlichen Überschuß erwirtschafteten.
In Maun, wo ständig Mangel an Frischgemüse herrschte, hätte Helmuth die Produkte seiner Brigade gewinnbringend verkaufen können. Aber bisher gab es keine Transportmöglichkeit. In der ersten Zeit war es ihm noch gelungen, einen seiner Bekannten,

der über einen Landrover verfügte, unter einem Vorwand auf die Farm hinauszulocken. Aber im Laufe der Zeit hatte sich in Maun herumgesprochen, daß der listige Deutsche nur Dumme suchte, die ihm seine Produkte kostenlos nach Maun schaffen sollten. Seitdem verrottete das Gemüse draußen auf der Farm, und Helmuth verlor zunehmend die Kontrolle über sein Projekt.
Bisher hatte er nur über eine Honda 90 verfügt, ein geländegängiges Kleinmotorrad, das zur Grundausstattung jedes freiwilligen Entwicklungshelfers gehörte. Auf der Honda waren die Inspektionsfahrten zur Farm jedesmal in eine abenteuerliche Tagesreise ausgeartet.
Helmuth schloß den Ford ab und ging zufrieden zurück ins Haus. Es war eins der rasch aus Fertigteilen aufgestellten Häuser mit Wellblechdächern, abseits von den Rundhütten der Afrikaner, mit Wasseranschluß und Strom. Ein Dach über dem Kopf war die einzige Leistung, die die Regierung für die weißen Entwicklungshelfer zu erbringen hatte. Ein kleiner Garten gehörte dazu, eine Lehmwüste, in der Unkraut wucherte.
»Ich bin noch nicht dazu gekommen, mich um den Garten zu kümmern«, nuschelte Helmuth.
Drinnen im Haus sah es nicht viel besser aus. Die Möbel im Wohnzimmer, drei kunstlederbezogene Stühle und eine Art Sofa, der wacklige Schrank, der Tisch, waren grob gezimmerte Produkte aus Helmuths Tischlerbrigade. Eine geflochtene Sisalmatte ersetzte den Teppich. Der Plattenspieler war Helmuths einziger persönlicher Besitz. Dieter kramte in dem Plattenstapel. Reinhard Mey, Mike Krüger und afrikanische Folklore.
In der winzigen Küche türmte sich schmutziges Geschirr mit angetrockneten Speiseresten. Die Front des Kühlschranks, der aus einer Butangasflasche gespeist wurde, war mit einer opalisierenden Fettschicht überzogen. Überall klebten Kerzenstummel, und auf dem Estrich knirschte Sand.
»Wie machst du das eigentlich mit dem Haushalt, Helmuth?«
»Wenn ich abends von der Brigade komme, bin ich echt ge-

schafft.« Helmuth ließ hilflos die Arme hängen. »Ab morgen kommt Lesego. Die soll hier aufräumen.«
»Eine Afrikanerin?«
»Ja. Lesego bedeutet Segen.« Helmuth betrachtete verlegen die schwarzen Ränder unter seinen Fingernägeln. »Sigi ist ganz sauer. Er sagt, ich soll mich hier nicht aufführen wie ein Kolonialherr. Er meint, es ist Ausbeutung.«
»Was zahlst du ihr denn?«
»25 Rand im Monat und das Essen.« Helmuth nuschelte noch undeutlicher als sonst. Offenbar plagte ihn sein progressives Gewissen. »Andererseits brauche ich jemanden, und Lesego braucht Arbeit. Es gibt viel zu wenige Jobs in Maun. Also wär' uns beiden geholfen. Und mehr kann ich nicht zahlen.«
»Ich glaube, Sigi sieht das zu ideologisch«, meinte Dieter mit einem Blick auf das unabgewaschene Geschirr. »Die Afrikaner müssen selbst wissen, was gut für sie ist. Und eh' das Mädchen gar nichts zu tun hat...«
Halbwegs beschwichtigt, schlug Helmuth ein paar Eier in die Pfanne und produzierte daraus eine Art Rührei. »Ein großer Koch bin ich nicht gerade«, entschuldigte er sich. »Aber es liegt auch an den Eiern. Die kommen aus Rhodesien und sind entsprechend teuer. Nichts als Ausschußware. Eigentlich nur gebraten zu genießen.« Er wischte sich den Bart ab. »Verstehst du was von Hühnerfarmen?«
Dieter schüttelte den Kopf.
»Jetzt kann ich sie endlich bauen, draußen auf der Farm.« Er holte eine Rolle durchgepauster Baupläne aus dem Schrank. »Die Pläne habe ich von Patrick. Hast du ihn getroffen?«
»Klar.« Patrick van Rensburg war in Botswana längst eine Legende, jener dynamische und liberale Bure, der vor 15 Jahren aus Protest gegen die Rassenpolitik seine südafrikanische Heimat verlassen und im Nachbarstaat Botswana die erste Jugendbrigade aufgebaut hatte, Swaneng Hill in Serowe. Seine Idee war ebenso simpel wie einleuchtend:

Botswana, das Land der Rinderzüchter, litt an einem Überschuß arbeitsloser Schulabgänger und einem Mangel an ausgebildeten Handwerkern. Es gab keine Lehrstellen und so gut wie keine Kleinindustrie. Die Folge war, daß die arbeitsfähigen jungen Männer ihre Dörfer verließen und sich als billige Wanderarbeiter in den südafrikanischen Minen verdingten, wo sie in den Slum-Ghettos verproletarisierten. Ihre Familien mußten sie zurücklassen, die Dörfer verödeten, soziale Strukturen wurden zerstört.

Trotz seines Reichtums an Rindern würde das Land auf absehbare Zeit arm und unterentwickelt bleiben, weil die einfachsten Bedarfsgegenstände für teures Geld aus Südafrika importiert werden mußten, statt im eigenen Land produziert zu werden.

Um Botswana allmählich aus der fatalen wirtschaftlichen Abhängigkeit vom reichen Nachbarn zu lösen, gründete van Rensburg die Brigade in Serowe, dem mit 35 000 Einwohnern größten Dorf südlich des Äquators. Er reiste durch Europa, hielt Vorträge über sein Vorhaben und machte bei einer Reihe von Organisationen das Startkapital locker. Mit den Spenden errichtete er Ausbildungsstätten, zunächst mit freiwilligen Entwicklungshelfern aus den USA, aus Holland, Deutschland und Skandinavien, und als die ersten Afrikaner ihre ersten Kurse erfolgreich absolviert hatten, ersetzten sie nach und nach ihre Lehrmeister.

Bald war Serowe das erste Dorf in Botswana, das über eine Anzahl ausgebildeter schwarzer Handwerker verfügte: Schlosser, Maurer, Kraftfahrzeugmechaniker, Tischler, Schuhmacher, Schneider und Weber. In Serowe lernten die Viehzüchter, Getreide und Gemüse rationell anzubauen.

Die Landflucht ging zurück. Eltern aus anderen Dörfern schickten ihre Kinder in Rensburgs Brigade, damit auch sie etwas Vernünftiges lernten.

Der Erfolg Patrick van Rensburgs inspirierte die Hilfsorganisationen der weißen Industrienationen, die nun ihrerseits, unterstützt von der Regierung, Jugendbrigaden in den anderen Dörfern gründeten. So wurde Helmuth Dieckmann Koordinator der kleinen Brigade in Maun, die afrikanische Schulabgänger zu Farmern, Tischlern, Maurern und die Mädchen zu Schneiderinnen ausbildete.

Helmuth räumte seinen Teller weg. »Wenn alles klappt, steht die Hühnerfarm in drei Monaten. Dann gibt's endlich frische Eier in Maun zu kaufen.« Er sah auf die Uhr. »Ich muß weg. Der *Board of Governors* tagt, unser Aufsichtsrat.«

Helmuth nahm den Anderthalbtonner mit und überließ Dieter seine Honda.

Nachdem Dieter abgewaschen und seinen Rucksack ausgepackt hatte, machte er sich auf den Weg, um Maun zu besichtigen. Auf dem Sandweg bis zur Hauptstraße blieb er ein paarmal stekken, aber dann drehte er den Gashebel voll auf. Die Straße bis zum Krankenhaus am Ortsende war geteert, zum erstenmal machte ihm das Fahren in Botswana Spaß. Die Afrikaner blickten ihm nach, sicher kannten sie alle Weißen hier im Ort und registrierten jedes neue Gesicht. Ein Stück Land, mit hohem Maschendraht eingezäunt, erregte seine Aufmerksamkeit. Er stieg ab und entdeckte, daß es ein Tennisplatz war, aus gestampftem Lehm, uneben, mit Linien aus schwarzer Erde und einer Schnur, die das fehlende Netz ersetzte. Dieter sah eine Weile dem deutschen Tierarzt zu, der mit der Frau eines englischen Experten spielte. Es war fast unmöglich, den unkontrolliert springenden Ball genau zu treffen, trotzdem machte es ihnen offenbar Spaß.

Dieter erwiderte ihr freundlich-neugieriges »Hallo« und fuhr weiter. Neben Riley's Bar fand er einen sauberen Laden, der von zwei adrett gekleideten englischen Damen geführt wurde. Sie schienen noch aus der Protektoratszeit übriggeblieben. Dieter ließ sich ihr Sortiment an Jagdausrüstung zeigen und entschied sich schließlich für ein Moskitonetz, das er Tutuma mitzubringen versprochen hatte. Es sollte fünf Pula kosten, und Dieter

ging über die Straße zu den Filialen der allgegenwärtigen Banken, Barclay's und Standard, um Reiseschecks zu tauschen.
Vor Barclay's parkte eine mobile Kasse, ein vergitterter Landrover mit einem Schalter und einem kleinen Panzerschrank, mit der Barclay's seine Kunden auch in den entlegensten Buschsiedlungen bediente.
Dieter entschied sich für die Standard-Bank.
Der Afrikaner am Schalter war in ein Gespräch mit einem Weißen verwickelt, wohl einem Großwildjäger aus Südafrika, der sich ein vergnügtes Wochenende im Delta oder im angrenzenden Moremi-Wildpark machen wollte.
Als Dieter zum Schalter trat, wich der Weiße ein paar Schritte zurück. Obwohl er dem Mann jetzt seinen Rücken zuwandte, spürte Dieter dessen Blicke in seinem Nacken. Irgendwo hatte er diesen Mann schon gesehen, die grobschlächtige Statur, die Schweißflecken in den Achselhöhlen, die ausdruckslosen Augen in dem klobigen Gesicht, die roten Haare und farblosen Brauen. Wahrscheinlich in Gaborone. In Botswana hielten sich immer ungefähr 2000 Weiße auf, Experten, freiwillige Entwicklungshelfer, Geologen und Minenpersonal, von denen einige ständig im Land herumreisten. In den wenigen bevölkerten Zentren der Republik lief man sich immer wieder über den Weg.
Dieter steckte seine eingetauschten Pulanoten ein und nickte dem Mann kurz zu. Als er über die Straße zurückging in Riley's Shop, spürte er in seinem Rücken noch immer die Blicke des Mannes. Instinktiv schüttelte sich Dieter, als könnte er die Blicke auf diese Weise loswerden wie einen unangenehmen Geruch.
Zuerst wollte Feuchtenbeiner dem Deutschen über die Straße folgen, dann hielt er es doch für gescheiter, auf Distanz zu bleiben. Zum Glück war er von dem Deutschen nicht wiedererkannt worden. Wahrscheinlich hatte er die belanglose Begegnung am Osttor von Orapa längst vergessen.
Um so besser. Früher oder später würde der Deutsche ihn un-

gewollt zu Tutuma führen, vorausgesetzt, er schöpfte keinen Verdacht, und der Hijacker hielt sich noch in seiner Nähe auf. Feuchtenbeiner blieb so lange am Fenster der Bank stehen, bis Dieter Hahn auf seiner Honda davongebraust war.
In dem Laden erfuhr Feuchtenbeiner, daß der Kunde ein Moskitonetz und ein halbes Dutzend Moskitocoils gekauft hatte.
Ein Moskitonetz? Die Fenster in den Häusern der Weißen von Maun waren mit Fliegengittern ausgestattet. Netze brauchte man nur draußen im Delta. Und ins Delta gelangte man nur mit den Motorbooten, die Tony Graham von der Island Safari Lodge verlieh. Feuchtenbeiner brauchte in seinem Range Rover keine vierzig Minuten bis zu der strohgedeckten Lodge, in der sich nur vier Touristen tummelten, alles südafrikanische Landsleute. Die Jagdsaison war vorüber.
Ja, nickte Mrs. Graham, sie könne sich gut an den Deutschen erinnern, der gestern ein Motorboot gemietet und es heute vormittag zurück gebracht hatte. Nein, er sei allein gefahren und habe auch den einheimischen Führer abgelehnt, den sie ihm angeboten hatte. Wahrscheinlich habe er die Gebühr für den Führer sparen wollen, diese Freiwilligen seien alle so knauserig, denn sonst gebe es keine Erklärung für derartigen Leichtsinn.
Für Jan Feuchtenbeiner gab es noch eine andere Erklärung.

An diesem Abend verlieh Helmuth den Kakerlaken, die er jagte, Namen.
»Komm raus, Disele – ich erwische dich doch!«
»Damit kommst du mir nicht durch, Ebrahim!«
»Denkst wohl, kannst mich für dumm verkaufen, Dando?« Dando, ein fettes Prachtexemplar, mußte dran glauben. Als sie schon fast in die Küche entkommen war, erwischte Helmuth sie doch noch mit seiner Fliegenklatsche.
Er gab sich nur kurz dem Triumphgefühl hin. Dann sah er Dieter in hilflosem Zorn an. »Du ackerst und ackerst, aber am Ende sind sie doch gerissener als du.« Er wischte sich den Schweiß von

der Stirn. »Und wenn sie wollen, daß du ihnen nicht auf die Schliche kommst, sprechen sie einfach Setswana, und du kriegst nicht mit, was sie beschließen.«

»Vom Flohzirkus habe ich schon mal gehört. Aber von Kakerlaken, die Setswana sprechen...«

»Sieh mich nicht an wie einen Verrückten!« Selbst jetzt im Zorn nuschelte Helmuth. »Der Aufsichtsrat der Brigade hat getagt, der *Board of Governors.* Sie haben mich verladen, nach allen Regeln der Kunst. Du denkst, es sind alles achtbare Leute. Würdenträger, Bürgermeister, Minister der Provinzregierung, Abgeordnete und angesehene Geschäftsleute. Keiner weiß genau Bescheid, weil jeder von ihnen in mehr Aufsichtsgremien sitzt, als er Finger an den Händen hat. Nur eins wissen sie: wie sie für sich am besten Kapital draus schlagen. Ich baue doch nicht eine Brigade auf zur persönlichen Bereicherung der lokalen Würdenträger!«

»Könntest du ein bißchen konkreter werden?«

Bevor er loslegte, ließ sich Helmuth resigniert auf einem der wackligen Stühle nieder. »Auf der Sitzung des *Boards* ist das Programm der Brigade fürs nächste Jahr besprochen worden. Ich lege also meinen Rechenschaftsbericht vor, in Englisch natürlich. Die nicken, einige pennen, und alle sehen ganz zufrieden aus. Dann fangen sie zu diskutieren an, in Setswana. Schließlich stimmen sie ab. Am Ende erfahre ich endlich, was sie beschlossen haben: nämlich, daß die Zementsteine unserer Maurerbrigade nicht teurer als für 21 Pula verkauft werden sollen, pro tausend Stück.«

Dieter rechnete nach. »Ungefähr 55 Mark. Klingt wie ein Freundschaftspreis.«

Entrüstet blähte Helmuth seine Backen auf. »Eben! Kannst du mir erklären, wie unsere Brigade sich selbst finanzieren soll, wenn ich die Steine 15 Pula unterm Selbstkostenpreis abgeben muß? Die Herstellung kostet uns 36 Pula. Ich hab's denen zu erklären versucht, und daraufhin hält dieser Ebrahim mir einen

Vortrag über die Demokratie. Und Disele fragt, ob ich etwa das Ergebnis einer demokratischen Abstimmung mißachten wolle. Und Dando stellt Antrag auf Schluß der Debatte. Der Antrag wird angenommen, basta. Ich soll ein Jahr lang Zementsteine zum Selbstkostenpreis produzieren, bis die Brigade pleite ist.«

»Du sagst, es sind Geschäftsleute im *Board*. Die müssen doch rechnen können.«

»Und ob die rechnen können!« grollt es aus Helmuths Bart. »Jetzt kommt nämlich Abstimmung Nummer zwei. Es wird beschlossen, daß der Bauunternehmer, der auch im *Board* sitzt, unsere ganze Jahresproduktion aufkauft. Für 21 Pula pro tausend Stück. Er beliefert die übrigen Mitglieder mit unseren Steinen. So kommen sie alle zu billigen Häusern. Und die nichtverbrauchten Steine verkauft er selbst zum marktüblichen Preis. Zu 45 Pula pro tausend Stück.«

Dieter konnte sich ein Feixen nicht verkneifen. »Die machen aus deiner Brigade einen Selbstbedienungsladen.«

»Ich finde das überhaupt nicht komisch.«

»Ich auch nicht. Machst du was dagegen?«

»An das Erziehungsministerium schreiben. Aber der Zar ist weit.«

»Und wenn du den DED einschaltest...«

»Ich weiß genau, was Kleinert sagen wird: Es ist deine Brigade, Helmuth. Sieh zu, wie du mit den Leuten klarkommst. Der DED darf sich da nicht einmischen, das könnte unsere gesamte Arbeit in Botswana gefährden. Du kennst doch die Empfindlichkeit der Afrikaner.« Er seufzte. »Von seinem Standpunkt aus hat er leider recht.«

»Mit anderen Worten: Du sollst stillhalten und zusehen, wie sie deine Brigade ausplündern.«

»So schlitzohrig, wie die sind – eins haben sie nicht bedacht. Ein hochdotierter Experte würde jetzt die Schnauze halten, um seinen Vertrag nicht zu gefährden. Aber ich bin Freiwilliger, ich hab' nichts zu verlieren. In 14 Monaten hau' ich sowieso hier ab.«

Mordlust blitzte hinter Helmuths dicken Brillengläsern auf. Seine Fliegenklatsche sauste auf eine Kakerlake hernieder wie eine Guillotine.

»Ich fliege nach Gaborone. Im Ministerium sitzt ein tüchtiger Mann. Rob Donia, ein Holländer. Der ist Referent für die Brigaden. Wenn ich ihm die Story erzähle, sehe ich eine Chance. Vielleicht läßt der Minister den ganzen *Board* ablösen und einen neuen wählen.«

»Viele Freunde wirst du dann in Maun nicht mehr haben.«

»Aber eine Brigade, die funktioniert.« Verdrossen warf Helmuth die Fliegenklatsche in die Ecke. »Kommst du mit auf ein Bier bei Riley's?«

Nach der Einsamkeit der Kalahari war Dieter so viele Menschen auf einmal nicht mehr gewohnt. Am liebsten wäre er sofort umgekehrt, aber Helmuth hielt ihn fest und zerrte ihn zu einem blonden Hünen, der gerade einen Pfeil auf die Dartpot-Scheibe warf.

»Das ist Jörgen«, nuschelte er. »Er unterrichtet die Brigade im Tischlern.«

Jörgen starrte den Neuen aus wäßrigen Augen an.

»Gute Nachrichten, Jörgen. Der Anderthalbtonner ist endlich da. Dieter hat ihn mitgebracht.«

»Willst 'n Bier?« murmelte Jörgen. Mit seinem Messingring im linken Ohrläppchen sah er aus wie ein Überlebender der Meuterei auf der Bounty.

»Später.« Helmuth ließ den Dänen stehen und steuerte auf die lange Theke zu, die je zur Hälfte von Weißen und von Schwarzen bevölkert war. Es war eine schwüle Nacht, und an der Decke drehte sich träge und nutzlos ein Ventilator. Sie holten sich zwei Dosen Castle-Bier und nahmen sie mit auf die Terrasse, wo es etwas frischer war.

Helmuth griff zwei leere Stühle und setzte sich mit Dieter an einen der Blechtische. Ein vierzigjähriger Engländer, der in der sa-

lopp gekleideten Runde durch ein frischgebügeltes Buschhemd und seinen sorgfältig gestutzten Bart auffiel, fixierte den Neuen und hob eine Augenbraue. »Noch ein Freiwilliger?« Obwohl er seine Zähne kaum auseinanderbrachte, war sein korrektes Oxford-Englisch gut zu verstehen.
»Dieter geht nach Ghanzi und baut dort eine Brigade auf.«
Der Engländer wollte etwas sagen, aber Sigi fiel ihm ins Wort. »Nun laß ihn doch erst mal sein Bier austrinken, Steve.«
Sigi arbeitete als Kraftfahrzeugmechaniker bei der zentralen Transportorganisation der Regierung und galt als der einzige Mensch in Maun, mit dem noch niemand Streit bekommen hatte. Ein schwarzes Mädchen hockte an seiner Seite, still und demütig. »Hab' schon von dir gehört, Dieter«, sagte Sigi. »Bist du nicht der mit dem Strauß?«
Keiner in Maun war so gut informiert, was in Botswana und dem Rest der Welt vorging, wie Sigi. Er hatte aus Deutschland seine Funkanlage mitgebracht, und ein amerikanischer Amateurfunker aus Francistown hatte ihm die Geschichte von dem Straußenkampf herübergefunkt, die der Amerikaner wiederum von einem Geologen erfahren hatte, der einen Freund von Bob und Jim kannte, den amerikanischen Archäologen.
Dieter war mehr nach einem stillen Bier zumute, aber als ihn die anderen drängten, mußte er haarklein über sein Duell in der Kalahari erzählen. Bald kamen die Besucher von den anderen Tischen und lauschten Dieters Bericht, dankbar, endlich einmal etwas anderes zu hören als den ewigen lokalen Klatsch.

Selbst Ole, der stets betrunkene und streitsüchtige schwedische Manager der Wasserversorgung von Maun, blieb friedlich. Irma, eine schrille Blondine, hielt ausnahmsweise den Mund. Dirty John, der Schlachter, den es vor 32 Jahren aus Griechenland nach Maun verschlagen hatte, nützte die gespannte Aufmerksamkeit der anderen, Irma unbemerkt den Hintern zu tätscheln. Father Mike, der irische Pastor mit den runden, vom Whisky geröteten Wangen, vergaß das Trinken, und sogar

Freddy Legrand, der Wallone mit dem *Bowler-hat* und dem hochgezwirbelten Kaiser-Wilhelm-Bart, ließ sich dazu herab, am Tisch der freiwilligen Entwicklungshelfer Platz zu nehmen, die er sonst nicht sonderlich schätzte, weil sie die hochdotierten Expertenjobs so billig ausführten.
Auch ein paar fremde Zuhörer standen um den Tisch herum, Afrikaner und der grobschlächtige Weiße mit den farblosen Augenbrauen, dem Dieter nachmittags in der Standard-Bank begegnet war.
Einen Augenblick lang ertappte sich Dieter dabei, wie er insgeheim die Rolle genoß, der Held des Tages zu sein. Er hatte sie noch nie gespielt, und eigentlich mochte er sie auch nicht.
»Ich war weiß Gott nicht darauf aus, mit einem Strauß zu kämpfen«, entschuldigte er sich. »Aber irgendwie mußte ich mich ja wehren gegen das hysterische Biest.«
Als er seine Geschichte beendet hatte, forderte Jumping Jack sein Recht, der taubstumme schwarze Bettler. Wütend sprang er auf und ab, so lange, bis Steve schließlich den Kellner im roten Fes herbeiwinkte und das tägliche Bier, das dem Bettler zustand, auf seine Rechnung nahm.
Sonst verlief der Abend so, wie er meistens verlief in Riley's Bar. Ole, der ein argwöhnisches Auge auf Dirty Johns Hand gehalten hatte, drohte dem Griechen Prügel an, sofern der nicht unverzüglich die Hand vom Hintern der Frau seines Freundes nehme. Irma verbat sich die Einmischung des Schweden, und Dirty John trollte sich mit verlegenem Grinsen.
Steve, von den anderen nachsichtig belächelt, versuchte Dieter nachzuweisen, daß die Engländer den Zweiten Weltkrieg auch ohne Hilfe der Amerikaner und der Sowjets gewonnen hätten, wegen ihrer besseren Moral und überlegener Technologie. Obwohl er mindestens 12 Biere getrunken hatte, blieb seine Sprache glasklar und gepflegt. Nicht eine Sekunde lang verlor er Humor und Contenance. In seinem makellosen Aufzug wirkte er in dieser Umgebung wie eine Figur von Somerset Maugham, die sich in einen Roman von Jack London verirrt hat.

Zwischendurch zog Steve seine Spraydose aus der Tasche und besprühte die um den Tisch schwirrenden Motten und Moskitos, vergeblich wie an jedem Abend. Dann fixierte er Dieter mit liebenswürdiger Strenge: »Niemand wird die Schwarzen aus ihren Käfigen holen.« Er nahm einen Schluck aus seiner dreizehnten Dose Bier. »Auch du nicht, Dieter. Geh zurück nach Deutschland, du schwänzt einen Beruf. Wir brauchen keine Freiwilligen hier. Um die Schwarzen zu erziehen, benötigen wir erfahrene Leute mit einem Diplom von Oxford oder Cambridge.«
Helmuth feixte, Sigi gähnte, und Jörgen zählte angeödet die Sterne am afrikanischen Himmel.
Hinter sich hörte Dieter eine Stimme in einem sonderbaren Dialekt. »Steve weigert sich einfach, den Zusammenbruch des Britischen Empire zur Kenntnis zu nehmen.« Es war die Stimme des rotbäckigen Iren, Father Mike.
Steve durchbohrte ihn mit einem Blick, wie ihn ein Engländer nur für einen Iren hat. »Mit euch hat es angefangen, mit den Missionaren. Ihr habt sie aus ihren Tierhäuten geholt und in europäische Kleider gesteckt. Ihr habt ihre Begehrlichkeit geweckt. Aus freundlichen verspielten Kindern habt ihr Konsumidioten gemacht.«
Steve hob an zu seiner Standardrede von den Kindern aus dem Paradies, die ihre Unschuld verloren haben, weil die Weißen ihnen Bedürfnisse aufgezwungen haben, die sie nur durch Geld befriedigen können, das wiederum nur durch Arbeit zu erwerben sei, die ihrem Wesen nicht gemäß sei und sie am Ende unglücklich mache. Am besten, so folgerte Steve, gebe man ihnen eine anständige ärztliche Versorgung und lasse sie ansonsten ihr eigenes Leben führen, mit ihren Familien, ihren Stämmen, ihren Rindern, ihren Medizinmännern und ihren Göttern. »Weg mit den Schulen, weg mit der Kirche, weg mit den Brigaden.«
»Zurück in die Steinzeit«, höhnte Helmuth, und Dieter meinte

kopfschüttelnd, man könne doch die Zeit nicht einfach zurückdrehen. »Wir müssen ihnen helfen, mit den Herausforderungen der Gegenwart fertig zu werden, und zwar mit ihren eigenen Mitteln. Wir bilden sie ja nur aus, damit sie sich eines Tages selbst helfen können.«

»Ihr werdet sehen«, murmelte Steve störrisch, »es ist alles umsonst.«

Dieter fiel das Wort von Gustav Heinemann ein, das sie ihm auf dem Vorbereitungskurs in Berlin mit auf die Reise gegeben hatten: »Auch wenn ich weiß, daß ich nichts ausrichten kann, werde ich es immer wieder versuchen.«

Aber noch bevor er das Zitat anbringen konnte, zupfte ihn Helmuth am Hemd. »Ich muß morgen früh raus.«

Auf dem Beifahrersitz von Helmuths Honda drehte er sich noch einmal um zu der erleuchteten Terrasse.

Der Fremde mit den farblosen Augenbrauen bezahlte sein Bier. Dann folgte er ihnen auf den dunklen Parkplatz und stieg in seinen Range Rover.

Dieter nickte ihm zu, aber der Mann schien ihn nicht gesehen zu haben.

Auf der Heimfahrt bemerkte Dieter die Scheinwerfer des Range Rover noch eine Weile hinter sich, sogar auf dem Sandweg, der von der Teerstraße hinführte zu Helmuths Haus.

In der Nacht glaubte Dieter, jemanden ums Haus schleichen zu hören. Er stand auf, ging in den Garten und knipste die Außenbeleuchtung an.

Eine Eidechse huschte über den Zement der Terrasse. Vom nahen Fluß hörte er das Geläut der Millionen Unken.

Er lauschte eine Weile in die Nacht. Dann löschte er das Licht und ging wieder hinein.

Er freute sich darauf, endlich wieder eine Nacht in einem richtigen Bett zu verbringen.

Dikeledi

Lesego mußte schon seit Sonnenaufgang gewartet haben. Jedenfalls stand sie neben dem Anderthalbtonner und blickte erwartungsvoll zum Haus hinüber. Jedes andere schwarze Mädchen hätte sich einfach auf den Boden gehockt, aber Lesego wollte offenbar ihr Kleid nicht beschmutzen. Es war ein prachtvolles Kleid in leuchtendem Azaleenrot, es bauschte sich von der Hüfte abwärts und war so lang, daß es ihre nackten Füße bedeckte. Auf dem Kopf trug sie ein kunstvoll drapiertes blaues Tuch, das zu einer Art Turban zusammengebunden war. Die mimosengelbe Stola um ihre Schultern barg ein Baby, dem sie gerade die Brust gab.
Als Dieter verschlafen seinen Kopf aus der Tür steckte, entblößte sie freundlich ihr Gebiß. »Lesego«, stellte sie sich vor. Es klang wie »Lefego«, denn aus der Mitte ihres Unterkiefers waren zwei Zähne herausgebrochen, das Merkmal der Herero-Frauen.
Dieter klopfte an Helmuths Zimmertür. »Wirf dich in Schale, Helmuth. Deine Perle ist da. Sieht so aus, als wollte sie dich zum Ball am Hofe der Queen Victoria abholen.«
»Die Herero-Frauen laufen immer so rum«, nuschelte Helmuth. »Wilhelminische Tracht. Ist aber auch das einzig Gute, was sie aus der deutschen Kolonialzeit übrigbehalten haben.« Maun war eines der wenigen Dörfer in Botswana mit einer geschlossenen Herero-Kolonie. Vor 70 Jahren hatte die deutsche Schutztruppe in Südwestafrika die aufständischen Hereros in die Kalahari getrieben. Wer dort nicht verhungert war, hatte sich über Hun-

derte von Kilometern ostwärts ins britische Protektorat Betschuanaland durchgeschlagen bis nach Ghanzi, Toteng und Maun, wo die Enkel und Urenkel der Hereros heute noch leben, eine geduldete, unangepaßte Minderheit unter den Stämmen der Botswana. Sie gelten als das reinlichste unter allen Völkern im afrikanischen Süden, und dies war auch der Grund, weshalb Helmuth eine Herero-Frau für seinen Haushalt engagiert hatte.

Als Lesego über die Schwelle trat, hielt sie mit der linken Hand ihr noch immer saugendes Baby, mit der rechten raffte sie ihren Rock bis über die schlanken Fesseln, um den Saum auf dem Estrich nicht zu beschmutzen. Und bevor sie sich auf den von Helmuth angebotenen Stuhl setzte, holte sie schnell ein Tuch aus der Küche und polierte die Sitzfläche.

»So, du bist also Lesego?« stellte Helmuth fest.

»Ja, Bonna.« Lesego setzte ihr Baby ab, ließ es ein Bäuerlein machen und gab ihm die andere Brust.

»Sprichst du Englisch?«

»Ja, Bonna.«

»Hast du schon mal in einem Haus gearbeitet?«

»Ja, Bonna.«

»Bei wem?«

»Ja, Bonna.«

»Du brauchst nicht Bonna zu sagen, Lesego. Ich heiße Helmuth und der da heißt Dieter.«

»Ja, Bonna.«

Helmuth tippte sich auf die Brust. »Hel-muth. Also, wie heiße ich?«

»Ja, Bonna.« Ihr Baby war satt. Sie wickelte es in ihre Stola und band es sich auf den Rücken, wo es unverzüglich entschlummerte.

Helmuth wandte sich hilfesuchend an Dieter. »Sprich du mal mit ihr.«

»Der Haushaltsvorstand bist du. Ich beteilige mich nur an ihrem

Gehalt.« Aber dann holte er doch aus einer Ecke der Küche Schrubber, Besen und Staublappen, und drückte sie Lesego in die Hand. »Alles klar?«
Lesego nickte erfreut. »Ja, Bonna.« Aber irgend etwas schien ihr noch auf der Seele zu liegen.
»25 Pula im Monat und Essen frei«, sagte Helmuth.
Lesego nickte noch einmal, dann stand sie auf, um das Haus zu besichtigen. Ihr besonderes Interesse richtete sich auf eine winzige unmöblierte Kammer mit einem schmalen Fenster. Versonnen musterte sie den kahlen Estrich. Dann legte sie ihre gefalteten Hände an die Wange.
»Von freier Station war nicht die Rede«, protestierte Helmuth.
»Auf dem Vorbereitungskurs haben sie aber gesagt, wir sollen möglichst viel Kontakt mit den Einheimischen halten«, sagte Dieter.
»Kontakt mit den Einheimischen habe ich den ganzen Tag bei der Brigade. Abends will ich meine Ruhe haben.«
»Wir könnten ihr die Matratze aus meinem Zimmer reinstellen.«
»Außerdem...« Helmuth suchte nach Argumenten. »Ihr dieses Loch anzubieten, grenzt an Rassismus. Da sind ja nicht mal Fliegengitter vor dem Fenster.«
Doch Lesego schien daran keinen Anstoß zu nehmen. Gemeinsam mit Dieter trug sie die Matratze in die Kammer, und als Helmuth leise murrend ein Kissen, Laken und eine Decke herausgab, bedankte sie sich mit einem strahlenden: »Ja, Bonna.«
Nachdem dieses Problem zu Lesegos Zufriedenheit gelöst war, bereitete sie aus den stockig schmeckenden rhodesischen Eiern, geröstetem Weißbrot, Margarine und Nescafé ein brauchbares Frühstück für drei.
Danach fuhr Helmuth, halbwegs versöhnt, zu seiner Brigade und ließ die beiden allein zurück. Als sich auch Dieter bald auf der Honda davonmachen wollte, trat ihm vor dem Haus eine

andere Afrikanerin in den Weg. Sie war höchstens zwanzig und trug eine Tasche der Sambian Airlines in der Hand.
Dieter zeigte auf das Haus und drehte bedauernd seine Handflächen nach oben. »Der Job ist leider schon vergeben.«
Die Afrikanerin schien die Absage zu ignorieren. Sie hatte nichts von der devoten Haltung vieler Afrikanerinnen, die sie Männern, vor allem weißen Männern gegenüber häufig an den Tag legen. Als sie ihre Zähne zu einem selbstbewußten Lächeln entblößte, fiel Dieter ihre außergewöhnliche Schönheit auf. Ihr graziler Körper war in ein hellgrünes Kattunkleid gehüllt, unter dem sich die Spitzen ihrer kleinen Brüste abzeichneten. Ihr Rükken bildete einen sanfte S-Kurve, die über ihren weit herausstehenden Hinterbacken harmonisch ausschwang. Ihre Haut schimmerte matt wie Samt und hatte die Farbe von Kaffee, mit ganz wenig Milch versetzt.
»Ich suche Mr. Dieter Hahn«, sagte sie.
Dieter sah sie überrascht an. »Mich?« Sein Blick blieb auf dem kunstvollen Geflecht von Haarknötchen und Zöpfen zwischen den Kreuzungen ihrer vielen Scheitel hängen. Er mochte die landesübliche Frisur der afrikanischen Mädchen mit all ihren phantasievollen und heiteren Varianten.
»Mr. January schickt mich.« Sie sprach den Namen besonders akzentuiert aus, und ihre lebendigen Schokoladenaugen schienen auf eine Reaktion zu warten.
»Eigentlich hatte ich einen Mann erwartet«, sagte Dieter schließlich.
Sie sah sich vorsichtig um. »Ich heiße Dikeledi.«
Dieter kraulte sich verlegen den Bart. »Im Haus sind wir nicht allein. Wollen wir nicht...«
»Ich möchte gern mit dir reden. Allein.«
»Wir fahren ein Stück raus.«
Er ging ins Haus und holte Helmuths Sturzhelm, unter dem ihr schmaler Kopf bis zur Nasenwurzel verschwand.
Als er, mit Dikeledi auf dem Rücksitz, durchs Dorf fuhr, erregte

er Aufsehen. Dave, ein Mann vom amerikanischen Friedenskorps, der in der Provinzregierung arbeitete, pfiff fröhlich hinterher. Steve, im frischen Khaki-Hemd, die allgegenwärtige Spraydose in der Hand, starrte ihnen konsterniert nach. Sigi, der Kraftfahrzeugmechaniker vom DED, grinste anerkennend, und der deutsche Tierarzt, der gerade verschwitzt von dem provisorischen Tennisplatz nach Hause ging, winkte verständnisvoll. Spätestens seit dem gestrigen Abend bei Riley's hatte sich die Ankunft des neuen Entwicklungshelfers herumgesprochen, zumindest bei den paar Dutzend Weißen in Maun, und Dieter war sicher, daß sie sich jetzt ihre Mäuler zerrissen über die vermeintliche Eroberung, die er spazierenfuhr.
Ein paar hundert Meter hinter der Brücke, wo die Teerstraße endete und die Sandpiste nach Francistown begann, hielt er an, ungern, weil Dikeledi nun ihre Hände von seiner Hüfte nahm.
Sie setzten ihre Helme ab, gingen ein Stück und ließen sich abseits der Straße neben einem Dornbusch nieder. Die Nähe des Mädchens machte Dieter befangen, seit Wochen hatte er nicht mehr das Fluidum einer Frau gespürt, von Linda und Lesego einmal abgesehen. Aber weder die Archäologin noch die Haushälterin hatte die Ausstrahlung dieses Mädchens.
Dieter ertappte sich dabei, wie er unverhohlen ihr Knie anstarrte. Er nahm eine Handvoll Sand und ließ ihn durch die Finger rieseln, um seine Verlegenheit zu überspielen.
Dikeledi formte ihre Hände zu einer Schale und fing den Sand darin auf. Dieter sagte nichts, aus Angst, die Stimmung zu zerstören.
Die Afrikanerin brach schließlich das Schweigen. »Tutuma hält sonst nichts von Weißen. Aber dir vertraut er.« Und auf seinen fragenden Blick fügte sie hinzu: »Das hat er in dem Brief geschrieben, den uns Bob gebracht hat.«
»Tumuta ist mein Freund.« Er hätte ihr gern erklärt, warum das so war, aber ihm fiel keine plausible Begründung ein.
»Er stand an der Piste, die von Orapa nach Rakops führt und winkte. Da habe ich ihn mitgenommen.«

Dikeledi zog ihre Hände zurück und rieb den Sand ab. Sie schien überrascht. »Bist du sicher, daß es so war?«
Dieter lachte. »Natürlich. Vor zehn Tagen ungefähr. Er stand da in einem Overall und ohne Gepäck...«
»Vor zehn Tagen?« unterbrach sie. Eine steile nachdenkliche Falte erschien über ihrer Nasenwurzel. »In der Kalahari?«
»Hat er euch das nicht geschrieben in dem Brief?«
»Und du bist nicht mit ihm von Norden gekommen? Aus Zaire?«
»Von Zaire hat er kein Wort gesagt. Nur, daß er nach Angola wollte.«
Sie erhob sich und klaubte eine Klette aus ihrem Kleid. »Dieter, glaubst du an Gott?«
»Ja. Warum?«
»Schwörst du bei Gott, daß du mir die Wahrheit sagst?«
Es war etwas in ihren Augen, das Belustigung in ihm nicht aufkommen ließ. Ein forschender, fast flehentlicher Blick. Es mußte ihr verdammt ernst sein.
»Ich schwöre. Zufrieden?«
»Vor zehn Tagen zwischen Orapa und Rakops?«
»Ja. Wenn ich ganz genau sein soll, schon zwei Tage vorher. Aber da hatte er sich mir noch nicht vorgestellt.« Er erzählte dem Mädchen von seiner flüchtigen Begegnung mit Tutuma nach dem Kampf mit dem Strauß, von dem Wiedersehen zwei Tage später und ihrer gemeinsamen Fahrt in die Kalahari, von Bob, Jim und Linda, von den Buschmännern und dem Mordanschlag, der eigentlich Tutuma gegolten hatte und dem dann Klick-Klack zum Opfer gefallen war.
Dikeledi ließ ihn keine Sekunde aus den Augen, und als er mit seiner Geschichte fertig war, sagte sie schlicht: »Ich glaube dir.«
»Es gibt für mich keinen vernünftigen Grund, dich anzulügen.«
»Dann hat jemand anderes gelogen.« Ein Schatten von Bitterkeit verdunkelte ihr schönes Gesicht, und Dieter spürte, daß es

zwecklos wäre, sie um eine Erklärung für diesen plötzlichen Stimmungswandel zu bitten.

»Laß mich nachdenken«, bat sie.

Dikeledi setzte sich und wandte ihm den Rücken zu. Dieter sah ihr zu, wie sie mit dem großen Zeh Figuren in den Sand malte. Ihre Fesseln waren zierlich wie Vogelknochen, ihre Gestalt strahlte eine seltsame Mischung von Erotik und Schutzbedürfnis aus. In Serowe hatten ihm die Entwicklungshelfer erzählt, afrikanische Mädchen seien gewohnt, einfach genommen zu werden, ohne Umschweife. Kein Süßholzraspeln, keine Fragen, kein Vorspiel.

Der erfahrene Kleinert, den er bei seinem Antrittsbesuch in Gaborone gefragt hatte, wie die ihm anvertrauten Entwicklungshelfer mit ihren sexuellen Problemen im Busch fertig werden, hatte ihm von der unbefangenen Freude der Afrikanerinnen an der Lust erzählt, aber auch von den vielfältigen Einflüssen, denen sie ausgesetzt sind: Einerseits die archaischen Medizinmänner in den ländlichen Regionen, die noch immer die Beschneidung der Mädchen fordern, sobald die Geschlechtsreife eintritt. Andererseits die Kirchen, die bestimmte Begriffe mit so nachhaltiger Wirkung tabuiert haben, daß die meisten Afrikaner ihre Sexualorgane mit den Worten *»my private place«* umschreiben.

Dieter hatte auch von den weißen Männern gehört, die der schwarzen Haut nach einiger Zeit derart verfielen, daß sie nicht mehr entwöhnt werden konnten, auch später nach ihrer Rückkehr in Europa nicht. Es sei eine Art Sucht, die man Afromanie nenne.

Auch Dieter begann der Faszination der schwarzen Haut zu verfallen, er kam sich abstoßend vor, bleich und häßlich wie ein Engerling; nie zuvor war er sich seiner äußerlichen Unvollkommenheit so bewußt gewesen wie in diesem Augenblick.

Dikeledis Haltung deutete kein noch so verstecktes Signal der Bereitschaft an. Wie verhielten sich Afrikanerinnen beim Flirt?

Zögernd streckte er eine Hand aus, bis seine Fingerspitzen ihren Nacken berührten. Dikeledi drehte sich nicht um. Sie ließ es einfach geschehen. Er faßte den Mut, sie zu streicheln, unsicher zunächst, dann zärtlich, nachhaltiger. Auch jetzt entzog Dikeledi sich ihm nicht, ihre warme braune Haut schmiegte sich sanft an seine behutsame Hand.
Zumindest schien es ihr nicht unangenehm zu sein.
Vorsichtig rückte Dieter ein Stück näher. Er begann mit der anderen Hand, ihre Achselrundung zu streicheln. Sie zog die Schultern etwas hoch. »Es ist schön, was du machst.«
»Hat dich noch nie ein Mann so gestreichelt?«
Dikeledi schüttelte den Kopf. Ein wohliger Schauer, kaum wahrnehmbar, ging durch ihren Körper.
Jetzt wäre vielleicht der Augenblick, sie zu küssen, aber Dieter hatte Angst, etwas falsch zu machen. Irgendwer hatte ihm erzählt, daß ein Kuß zwischen Mann und Frau für Afrikanerinnen ein unverständliches exotisches Ritual sei.
Er beugte sich vor, seine Lippen berührten ganz leicht ihren Nacken. Obwohl er mit ihr allein war, störte irgend etwas die Intimität der Situation, und Dieter fand heraus, daß es wohl die grelle Sonne war, die ihn irritierte.
»Hast du schon mal einen weißen Mann gekannt? Ich meine – mit ihm geschlafen?«
In der nächsten Sekunde wußte er, daß er einen Fehler begangen hatte. Die Schulter der Afrikanerin zuckte, als hätte sie eine Injektion mit Eiswasser erhalten. Sie stand auf, klopfte ihr Kleid ab und legte ihre glatte Stirn in unmutige Falten.
»Und du? Man sagt, daß weiße Männer hinter schwarzen Frauen her sind. Warum? Meinst du, es ist anders?«
»Ich weiß nicht.« Ein unbestimmter Ausdruck von Widerwillen in ihren Augen bestürzte ihn. »Es ist nicht die Hautfarbe, Dikeledi. Es ist... Ich finde dich einfach wunderschön.« Ein Gedanke schoß ihm durch den Kopf. »Dikeledi – wie stehst du zu Tutuma?«

Sie überlegte ein paar Sekunden, und ihre Antwort war sibyllinisch: »Anders als vor einer halben Stunde.«
»Ist er dein Freund?«
»Tutuma ist der Freund aller Menschen von Zimbabwe.« Sie kaute an einem Grashalm und blickte zur Straße zurück, auf die Honda. »Ich möchte, daß du mich zu ihm bringst.«
»Jetzt?«
»Sofort.«
»Aber erst muß ich noch etwas besorgen. Für ihn.«
Mehr noch als vorhin empfand Dieter die Rückfahrt mit Dikeledi auf dem Beifahrersitz als ein Spießrutenlaufen durch ein Spalier unverschämter Blicke. Erleichtert stieg er vor Helmuths Haus ab. »Warte, ich bin gleich wieder da.«
Inzwischen hatte Lesego den Estrich mit Seifenlauge geschrubbt. Sie fing gerade an, die erblindeten Fenster zu putzen, als Dieter hereinkam, um das in Packpapier gewickelte Moskitonetz abzuholen und das Buschmesser, das er gestern für Tutuma erstanden hatte. Bevor er ging, kritzelte er eine Nachricht für Helmuth auf einen Zettel. »Fahre mit der Honda ins Delta. Weiß noch nicht, ob ich zum Abendbrot zurück bin. Dieter.«
Auf dem Weg durchs Dorf fiel ihm ein windschiefes Holzschild ins Auge. Es verwies auf den Schlachter, den einzigen in Maun. Ein Toyota-Landcruiser hielt vor dem grüngetünchten Laden. »Tutuma hat mich gebeten, Proviant mitzubringen«, sagte Dieter zu Dikeledi und trat ein.
Dirty John, in Hosenträgern und einem zur Sicherheit zusätzlich um den Bauch geschlungenen Strick, stand in napoleonischer Pose hinter dem langen Blechtisch und reckte den Kopf. Als er durch die Tür die wartende Afrikanerin auf dem Rücksitz der Honda erspähte, funkelten seine Augen genießerisch. Dann kratzte er sich ausgiebig am Hintern und wandte sich wieder seiner Kundin zu.
Irmas Teint war wie immer voller roter Flecken, sie sah angestrengt aus in ihrem knappen Kleidchen mit den vielen

Schweißflecken. Sie hatte ihr Haar hochgesteckt, aber einzelne Strähnen hingen herab, und bei Tageslicht entdeckte Dieter, daß es mehr gelb als blond war. Offenbar vertrug sie die afrikanische Sonne nicht.

»Hallo, Dieter«, sagte sie.

»Hallo, Irma.«

»Hast ja schnell Anschluß gefunden.« Dieter las aus ihrem Lächeln so etwas wie ein: »Das kannst du bei mir besser haben.«

Dirty John trollte sich indigniert zu einem zerfetzten Käfig aus Fliegengitter, hinter dem ein halbes Rind an einem Haken hing, schwarz vor Fliegen. Er setzte sein Messer an der Schulter des Rindes an und verschwand für Sekunden in einer surrenden Wolke.

»Rumpsteak, hab' ich gesagt« Irmas Stimme klang wie gesägtes Glas.

»Das ist Rumpsteak«, brummte Dirty John. Nach 42 Jahren Afrika sprach er noch immer das rollende mediterrane »R«.

»Immer dasselbe.« Irma wandte sich entrüstet an Dieter. »Entweder weiß er wirklich nicht, wo beim Rind das Rumpsteak sitzt, oder er bescheißt absichtlich.«

Dirty John setzte das Messer etwas weiter unten an. Wieder flog ein Fliegenschwarm auf. In dem Laden roch es faulig nach Aas.

»Das sind die Rippen!« schrillte Irma.

»Ein schönes Rumpsteak.« Entschlossen schnitt er ein Stück heraus, kam aus dem Käfig, dessen durchlöcherte Tür er ebenso sorgfältig wie sinnlos verschloß, und warf das Stück auf die Waage. Die Gewichte waren abgegriffen, die Jahrzehnte hatten die eingeprägten Maße längst abgewetzt.

»Ein Kilo Rumpsteak«, entschied Dirty John.

»Nimm den Finger von der Waage«, sagte Irma.

»Wenn dir mein Rumpsteak nicht gefällt, mußt du es im nächsten Laden kaufen.«

Seufzend gab Irma ihren Protest auf, zahlte mit einer Pulanote und verließ das Geschäft.

»Wo ist denn der nächste Schlachterladen?« wollte Dieter wissen.
»In Francistown.«
Dirty John griff in seine hängende Hose und kratzte sich ein weiteres Mal. »Auch Rumpsteak?«
»Gib mir lieber fünf Dosen Corned beef.«
»Die Kleine da draußen.« Dirty John zwinkerte ihm zu. »Ist die von hier, oder hast du sie mitgebracht?«
»Was macht's?«
»2 Pula 40 Cents.«
Dieter zahlte, ohne zu murren, und ließ den Alten mit seiner Fliegenzucht allein.
Nachdem er mit der Afrikanerin in Richtung Okavango-Delta davongefahren war, schloß Dirty John den Laden ab und stieg in seinen alten Bedford.
Roger Niehoujs war um die Mittagszeit in Riley's Hotel zu erreichen. Weiß der Teufel, warum sich Pretoria neuerdings sogar für Entwicklungshelfer aus Deutschland interessierte, dachte Dirty John.

An der charakteristischen Palmengruppe erkannte Dieter, daß er die richtige Insel gefunden hatte. Er stellte den Motor ab, sprang aus dem Boot und zog es tiefer in die Schneise hinein, die er gestern im Schilf hinterlassen hatte.
Als Dikeledi merkte, daß ihr das lauwarme Wasser nur bis zum Oberschenkel reichte, stieg auch sie aus. Auf der Fahrt von der Island Safari Lodge bis zu Tutumas Versteck hatte sie mit ehrfürchtigem Staunen den Fluß betrachtet. In ihren zwanzig Lebensjahren zusammen hatte sie nicht annähernd soviel Wasser gesehen wie in diesen zwei Stunden. Unterwegs fürchtete sie, das Boot könne steckenbleiben oder kentern. Sie konnte nicht schwimmen. Von Zeit zu Zeit blickte sie voller Unbehagen nach oben zu dem einmotorigen Flugzeug, das den Flußlauf des Boro in wenigen hundert Metern Höhe überquerte, am Horizont verschwand und dann nach einer Schleife zurückkehrte.

Dieter beruhigte sie: In Maun seien Wissenschaftler stationiert, die im Auftrag der Welternährungsorganisation FAO die Topographie des Deltas erforschten. Oder es sei das Flugzeug des deutschen Tierarztes, der für die Friedrich-Ebert-Stiftung die Übertragbarkeit der Schlafkrankheit durch die Tse-Tse-Fliege untersuchte. Vielleicht seien auch die Amerikaner unterwegs, die von Flugzeugen aus Chemikalien auf die verkrauteten Seitenarme des Flusses sprühten, um die Verbreitung der maßlos wuchernden Schwimmpflanzen einzudämmen.

Als sie durch das seichte Wasser auf die Insel watete, rutschte Dikeledi aus. Dieter fing sie auf, und eine Sekunde lang klammerte sie sich an ihn, seine Ellenbogen streiften ihre festen kleinen Brüste, deren Knospen sich unter dem nassen Kleid noch deutlicher als vorher abzeichneten.

Dieter unterdrückte den Wunsch sie zu küssen. Er dachte an Tutuma, der sie wahrscheinlich aus dem Blätterdickicht der Insel beobachtete.

Dieter zog Dikeledi ans Ufer, nahm sie bei der Hand und rannte mit ihr zu der Stelle, wo sich Tutuma aus Papyrusblättern das Lager bereitet hatte. Der Platz war leer. Ein paar Meter weiter, an der Feuerstelle, nichts als ein Haufen grauer kalter Asche, abgenagte Fischgräten und leere Konservendosen.

Dieter rief halblaut Tutumas Namen. Paviane lüfteten ihre roten schwieligen Hintern und ergriffen kreischend die Flucht.

»Bist du sicher, daß es die richtige Insel ist?«

»Natürlich.«

Hundert Meter weiter brach sich ein Flußpferd Bahn durch das Gestrüpp und planschte, unwillig prustend, ins Wasser.

Dikeledi hielt Dieters Hand noch fester, die Berührung tat ihm wohl.

»Tutuma muß ganz in der Nähe sein«, sagte er. Eine Tse-Tse-Fliege stach ihn in den nackten Oberarm. »Hier lang!« Er trat aus dem Schatten der Bäume, aus deren Blätterwerk die Fliegen sich lautlos fallen ließen, und machte sich auf die Suche nach seinem Freund.

Dikeledi entzog ihm die Hand und blieb störrisch stehen. »Das Flugzeug ist nicht mehr wiedergekommen«, flüsterte sie. »Kein Mensch wird uns hier finden.«
»Komm.« Dieter bemühte sich, sein eigenes Unbehagen zu verbergen. Er legte beruhigend seinen Arm um ihre Schulter. »Wir haben doch das Boot.«
Als sie nach dem Rundgang zur Feuerstelle zurückgekehrt waren, hockte er sich entmutigt auf den Boden. Wenn Tutuma einem Löwen zum Opfer gefallen wäre, dann müßte es irgendwelche Spuren eines Kampfes geben, Kleiderfetzen oder Knochen. Er schüttelte den aufkommenden Schauder ab.
Dikeledi zerdrückte eine Tse-Tse-Fliege und starrte auf ein paar verkohlte Holzstücke, die neben der Asche lagen. Plötzlich sprang sie auf, lief zu der Stelle hinüber und beugte sich hinunter. »Sieh mal, Dieter.«
»Verbranntes Holz. Na und?«
»Aber wie es angeordnet ist! Erkennst du das nicht?«
Er zuckte ratlos die Schultern.
»Es hat die Form von Zimbabwe. Ein Tropfen, der auf der Seite liegt. Das Horn zeigt nach Osten. Tutuma wollte uns ein Zeichen geben.«
Sie kroch auf dem Boden entlang, der verlängerten Spitze des Horns folgend, die auf eine leere Dose Corned beef wies. Sie hob die umgestülpte Dose auf und sah hinein. »Er hat uns eine Nachricht hinterlassen.«
Mit wenigen Sprüngen war Dieter bei ihr. »Zeig her!«
Gemeinsam entzifferten sie den Text der Botschaft, der in englischer Sprache mit Kugelschreiber auf ein Blatt Papier geschrieben war. »Hier sind Leoparden. Suche mich zwei Inseln weiter flußabwärts. Achte auf Rauchzeichen!«
»Leoparden!« Schaudernd zog Dikeledi die Schultern hoch. Dann rannte sie so schnell zum Ufer, daß Dieter Mühe hatte, ihr zu folgen. Sie wateten zurück zum Boot und schoben es aus dem Schilf in die Fahrrinne.

Er muß das Papier und den Kugelschreiber in Nata von Bob und Jim bekommen haben, dachte Dieter.
Das Geräusch des Motors zerriß die Stille wie eine Explosion.
Wie überall im Delta, das trotz seiner ganzen gewaltigen Ausdehnung höchstens einen Meter Nord-Süd-Gefälle hatte, gab es auch hier diesen rätselhaften Sog, der das Boot spürbar nach Südosten trieb. Wenn Tutuma ein einigermaßen guter Schwimmer war, hätte er sich nur von der Strömung treiben und an den Rand der Fahrrinne halten müssen, um ohne Mühe die nächste Insel zu erreichen.
Die übernächste mochte vielleicht zwei Kilometer weiter flußabwärts liegen. Zum Glück hatte Dieter auf der Herfahrt in dieser Gegend keine Krokodile entdeckt.
Ein dichter schaumiger Teppich von Salvinien deckte das Wasser, kleeblattähnliche Schwimmpflanzen. Die geöffneten Kelche der Wasserlilien, auf deren breiten Blättern leichtfüßige Lilientraber auf der Suche nach Nahrung umhertanzten, gaben dem grünen Velours weiße und blaue Farbtupfer.
Das harte Tuckern des Motors scheuchte Hunderte von Sumpfvögeln aus dem Schilf auf: Königsfischer, Riesenreiher, Bienenspechte. Nur die bunten Eisvögel ließen sich weiter ungerührt auf morschen Holzstücken durchs Wasser treiben.
Fasziniert beobachtete Dieter einen Fischadler, der vom höchsten Ast eines Mopane-Baums hinunterschwebte, kurz vor der Wasseroberfläche seine Fänge ausfuhr wie ein landendes Flugzeug sein Fahrgestell, sie ins Wasser schlug und mit einem blinkenden Tigerfisch in den Krallen wieder aufstieg.
Das Boot trieb langsam auf eine Landspitze zu, die zu der Nachbarinsel gehörte und die den Fluß an dieser Stelle auf acht Meter verengte. Als Dieter das Ruder etwas drehte, um wieder die schmale Fahrrinne zu erreichen, entdeckte er den Mann.
Er war in diesem Augenblick aus dem Papyrus-Dickicht herausgetreten. Der Mann winkte ihnen, sie sollten anlegen, und als Dieter nicht sofort gehorchte, hob er seine Elefantenbüchse und schoß.

Zentimeter vor dem Bug riß die Kugel ein Loch in den grünen Teppich, das sich sofort wieder schloß.
Dieter stellte den Motor ab. »Sind Sie verrückt geworden?«
Das Gesicht des Mannes lag im Schatten einer Schirmmütze. Trotzdem erkannte Dieter ihn an seinen Bewegungen. Er wandte sich an Dikeledi: »Keine Angst, das ist nur ein Großwildjäger. Ich habe ihn gestern in Maun gesehen. In der Bank.«
Die Afrikanerin starrte den Mann an. Mit einem Ausdruck, den Dieter bei ihr noch nicht gesehen hatte: Haß, Furcht und Ekel.
»Hierher!« Der Mann wich ein paar Schritte zurück, um ihnen Platz zu machen. Neben ihm im Schilf lag ein Mocoro, mit dem er offensichtlich gekommen war, ein primitiver ausgehöhlter Einbaum mit einem schaufelartigen Paddel.
»Sie brauchen doch nicht gleich zu schießen«, sagte Dieter. »Wir hätten Sie auch so mitgenommen.«
Der Mann ignorierte ihn. »Wo ist er?« Er sprach zu Dikeledi.
Stumm deutete sie flußaufwärts, auf die Insel, die sie vor wenigen Minuten verlassen hatten.
»Du wirst mich jetzt zu ihm hinbringen.« Der Mann klappte den Schirm seiner Mütze hoch, so daß Dieter das Gesicht erkennen konnte. Seine Blicke und die des Mädchens hielten einander fest wie zwei Krokodile, die sich ineinander verbissen haben.
»Noch mal laß ich mich nicht hinters Licht führen«, sagte er. »Ich habe euch genau beobachtet.«
Dieter fiel das Flugzeug ein, das vor einigen Stunden über ihnen gekurvt hatte. Er machte sich Vorwürfe, daß er nicht früher darauf gekommen war. Die Jagd auf Tutuma schien noch längst nicht abgeblasen. Jetzt waren die Südafrikaner ihm näher denn je zuvor, abgesehen vielleicht von der Nacht, in der sie Klick-Klack ermordet hatten. Er bewunderte Dikeledi um ihre Geistesgegenwart, mit der sie dem BOSS-Mann die falsche Spur gewiesen hatte. Das würde ihnen vielleicht einen kleinen Zeitgewinn einbringen.

Und was dann?
Vielleicht hatte Tutuma in seinem neuen Versteck flußabwärts den Schuß gehört und sich davongemacht. Aber diese Hoffnung war gering. Sicher war der Schuß im Tuckern des Motors untergegangen.
Für eine Sekunde wandte der Mann am Ufer seinen Blick von dem Mädchen Seine Augen überflogen Dieter von Kopf bis Fuß und kehrten sofort zurück zu Dikeledi. Anscheinend hatte er sich überzeugt, daß Dieter unter seinen Shorts und seinem T-Shirt keine Waffe versteckt haben konnte. Er deutete auf Dikeledis Flugtasche. »Ausschütten!«
Sie riß den Reißverschluß auf, krempelte die Tasche um und schüttete den Inhalt auf den Boden des Motorboots.
Der Mann nickte zufrieden. »Wir wollen keine Zeit verlieren. Zurück zum Heck.«
Dikeledi sammelte den Inhalt der Tasche wieder ein. Dann stand sie auf und setzte sich neben Dieter auf die Bank neben dem Außenbordmotor. Ihre nackten Schultern schmiegten sich schutzsuchend an seinen Oberkörper.
Vorsichtig stieg der Mann ins Wasser. Die Hand am Abzug seiner Büchse, die Augen unablässig auf seine beiden Gefangenen gerichtet, watete er die zwei Meter durch die Schneise im Schilf auf das Boot zu.
Es würde einen Augenblick geben, in dem er verwundbar war: Die Sekunden, die er brauchte, um über die Bordwand zu klettern. Er würde sich dabei festhalten müssen und das Gewehr aus der Hand legen. Vielleicht könnte man...
Dieter kam mit seinem Gedanken nicht zu Ende. »Für irgendwelche Tricks sind Sie nicht clever genug, Hahn. Ich treffe auch mit einer Hand.«
Dann drückte der Mann den Bug hinunter und stemmte sich mit einem Ruck hoch. Eine Sekunde lang hatte er Mühe, das Gleichgewicht zu halten, der Gewehrlauf, den er in seiner freien Hand hielt, richtete sich steil nach oben. Aber bevor Dieter den Au-

genblick nutzen konnte, hatte er seinen Körper und das Gewehr wieder unter Kontrolle.
Die Chance war verpaßt. Jetzt waren sie zu dritt an Bord. Dieter stieg die scharfe Ausdünstung des Mannes in die Nase. Salziger Schweiß. Zwei Flecken färbten sein Buschhemd dunkel, von der Achselhöhle bis hinunter zur Hüfte. Offenbar war auch er seiner Sache nicht ganz sicher. Man durfte ihn nicht reizen. Leute, die Angst haben, schießen schnell.
Der Mann kannte seinen Namen, vielleicht hatte er ihn von dem Kassierer in der Standard-Bank erfahren oder abends in Riley's Bar. Dieter war sich jetzt sicher, ihn davor schon einmal gesehen zu haben, und zwar zu einem Zeitpunkt, als er in die Sache mit Tutuma noch nicht verwickelt war. Irgendeine unangenehme Erinnerung verband sich mit den farblosen Brauen über den aufmerksamen hellen Augen. Doch der Anlaß war bestimmt nicht wichtig, sonst hätte sich ihm das Gesicht besser eingeprägt.
Auch Dikeledis Verhalten ließ darauf schließen, daß es eine Verbindung zwischen den beiden gab, viel intensiver als seine: eine Klammer aus tödlichem Haß.
Seit der Mann aufgetaucht war, hatte Dikeledi noch kein Wort gesprochen. Jetzt, in ihrer Todesfurcht, benahm sie sich sonderbar. Plötzlich wechselte ihr Ausdruck. Ein rätselhafter Frieden zeigte sich auf ihrem ebenmäßigen Gesicht. Eine Spur von Hoffnung. Sie hielt die Augen halb geschlossen und kaute an einem Stück Schilfrohr, das sie gepflückt hatte. Aber ihr Körper zitterte. Dieter spürte die Spannung, die von ihrer Schulter auf ihn übersprang.
Der Mann richtete seinen Gewehrlauf auf Dieters Brust. »Na los. Motor anlassen.«
»Und dann?«
»Zu Tutuma.«
Dieter drehte den Zündschöüssel, der Motor blubberte. »Die Schraube ist voller Kraut.«

»Dann mach sie sauber.«
Dieter stellte den Motor wieder ab und fing an, die Schraube umständlich von den Vallisnerien zu säubern. Er mußte versuchen, Zeit zu gewinnen.
»Hast du sie schon gebumst?«
Dieter tat, als habe er die Frage nicht verstanden. »Verzeihen Sie, mein Englisch ist nicht sehr gut. Ich bin erst ein paar Wochen hier.« Vielleicht half es in dieser Situation, mit dem Mann ein Gespräch zu beginnen. »Ich bin als Entwicklungshelfer hier aus Deutschland.«
»Ich weiß. Du solltest den Anderthalbtonner nach Maun bringen.«
Orapa! Es war der Sicherheitsoffizier, der ihn am Osttor der Diamantenmine so unwirsch abgewiesen und außen herum über den holprigen Weg geschickt hatte.
»Ob du sie schon gebumst hast.« Er nahm eine Hand vom Gewehr und machte eine eindeutige Geste. Dann sah er Dikeledi dreist an und lachte böse: »Hast nichts versäumt.«
Die Afrikanerin neben Dieter hörte zu atmen auf, einen Moment saß sie da wie eine Holzpuppe, dann löste sich ihr Körper aus der Starre. Das Stück Schilfrohr glitt ihr aus dem Mund.
Der Mann zuckte zusammen und schlug sich mit der flachen Hand gegen die linke Wange. »Scheißbiester!«
An dem Blutstropfen auf seiner Wange erkannte Dieter, daß sich dort eine Tse-Tse-Fliege niedergelassen haben mußte.
Der Mann betrachtete das Blut an seiner leeren Hand. Die Fliege war entkommen.
»Hat Tutuma eine Waffe bei sich?«
Dieter schüttelte den Kopf.
»Wenn du mich reinzulegen versuchst...« Mitten im Satz brach er ab und griff sich mit einer hilflosen Gebärde an den Hals. Seine Zunge wurde schwer, seine Hände begannen zu zittern, langsam entglitt ihm die Büchse. Er versuchte, sie aufzuheben, aber es gelang ihm nicht. Plötzlich blickten seine Augen stumpf, kalter Schweiß brach ihm aus allen Poren.

Jan Feuchtenbeiner spürte die Lähmung, die einen Bereich seines Körpers nach dem anderen ausschaltete, erst die Arme, die Hände bis in die Fingerspitzen, dann weiter hinunter kroch, sich wie ein eiserner Ring um seine Brust legte, die Hüften erfaßte, die Lenden und schließlich die Füße, als hätte er Quecksilber in den Adern.

Als der tödliche Krampf auf seinen Atemmuskel übergriff, war er noch immer bei vollem Bewußtsein, und sein letzter Gedanke galt den acht Fotos, die nun für die Erpresser jeden Wert verlieren würden.

Kein Kaffer würde ihm mehr etwas anhaben können, Dikeledi nicht, Tutuma nicht und auch January nicht.

Er empfand ein schwaches unbestimmtes Gefühl von Triumph und Erleichterung, bevor ihn die ewige Nacht einhüllte.

Der massige Körper kippte langsam zur Seite, hing zur Hälfte über dem Bugrand im Wasser. Das Boot lag schief, schwankte und drehte sich zweimal im Kreis. Mit jeder Runde tauchte Feuchtenbeiners Oberkörper tiefer in den Fluß. Dieter sprang auf, um ihn festzuhalten. Aber das steuerlose Boot begann zu schlingern, Dieter verlor das Gleichgewicht und stolperte. Er fühlte einen stechenden Schmerz in der Kniescheibe, die er sich an der Sitzbank aufgeschlagen hatte.

Dikeledi gab Feuchtenbeiner einen letzten Stoß, schlaff glitt der Körper ins Wasser und trieb bäuchlings neben dem Boot her.

Als das Boot zur Ruhe gekommen war, unternahm Dieter einen neuen Versuch, Feuchtenbeiners Körper zu bergen.

»Laß ihn!« schrie Dikeledi. Es waren ihre ersten Worte, seit der Mann aufgetaucht war. Dieter drehte sich zu ihr um. Der Ausdruck von wildem Haß in ihrem Gesicht erschreckte ihn. Sie riß ihn zurück, mit einer Kraft, die er ihrem zierlichen Körper nie zugetraut hatte. »Er war ein Schwein. Er ist tot. Er hat es nicht besser verdient!«

»Hat er dir etwas getan?«

»Er hätte uns alle drei umgebracht.«

»Aber man kann ihn nicht einfach so treiben lassen.«
»Er ist tot.«
Dieter versuchte einen klaren Gedanken zu fassen. Innerhalb weniger Tage war dies der zweite Mensch, der plötzlich auf unerklärliche Weise gestorben war, vor seinen Augen. »Ich muß ihn nach Maun bringen.«
Noch einmal versuchte er, ins Wasser zu langen. Dikeledi stellte sich ihm in den Weg. »Willst du, daß sie dich als Mörder verhaften?«
»Du warst dabei, du kannst bezeugen, daß ich nichts damit zu tun habe.«
»Ich geh' nicht mit dir zur Polizei.« Entschlossen schüttelte sie den Kopf. »Du kannst mich nicht dazu zwingen.« Es klang unwiderruflich.
Vielleicht hatte sie auch recht. Die Geschichte war zu verrückt. Wie sollte er einem schlichten botswanischen Polizisten glaubhaft machen, daß dieser Mann, der im Sumpf aufgetaucht war und sie mit dem Gewehr bedroht hatte, plötzlich tot umgefallen war, wie vom Blitz gefällt. »Wie konnte das überhaupt passieren?«
»Wenn ich ihn nicht getötet hätte, hätte er uns ermordet.«
»Du?«
Sie blickte ihn ernst an. Als sie noch immer Verständnislosigkeit und Verwirrung in seinen Augen las, hob sie das abgebrochene Schilfrohr auf, das ihr vorhin aus dem Mund gefallen war. »Damit. Ich habe ein Stück Bambus hineingesteckt und es ihm ins Gesicht geblasen.«
Tatsächlich lag unter der Bank, auf der der Fremde vorhin gesessen hatte, ein fingerlanges Bambusrohr. Dieter hob es auf und fuhr mit dem Zeigefinger über die scharf geschliffene Spitze.
»Vorsicht!« rief Dikeledi. »Die Spitze ist scharf wie ein Messer.«
Der Blutfleck auf der Wange des Fremden fiel ihm ein. »Dann war es also keine Tse-Tse-Fliege?«

»Es war ein Stück Bambus. Ich habe genau gezielt und mit aller Kraft geblasen. Er hat es nicht gemerkt. Ich habe so getan, als hätte ich an dem Schilfrohr gekaut.«
»Du willst mir doch nicht weismachen, daß du einen Menschen damit töten kannst.«
Dikeledi öffnete die kleine Dose aus einem ausgehöhlten Stück Holz, die ihr January mitgegeben hatte. Sie war mit einer zähen braunen Paste gefüllt. »Ich habe die Spitze vorher hineingetaucht. Er hat es nicht bemerkt, weil er mir nur ins Gesicht gesehen hat, und nicht auf die Hände.« Vorsichtig verschloß sie die Dose und steckte sie wieder zurück in die Flugtasche. »Es ist Buschmann-Gift.«
Dikeledi blickte über den Fluß. Inzwischen hatte die Strömung die Leiche fünfzig Meter weit abgeschwemmt in die Fahrrinne, wo sie gerade in den Sog geraten war, der sie rasch weiter flußabwärts trieb, die Schirmmütze ein Stück voraus.
Vor einer Stunde hätte Dieter sich nichts sehnlicher gewünscht, als dieses schutzbedürftige Mädchen im Arm zu halten. Jetzt wurde ihm Dikeledi unheimlich. »Du hast den Mann gekannt.«
»Er ist unser Feind.«
»Kennt Tutuma ihn auch?«
Sie nickte zögernd.
Eine wahnwitzige Idee schoß ihm durch den Kopf. »Kann er's gewesen sein, der Klick-Klack erschossen hat?«
»Ich weiß es nicht. Frag Tutuma.«
»Er hat dich gehaßt.«
»Er war unser Feind«, wiederholte sie.
»Ein südafrikanischer Geheimagent hätte sich anders verhalten. Kühler. Aber dieser Mann hatte einen ganz privaten Haß auf dich. Warum?«
»Frag Tutuma.«
Dieter setzte sich auf die Bank am Bug und nestelte eine Zigarette aus der Hosentasche. Die Packung war feucht geworden, er warf sie ins Wasser. »Ich kenne ihn übrigens auch.«

»Aus Maun?«
»Aus Orapa.«
Ihr Kopf flog überrascht herum. »Was hat dir Tutuma über Orapa erzählt?«
Dieter ging auf die Frage nicht ein. Irgendwann würde ihm Tutuma seine ganze Geschichte erzählen, Krieg hin, Krieg her. Tutuma mußte sich inzwischen vergewissert haben, daß er auf seiner Seite stand, trotz der anderen Hautfarbe. »Der Mann war Sicherheitsoffizier in der Diamantenmine. Ich habe ihn am Schlagbaum gesehen.«
»Wie gut hast du Feuchtenbeiner gekannt?«
»Nicht so gut wie du, Dikeledi.« Er erinnerte sich der Andeutung, die Feuchtenbeiner vorhin gemacht hatte. »Du hast mit ihm geschlafen, nicht wahr?«
Dikeledi wich seinem Blick aus. Sie schüttelte sich vor leisem Ekel und warf den Motor an. »Hast du schon mal gehört, daß sich eine Gazelle mit einer Hyäne paart?«
Dikeledi setzte sich ans Ruder und steuerte das Boot flußabwärts zu der Insel, auf der sie Tutuma vermuteten.

Okavango

Tutuma mußte den Motor schon lange vorher gehört haben. Als das Boot auf die Insel zusteuerte, trat er aus dem Papyrus-Dikkicht und winkte es heran.
»Dikeledi!« rief er überrascht.
Sie lachte hinüber. »Ich hoffe, du bist nicht allzusehr enttäuscht.«
Er rief ihr etwas in Kalanga zu, und sie antwortete in der gleichen Sprache.
Während Dieter im Schilf anlegte, kam er ihnen ein Stück durch das Wasser entgegen. »Es war einsam ohne euch«, sagte er. Dann umarmte er Dieter und das Mädchen. Es lag viel Herzlichkeit in seiner Geste.
»January kann nicht selbst kommen«, sprudelte Dikeledi atemlos heraus. »Es ist viel passiert, ich erzähl' dir alles.«
Noch bevor er seinen Fuß an Land setzte, verkündete Dieter die Neuigkeit: »Dikeledi hat einen Mann getötet. Vor zwanzig Minuten. Mit einem Bambusrohr wie die Indianer am Amazonas.« Er riß einen Schilfstengel ab und pustete hindurch. »Ungefähr so.«
»Es war Feuchtenbeiner«, sagte sie. Noch immer atemlos, berichtete sie von den Ereignissen der letzten Stunde.
»Der Kerl hat uns mit seiner Büchse bedroht«, sagte Dieter. »Er verlangte, daß wir ihn zu dir führen.«
»Er ist ein Mörder«, sagte Tutuma nachdenklich. »Ich bin sicher, daß er auch Klick-Klack erschossen hat.«
»Gehörte er zu den BOSS-Leuten?«

Tutuma nickte. »Vielleicht.«
»Dann werden die anderen auch nicht weit sein.«
»Hier sind wir vorläufig sicher.«
Tutuma zog das Boot noch ein Stück in das hohe Schilf hinein, bis es vom Wasser her nicht mehr zu sehen war. »Ich hatte frische Leopardenspuren auf unserer Insel gesehen. Deshalb bin ich hier.«
»Geschwommen?«
»Ich habe mir ein Floß gebaut.« Er ging voraus und deutete auf das primitive Floß, das hinter einer Baumgruppe lag: Papyrus-Stauden, die von Seilen aus geflochtenem Gras notdürftig zusammengehalten wurden. »Hast du mir das Buschmesser mitgebracht?«
Dieter gab es ihm, auch die Konserven und das Moskitonetz.
»Das Netz werden wir nur nachts brauchen«, meinte Tutuma. »Hier gibt's keine Tse-Tse-Fliegen.«
Als der Regen, der schon lange in der Luft gelegen hatte, plötzlich losbrach, zog Tutuma seine Besucher in einen Unterstand, dessen Dach er aus Papyrusblättern errichtet hatte.
Es gab Dieter einen Stich, als er bemerkte, daß Dikeledi sich ganz dicht neben Tutuma setzte. Jetzt war er es, dessen Nähe und dessen Schutz sie suchte.
Dieter stand auf. »Ich seh' mir mal ein bißchen die Insel an«, sagte er, als sie miteinander Kalanga zu sprechen begannen.
Es war ein ernstes eindringliches Gespräch, von dem er kein Wort verstand, abgesehen von dem Ortsnamen Orapa, der immer wieder fiel. Dieter fühlte sich ausgeschlossen.
Wenn Dikeledi noch letzte Zweifel an Tutumas Aufrichtigkeit gehegt haben mochte – in diesem Gespräch wurden sie ausgeräumt. Tutumas Bericht bestätigte, was sie schon von Dieter erfahren hatte. Danach konnte er gar nicht in Zaire gewesen sein, die Diamanten unterschlagen haben und nach Botswana zurückgekehrt sein, um sie in Maun einem Aufkäufer von De Beers zu übergeben. Gegen diese Version hatte sie sich instinktiv von Anfang an gesträubt.

Sie war unendlich erleichtert, daß es so war und nicht anders. Man hatte January mit falschen Informationen gefüttert, um die Bewegung zu spalten. Das Mißverständnis war aufgeklärt, und im stillen nahm Dikeledi sich vor, die perfiden Absichten der Feinde zu durchkreuzen. Nie wieder durfte eine Verstimmung zwischen den beiden Führern aufkommen. Deshalb wäre es unklug gewesen, Tutuma in diesem Augenblick über den geplanten Mordanschlag auf ihn zu berichten, zu dessen Werkzeug sie sich beinahe hatte machen lassen. Später, nach dem Krieg, würden sie alle drei darüber lachen, der Staatspräsident Tutuma, sein Außenminister January und ihre Vertraute Dikeledi.
Wessen Vertraute? Zu wem gehörte sie eigentlich?
Diese Frage verwirrte Dikeledi. Sie schob sie beiseite und beantwortete sie fürs erste ausweichend: sie gehörte der Unabhängigkeitsbewegung.
So erzählte sie Tutuma nur das, was die beiden Männer nicht entzweien konnte: von dem mißglückten Attentat auf January, dem Edson Mojo zum Opfer gefallen war, und daß January sich danach zu den Soldaten in den Busch zurückgezogen habe.

Auf den ersten Blick glich die Insel der vorigen. Nur war sie etwas kleiner und hatte keine Palmen, dafür hohes gelbes Elefantengras, das Dieter bis zum Kinn reichte und ihm die Sicht nahm. Der Regen hatte aufgehört, die Erde dampfte. Vor einem Mauseloch entdeckte Dieter einen Marabu, geduldig auf Beute lauernd, ein Geschöpf von grotesker Häßlichkeit im festlichen Cut über den dünnen Beinen, mit spärlichen regenzerzausten Haaren auf dem Kopf.
Dieter verbiß sich ein Lächeln. So wie er da stand, mit dem spitzhackenähnlichen Schnabel an dem winzigen Kopf, den er tief zwischen die Schultern eingezogen hatte, erinnerte der Marabu ihn an seinen alten Französischlehrer, der ihm mehrmals den hämischen Rat gegeben hatte: »Hahn, gehnse ab, wernse Maurer.«

Ein aufgestörtes Pangolin huschte durchs Gras, eine unproportionierte Urzeitechse mit ihrem spitz zulaufenden Kopf und dem gewaltigen, mit Panzerschuppen bewehrten Schwanz. Dieter folgte dem flüchtenden Gürteltier auf ein Areal schwarzen Bodens, das mit niedrigen Blattpflanzen bewachsen war und die Insel auf der Westseite um ein Stück verlängerte.
Der Boden begann leicht unter seinen Füßen zu schwanken. Erst jetzt entdeckte Dieter, wie dünn und trügerisch die Erdkruste war, getragen von einer schwimmenden Matte aus einem vermoderten, verfilzten Geflecht von Wurzeln und Pflanzenresten. Dieter sackte bis zu den Knöcheln in den Sud ein.
Da der Morast saugend, glucksend und schmatzend sein Opfer hinunterzuziehen begann, versuchte Dieter, seine Füße zu befreien. Als es ihm nicht gelang, warf er sich auf den schwankenden Boden, um auf den Ellenbogen robbend das feste Ufer zu erreichen. Seine Hand erwischte eine Stelzwurzel, mit aller Kraft klammerte er sich an ihr fest, sein Fuß steckte noch immer bis zur Wade im Morast.
Erst nach einer Weile gab der Sumpf mit einem unwilligen Rülpsen seinen Fuß frei. Dieter zog sich ans Ufer und richtete sich auf. Die Neugier auf die Insel war ihm fürs erste vergangen.

Dikeledi und Tutuma, noch immer in ihr lebhaftes Gespräch vertieft, nahmen seine Rückkehr kaum zur Kenntnis.
»Könnt ihr nicht ausnahmsweise mal englisch sprechen«, murrte Dieter.
»Entschuldige.« Tutuma sah ihn aufmerksam an. »Wir wollten nicht unhöflich sein, aber wir haben ein Problem, das wir lösen müssen. Wenn wir hierbleiben, werden uns früher oder später die Südafrikaner aufstöbern. Wir müssen also weg. Spätestens morgen früh.«
»Wegen Feuchtenbeiner?«
»Die Leiche treibt flußabwärts. Irgendwann wird sie an der Island Safari Lodge angeschwemmt werden oder in Maun. Aber

auch wenn sie unterwegs hängenbleibt, an einem Ast oder im Schilf, werden die Südafrikaner den Mann vermissen und nach ihm suchen.«

»Du willst doch sowieso nach Angola...«

»Ja, aber da ist ein Problem. Zwischen dem Okavango-Delta und Angola liegt der Caprivi-Zipfel. Er gehört zu Südwestafrika, und das heißt, daß die südafrikanische Armee das Gebiet unter Kontrolle hat. Da ist kein Durchkommen. Es sei denn, ein Stoßtrupp aus Sambia würde über den Sambesi setzen und mich durch das Gebiet schleusen. Warte, ich erklär' es dir.«

Mit einem Stock zeichnete Tutuma den Lauf des Sambesi und den Lauf des Chobe in den Sand. »Die beiden Ströme laufen fast parallel, und das Land dazwischen ist der Caprivi-Zipfel.«

»Ich habe die Landkarte im Kopf«, sagte Dieter. Die bizarre Geographie und Geschichte des Caprivi-Zipfels hatte zum Unterrichtspensum auf dem DED-Vorbereitungskursus gehört. Ein vierhundert Kilometer langer schmaler Streifen Land, eine Art Korridor, der von Südwestafrika ostwärts bis zum Zusammenfluß von Chobe und Sambesi reicht. Die Deutschen, vor dem Ersten Weltkrieg Kolonialherren in Südwestafrika, hatten den Zipfel im Jahr 1890 von den Engländern zusammen mit Helgoland gegen die Insel Sansibar eingetauscht, weil sie hofften, auf diese Weise über den Sambesi Zugang zum Indischen Ozean zu erhalten.

Es war ein schlechtes Geschäft für die Deutschen gewesen. Reichskanzler Graf Caprivi hatte nämlich übersehen, daß der Sambesi nicht schiffbar war. So blieb der Streifen Land wertlos, auch für die Südafrikaner, die ihn nach dem Ersten Weltkrieg in Besitz nahmen.

Erst mit der Gründung der Republik Botswana im Jahr 1966 erhielt der Zipfel strategische Bedeutung, denn er schloß den Ring um die schwarze Republik, die, ohne Zugang zum Ozean, von ihren weißen Nachbarn jederzeit nach Belieben von der Außenwelt abgeriegelt werden konnte.

Am äußersten östlichen Ende des Zipfels, am Zusammenfluß von Chobe und Sambesi, wo im Westen das südafrikanische Mandatsgebiet, im Osten Rhodesien, im Süden Botswana und im Norden Sambia zusammenstoßen, verläuft die Grenze in einer Zickzacklinie mitten durch den Strom. Dort hat Botswana unter Wasser ein paar Meter gemeinsamer Grenze mit dem befreundeten Sambia. Da die Absicht, eine Brücke zu bauen, am Einspruch Südafrikas scheitert, unterhalten Botswana und Sambia eine primitive Fährverbindung, die ständig von den an den Ufern stationierten rhodesischen und südafrikanischen Soldaten überwacht wird.

»Sie warten nur darauf, daß ich in Kazungula auf die Fähre gehe«, sagte Tutuma. »Sie würden sie sofort anhalten und mich runterholen. Ich muß also eine andere Stelle suchen, um über den Chobe zu kommen.«

»Der Caprivi-Streifen ist sicher gut bewacht.«

»Allein komme ich nicht durch, aber wenn vom Norden her, von Sambia, unbeobachtet ein bewaffneter Kommandotrupp in Zivil einsickert und mich am Ufer des Chobe erwartet, würde ich's schaffen. In zwei Stunden könnten sie mich durchschleusen und auf dem Sambesi übersetzen nach Sambia. Wenn die Aktion gut vorbereitet ist, würden die Südafrikaner nichts davon merken.«

Dieter lächelte skeptisch. »Sambia wird wohl kaum eine kriegerische Verwicklung mit Südafrika riskieren, nur um einen Mann rauszuholen.«

»Offiziell geht das nicht. Aber ich habe einflußreiche Freunde in Sambia.«

»Wissen die denn, wo du jetzt steckst?«

»Das ist das Problem, Dieter. Ich müßte ihnen eine Nachricht zukommen lassen.«

»Kann Dikeledi nicht...«

»Dikeledi ist zu bekannt. Die würde ebensowenig über die Grenze kommen wie ich.«

»Und dein Freund in Francistown?«
»Der ist nicht erreichbar. Er hält sich im Busch versteckt.« Tutuma zupfte nervös an seinem Schnurrbart. »Ich habe nur eine Chance, Dieter. Dreimal in der Woche gibt's von Maun einen Flug nach Gaborone. Und einen anderen von Gaborone nach Lusaka. In ein oder zwei Tagen könntest du die Nachricht nach Lusaka bringen.«
Dikeledi, die bisher kein Wort gesprochen hatte, sah Dieter hoffnungsvoll an.
»Nein, Tutuma.«
Es war nicht die Ablehnung, sondern deren schroffe Form, die Tutuma zu überraschen schien. »Hast du nicht gesagt, du bist mein Freund?«
»Irgendwo hört jede Freundschaft auf. Du kennst meine Sympathien für die Unabhängigkeitsbewegung. Aber den Kurier spielen in einem Krieg... Ich bin Entwicklungshelfer und kein Guerillero.«
»Schade.« Tutuma dachte einen Augenblick nach. »Es ist nur so, daß wahrscheinlich mein Leben davon abhängt.«
»Übertreibst du nicht ein bißchen...«
»Jetzt, da wir Feuchtenbeiner erledigt haben, ist mir BOSS natürlich ganz dicht auf den Fersen. Botswana ist für mich eine Mausefalle geworden.«
»Ich könnte mit Dikeledi nach Maun zurückfahren. Von dort könnte sie nach Lusaka telefonieren.«
»Geht nicht.« Tutuma winkte ab. »Das Radiotelefon wird abgehört.«
»Warte mal.« Dieter sprang auf und lief aufgeregt auf und ab. »In Maun gibt's einen Entwicklungshelfer. Sigi. Und der ist Funkamateur. Jede Nacht sitzt er an seiner Anlage und spricht mit irgendwelchen anderen Funkamateuren. Ganz Maun macht sich über seine Marotte lustig.«
»Wie weit reicht die Anlage?«
»Ach, der quatscht mit Leuten in Australien, Europa und Amerika.«

»Du meinst, der würde das für uns machen?«
»Bestimmt.«
»Wir müßten nur den Funkspruch verschlüsseln«, gab Dikeledi zu bedenken.
Dieter sah sie überrascht an. »Verstehst du was davon?«
Tutuma lächelte. »Sie ist der Funker in unserer Organisation.«
Und während Dikeledi und Tutuma in ihrer Kalanga-Sprache über den Text des Funkspruchs diskutierten, fühlte sich Dieter abermals ausgeschlossen. Es begann ihn zu ärgern, daß sie ihn, den Außenseiter, benutzten, sobald sie seine Hilfe benötigten, daß sie ihn aber nicht einbezogen. Und es irritierte ihn, daß er noch immer nicht viel mehr von Tutumas Funktion wußte als am ersten Tag ihrer Bekanntschaft.
Noch mehr Rätsel gab ihm Dikeledi auf. Das Bild, das er sich von ihr gemacht hatte, bekam Flecken. Er begann sich einzugestehen, daß er sie wohl allzu kritiklos betrachtet hatte. Er hatte schon immer dazu geneigt, anziehende Mädchen zu idealisieren.
Dieter fiel die bedrohliche Situation ein, vorhin mit Feuchtenbeiner. Es war Dikeledi gewesen, die mit List und Kaltblütigkeit die Gefahr bereinigt hatte. Ein Akt der Notwehr, gewiß. Aber danach kein Wort des Bedauerns. Immerhin war durch sie ein Mensch zu Tode gekommen. Hatte es ihr wirklich nichts ausgemacht?
Sie saß auf dem Boden, selbstversunken und notierte Ziffern auf ein Blatt Papier. Nichts mehr war übriggeblieben von ihrer Schutzbedürftigkeit. Als sie fertig war, übergab sie Dieter den Zettel. »Hast du etwas, wo du ihn sicher verstecken kannst?«
»Meinen Brustbeutel.«
Bevor Dieter den Zettel faltete, versuchte er, den Text zu entziffern. Die Botschaft bestand aus den Buchstaben CQ SAMBIA 9J1AX und langen Zahlenkolonnen in Fünfergruppen.
»Ist das ein bestimmter Code?«

Sie nickte. »Den Schlüssel dazu kennt nur der Empfänger. Es ist ein afrikanisches Sprichwort.«
»Wie heißt das Sprichwort?«
Als Dikeledi noch zögerte, sagte Tutuma: »Wo Elefanten kämpfen, leidet das Gras.«
»Danke für den Vertrauensbeweis.«
Dikeledi lächelte. »Damit kannst du nicht viel anfangen, solange du den Zahlenschlüssel nicht auch kennst.«
Dieter faltete den Zettel sorgfältig und steckte ihn in den Brustbeutel.
Aber Tutuma schien noch nicht ganz zufrieden. »Trotzdem ist es ein großer Vertrauensbeweis«, sagte er. »Kann ich mich fest darauf verlassen, daß dein Freund den Text morgen durchgibt?«
Der Gedanke, seinen schwarzen Freund und dieses schöne Mädchen vielleicht nie mehr wiederzusehen, stimmte Dieter jetzt doch wehmütig.
Ob er ihn später einmal besuchen durfte, wenn alles vorbei war? Dieter versuchte, sich Tutuma in einer prächtigen bunten Generalsuniform vorzustellen, die Brust voller Orden, umgeben von martialischen Leibwächtern. Kenyatta, Bokassa, Idi Amin, Mobutu – hatten sie nicht alle einmal so angefangen wie Tutuma? Würde sich sein Freund von der Macht korrumpieren lassen?
»Du kannst dich fest auf mich verlassen«, sagte Dieter. Und nachdrücklich fügte er hinzu: »Aber es ist mein letzter Freundschaftsdienst.«
»Dein vorletzter«, korrigierte Tutuma. »Wenn meine Freunde den Funkspruch erhalten haben, werden sie einen Mann zu dir schicken. Du wirst ihn zu mir führen.«
»Hierher, auf diese Insel?«
»Nein, hier sind wir nicht mehr sicher. Der neue Platz liegt am Ufer des Chobe. Ein Affenbrotbaum zwischen Kasane und der Kazungula-Fähre. Ich werde ihn dir genau beschreiben. Du

kannst ihn nicht verfehlen. Warte dort auf mich: Jeden Tag bei Sonnenuntergang werde ich in der Nähe sein. Aber sei vorsichtig. Es könnte sein, daß man dir folgt.«
Dieter kratzte sich unschlüssig am Kopf. »Mir wär' wirklich lieber, ihr könntet jemand anderen damit beauftragen. Und überhaupt? Woran erkenne ich denn euren Freund aus Lusaka?«
»Er wird sich mit dem Sprichwort zu erkennen geben, das ich dir eben nannte.«
»Wo Elefanten kämpfen, leidet das Gras?«
»Ja. Präge es dir genau ein.«
Dikeledi malte mit ihrem großen Zeh eine Figur in den Sand. Jetzt erinnerte sie Dieter wieder an einen jungen Vogel, der aus dem Nest gefallen war.
»Scheiße!« sagte er. »Eigentlich habe ich mir Entwicklungshilfe ganz anders vorgestellt.«

Während er mit seinem Taschenmesser die gegrillten Buntbarsche zerlegte, die es zum Abendbrot gab, erkundigte sich Dieter, auf welchem Weg die beiden die 250 Kilometer bis zum Chobe zurückzulegen gedächten. Zwischen dem Delta und der Kazungula-Fähre lag ein Labyrinth unübersichtlicher Wasserläufe, Inseln, Lagunen, dahinter der Tse-Tse-verseuchte Moremi-Wildpark und schließlich ein Stück Buschland mit dem wildreichen Chobe-Nationalpark.
Tutuma winkte ab. »Ich habe Freunde unter den Bayeis. Mocoro-Männer werden uns aus dem Delta herausbringen. In drei Tagen können wir am Chobe sein.«
Als sich die Nacht über die Insel legte, zog sich Tutuma mit Dikeledi unter das Papyrus-Dach zurück. Dieter bereitete sich ein Stück entfernt ein Lager aus Papyrus-Blättern und lauschte in die Finsternis.
In dieser Nacht waren es nicht die Geräusche der Tiere, die ihn beunruhigten. Er hörte Tutuma und Dikeledi in ihrer Sprache miteinander flüstern, dann ein leises Knistern wie von Seidenpa-

pier, heftiges Atmen und schließlich einen erstickten Schrei des Mädchens.
Dieter unterdrückte seinen unbändigen Appetit auf eine Zigarette. Er fürchtete, falls er sie anzündete, mehr sehen zu müssen, als er ertragen konnte. Ihre wortlose Gemeinsamkeit heute mittag im Busch, Dikeledis Gesten der Zärtlichkeit – hatte sie da nur einer Laune nachgegeben? War das alles gar nicht so gemeint?
Dieter wälzte sich auf die andere Seite. Wenigstens könnten sie jetzt ein bißchen mehr Rücksicht auf seine Gefühle nehmen, dachte er.

Seit gestern hatten sich die Berichte der Agenten aus Botswana überstürzt. Im Dechiffrierraum war die Mittagspause ausgefallen, und auch Erik van Zyl verzichtete auf den Lunch. Er glaubte, diese Geste seinen besessen arbeitenden Untergebenen schuldig zu sein. Die Nacht verbrachte er auf der Ledercouch in seinem Büro, in der Gesellschaft seines stillen Vertrauten Heinz.
Die Auswertung der Nachrichtenflut war knifflig, und nicht alle Berichte stellten den Chef zufrieden. Immerhin trugen sie dazu bei, die Anzahl der weißen Felder in seinem Puzzle weiter zu verringern.
Leider hatte sich die Strategie, Feuchtenbeiner als Spürhund zu benutzen, der Niehoujs und seine Leute zum Versteck Tutumas bringen sollte, nur teilweise bewährt. Als Feuchtenbeiner gestern mittag in Maun überraschend eine einmotorige Piper Aztek gechartert hatte, schien Niehoujs seinem Ziel näher denn je gewesen. Feuchtenbeiner hatte seine Pilotenlizenz vorgelegt und darauf bestanden, die Maschine selbst zu fliegen.
Die V-Leute im Delta hatten gemeldet, daß er später mit der Piper auf Chiefs Island gelandet war, der zentralen Insel mitten im Delta, wo es ein Touristen-Camp und eine provisorische Landepiste gab.
Dort hatte er ein Mocoro gemietet und war in Richtung Bobo-Island davongepaddelt.

Kurz zuvor war dieser deutsche Entwicklungshelfer im Delta gesichtet worden. Er war mit einem geliehenen Motorboot den Boro-Fluß aufwärts gefahren, in seiner Begleitung eine schwarze Frau, deren Beschreibung genau auf eine gewisse Dikeledi paßte, Januarys Mitarbeiterin in Francistown.
Am nächsten Tag, also heute früh, habe Dieter Hahn das Motorboot an der Island Safari Lodge wieder abgeliefert. Er sei allein nach Maun zurückgekehrt.
Feuchtenbeiner aber, der die Piper nur bis zum Abend gechartert hatte, war auf Chiefs Island nicht mehr aufgetaucht, und auch Dikeledi war im Delta geblieben.
Gab es Zusammenhänge zwischen dem weißen Sicherheitsoffizier und der schwarzen Terroristin?
Roger Niehoujs hatte schon in aller Frühe mit einem Dutzend ortskundiger Mocoro-Männer eine diskrete Suchaktion in dem unübersichtlichen Gewirr von Inseln, Lagunen und Wasserläufen zwischen Chiefs Island und Bobo-Island veranlaßt. Bisher ohne Erfolg, aber die Aktion lief weiter. Auf einer der Inseln, dessen war van Zyl sicher, mußte sich Tutuma verborgen halten. Nur dann hätten die gleichzeitigen Ausflüge von drei in die Affäre verwickelten Menschen einen Sinn ergeben.
Was hatte Feuchtenbeiner von Tutuma gewollt? Die Diamanten? Seine ganz private Rache für das demütigende Erlebnis des Hijacking?
Oder beides?
Solange die anderen drei Teilnehmer des Treffens im Delta unauffindbar blieben, gab es nur einen, an den man sich halten konnte: Dieter Hahn. Irgendwie steckte dieser Deutsche tief in der Geschichte drin.
Wie kam man an ihn heran? Van Zyl hatte schon mit dem Gedanken gespielt, seinen Berater Heinz nach Maun zu schicken. Vielleicht würde sich dieser Hahn einem deutschen Landsmann eher anvertrauen. Aber Heinz hatte ihm diese Idee ausgeredet mit dem Hinweis auf das Mißtrauen, das die heutige junge Generation im Deutschland ganz allgemein gegen Ältere hege.

Am besten, so schlug Heinz vor, setzte man einen Schwarzen auf den jungen Mann an. So, wie die Dinge lägen, könne ein Schwarzer noch am ehesten sein Vertrauen erringen. Und wenn auch dieser Weg nicht zum Erfolg führe, bliebe noch immer das letzte Mittel.

Skepsis kräuselte van Zyls Stirn. »Wir haben Ärger genug mit den Amerikanern und den Europäern. Seit Carter am Ruder ist, weht uns der Wind ganz schön ins Gesicht. Und in dieser Situation können wir eine diplomatische Verstimmung mit der Bundesrepublik so gut gebrauchen wie ein Loch im Kopf.«

»Niehoujs muß sich da natürlich heraushalten.«

»Du meinst, wir lassen das Schwarze machen?«

»Da gibt's doch diese Bar in Maun. Riley's. Ein paar Kaffern fangen ihn ab, wenn er nachts rauskommt und nehmen ihn mit zum Verhör ins Delta oder in den Busch. Bisher hat unsere Art, höfliche Fragen zu stellen, noch jede Zunge gelockert.«

»Und was fangen wir mit ihm an, wenn er ausgepackt hat?«

Heinz zuckte mit den Achseln. »In Afrika passiert so viel, Erik. Leute verschwinden im Busch und kehren nie wieder zurück.«

Nach seiner Rückkehr aus dem Delta wartete eine neue Überraschung auf Dieter, diesmal in Helmuths Haus.

Es blitzte vor Sauberkeit, dennoch umhüllte Helmuth ein Flair stoischer Verzweiflung. Er hockte mit hängenden Schultern auf einem Stuhl wie im Wartezimmer eines Zahnarztes.

Dieter zeigte mit dem Daumen über die Schulter auf den Garten.

»Was macht der da draußen?«

»Siehst du doch. Baut 'ne Hütte.«

»In deinem Garten!«

»Die haben eben Familiensinn.«

Aus der Küche hörte Dieter es plätschern. Lesego kam vom Abwasch herein und lächelte ihn mit jener natürlichen Unbefangenheit an, die Dieter an den Schwarzen so liebte. »*Dumela mo-*

rena.« Nicht einmal die Zahnlücke im Unterkiefer beeinträchtigte ihren Charme. Ihr Baby trug Lesego auf dem Rücken. Es war eingeschlafen. Zwei niedliche schwarze Jungen folgten ihr, und verschämt grinsend erklommen sie sofort Helmuths Knie.
»*Dumela mohumagadi*«, antwortete Dieter. »Sag mal, Helmuth, der da draußen – ist das ihr Mann?«
»Ihr Bruder.« Helmuth zeigte auf die beiden Kinder, die seine Knie besetzt hielten. »Und das sind ihre Kinder.«
»Die scheinen auf dich zu stehen.«
»*Rara*«, sagten die beiden wie zur Bestätigung. »*Rara*.«
»Was heißt das?«
»Vater«, nuschelte Helmuth erschöpft. »Sie haben mich an Vaters Statt angenommen.«
»Gratuliere. Und der richtige Vater?«
»Den gibt's nicht.«
Dieter trat ans Fenster und sah Lesegos Bruder zu, der draußen gerade die Wände der Lehmhütte mit Rinderdung glättete.
»Die Ziege macht mir ja nichts aus«, sagte Helmuth. »Aber was mich ein bißchen stört, sind die Hühner, die er mitgebracht hat. Hast du gewußt, daß afrikanische Hähne auch nachts krähen?«
»Trotzdem bleibst du dabei, eine Hühnerfarm anzulegen?«
»Die ist aber auch eine Stunde weit weg«, seufzte Helmuth.
»Hat Lesego noch mehr Familie?«
»Ihre Tante. Du warst ja heute nacht weg, da hab' ich sie erst mal in deinem Zimmer untergebracht.«
»In meinem Zimmer? Ich glaub', mich tritt ein Pferd!«
»Ach ja, einen Esel haben sie auch. Der steht hinter dem Haus.«
»Da bin ich nicht so sicher«, sagte Dieter mit einem Anflug von grimmigem Spott. »Und wo darf ich nun mein müdes Haupt zur Ruhe betten?«
»Ich hab' noch ein Feldbett, das stell' ich dir solange ins Wohnzimmer.«

»Wie lange?«
»Du mußt das verstehen, Dieter.« Helmuth saß da mit seinem zwei Jahre alten Bart und der dicken Hornbrille, bußfertig wie ein Mönch, nur die Kutte fehlte. »Wir haben schließlich die Hereros aus Südwestafrika vertrieben. Sie besitzen keine richtige Heimat mehr.«
»Mensch, das ist mindestens 70 Jahre her!«
»Was sind schon 70 Jahre in der Geschichte eines Volkes?« Und mit diesem Satz beendete Helmuth den Disput über die Grenzen angemessener Gastfreundschaft.
»Na, dann will ich deine Familienidylle nicht weiter stören«, sagte Dieter. »Leihst du mir noch mal die Honda?«
Helmuth nickte ergeben. »Darauf kommt's nun auch nicht mehr an.«

Unter den in Maun beschäftigten Entwicklungshelfern war Sigi gewissermaßen der Dienstälteste, und er ließ die anderen sein Selbstbewußtsein spüren, gleichgültig, ob sie nun einen Hochschulabschluß oder gar einen Multimillionär zum Vater hatten, wie Frank, der Friedenskorps-Ami.
Als sein erster Zwei-Jahres-Vertrag abgelaufen war, hatte Sigi ein Jahr Verlängerung beantragt, die von der botswanischen Regierung gern gewährt wurde. Nach drei Jahren mußte er, so lauteten die Bestimmungen, endgültig nach Berlin zurück, wo er zu Hause war.
Seit vier Monaten nun saß er wieder auf seinem alten Posten in dem von einer Wolfsmilchhecke umgebenen Haus in Maun, als Aufseher über den Wagenpark der Regierung. Man hatte ihn mit Freuden zurückgenommen, denn keiner der von ihm ausgebildeten einheimischen Kraftfahrzeugmechaniker hätte ihn auch nur halbwegs ersetzen können.
Nach den ersten drei Jahren im Busch hatte seine Rückkehr nach Berlin mit einem Debakel geendet. Er war ans Improvisieren gewöhnt und an Eigenverantwortung. In Maun war er eine ge-

achtete Persönlichkeit, in der Berliner Mechanikerwerkstatt ein Geselle wie jeder andere. Fernsehen, Bundesliga, Stechuhr, Sozialabzüge, Mädchen aufreißen, Diskothek, am Sonntag Wannsee, ein nörgelnder Chef.

Nach der unendlichen Weite Afrikas war ihm Berlin viel zu eng geworden. Manchmal setzte er sich auf seine 500er BMW und raste sehnsüchtig die Avus hinunter. Nach zwanzig Kilometern war die Fahrt zu Ende. DDR-Grenze, »Zonengrenze«, wie er sie immer noch nannte. Er fühlte sich wie eine Maus im Laufrad.

Eines Tages erklärte er seinem Chef, er habe die Faxen dicke, und bewarb sich ein zweites Mal als Entwicklungshelfer beim DED. Als die DED-Psychologen beim Einstellungsgespräch nach seinen Motiven forschten, wies er die Unterstellung, ein Idealist zu sein, entrüstet von sich.

Weshalb er sich dann noch einmal für den Dienst im Busch melde, wollten sie wissen.

Weil er mehr von der Welt sehen wolle; weil er in Botswana selbständig arbeiten könne und weil er nur dort das Gefühl habe, wirklich gebraucht zu werden.

Da nahmen sie ihn ein zweites Mal, mitsamt seinem Eigensinn und seinen Marotten, deren zweitwichtigste seine schwarze Freundin war, Matshidiso, die nur einen Makel hatte: von Zeit zu Zeit riß sie aus. Bisher hatte es Sigi noch immer geschafft, sie in weniger als einer Woche in Gaborone, Molepolole oder Lobatse aufzustöbern und auf dem Rücksitz seiner 500er wieder heimzubringen nach Maun.

Ins Deutsche übersetzt hieß Matshidiso: »Beileid.«

Seine wichtigste Marotte war sein Funkgerät, an dem er ganze Nächte verbrachte, um mit anderen Funkamateuren in Europa, USA, Japan und Australien über das lokale Wetter zu plauschen.

Als Dieter ihn an diesem Abend besuchte, war Sigis schlechte Laune unübersehbar. Sie hatte zwei Gründe. Einmal war ihm gestern Matshidiso aufs neue durchgebrannt, zum zweiten hatte er sich den ganzen Nachmittag mit dem Generalvertreter einer amerikanischen Maschinenfabrik herumgezankt.

Die Regierung hatte mit der südafrikanischen Firmenniederlassung einen Wartungsvertrag für den Fuhrpark in Maun abgeschlossen. Alle drei Jahre schickte die Firma aus Johannesburg drei Inspektoren, die zwanzig Tage lang die Lastwagen und Straßenmaschinen, die sogenannten Grader, überprüften und nach ihrer Abreise eine Rechnung schickten.

Diesmal belief sie sich auf 31 250 Pula.

Sigi sah die Unterlagen durch, rechnete nach – Materialkosten und Stundenlohn – und kam auf einen Gegenwert von 2412 Pula.

Als die Regierung daraufhin die Begleichung der Rechnung an die Amerikaner vorerst stoppte, schickte die Firma ihren Generalvertreter aus Gaborone, um die Unstimmigkeit mit dem gründlichen Deutschen aus der Welt zu schaffen. Seit 48 Stunden feilschte und fluchte der nun mit Sigi herum, und als das alles nichts einbrachte, bot er ihm tausend Pula bar auf die Hand.

Das war heute nachmittag geschehen. Sigi hatte ihn rausgeschmissen und war nach Hause gegangen. Er hatte sowieso eine Verabredung mit einem Funkfreund aus Berlin, der ihm über das Ergebnis des letzten Heimspiels von Hertha BSC berichten sollte.

Als Dieter nun in der Tür seines Hauses stand, bekam er gerade noch den Schluß der Botschaft aus Berlin mit. »... muß QRT machen. XYL wartet mit dem Essen. Alles Gute und beste 73. Hiermit verabschiedet sich DL6KJ von A2BZV. Over.«

Sigi drehte sich um. »Quatsch ma nicht von der Seite an!«

»Hat Hertha verloren?«

»Det ooch. Willst'n Squash?«

Er holte Sirup und Wasser aus dem gasbetriebenem Kühlschrank und stellte zwei Gläser auf den Tisch.

Dieter hielt es für ratsam, nicht nach dem Verbleib von Matshidiso zu fragen. »Kein Wort habe ich von eurem Kauderwelsch mitbekommen. QRT, XYL, 73.«

»Janz einfach«, gab Sigi mit der Nachsicht des Fachmanns Auskunft. »QRT heißt Schlußmachen. XYL ist 'ne Abkürzung von ex young lady – also seine Olle. 73 heißt Jrüße, und wat sich am Schluß wie Autonummern anjehört hat, sind sein und mein Rufzeichen.«

Sigi hielt dann einen längeren Vortrag über seinen NCX-5 Transceiver, einen blaugestrichenen Kasten, kleiner als eine Schreibmaschine mit angeschlossenem Lautsprecher, über seine Drei-Element-Richtantenne TH3MK2, über seine Frequenz 14 Megahertz, bis Dieter der Kopf schwirrte von all dem technischen Fachchinesisch.

Endlich konnte er zur Sache kommen: »Sag mal Sigi – ich hätte da was durchzugeben...«

»Nach Deutschland?«

»Nach Sambia.« Er holte Tutumas Zettel aus dem Brustbeutel, glättete ihn sorgfältig und reichte ihn Sigi. »Kannst du das für mich machen?«

Sigi las, hob die Augenbrauen und schob den Zettel angewidert beiseite. »Wenn ick det durchpuste, komm ick in Deubels Küche.« Er musterte Dieter streng. »Spionage, wa?«

»Wieso?«

»Is 'n verschlüsselter Text. Zahlen in Fünfergruppen. Sieht doch 'n Blinder mit 'nem Krückstock. Für wen soll'n det sein?«

Dieter zupfte unentschlossen an seinem Bart. »Bist du für die Unabhängigkeit der Afrikaner?«

»Also politisch?«

»Ja.«

»Politik is sowieso Scheiße. Aber wenn's jejen Südafrika is – die ha ick sowieso jenascht.«

»Also machst du's?«

»Erst will ick wissen, für wen?«

»Für einen Freund. Einen sehr guten Freund.«

»Eenen schwarzen Freund?«
Dieter nickte.
»Sach mal, du bist woll vonner Muffe jepiekt! Verschlüsselte Texte an Rebellenorganisationen funken! Wat steht'n da überhaupt drin?«
»Machst du's, ohne zu fragen?«
»Mann, det kann mich die Lizenz kosten!«
»Und den Absender vielleicht das Leben, wenn du's nicht sendest.«
»Det is vaboten, Dieter, inner janzen Welt is det vaboten. Der Funkverkehr wird überwacht.«
»Auch hier im Busch?«
»Na ja, janz so jenau nehmenses hier vielleicht nich.« Sigi trank seinen Squash aus und wischte sich über den Mund. »Is wichtig, sachste?«
Dieter nickte. »Aber ich will nicht, daß du deine Lizenz riskierst.«
»Ick bin doch nich von jestern.« Sigi nahm den Zettel und schaltete sein Funkgerät ein. »Wo in Sambia?«
»Lusaka, glaub' ich.«
»Also Nordost.« Er drehte an dem Einstellgerät, bis die Richtantenne auf Nordost stand. Dann rief er ins Handmikrofon: »CQ SAMBIA, CQ SAMBIA. Hier ruft A2BZV. A2BZV geht auf Empfang. Over.«
Sigi lauschte mit schiefgelegtem Kopf auf das Rauschen aus seinem Empfänger. Nach einigen Sekunden meldete sich eine quäkende, leicht verzerrte Stimme: »Hallo, A2BZV, hallo, A2BZV. Hier ist 9J1AX. Ich kann Sie gut empfangen, ich kann Sie gut empfangen. Bitte kommen Sie. Over.«
Sigi drückte die Sprechtaste. »Hallo, mein Name ist Sigi. Mein QTH ist Maun. Ich empfange Sie hier mit fünf und acht bis neun. Ich brauche dringend Ersatzteile für meinen Bedford Fünftonner und bitte Sie, mir folgende Teile zu beschaffen. Ich gebe jetzt die Bestellnummern durch...«

Als er sämtliche Zahlenkolonnen abgelesen hatte, holte er tief Luft: »Ich hoffe, Sie haben mich gut verstanden, und gehe auf Empfang. Over.«

»Hier ist 9J1AX«, antwortete die quäkende Stimme. »Habe Sie gut empfangen und werde mich bemühen, die benötigten Ersatzteile zu beschaffen. Bin morgen zur gleichen Zeit auf der gleichen Frequenz wieder auf Empfang. Alles Gute und beste 73. 9J1AX macht QRT mit A2BZV. Over.«

Sigi schaltete den Transceiver ab und lehnte sich zufrieden zurück. »Na?«

»Klasse, Sigi. Ehrlich.«

»Kostet dich 'n Bier bei Riley's.«

Riley's Bar

Wolodja verließ sein Zimmer im Grandhotel nur, wenn es nicht zu umgehen war. Jeden Morgen nach dem Frühstück machte er seinen Rundgang. Zuerst schaute er bei dem kleinen Reisebüro vorbei, um sich zu vergewissern, ob dort noch immer das Schild »Geschlossen« hing. Anschließend überzeugte er sich mit einem Blick auf die geschlossenen Fensterläden, daß auch das weiße Holzhaus im Kolonialstil, in dem Mr. January wohnte, verlassen war.

Als January sich vor drei Tagen von ihm verabschiedet hatte, um, wie er sagte, seine Truppen in den geheimen Buschlagern zu inspizieren, hatte er seine baldige Rückkehr nach Francistown angekündigt.

Seitdem war er verschollen, unauffindbar.

Wolodjas letzte Station auf seinem täglichen Rundgang war der Buchladen, in dem vor einer Woche die Paketbombe explodiert war. »Keine neuen Zeitungen, Mr. Pritchard«, sagte der Inder mit den traurigen Augen.

»Keine Post, Mr. Pritchard«, sagte auch der Boy an der Hotelrezeption.

Wolodja erwartete nicht ernsthaft, einen Brief in seinem Fach vorzufinden. Wer hätte ihm schon in dieses gottverlassene Francistown schreiben sollen? Er fragte eigentlich nur in der vergeblichen Hoffnung, etwas zu erfahren, irgend etwas. Hier in Francistown fühlte er sich abgeschnitten von allem, was in der Welt vorging. Er langweilte sich, und selten war er sich so überflüssig vorgekommen in seinem Beruf.

Er nahm drei Dosen Fanta mit auf sein Zimmer, legte sich aufs Bett, spielte auf seinem Steckschach die Partie Karpow gegen Petrosjan nach und drehte den Kofferempfänger an. Radio Botswana sendete in Setswana, Radio Bulawayo aus Rhodesien in Englisch.
Die Klimaanlage funktionierte nicht. Wolodja fühlte sich matt. Er zog die Vorhänge zu, schloß die Augen und dachte an zu Hause. Galja wurde heute 23, wahrscheinlich feierte sie mit ihren Studienkollegen. Sie trugen immer Jeans, selbst jetzt, im tiefsten Winter, hoffentlich erkältete sie sich nicht die Blase, weiß der Teufel, von wem sie die eingetauscht hatte, sie sagen einem ja kaum noch was, als wollte man sie aushorchen, und hören ganz ungeniert Pop-Musik von Cassetten, die sie von der BBC oder von der Stimme Amerikas mitschnitten.
Wolodja riß den Verschlußring der Fanta-Dose auf, die Limonade sprudelte heraus und lief ihm warm und klebrig über die Hand.
Tschjort wosmi! Er sehnte sich nach einem knackigen Moskauer Wintertag.
Sie hätten ihn nicht mehr hinausschicken sollen, jetzt nicht mehr. Früher einmal war er wie Tutuma gewesen. Da wollte er die Geschichte in Gang setzen oder wenigsens dabeisein, wenn sie bewegt wurde. Die russische Erde gegen die Hitler-Faschisten verteidigen. Später, nach der Verwundung wollte er als Aufklärer des KGB die Absichten der imperialistischen Feinde erkunden, erst in Berlin, dann in London. Nie wieder sollte einer von ihnen seinen Stiefel auf russische Erde setzen.
Als Anwerber von Agenten – Keiler nannten sie das – war Wolodja ein As gewesen. Dreimal hatten sie ihm den Lenin-Orden verliehen, das letzte Mal nach dem Hinauswurf aus London, nicht-öffentlich in einer konspirativen Wohnung mit Ansprachen, Krim-Sekt und Kaviar für den stillen Helden an der vordersten Front. Wolodja hatte sich immer als einen Bestandteil der sowjetischen Elite empfunden, voller Verachtung für die

Bürokraten in der Zentrale hinter den dicken Mauern der Lubjanka.
Nun war er selbst ein Bürokrat geworden. Wertete Aufklärer-Berichte aus, stellte Akten zusammen, Dossiers, Analysen, die meist ungelesen im Archiv verschwanden. Hier bekam er mit, wofür die Aufklärer und Agentenführer, jene stillen Helden an der Front, täglich ihr Leben und ihre Freiheit aufs Spiel setzen. Leerlauf, Routine, Selbstzweck, Futter für den Amtsschimmel.
Ihm fiel das Gleichnis ein von dem funkelnden eckigen Stein, den man irgendwann einmal in einen Fluß geworfen hatte und über den soviel Wasser geflossen war, bis alle Kanten abgeschliffen waren und der Stein nicht mehr zu unterscheiden war von Millionen anderen, glatt, stumpf und griffig im Bett eines Flusses, der seinen Lauf nie mehr verändern würde.
Und niemand, mit dem er offen darüber sprechen konnte.
Seit ihm der Idealismus abhanden gekommen war, bekämpfte Wolodja die seltenen Anfälle von Depressionen mit dem Gedanken an seine baldige Pensionierung. Er wollte sich zurückziehen auf die Krim und dort neu beginnen, wo er vor 35 Jahren aufgehört hatte: Erdbeeren züchten.
Dann sollten sie ihn in Ruhe lassen mit ihrer Politik.
Es war nicht gut, soviel Zeit zum Nachdenken zu haben.
Wolodja schraubte seinen Kugelschreiber auf und holte das zusammengerollte Seidenpapier mit dem Zahlencode heraus. Dann stellte er im Kofferradio die Kurzwellenfrequenz ein, auf der Lusaka sendete. Er sah auf die Uhr. In vier Minuten war es wieder soweit. Der Funkspruch kam pünktlich jeden Vormittag um 9 Uhr 30.
Das Zimmermädchen klopfte, um die schmutzige Wäsche abzuholen.
Er stand auf, ging zur Tür und scheuchte sie fort.
Diesmal war der Funkspruch ausführlicher als sonst, und Wolodja brauchte fast eine Stunde, bis er die Zahlengruppen ent-

schlüsselt hatte. Im Klartext lautete der Befehl der Zentrale: Wolodja habe sich auf dem schnellsten Wege nach Maun zu begeben und dort Kontakt mit einem deutschen Entwicklungshelfer namens Dieter Hahn aufzunehmen, der ihn zu Tutuma führen werde. Tutuma warte am Chobe auf ihn, wo er mit seiner Hilfe über den Fluß setzen wolle. Ein Zivilkommando werde ihn und Tutuma am anderen Ufer erwarten, um sie durch den Caprivi-Zipfel nach Sambia zu begleiten. Die Details der Aktion würden ihm in den nächsten Tagen mitgeteilt. Ende.
Wolodja verbrannte den Zettel im Aschenbecher, spülte ihn durchs Klosett, drehte den Hahn des Waschbeckens auf und ließ sich das laue Wasser über den Kopf laufen.
Na endlich! Es bewegte sich was; *slawo bogo!*
Er hatte keine Ahnung, was ihn erwartete, aber alles war besser, als weiterhin nutzlos in diesem elenden Grandhotel herumzulungern.

Den ganzen Tag hatte Dieter mit Helmuth auf dessen Farmbrigade verbracht, von 50 übermütigen Halbwüchsigen und dem Ausbilder, einem ernsten, rhodesischen Schwarzen, begrüßt. Obwohl sie die Bedeutung des Lastwagens für die Rentabilität der Farm kaum erfaßt haben dürften, kletterten die Schüler sofort begeistert auf die Ladefläche und ließen sich von dort nicht mehr vertreiben.
Beim Mittagessen, Maisbrei mit Brassen aus dem nahen Thamalakane-Fluß, erfuhr Dieter, daß seit seiner letzten Visite vor zwei Monaten wieder elf Schüler verschwunden waren. »Wenn die Arbeit keinen Spaß mehr macht, hauen sie einfach ab«, jammerte der Ausbilder. »Ich hab' immer wieder versucht, ihnen beizubringen, worum es geht. Wenn jeder zehnmal soviel anbaut, wie er selber braucht, dann würde es ihm und allen Menschen in Botswana besser gehen, weil die Regierung dann keine Lebensmittel mehr für teures Geld aus Rhodesien und Südafrika einführen müßte. Denkst du, die begreifen das! Wir haben im-

mer nur soviel angebaut, wie unsere Familie essen kann, sagen sie. Und eigentlich brauchen wir ja gar nicht zu arbeiten. Wir werden auch so satt. Unsere Familien haben Rinder.«
Helmuth lud mehrere Körbe voll Mais, Tomaten, Bohnen und Kohl auf und versprach, von nun an jede Woche einmal mit dem Lastwagen herauszukommen und nach dem Rechten zu sehen. Nächsten Monat sollte mit dem Bau der Hühnerfarm begonnen werden, Obstbäume würden gepflanzt werden, und dann seien die Milchkühe dran. In Maun gebe es seit Jahren keine frische Milch mehr zu kaufen, von Butter ganz zu schweigen. Der Schulleiter und der Krankhausdirektor bedrängten ihn schon lange, wann er denn endlich liefern könne.

Zu Hause hatte Lesego ein Abendessen vorbereitet, im engsten Familienkreis mit ihren drei Kindern, mit Bruder und Tante. Zum erstenmal gab sich auch ihr Vater die Ehre, der mit würdevollem Lächeln dabeisaß. Ein vorsintflutlicher Bratenrock bedeckte feierlich seinen nackten Oberkörper. Zahnlos mümmelte er an dem zähen Rumpsteak, das Lesego auf Helmuths Konto bei Dirty John eingekauft hatte.
Von Zeit zu Zeit breitete er seinen deutschen Sprachschatz aus, den ihm sein Vater zusammen mit dem Bratenrock überliefert hatte: »Stillstann! Augen rex! Arrrschbacken zusammen!«
Nach dem Essen schützten Helmuth und Dieter eine dringende Verabredung vor und fuhren zu Riley's Bar.
Unterwegs tröstete Dieter seinen Freund mit der Feststellung, das Haus sei jetzt wenigstens sauber.

Der erste, der ihnen bei Riley's über den Weg lief, war Dirty John. »Na, wo hast du die kleine Schwarze gelassen?« wollte er wissen. »Krank«, knurrte Dieter, »hat von deinen Steaks gegessen«, und wandte sich dem Geschehen auf der Terrasse zu. Dort gehörte die Aufmerksamkeit der Stammgäste dem Pavian, dem Ole und Jörgen gerade eine Dose Bier in die Hand drückten. Der Pavian spitzte die Lippen, trank sie unter anfeuerndem Gejohle aus und pinkelte auf den Boden. Er konnte sich kaum noch gerade halten, schüttelte seine Mähne und kroch auf allen vieren davon, um in einem stillen Eckchen des Gartens seinen Rausch auszuschlafen.

Der Pavian gehörte zu den wenigen Abwechslungen, die Maun zu bieten hatte. Alle paar Monate tauchte er von irgendwoher aus dem Busch bei Riley's auf, fing eine Rauferei mit streunenden Hunden an, ließ sich nach seinem Sieg ein paar Biere spendieren und trollte sich dann volltrunken wieder zu seiner Herde. Sonst gab es nicht viel Neues. Father Mike saß versonnen, die Hände andächtig über seinen Kugelbauch gefaltet, an einem Einzeltisch und hörte zu, wie Steve wieder eine Schlacht für England gewann. Nicht einmal Dieter machte sich mehr die Mühe, Steve zu widersprechen.

An diesem Abend kniff niemand Irma in den Hintern, weil ihr Mann, von seinem Trip aus dem Delta zurückgekehrt, danebensaß, in ein Gespräch mit seinem Chef Freddy Legrand vertieft. Der Wallone, der für die Welternährungsorganisation FAO die Fauna und Flora des Okavango erforschte, trug trotz der schwülen Nacht seinen *Bowler-hat* und stierte, unentwegt seinen pomadisierten Kaiser-Wilhelm-Schnurrbart zwirbelnd, den silbernen Knauf seines Spazierstocks an.

Als Ellen hinzukam, die deutsche Kinderschwester, stand Steve auf und desinfizierte mit seiner Spraydose rasch einen leeren Stuhl. Es war nicht nur eine Geste der Galanterie, sondern auch des Respekts; denn die unscheinbare Ellen, strähnig und verschwitzt, ausgestattet mit einem mächtigen Ammenbusen, den sie stolz und frei unter ihrem T-Shirt trug, genoß unter den Entwicklungshelfern einen legendären Ruf, und Dieter setzte sich zu ihr, um sich die Geschichte ihres einsamen Kampfes gegen den Lebensmittel-Multi *Cow and Milk Products* erzählen zu lassen.

Bevor Ellen nach Botswana kam, hatte sie in einem Krankenhaus in Sambia Entwicklungshilfe geleistet. Nach einigen Monaten war ihr die hohe Säuglingssterblichkeit in ihrem Dorf aufgefallen. Sie war den Ursachen nachgegangen und hatte bald darauf herausgefunden, daß der Lebensmittelkonzern in ihrem Dorf eine besonders aggressive Werbekampagne für Trockenmilch betrieb, bis hinein in die Wartezimmer des Krankenhauses. Dort hingen Bildtafeln, auf denen afrikanischen Müttern suggeriert wurde, Trockenmilch sei moderner und für ihre Babies gesünder als Muttermilch.

Draußen vor dem Krankenhaus lauerten Verkäuferinnen in Schwesterntracht den jungen Müttern auf und drückten ihnen kostenlose Probepackungen samt einer Babyflasche in die Hand.

Damit kam das Teufelskarussell in Gang. Weil sie nicht als rückständig gelten wollten, setzten die afrikanischen Mütter ihre Babies von der Brust ab und fütterten sie statt dessen mit dem Industrieprodukt. Doch bald reichte das Geld nicht mehr, um genügend Trockenmilch nachzukaufen. Die Mütter wußten sich nicht anders zu helfen, als das Pulver mit immer mehr Wasser zu strecken. Die Babies verkümmerten, und als die Mütter sie wieder auf natürliche Weise nähren wollten, mußten sie feststellen, daß ihre Milchdrüsen inzwischen versiegt waren.

So waren sie gezwungen, weiterhin mit Trockenmilch zu füttern. Da aber nur die wenigsten über eine Küche mit einem Herd und fließendem Wasser verfügten, konnten sie auch die hygienischen Vorschriften nicht einhalten. Die angerührte Trockenmilch war nicht keimfrei und so starben viele Babies an Infektionen und Darmkoliken.

Als Ellen diese fatale Kausalität entdeckt hatte, tat sie sich mit zwei englischen Krankenschwestern zusammen und schlug Alarm. Zuerst beim Chefarzt des Krankenhauses, aber der warf sie hinaus, denn er bekam Zuwendungen vom Lebensmittelkonzern. Aber Ellen ließ nicht locker. Sie fuhr nach Lusaka und wandte sich an das Gesundheitsministerium, wo die Beschwerde

in irgendeiner Schublade liegenblieb. Erst als sie englische und schweizerische Arbeitsgruppen ehemaliger Entwicklungshelfer auf das Problem hinwies, geriet etwas in Bewegung: Die Arbeitsgruppen klagten den Konzern in einer öffentlichen Dokumentation an, die internationale Presse griff das Thema auf, der Konzern strengte eine Verleumdungsklage an und verlor den Prozeß.
Um ihre afrikanischen Märkte nicht zu verlieren, mußten die Lebensmittel-Multis schließlich die Werbung für Trockenmilch einschränken, ihre als Krankenschwestern getarnten Verkäuferinnen zurückziehen und die Gebrauchsanweisung auf den Dosen mit dem Satz einleiten: »Es gibt nichts Gesünderes für Ihr Baby als Muttermilch.«
Seither genoß die unerschrockene Ellen den Ruf einer Jeanne d'Arc der Muttermilch, geachtet und gefürchtet wegen ihrer Gabe, aus dem Stegreif druckreife Sätze zu formulieren.
Als Steve die Unvorsichtigkeit beging, wieder einmal eine Diskussion über die vermeintliche Sinnlosigkeit von Entwicklungshilfe vom Zaun zu brechen, und als Dieter gerade kampfeslustig seine Stirn senkte, um dem Engländer zu antworten, zupfte Helmuth ihn diskret am Hemd und winkte mit den Augen hinüber zu Ellen. Ellen atmete tief durch, ihre Nasenflügel und ihr Busen bebten vor Entrüstung. »Wir sind also naive Idealisten, die nur ihr schlechtes Gewissen beruhigen wollen?« fragte sie sanft.
»Natürlich. Was denn sonst?«
»Und du? Hast du kein schlechtes Gewissen?«
»Ich hab' mir nichts vorzuwerfen.«
»Warum arbeitest du dann hier für die UNO?«
»Man kann sich überall nützlich machen.«
»Steve, weißt du, an wen du mich manchmal erinnerst? An den steinreichen Bankier, der gerade seine Gänseleberpastete anschneidet, als der livrierte Butler einen ausgemergelten Bettler hereinführt. ›Schaffen Sie den Mann weg‹, sagt der Bankier angewidert. ›Er bricht mir das Herz!‹«

»Und ihr kommt mir vor«, erwiderte Steve, ohne seine Zähne auseinanderzunehmen, »wie diese Leute, die auf dem Bürgersteig jedem Blinden auflauern, um ihn am Arm zu packen und über die Straße zu führen. Immer hin und zurück, hin und zurück. Dabei will der Blinde gar nicht auf die andere Straßenseite, aber ihr tut's auch gar nicht für den Blinden, sondern für euch selbst, damit ihr euch auf die Brust schlagen und sagen könnt: ›Schon wieder eine gute Tat vollbracht!‹«
»Also Gefühlsduselei, ja?«
»Ich fürchte, ja.«
»Und du glaubst, es ist alles richtig so in der Welt? Wir paar bornierte Weiße leben im Überfluß und die dritte Welt im Elend.«
»Du scheinst mich mit dem lieben Gott zu verwechseln, Ellen. Ich habe die Ordnung in der Welt nicht geschaffen.«
»Doch. Du auch. Wir alle. Es ist unsere Ordnung. Wir mästen uns auf Kosten der dritten Welt. Wir haben es so einzurichten verstanden, daß ihre Arbeitskräfte und Rohstoffe spottbillig sind. Wir werden immer reicher, und die Armen werden immer ärmer. Was meinst du, wie lange das noch gutgehen wird?«
»Irgendwann pendelt sich alles aus.«
»Aber bald, Steve, sehr bald. Ich sehe auf unserer beschissenen Welt nur eine Zukunft für uns alle oder für keinen. Und ich möchte gern das 21. Jahrhundert noch erleben. So, und jetzt brauche ich ein Bier.«
»Ich kauf' dir eins«, sagte Dieter spontan und ging zur Theke, um es zu holen.
Ein Afrikaner, der die ganze Zeit allein an der Dartpot-Scheibe gestanden hatte, lächelte ihn an. Es sah so aus, als wollte er Dieter zu einer Partie Dartpot einladen. Dieter kam es so vor, als sei ihm der Mann schon mal irgendwo begegnet, kürzlich erst. Auf dem Weg zur Farmbrigade war ihm heute früh zwanzig Kilometer weit ein Landcruiser gefolgt mit zwei Afrikanern. Sie hatten ihnen geholfen, als Helmuth mit dem Anderthalbtonner in einem Schlammloch steckengeblieben war.

»Vielen Dank für Ihre Hilfe heute früh«, sagte Dieter. »Trinken Sie ein Bier mit mir?«
Der Afrikaner sah nicht aus wie einer von denen, die bei Riley's allabendlich auf einen spendablen Weißen lauerten. Er war gut gekleidet und trug sogar Sandalen an den Füßen. »Ihr Freund scheint unsere afrikanischen Straßen nicht gewöhnt zu sein.« Er sprach ein korrektes Englisch. »Wohin haben Sie denn heute früh gewollt?«
»Zur Farmbrigade.«
Der Afrikaner zeigte ein bedenkliches Gesicht. »Es ist gefährlich für Weiße, hier herumzufahren.« Er folgte Dieter zur Theke und öffnete die zischende Bierdose, die Dieter ihm hinüberschob. »Im Delta ist schon mancher verschwunden.«
»So?«
»Gestern erst. Ein Südafrikaner. Hat auf dem Flugplatz eine Piper Aztek gechartert. Ist auf Chiefs Island gelandet, hat sich dort ein Mocoro geliehen und ist nicht mehr zurückgekehrt. Haben Sie nicht davon gehört?«
»Nein«, antwortete Dieter vorsichtig. »Was ist mit dem Mann? Hat man ihn schon gefunden?« Beinahe hätte er »seine Leiche« gesagt.
»Wo bleibt mein Bier?« rief Ellen vom Tisch herüber.
»Sofort.« Warum erzählte ihm der Afrikaner diese Geschichte? Wollte er ihm auf den Zahn fühlen? Oder war das schon der Mann, den Tutumas Freunde aus Sambia schicken wollten?
»Man sagt, er sei aus Orapa gekommen.« Der Afrikaner musterte ihn. »Soll dort als Sicherheitsoffizier arbeiten. Jedenfalls ist er spurlos verschwunden.«
Dieter deutete zum Tisch hinüber. »Die warten auf mich. Wollen Sie sich ein bißchen zu uns setzen?«
»Nein.« Der Afrikaner schüttelte den Kopf. »Aber trotzdem vielen Dank.«
Komischer Kauz, dachte Dieter. Wenn er tatsächlich der Mann aus Sambia war – warum gab er sich dann nicht zu erkennen? Er

blieb den Rest des Abends an der Theke stehen und starrte Dieter an. Anscheinend wollte er noch etwas von ihm.
Als Dieter sich schließlich von den anderen verabschiedet hatte und zu der Honda ging, tauchte der Afrikaner plötzlich aus dem Dunkel auf dem Parkplatz auf, umgeben von ein paar Gestalten, die zögernd auf Dieter zugingen.
»Darf ich Sie jetzt noch zu einem Bier einladen?« fragte der Afrikaner.
»Wo?«
»Nicht weit von hier.«
Von der Straße bog ein schweres Motorrad auf den Parkplatz ein, der Scheinwerfer streifte Dieter eine Sekunde lang. Es hielt neben ihm. Sigi stieg ab und lockerte seinen Sturzhelm.
»Ha ick ma jedacht, dette hier bist«, sagte er mit einem Seitenblick auf die dunklen Gestalten. »Um Mitternacht ha ick een Funkamateur aus Indien uff Senda. Da waren jestern Wahlen. Willstet Erjebnis wissen?«
An dem Ergebnis der indischen Wahlen war Dieter nicht sonderlich interessiert, aber er mochte Sigi nicht enttäuschen. »Wir sehen uns morgen«, rief er dem Afrikaner zu, gab Gas und folgte dem Motorrad.
Wenn es der angekündigte Bote aus Sambia war, würde er sicherlich morgen den Weg zu Helmuths Haus finden.

Sigi war es nicht um die Wahlen in Indien gegangen, sondern um eine Funknachricht, die er am Abend von 9J1AX aus Sambia empfangen und deren Text er notiert hatte: »An Sigi, A2BZV. Haben Bestellung weitergegeben und sind bemüht, Ihren Auftrag auszuführen. Ich gebe Ihnen jetzt eine Liste der Ersatzteile, die wir derzeit auf Lager haben. Bitte notieren Sie...«
Aus den langen Zahlenkolonnen, die dem Klartext folgten, wurden weder Sigi noch Dieter klug.
Dieter nahm den Zettel an sich und steckte ihn in den Brustbeutel. Sigi stellte keine Fragen mehr, aber er bat Dieter, seinen

Freunden auszurichten, künftig werde er keine verschlüsselten Funksprüche mehr senden oder empfangen. Die Sache war ihm nicht geheuer. Er fürchtete ernsthaft um seine Lizenz.
Da Lesegos Tante ihn aus seinem Bett in Helmuths Haus vertrieben hatte, übernachtete Dieter bei Sigi.

Frühmorgens fuhr er mit Sigi zu Helmuth, um seine Sachen zu holen.
Lesegos Familie hatte viel Leben ins Haus gebracht. Die Lehmhütte im Garten war fast fertig, Lesegos Bruder deckte gerade das Dach mit Schilf. Am Frühstückstisch saßen Lesego, ihre drei Kinder, Tante und der Vater. Am Tage wirkte er in seinem alten Bratenrock noch feierlicher als am Abend.
»Stillstann! Augen rex! Arrrschbacken zusammen!« begrüßte er Dieter und Sigi auf deutsch.
»Arrrschbacken zusammen«, erwiderten die Deutschen den Gruß.
»Wo warst du heute nacht?« nuschelte Helmuth. »Ich hätte dich dringend brauchen können.«
»Habe bei Sigi übernachtet. Hier ist's mir zu familiär geworden.«
»Mir auch«, seufzte Helmuth.
»Ist der Alte noch immer da – oder schon wieder?«
»Der hat gestern nacht auf mich gewartet. Als ich von Riley's zurückkam, wollte er unbedingt eine wichtige Angelegenheit mit mir besprechen. Ich habe ihn auf heute früh vertröstet.«
»Will er mehr Lohn für Lesego?«
»Schlimmer.«
Der Alte räusperte sich. »Arrrschbacken zusammen?«
Helmuth wandte sich ihm zu. »Entschuldige, daß wir deutsch sprechen. Ich erkläre gerade meinem Freund das ehrenvolle Angebot, das du mir gemacht hast.«
Der Alte sah seine Schwester an und nickte zufrieden.
»Ein Angebot?« fragte Dieter.

»Drei Rinder. Versprich mir, daß du ernst bleibst. Es würde ihn sonst kränken.«
»Kannst du nicht etwas konkreter werden?«
»Er sagt, Lesego wohne nun schon drei Tage in meinem Haus. Ich gefalle ihr, und auch er habe sich überzeugt, daß ich ein ehrbarer Mensch sei.«
»Und dafür sollst du ihm drei Rinder zahlen?«
»Nicht dafür, Mensch!« Helmuth strich sich nervös durch den Bart. »Das ist der Brautpreis. Normalerweise kostet eine Herero-Frau acht Rinder, aber weil ich ein so angesehener Mann sei, will er mir einen Freundschaftspreis machen.«
»Hast du denn mit ihr geschlafen?«
»Quatsch! Das war seine Idee. Er meint, nun sei es Zeit, an Heirat zu denken.«
»Stillstann!« bekräftigte der Alte. Er gab den beiden Frauen mit den Augen einen Wink, die Männer allein zu lassen. Kichernd, aber gehorsam verschwanden erst die Tante und dann auch Lesego mit ihren Kindern in die Küche.
»Jetzt geht er aufs Ganze«, nuschelte Helmuth.
»Laß mich mal machen«, sagte Sigi. Dann wandte er sich auf englisch an den Alten. »Drei Rinder sind viel zuwenig.«
»Mach dich nicht über ihn lustig«, flehte ihn Helmuth auf deutsch an.
»Du bist Herero?« fuhr Siggi unbeirrt fort.
»Ja.«
»Wer bestimmt bei den Hereros, nach welcher Sitte geheiratet wird? Der Mann oder die Frau?«
»Der Mann«, antwortete Lesegos Vater.
»Richtig.« Sigi nickte zufrieden. »Und genauso ist es bei uns in Deutschland auch. Und bei uns ist es Sitte, daß die Männer vom Vater der Braut eine Mitgift verlangen. Ein Auto, ein Haus oder zwanzig Rinder, je nachdem, wie reich der Brautvater ist.«
»In Deutschland Sitte?« fragte der Alte verwirrt.
»Ja.«

»Aber hier Sitte, daß Mann für Braut bezahlt.«
»Du sagst doch selbst, daß der Mann bestimmt, nach wessen Brauch geheiratet wird.«
»Ja.«
»Nun gut. Helmuth verlangt 20 Rinder.«
»20 Rinder?« wiederholte der Alte mit gefrorenem Lächeln. Um ihm das volle Volumen dieser Zahl zu verdeutlichen, zählte Sigi umständlich, Finger für Finger, bis zwanzig. »Ein deutscher Mann, der nicht mindestens zwanzig Rinder Mitgift bekommt, hat keine Ehre.«
»Zwanzig Rinder«, murmelte der Alte noch einmal.
»Willst du deine Tochter einem ehrlosen Mann zur Frau geben? Einem Mann, dem niemand in Deutschland mehr ein achtungsvolles ›Arschbacken zusammen‹ entbieten würde? Ja, vielleicht sogar nicht einmal ›Stillgestanden?‹«
»Stillstann«, echote Lesegos Vater bekümmert. »Aber ich habe nicht zwanzig Rinder. Ich habe nur Esel und drei Ziegen.«
Sigi hob bedauernd die Schultern, und Helmuth fiel ein: »Du hast gehört, was mein Freund sagt.«
Nach langem Grübeln fragte der alte Herero kleinlaut: »Lesego darf bleiben?«
»Lesego darf hier weiter arbeiten«, bestätigte Sigi. »Für 25 Pula im Monat und freie Verpflegung. Aber wenn sie hier wohnen will, muß sie Helmuth heiraten.«
»Zwanzig Rinder?«
»Zwanzig Rinder.«
»Ihre Kinder darf sie aber immer mitbringen«, sagte Helmuth, um den Schock des Alten zu lindern.
Der Alte ging in die Küche, holte die Frauen herein und erläuterte ihnen in ihrer Sprache die veränderte Sachlage. »Na?« Sigi schien auf ein Wort der Anerkennung zu warten. »Ohne mich wärst du jetzt arm und verheiratet.«
»In Sizilien wärst du mit der Tour nicht durchgekommen«, nuschelte Helmuth.

Wolodja legte die 500 Kilometer von Francistown nach Maun in einem Tag zurück, obwohl er zwischen Gweta und Bushman Pits, wo der Regen die Straße in eine Schlitterbahn verwandelt hatte, das Tempo stark drosseln mußte.

In Francistown hatte er einen müden Autoveteranen der Marke Toyota-Landcruiser gemietet. Die Stoßdämpfer waren durchgeschlagen, und rundum an der Karosserie gab es kaum einen Quadratzentimeter Blech, der nicht klapperte.

Gegen Abend passierte Wolodja das Gitter der letzten Veterinärkontrolle vor Maun. Die Straße belebte sich mit Rindern, Eseln und Ziegen. Das Dorf konnte nicht mehr weit sein.

Als die ersten Rundhütten auftauchten, lenkte Wolodja den Landcruiser von der Straße in den Busch und aß zwei von den Bananen, die er auf dem Markt in Francistown als Reiseproviant erstanden hatte. Wenn es in Moskau einmal Bananen gab, kostete ein Kilo so viel, wie er in einer halben Woche verdiente. Hier gab es sie fast geschenkt, für 8 Cents das Kilo.

Außerdem stopften Bananen. Wolodja hatte sich unterwegs ein dutzendmal neben die Straße hocken müssen, die Rolle Toilettenpapier, die er vor der Abfahrt im Supermarkt gekauft hatte, war schon zur Hälfte aufgebraucht.

Er fühlte sich schlapp und hatte nicht die geringste Lust, diesen Deutschen noch heute abend zu suchen. In Maun sollte es ein für afrikanische Verhältnisse passables Hotel geben, Riley's, ein Überbleibsel aus der englischen Kolonialzeit; aber dann zog es Wolodja doch vor, auf der Sitzbank des Landcruiser zu übernachten. Im Hotel würde er mit Menschen sprechen müssen, und dazu war er nicht aufgelegt, ganz abgesehen davon, daß es so für ihn billiger kam. Die Zentrale erstattete Übernachtungsspesen pauschal, und das Geld, das ihn das Bett bei Riley's gekostet hätte, wollte er lieber in einem Souvenir anlegen; er dachte an eine Geldbörse aus Antilopenleder oder vielleicht an eine Halskette aus Elfenbein.

Wolodja schob sein Buschhemd hoch und betastete vorsichtig

die Operationsnarbe, unter der er wieder den schneidenden Schmerz im Darm verspürte. Er dachte an den Chirurgen, der damals seine Darmenden zusammengenäht hatte. Heute würde der Chirurg ihn nicht erst lange bitten müssen, einen Furz zu lassen. Irgend etwas war ihm nicht bekommen, am wenigsten die Fahrt in dem hartgefederten Toyota.

Im Krieg hatten ihm derartige Strapazen überhaupt nichts ausgemacht, aber das war ein halbes Menschenalter her. Wolodja fühlte sich ausgelaugt und verfluchte – *job twoju matj!* – zum wer weiß wievielten Mal die Idee des Generals, ausgerechnet ihn für diesen Auftrag auszusuchen.

Was hatte er hier verloren in diesem heißen gottverdammten Kontinent, was hatten sie als Russen überhaupt hier verloren?

In der Nacht mußte er wieder ein paarmal raus, und am Morgen fühlte er sich wund und ausgelaugt. Vor dem Postamt in Maun fragte er einen Weißen, ob es hier eine Apotheke gebe, was der Weiße belustigt verneinte.

Der Weiße schickte ihn zum Krankenhaus, wo Dr. Bell ihm eine Schachtel mit Salztabletten und eine andere mit Kohletabletten aushändigte. Dr. Bell war Engländer und wollte den frisch aus England eingereisten Landsmann, diesen Mr. Pritchard aus Liverpool, in ein Gespräch über den besorgniserregenden Verfall des Pfund Sterlings verwickeln.

Aber Wolodja, der dazu überhaupt nicht aufgelegt war, entschuldigte sich mit seinen Schmerzen.

Eine Viertelstunde später hielt er vor der einzigen Autowerkstatt am Ort, und Sigi versprach dem vermeintlichen Engländer, seinen Landcruiser einigermaßen zusammenzuflicken. Wohin er denn damit noch fahren wolle.

»Nach Kasane am Chobe und dann weiter nach Rhodesien.«

Für diese Auskunft erntete Wolodja ein höhnisches Grunzen. Schließlich ließ er sich den Weg zu Helmuth Dieckmanns Haus beschreiben, wo er Dieter Hahn anzutreffen hoffte.

Daß er auf die Hilfe eines Deutschen angewiesen war, gehörte zu

den Details seines Auftrags, die ihm gar nicht paßten. Wie die meisten Russen hatte er zwiespältige Empfindungen gegenüber den Deutschen. Respekt vor ihrer kulturellen Vergangenheit und ihrer Pünktlichkeit, aber auch Befangenheit und eine seltsame, fast irrationale Haßliebe. Die Engländer, mit denen er es in London jahrelang zu tun hatte, waren ihm im Grunde immer gleichgültig geblieben, ein anachronistisches Volk voller Individualisten. Viel näher hatte er sich immer den Deutschen gefühlt. Schade, daß man ihnen nicht mehr über den Weg trauen durfte, spätestens seit dem Weltkrieg nicht mehr.
Und nun hatte die Zentrale sein und Tutumas Schicksal ausgerechnet in die Hände eines Deutschen gelegt. Hoffentlich wußten sie in Moskau, was sie taten.

Der Fremde mußte ihn schon eine ganze Weile aus dem Schatten eines Mopane-Baums beobachtet haben, bevor er hervortrat und zögernd auf Dieter zukam.
Dieter hatte mit Lesegos Kindern vor dem Haus gespielt. Jetzt ließ er sie allein und wartete, bis der Fremde das erste Wort an ihn richtete.
»Sind Sie Mr. Hahn? Dieter Hahn?«
Dieter konnte die Augen des Mannes nicht sehen, sie lagen im Schatten der Krempe seines Strohhuts. Ein gequälter Zug um den Mund fiel ihm auf. »Warum?«
»Ich komme aus Sambia und habe...« Er unterbrach sich und fragte noch einmal: »Sind Sie wirklich Mr. Hahn?«
»Ja. Aus Sambia kommen Sie?«
Der Fremde musterte ihn eine Sekunde lang, dann sagte er: »James Pritchard. Mein Name wird Ihnen nicht viel sagen. Vielleicht können Sie mit einem afrikanischen Sprichwort mehr anfangen. Wo Elefanten kämpfen, leidet das Gras.«
Dieter stutzte. »Wie kommen Sie darauf?«
Im ersten Augenblick hatte er den Fremden für einen südafrikanischen Agenten gehalten, aber jetzt, als er die Parole nannte,

fiel ihm ein, daß das ja der Satz war, den Tutuma ihm eingeschärft hatte. »Ehrlich gesagt, ich hatte eigentlich einen Schwarzen erwartet.«

Der Fremde biß sich auf die Lippen: »Haben Sie eine Toilette im Haus?«

Dieter deutete stumm mit dem Daumen über seine Schulter.

»Entschuldigen Sie, aber...« Mr. Pritchards Leidensfurche um den Mund vertiefte sich. Er hielt die Luft an und lief, unterwegs schon den Gürtel lösend, zur Toilette.

Fünf Minuten später war er wieder da, erleichtert lächelnd. »Können wir offen reden, Mr. Hahn?«

»Bitte«, antwortete Dieter, noch immer auf der Hut.

»Wir haben einen Funkspruch aufgefangen. Nun bin ich da.«

Dieter verzog keine Miene. »Sind Sie ein Freund von dem Mann, den ich gestern abend bei Riley's kennengelernt habe?«

»Ich bin ein Freund von Tutuma.«

»Wer schickt Sie?«

»Hat Tutuma Sie nicht informiert?«

Dieter zog es vor, darauf nicht zu antworten.

»Wollen wir nicht endlich das Versteckspiel aufgeben?« schlug Mr. Pritchard vor. »Schließlich habe ich Ihnen doch die Parole genannt.«

»Sie sind Engländer...«

»Ja. James Pritchard aus Liverpool.«

»Was hat ein Engländer mit einem schwarzen Freiheitskämpfer zu schaffen?«

Auf diese Frage war Wolodja nicht vorbereitet. »Ich frage Sie ja auch nicht danach«, sagte er schließlich. »Und Sie sind auch weiß.«

»Sie haben einen Funkspruch erwähnt. Was war der Inhalt?«

»Den müßten Sie doch besser kennen.«

»Tutuma hat Hilfe angefordert. Er will über den Chobe nach Sambia. Und nun bin ich da, und statt mich zu Tutuma zu bringen, stellen Sie mir Fragen, als ob Sie von nichts wüßten.«

»Entschuldigen Sie, Mr. Pritchard«, lenkte Dieter ein. »Ich wollte mich vergewissern, ob Sie nicht von der Gegenseite sind.« Er holte den Zettel aus der Brusttasche, den ihm Sigi gestern übergeben hatte. »Lusaka hat inzwischen geantwortet.«
»Darf ich mal sehen?« Wolodja warf einen Blick auf die Zahlenkolonnen. »Ich kenne den Code nicht, aber ich bin sicher, Lusaka hat Tutumas Plan gutgeheißen und sichert Unterstützung zu. So lauten jedenfalls meine Instruktionen. Wann können wir fahren?«
»Haben Sie einen Landrover oder etwas Ähnliches?«
»Einen Landcruiser. Aber der ist fast Schrott. Mit dem möchte ich eigentlich nicht 250 Kilometer durch den Busch fahren. Wir könnten natürlich auch nach Kasane fliegen. Aber die Linie gehört den Südafrikanern.«
»Warten Sie bis zum Nachmittag. Mr. Pritchard. Vielleicht weiß ich dann eine dritte Möglichkeit.«

Als Helmuth zum Mittagessen von der Brigade nach Hause gekommen war, fiel er aus allen Wolken. »Den Anderthalbtonner ausleihen? Mensch, ich bin heilfroh, daß ich ihn endlich habe. Wozu brauchst du ihn denn?«
»Für einen Freund.«
»Meine Brigade ist kein Autoverleih.«
»Ich brauche ihn aber sehr dringend. Für vier Tage nur, höchstens fünf.«
»Ich auch. Am Freitag muß der Kohl von der Farm auf den Markt.«
»Setz dich, Helmuth.« Dieter erzählte ihm nur soviel, wie unbedingt nötig. Er erwähnte weder Tutumas Namen, noch den des Mannes, den er zu Tutuma bringen sollte, aber noch bevor er seine Geschichte zu Ende gebracht hatte, schnitt ihm Helmuth das Wort ab.
»Du spinnst wohl! Zwei Jahre lang habe ich alle möglichen Organisationen angeschnorrt und angezapft, um meine Brigade

aufzubauen. Endlich belatschere ich den DED, mir einen Lastwagen für 30 000 Mark zu kaufen. Hat mir schon nicht gepaßt, daß du mit dem Ding schwarze Rebellen in der Kalahari spazierenfährst. Und jetzt...«

»Der Mann ist in Gefahr, Helmuth!«

»Ich werde dir sagen, wer in Gefahr ist: der DED, die Friedrich-Ebert-Stiftung, Dienst in Übersee, Brot für die Welt. Wenn wir anfangen, uns in die afrikanische Innenpolitik einzumischen, fliegen wir allesamt raus. Was du hier machst, ist verantwortungslos. Woher nimmst du dir eigentlich das Recht, all die für Botswana lebenswichtigen Projekte leichtfertig aufs Spiel zu setzen! Hast du dich beim DED als Entwicklungshelfer beworben oder als politischer Abenteurer?«

Dieter hatte den gutmütigen Helmuth noch nie so in Rage gesehen. »Ich versteh' ja deinen Standpunkt, Helmuth«, sagte er kleinlaut. »Vergiß, worum ich dich gebeten habe.«

»Wirst du trotzdem weitermachen?«

»Ich kann nicht anders.«

Sigi wußte Rat. Am nächsten Morgen sollte ein Bedford der Provinzregierung nach Kasane fahren. Für zwei Pula Fahrgeld pro Person erklärte sich der afrikanische Chauffeur bereit, Mr. Hahn und Mr. Pritchard in das Dorf an der rhodesischen Grenze mitzunehmen, auf der kaum befahrenen Piste quer durch den Chobe-Nationalpark.

»Aber mach keen Scheiß«, mahnte Sigi beim Abschied.

Caprivi-Zipfel

General Alexander Korotkow reiste mit einem Diplomatenpaß in Botswana ein. Ein Chauffeur holte ihn am Flugplatz in Gaborone ab und brachte ihn in die sowjetische Botschaft. Am nächsten Morgen machte sich Korotkow in einem gemieteten VW auf den Weg zu dem vereinbarten Treffpunkt nahe der 70 Kilometer entfernten Grenzstadt Lobatse. Der Botschaftschauffeur, Resident des KGB, blieb am Ortsausgang von Lobatse zurück, um von einem Hügel aus das Treffen mit dem Fernglas zu überwachen.

Auf ein Gespräch mit untergeordneten Chargen hatten die Südafrikaner sich nicht einlassen wollen; sie hatten ausdrücklich auf dem Leiter der KGB-Abteilung für afrikanische Angelegenheiten als Verhandlungspartner bestanden, und in Moskau hatte man sich stirnrunzelnd gefragt, woher BOSS eigentlich den Mut nahm, Bedingungen zu stellen. Am Ende hatte das KGB doch die Neugierde über das Protokoll gestellt und den General nach Botswana geschickt.

Die letzten Kilometer auf der Teerstraße zur Grenze fuhr der General allein. Die Südafrikaner hatten ihre Grenzposten etwas landeinwärts auf einem Hügel postiert, der ihnen einen weiten Blick hinein nach Botswana sicherte, und General Korotkow war überzeugt, daß sie dort oben sein Erscheinen bereits registriert hatten.

Vom Grenzposten Pioneer Gate bis zur eigentlichen Landesgrenze, weithin sichtbar durch einen doppelten Stacheldrahtzaun markiert, lag ein Stück Niemandsland, das mit Betonklöt-

zen gespickt war und nur slalom im Schrittempo durchfahren werden konnte. Etwas fühlte sich der General an die westlichen Grenzanlagen der DDR erinnert.
Ein paar hundert Meter vor dem Grenzzaun, am Fuß eines Hügels, geriet der eiserne Förderturm ins Blickfeld des Generals. An dem Tor im Rinderzaun hielt er wie verabredet an, öffnete es und fuhr ein Stück den holprigen Seitenweg hinein, vorbei an einer alten Dampflok, die man vor 12 Jahren, als die Mangan-Mine stillgelegt wurde, einfach stehengelassen hatte, ebenso wie die Unterkünfte der Arbeiter und die Baracke mit dem Büro der Mine. Nur die Grundmauern standen noch, die Fenster und Wellblechdächer hatten sich längst die Einwohner von Lobatse geholt. Aus den Ritzen im brüchigen Beton der Fundamente wuchsen Dornbüsche, und in den Ecken verwitterte Kot.
Auch General Erik van Zyl war verabredungsgemäß allein gekommen. Er trat aus dem Schatten des Förderturms und reichte seinem Kollegen die Hand.
»Hätte nicht geglaubt, daß wir uns so bald wiedersehen«, sagte Korotkow. Er sah sich mißmutig um. »Nicht gerade besonders gemütlich, der Platz.«
»Ich habe den kalten Park in Moskau auch nicht in bester Erinnerung«, sagte van Zyl fröstelnd.
»Sie sollten mal im Sommer kommen.«
»Gern«, sagte van Zyl. Er schien die Floskel als Einladung zu verstehen. »Ich nehme an, daß uns der Gesprächsstoff so bald nicht ausgehen wird.« Er musterte den bleichen Teint des Russen. »Gehen wir ein Stück?«
»Ehrlich gesagt, ich würde lieber im Schatten bleiben.«
»Vor vier Wochen in Moskau hatten Sie mir gar nicht erzählt, daß Tutuma auch da war«, sagte van Zyl beiläufig. »Schade, daß Sie ihn mir nicht vorgestellt haben, ich hätte ihn damals gern kennengelernt.«
»Verzeihen Sie – wie hieß der Mann?«
Van Zyl lachte. »Aber Herr Kollege – Sie haben ihn doch selbst

zum Flughafen gebracht. Haben Sie das vergessen? Ich habe Sie zusammen gesehen.«

»Das müssen Sie verwechselt haben«, knurrte Korotkow leicht irritiert. Es ging ihm alles zu schnell. Worauf wollte der kleine drahtige Bure hinaus?

»Ich würde ihn immer noch gern kennenlernen.« Van Zyl nahm einen Stein auf und warf ihn nach einer Eidechse.

»Wenn sich zwei Menschen über einen dritten unterhalten, den sie beide nicht kennen, dann kann nicht viel dabei herauskommen. Ich schlage vor, wir wechseln das Thema.«

»Okay. Knüpfen wir also an unser Moskauer Gespräch an. Unsere gemeinsamen Interessen. Haben Sie über meine Anregungen nachgedacht?«

»Inzwischen hat sich ja einiges ereignet. Wenn mich nicht alles täuscht, steht Ihre Regierung heute noch isolierter da als vor sechs Wochen. Und bei den Amerikanern finden Sie kaum noch Rückhalt.«

Van Zyl zuckte die Achseln. »Jedem neuen Besen gehen bald die Haare aus. Carter verlangt von uns öffentlich, politischen Selbstmord zu begehen. Aber wir werden ihm den Gefallen nicht tun, auch wenn wir dem amerikanischen Imperialismus damit im Wege stehen.«

»Die Zeit arbeitet gegen Sie. Die USA wollen kein neues Vietnam. Nach unseren Informationen hat die neue amerikanische Regierung langfristig Ihr Apartheid-Regime nicht mehr auf der Rechnung. Carter und Vance setzen auf eine schwarze Mehrheitsregierung, sie glauben, daß sie sich mit der gut arrangieren könnten.«

»Eine konservative Regierung, ich weiß. Aber dieses Konzept ginge nicht auf. Unser Land würde im Chaos versinken, und die USA würden alles verlieren. Ihre Beteiligungen, ihre strategischen Positionen, ihre Rohstoffquellen.«

»Mag sein«, räumte Korotkow ein. »Aber die Hauptverlierer wären vier Millionen weiße Südafrikaner.«

Van Zyl winkte ab. Offenbar wollte ihn der Russe ins Bockshorn jagen. »Wir Buren haben eine bewegte Geschichte. Wir sind schon mit vielen Feinden fertig geworden. Auch heute gibt es immer noch drei Wege, zu überleben. Wir könnten weiter auf die Vernunft der Amerikaner setzen.«
Korotkow lächelte skeptisch. »Und der zweite Weg?«
»Wir igeln uns ein und kämpfen.«
»Wagenburgen sind nicht mehr ganz zeitgemäß.«
»Oder wir suchen uns einen neuen starken Partner, mit dem uns gemeinsame Interessen verbinden und der Einfluß auf unsere schwarzen Nachbarn hat. Ich will mich nicht wiederholen. Wir haben das Thema ja vor vier Wochen in Moskau ausführlich diskutiert. Mit einem Wort: eine Aufteilung unserer beider Interessensphären im südlichen Afrika.«
»Dann waren Ihre Vorschläge also ernst gemeint?«
»Ich bin zu Verhandlungen autorisiert.«
»Ihre Anstrengungen sind im Politbüro auf ein gewisses Interesse gestoßen.«
»Das ist mir etwas zu vage.«
»Wohlwollendes Interesse«, fügte Korotkow hinzu.
»Wir haben den ersten Schritt getan, und es wäre gut, wenn auch Sie uns einen Schritt entgegenkämen. Pretoria wartet auf einen Beweis für Ihre guten Absichten, eine deutliche Geste.«
»Zum Beispiel?«
Van Zyl lief ein paar Schritte auf und ab. »Meine Regierung ist etwas irritiert über das widersprüchliche Verhalten Ihrer Organisation. Auf der einen Seite diskutieren wir, wie ich hoffe, ernsthaft, das Denkmodell eines friedlichen Ausgleichs unserer Interessen. Andererseits konspirieren Sie mit einem Mann wie Tutuma. Das hat die Bemühungen der Gruppe, die ich vertrete, stark behindert. Nennen wir sie mal die Tauben. Im Augenblick sehe ich nicht, wie wir die Falken daran hindern können, die Sowjetunion durch eine internationale Pressekonferenz vor aller Welt zu desavouieren.«

Korotkow lächelte ungläubig.
»Wir haben Tutumas Komplizen in Gewahrsam, einen Afrikaner namens Moses Nkala. Die Falken möchten ihn der internationalen Presse präsentieren. Moses Nkala wird aussagen, daß er zusammen mit Tutuma im Auftrag der sowjetischen Regierung die Diamantenmine von Orapa beraubt hat.«
»Das kann Ihr Moses nicht aussagen, weil es eine freche Lüge ist.«
»Moses wird alles sagen, was wir wünschen.«
»Jeder weiß, wie solche Aussagen zustande kommen.«
»Wir könnten Zeugen präsentieren, die seine Aussage stützen: den Piloten und die Passagiere der beraubten Maschine. Wir würden eine Foto des Sicherheitschefs von Orapa vorlegen, Jan Feuchtenbeiner. Genauer gesagt: ein Foto von seiner Leiche. Sie ist gestern im Okavango-Delta angetrieben worden. Interessiert Sie der Name des Mörders?«
»Sie haben mich doch nicht den ganzen Weg aus Moskau machen lassen, um mir Räubergeschichten aufzutischen!«
»Tutuma. Der Mann, den die Sowjetunion als Regierungschef des befreiten Zimbabwe einsetzen will, ist ein ganz gewöhnlicher Räuber und Mörder. Selbst in der Politik gibt es noch moralische Kategorien, finden Sie nicht?«
»Lassen wir mal die Moral beiseite. Mir ist kein Tutuma bekannt. Und wenn dieser Mann wirklich Ihre Diamantenmine überfallen und einen Sicherheitsbeamten erschossen haben soll, so ist das ohne Wissen und Billigung der sowjetischen Regierung geschehen.«
»Sie würden uns also Tutuma überlassen?«
»Ich dachte, ich hätte mich klar genug ausgedrückt. Ich kenne diesen Tutuma nicht. Und wenn Sie behaupten, ihn auf dem Flughafen Scheremetjewo mit mir gesehen zu haben, müssen Sie sich getäuscht haben.«
»Nehmen wir mal an, wir hätten einen verschlüsselten Funkspruch aufgefangen, der in Maun abgesetzt wurde. Nehmen wir

weiter an, wir kennen den Empfänger, der in Lusaka sitzt. Er hat das Rufzeichen 9J1AX.«

»Ich soll Ihren Andeutungen wohl entnehmen, daß wir von Lusaka aus Verbindung halten mit diesem Tutuma. Gut, lassen Sie uns also ein bißchen im Sandkasten spielen. Angenommen, Sie hätten recht mit Ihren abenteuerlichen Spekulationen. Was um alles in der Welt, sollte uns dann veranlassen, den Mann an Sie auszuliefern? Wenn diese phantastische Räubergeschichte stimmte, dann müßten wir doch befürchten, daß Sie diesen Tutuma zusammen mit diesem Moses Dingsda auf einer internationalen Pressekonferenz vorführen, um die Afrika-Politik der Sowjetunion zu diffamieren.«

»Kein vernünftiger Schachspieler würde einen Bauern schlagen, wenn das unweigerlich den Verlust seiner Dame zur Folge hätte. Wenn Sie verstehen, was ich meine...«

»Sie würden Ihr langfristiges Ziel, mit der Sowjetunion zu einem Arrangement zu kommen, nicht für einen billigen propagandistischen Erfolg aufs Spiel setzen wollen – hab' ich Sie richtig interpretiert?«

»Bleiben wir beim Schach: Sie opfern eine Figur, die für Sie ohnehin wertlos geworden ist, und gewinnen dafür eine bessere Position im strategischen Gesamtkonzept.«

»Sie wollen auf ein Remis hinaus?«

»Ein faires Remis nutzt beiden und tut keinem weh.«

Zwei Stunden später setzte General Korotkow in Gaborone einen Funkspruch auf. Ein Kurier der sowjetischen Botschaft flog nach Lusaka, wo der Funkspruch in der Chiffrierabteilung der dortigen Sowjetbotschaft verschlüsselt und an Mr. James Pritchard abgesetzt wurde.

Auch BOSS änderte kurzfristig seine Dispositionen. Niehoujs in Maun erhielt Weisung, Dieter Hahn vorerst unbehelligt zu lassen. Die Entführung des deutschen Entwicklungshelfers war überflüssig geworden.

Den ganzen Tag über sprachen sie kaum ein Wort miteinander. Wolodja saß mit verkniffenem Mund neben dem schwarzen Fahrer des Bedford und starrte vergrämt auf die gewaltigen Zebraherden, die, kilometerlange Staubfahnen hinter sich herziehend, vor dem Fünftonner davongaloppierten. Fast jede halbe Stunde tippte Wolodja den Fahrer an, stieg aus und verschwand mit seiner Rolle Toilettenpapier hinter einen Busch. Dieter war viel zu sehr mit sich selbst beschäftigt, um Mitleid mit dem Engländer zu empfinden. Er hatte eine böse Nacht hinter sich, war häufig schweißgebadet hochgeschreckt. Noch immer hing der Rauch der Moskito-Spirale in seinen Kleidern und seinem Haar. Auf seiner pelzigen Zunge lag der bittere Geschmack des Nescafé, den er morgens statt eines Frühstücks hinuntergekippt hatte. Am liebsten wäre er liegengeblieben, irgendwo abseits im Schatten, wo er mit niemanden sprechen mußte. Bestürzt stellte er fest, daß ihm Teile seines englischen Sprachschatzes abhanden gekommen waren. In seinem Gedächtnis klafften unerklärliche Lücken, zwischen ihm und der Außenwelt hatte sich eine Zone der Teilnahmslosigkeit aufgetan. Er erinnerte sich an die Stiche der Tse-Tse-Fliegen im Delta und fürchtete sich vor der Schlafkrankheit. Beim Tierarzt in Maun hatte er die Erreger betrachten dürfen, zuckende Trypanosomen, die unter dem Mikroskop so harmlos aussahen wie Pantoffeltierchen in einem Wassertropfen.
Dieter nahm die Flächen verkohlter Erde kaum wahr und den Brandgeruch, der die flimmernde Luft des Chobe-Nationalparks durchzog. Wilderer hatten Elefantengras abgebrannt, um sich freies Schußfeld zu verschaffen.
Am Zielort setzte der Fahrer seine beiden Passagiere vor dem riesigen Affenbrotbaum in der Dorfmitte ab. Der Baum war hohl und hatte auf der einen Seite einen vergitterten Zugang. Bis vor kurzem hatte er als Gefängnis gedient.
Dieter fand Dr. Keiser auf der Terrasse der Chobe Safari Lodge, wo er an einem weißgedeckten Tisch sein Dinner einnahm,

Hühnerfrikassee mit Reis. Als Volker Keiser vor sechs Monaten für »Dienst in Übersee« die hiesige Gesundheitsstation übernahm, eine bis dahin von einer schwarzen Schwester geleitete und völlig heruntergekommene Folterkammer, fand er Kisten voller verfallener Medikamente vor, die er unter dem Protest der Krankenschwester sofort vernichtete. Ein makabres Corpus delicti aus jener Zeit trug er stets bei sich: eine Ampulle mit grauschwarz getrübtem Schlangenserum aus dem Jahr 1957.

»Der Patient wäre, noch bevor die Nadel wieder raus war, in die Kiste gesprungen«, meinte er, als er sie Dieter zeigte. Dann musterte er besorgt seinen apathisch zuhörenden Landsmann. »Siehst schlecht aus, Dieter. Schwierigkeiten mit dem Klima?«

»Bin vor ein paar Tagen von Tse-Tse-Fliegen gestochen worden«, sagte Dieter. »Und jetzt fühl' ich mich ganz beschissen.«

Dr. Keiser legte sein Besteck beiseite. »Fieber, Müdigkeit, Konzentrationsschwäche, Durchfall?«

»Für Dünnschiß bin ich nicht zuständig. Den hat mein Bekannter, Mr. Pritchard aus Liverpool.«

Dr. Keiser unterbrach sein Dinner und nahm die beiden Kranken mit in sein Buschhospital. Nachdem er ihnen Blutproben abgenommen hatte, verschwand er in seinem Labor. Als er zurückkam, murmelte er etwas von einem Weil-Felix-Test, der negativ verlaufen sei.

»Sie haben eine ganz ordinäre Kolik, Mr. Pritchard«, beschied er Wolodja. »Haferschleim, Kohletabletten, Fleischbrühe, schwarzer Tee, Salztabletten und drei Tage Bettruhe. Komisch, dabei habe ich mir immer eingebildet, alle Engländer seien schon tropentauglich zur Welt gekommen.« Dann wandte er sich an Dieter. »Bist du in letzter Zeit von einer Zecke gebissen worden?«

»Ja, in der Kniekehle.« Dieter krempelte die Hose hoch und zeigte dem Arzt die noch immer sichtbare Schwellung.

»Klarer Fall. Südafrikanisches Zeckenfieber.«
Der Arzt gab ihm eine Tüte mit Tabletten. »Viermal täglich zwei Stück und drei Tage Bettruhe. Ihr kriegt bei mir ein Zweibettzimmer mit täglicher Visite. Du darfst dir das nicht vorstellen wie in einem deutschen Krankenhaus. Aber dafür ist's individueller und zum Nulltarif.«
»Zeckenfieber – ist das gefährlich?«
»Halb so schlimm. In drei Tagen hast du's vergessen.«
»Vielen Dank, Doc«, sagte Wolodja. »Schade, daß wir Ihr Angebot nicht annehmen können. Wir sind nur auf der Durchreise und haben es eilig.«
»Das können Sie mir nicht antun, Mr. Pritchard.« Dr. Keiser schien ernsthaft enttäuscht. »Ich habe mich so gefreut, mal andere Gesichter zu sehen. Seit vier Wochen sind Sie die ersten Europäer, die es hierherverschlagen hat.«
Dieter wäre gern noch geblieben, aber er war zu apathisch, um sich gegen den energisch zum Aufbruch drängenden Pritchard durchzusetzen. Tutuma wartete bei Sonnenuntergang am Ufer des Chobe, und in höchstens einer Stunde mußte die Sonne untergehen.
Als Dieter den Arzt um seinen Landrover bat, stellte der keine langen Fragen nach dem Warum und Wohin.
Es gab nur eine leidlich ausgebaute Straße, die aus Kasane herausführte, zur Fähre nach Kazungula und weiter zur rhodesischen Grenze.
Solange die Überlandroute von Francistown, an der die Amerikaner und Norweger mit Hochdruck arbeiteten, noch nicht fertiggestellt war, versorgte sich die von der Außenwelt abgeschnittene Chobe-Provinz im äußersten Norden Botswanas aus Rhodesien. Sogar die Post kam im kleinen Grenzverkehr aus Victoria Falls. Von hier aus hätte Dieter »the falls«, wie die weltberühmten Victoriafälle in Afrika genannt wurden, innerhalb eines Tages besichtigen können, denn die um Touristen verlegenen Rhodesier stellten noch immer anstandslos Visa aus. Aber

Dieter hatte diesen Punkt längst von seinem Programm gestrichen. Wenn BOSS nach Tutuma fahndete, dann tat es der rhodesische Special Branch II sicher auch. Wahrscheinlich führten sie auch Dieter Hahn längst auf ihren Fahndungslisten.
Dieter folgte der Beschreibung, die Tutuma ihm bei seiner letzten Begegnung von dem Weg zum Treffpunkt gegeben hatte. Dank der Nähe des Stroms war die Vegetation beiderseits der Straße üppig, fast undurchdringlich. Sieben Kilometer außerhalb von Kasane entdeckte Dieter die Schneise, die Tutuma ihm beschrieben hatte und die von der Straße abführte durch den Dschungel zum Strom.
Am Ufer stand behäbig der archaische Affenbrotbaum, unter dem er auf Tutuma warten sollte.
Dieter stellte den Landrover zweihundert Meter vorher ab, so daß der Wagen vom gegenüberliegenden Ufer nicht gesehen werden konnte und ging das letzte Stück zu Fuß.
»Sind Sie sicher, daß es der richtige Platz ist?« fragte Wolodja. Dr. Keiser hatte ihn so sehr mit Kohletabletten vollgestopft, daß er seit Kasane nicht mehr hatte aussteigen müssen.
»Das ist der Baum«, sagte Dieter. »Sieht er nicht aus wie eine riesige Mohrrübe, die irgend jemand vor tausend Jahren verkehrt herum in den Boden gesteckt hat?«
Wolodja, an Metaphern wenig interessiert, warf einen besorgten Blick über den Strom, der im Abendlicht silbern schimmerte, auf das andere Ufer, den Caprivi-Zipfel. »Es ist vielleicht besser, wenn wir uns nicht offen zeigen. Wahrscheinlich beobachten sie alles, was sich hier regt.«
»Sehen Sie südafrikanische Soldaten?«
Wolodja schüttelte den Kopf. »Ob Tutuma schon hier ist?«
»Er hat gesagt, bei Sonnenuntergang. Bei Tageslicht wird er sich nicht zeigen wollen, weil das zu gefährlich ist.«
Ein paar Flußpferde schwammen scheinbar träge im Wasser, nur das Flattern ihrer winzigen Ohren verriet ihre Unruhe. Schließlich ließ sich der Leitbulle zum Ufer treiben. Unmutig prustend

tauchte er auf und verschwand im Busch. Sein Harem folgte ihm, ohne einen weiteren Blick an die beiden Menschen zu verschwenden.
Erst jetzt entdeckte Dieter ganz in der Nähe ein Mocoro mit zwei Paddeln, einen jener primitiven Einbäume, wie er sie aus dem Okavango-Delta kannte.
Unvermittelt, fast ohne Übergang, brach die Nacht herein, als hätte jemand einen schwarzen Vorhang rasch vorgezogen.
Sie hatten Tutuma nicht kommen hören. Plötzlich stand er hinter ihnen. »Dieter« flüsterte er.
Dieter schrak zusammen, und Wolodja sprang auf die Beine.
»Wolodja?« fragte Tutuma verblüfft. »Bist du extra aus Moskau gekommen?«
Wolodja umarmte den Afrikaner und küßte ihn herzlich ab. »Alles ist vorbereitet, Tutuma«, sagte er mit einem warnenden Seitenblick auf Dieter. »Aber stell jetzt keine Fragen.«
Nachdem Tutuma auch Dieter umarmt hatte, zog er die beiden Neuankömmlinge ein paar hundert Meter landeinwärts hinter sich her, zu einem schilfgedeckten Unterstand. Dieter erkannte die schmale Silhouette Dikeledis.
Das Mädchen schmiegte sich an Tutumas Schulter und lächelte Dieter zu, ihre Augen und Zähne schimmerten, drei leuchtende Punkte in der Finsternis. Dieter spürte den sanften Druck ihrer schmalen Hände.
»Sie hat Angst im Dunkeln«, sagte Tutuma. »Und Feuer dürfen wir hier nicht machen.«
»Wie lange seid ihr schon hier?«
»Seit heute mittag.«
»Morgen früh bring' ich euch rüber«, sagte Wolodja. »Zwei Stunden vor Tagesanbruch. Unsere Leute werden euch am anderen Ufer erwarten.«
Dikeledi griff noch einmal nach Dieters Hand. »Sie ist so heiß.«
Ihre Sorge war nicht gespielt, und sie tat ihm wohl. »Der Arzt in Kasane sagt, ich hätte Zeckenfieber.«

Tutuma fuhr herum. »Welcher Arzt? Weiß er, wo du bist?«
»Keine Angst, Tutuma. Außer Mr. Pritchard weiß niemand etwas.« Dieter hatte die Eindrücke des Tages wie durch einen Filter aus Watte wahrgenommen, unfähig, sie zu ordnen und zusammenzufügen. Dennoch wurde er das unbehagliche Gefühl nicht los, daß irgend etwas nicht zusammenpaßte. Ein paar Sekunden lang gelang es ihm, sich zu konzentrieren. Hatte Tutuma den Engländer nicht Wolodja genannt, und war nicht das Wort Moskau gefallen?
Was wurde hier gespielt? In welches Komplott war er hineingestolpert in seiner Gutgläubigkeit?
Pritchard sah ungeduldig auf das Leuchtzifferblatt seiner Armbanduhr. »Ich muß noch mal zum Auto. Mein Nachtzeug holen.«
»Warten Sie, Mr. Pritchard, ich komme mit.«
»Nicht nötig. Sagen Sie mir lieber, was ich mitbringen soll.«
»Es macht mir wirklich nichts aus, Sie zu begleiten«, sagte Dieter.
»Es genügt, wenn einer von uns geht. Ich finde den Weg schon.« Es klang sehr bestimmt.
»Die Decke und meinen Schlafsack«, sagte Dieter.
Als der Engländer im Dunkel verschwunden war, wandte sich Dieter an Tutuma. »Warum will er mich nicht dabeihaben?«
»Er wird einen Funkspruch auffangen wollen. Da gibt es noch einiges abzustimmen. Den Platz und den genauen Zeitpunkt des Übersetzens.«
»Ein Funkspruch – von wem?«
Tutuma deutete stumm auf die andere Seite des Flusses.
»Wer sitzt da drüben? Die Russen?«
»Leg dich lieber noch ein paar Stunden aufs Ohr, Dieter.«
»Bei mir hat er sich James Pritchard genannt. Aber Wolodja ist ein russischer Name.«
Tutuma schwieg. Schließlich sagte er: »Sonst hilft uns ja niemand.«

»Dann war der Funkspruch, den ich in Maun für dich abgeschickt habe, gar nicht an eure Unabhängigkeitsbewegung gerichtet, sondern an die Russen.« Es war keine Frage, sondern eine Feststellung.

»Von den anderen bekommen wir nur gute Worte. Aber was wir brauchen, sind Waffen.«

»Du hast mich von Anfang an belogen...«

»Wir haben Krieg, und du bist ein Weißer.«

»Machst du da keine Unterschiede?«

»Wir Afrikaner haben die Schranke zwischen Schwarz und Weiß nicht errichtet.«

Ein bitteres Gefühl der Ernüchterung stieg in Dieter auf. Er erhob sich und gab seinem Freund die Hand. »Viel Glück, Tutuma. Jetzt braucht ihr mich ja wohl nicht mehr.«

Tutuma nahm seine Hand und hielt sie fest. »Du kannst noch nicht gehen.«

»Hast du Angst, daß ich euch verrate?«

Tutuma zögerte. »Es ist wegen Wolodja. Ihm wird das nicht recht sein. Er will kein Risiko eingehen.«

»Glaubst *du* mir wenigstens, daß ich es nicht tun werde?«

»Ja.«

»Ich auch«, sagte Dikeledi spontan.

Trotzdem hielt Tutuma noch immer seine Hand fest.

»Wann läßt du mich gehen?«

Tutuma lockerte den Griff. »Sobald wir abgelegt haben. Zwei Stunden vor Sonnenaufgang.«

Dieter hörte Wolodja zurückkommen. Der Russe brachte seinen Tropenkoffer mit, sein Radio, Dieters Schlafsack und eine Taschenlampe, warf die Sachen auf den Boden und lehnte sich an einen Baum. Er schien unzufrieden.

»Ist was nicht in Ordnung?« fragte Tutuma.

»Alles perfekt«, muffelte der Russe. »Zwei Stunden vor Sonnenaufgang. Genau hier.« Er nahm eine Decke unter den Arm und trollte sich ohne weiteres Wort.

Tutuma sah ihm nach. »Was hat er denn?«
»Bauchschmerzen«, erklärte Dieter, griff seinen zusammengerollten Schlafsack und trug ihn davon.
Am Fuß des Affenbrotbaums zog er sich aus, löste die Gurte des Schlafsacks, rollte ihn auf und wickelte sich hinein. Er wollte mit seiner Enttäuschung allein sein. Er spürte ein Klingeln in den Ohren, aber es war nicht genau auszumachen, ob es das Fieber war oder die Unken.
Ihm fielen die Tabletten ein, die Volker ihm mitgegeben hatte. Zwei Stück vor dem Schlafengehen, Aber er war zu apathisch, noch einmal aufzustehen und sie zu holen. Wahrscheinlich war es Tutuma egal, ob er hier verreckte oder nicht. »*Wir haben Krieg, und du bist ein Weißer*.«
Alles andere hatte für ihn nie gezählt. Freundschaft?
Ausgenutzt hatte er ihn von der ersten Minute an, als er im Overall an der Piste in der Kalahari stand wie ein Anhalter an der Autobahn. Einen Chauffeur hatte Tutuma gebraucht, keinen Freund, und er war diesem undurchsichtigen Afrikaner auf den Leim gegangen. Nur kein Selbstmitleid. Schließlich hatte er es seiner eigenen Vertrauensseligkeit zuzuschreiben. Spätestens nach Klick-Klacks Ermordung hätte er ahnen müssen, daß hier ein Spiel gespielt wurde, dessen Regeln er nicht durchschaute. Statt dessen hatte er sich zum Laufburschen machen lassen, einen verschlüsselten Funkspruch an die Russen durchgegeben und schließlich sogar einen ihrer Agenten hierhergebracht.
Helmuth hat recht gehabt. Er hat andere hineingezogen. Sigi, der seine Amateurfunkerlizenz riskiert hat; er hat den Lastwagen, auf den Helmuths Brigade so dringend angewiesen war, leichtsinnig aufs Spiel gesetzt und gleichzeitig die ganze Entwicklungshilfe in Botswana.
So was wäre Sigi und Helmuth nie passiert. Sigi und Helmuth sind erwachsen, und erwachsen sein heißt: vorsichtig, vernünftig, angepaßt.
»*Zeit, daß du endlich erwachsen wirst*«, hatte ihm sein Vater

immer wieder gepredigt. Warum hatte er sich eigentlich so lange dagegen gesträubt?
Wenn Ellen in diesem Sinne erwachsen gewesen wäre, hätte sie sich bestimmt mit der hohen Kindersterblichkeit in den Krankenhäusern von Sambia abgefunden, statt wider alle Vernunft den aussichtslos scheinenden Kampf gegen den Lebensmittelkonzern aufzunehmen.
Und wenn er selbst, Dieter, vor drei Wochen dem Flüchtling in der Kalahari seine Hilfe verweigert hätte, wäre Tutuma wohl schon längst abgeknallt worden.
Dieter grauste bei der Vorstellung, wie die Welt heute wohl aussehen würde, wäre sie nur von Erwachsenen bevölkert, die in den abgesteckten Grenzen ihrer Möglichkeiten handelten. Ist nicht alles, was groß ist, gegen Verstand und Vernunft geschaffen worden?
Jetzt war das Abenteuer zu Ende, der Streß und das große Spiel, und alles, was Dieter blieb, war ein schales Gefühl der Ernüchterung und das Zeckenfieber.
In ein paar Tagen würde sein Alltag beginnen, der Alltag eines deutschen Entwicklungshelfers in Botswana. Mühselige Millimeterarbeit. Er würde bei Riley's sitzen wie die anderen und sich Geschichten anhören; nur mit den Unterschied, daß er seine Geschichte nicht erzählen durfte.
Als er zum erstenmal am Hals gestochen wurde, band er den Schlafsack am oberen Ende zu, um, wenn schon nicht das Gesicht, dann wenigstens seinen Körper vor eindringenden Moskitos zu schützen. Er schloß die Augen. Der Schlafsack erinnerte ihn an die Schwitzpackungen, in dic ihn seine Mutter gesteckt hatte, wenn er als Kind vom Fieber geschüttelt wurde. Er dachte an die kräftige Fleischbrühe mit Eierstich, die ihm seine Mutter nach der Schwitzkur löffelweise eingeflößt hatte, um ihn wieder auf die Beine zu bringen.
Energisch verscheuchte Dieter die Bilder aus seiner Kindheit; ein letztes Aufbäumen gegen den Zustand, dessen er sich eben erst so schmerzlich bewußt geworden war: Er war erwachsen.

Als er in der Nähe ein leises Knacken hörte, schlug er die Augen auf. In der Dunkelheit verschwammen die Umrisse der Gestalt, die sich über ihn beugte, aber noch bevor sie sprach, spürte er, daß es Dikeledi war.

»Geht es dir besser?« wisperte sie.

Dieter nickte. Tutuma hat sie geschickt, dachte er, sie soll auf mich aufpassen, damit ich nicht davonlaufe. Er traut mir doch nicht.

»Hast du noch Platz in deinem Schlafsack?«

Nachdem er das Band am oberen Ende gelöst hatte, zog sie ihr Kleid über den Kopf, schlüpfte in den Schlafsack und blieb nackt und reglos neben ihm liegen. Eine Weile lauschten sie gemeinsam dem Klingeln der Unken.

Dieters Hand lag auf ihrer festen kleinen Brust, unter der er ihr Herz schlagen spürte. Sein Körper war starr und verkrampft, sein linkes Bein eingeschlafen, aber er wagte es nicht, seine Stellung zu ändern, aus Angst, den schönen Traum zu unterbrechen.

Oder war es gar kein Traum?

Sanft strichen ihre Fingerspitzen über seine Haut, ihr Kopf schmiegte sich in die Wölbung seines Halses. Ihre vielen Haarknötchen kitzelten seine Wange, eins davon nahm er zwischen seine Lippen, um es festzuhalten, zu schmecken und nie wieder herzugeben.

Ihre Hände erwiderten seine Liebkosung, glitten spielerisch an seinen Hüften hinunter und verharrten dort. Alle Kraft, die ihn verlassen zu haben schien, war in Dieters Körper zurückgekehrt; doch als er in die Afrikanerin einzudringen versuchte, wiesen ihre fest zusammengepreßten Oberschenkel ihn ab. Es war nichts von dem ewigen Spiel der weißen Frauen darin, der Lockung und Verweigerung, und Dieter fing an zu begreifen, daß diese Afrikanerin seine Zärtlichkeit suchte und nicht seine Leidenschaft.

So fügte er sich in die Beschränkung.

Noch immer schlug ihr Herz gleichmäßig wie ein Uhrpendel, und ihre Hände setzten ihren stummen zärtlichen Dialog fort.
Er wußte nicht, wie lange sie bei ihm blieb, er wünschte sich nur, er könnte die Zeit anhalten. Später würde er eine Frau treffen und lieben und Kinder haben, und er wußte, es würde nie wieder so sein wie in dieser Nacht.
Als sie sich schließlich von ihm löste, aus dem Schlafsack schlüpfte, ihr Kleid überstreifte und zurück zu Tutuma ging, lautlos und ohne sich noch einmal nach Dieter umzudrehen, hielt er die Augen immer noch geschlossen.
Falls es wirklich nur ein Fiebertraum gewesen sein sollte, dann wollte er ihn verlängern, zumindest um einige wenige Minuten.

Lange vor Tagesanbruch kam vom gegenüberliegenden Ufer das erste Blinkzeichen. Zwei weitere folgten.
Wolodja sah auf das Leuchtzifferblatt seiner Armbanduhr. Zwölf Minuten nach drei. Er ging ganz nahe ans Wasser heran und erwiderte das Signal mit seiner Taschenlampe.
Tutuma hockte auf dem Boden wie ein Katze vor dem Sprung. Der Chobe war an dieser Stelle höchstens 500 Meter breit, die Strömung schwach, der Himmel bedeckt, die Bedingungen ideal. Sie würden nicht länger als 20 Minuten bis zum anderen Ufer brauchen, wo der Stoßtrupp aus sambischen Freiwilligen, die am Abend zuvor eingesickert waren, sie empfangen und durch den an dieser Stelle etwa 24 Kilometer breiten Streifen Land, zwischen den südafrikanischen Posten hindurch, zum Sambesi schleusen würde. Dort sollten sie zusammen mit ihren Befreiern in vier Mocoros übersetzen auf sambisches Gebiet.
So jedenfalls hatte ihn Wolodja instruiert.
Langsam ließ Tutuma das Mocoro ins Wasser gleiten. Dikeledi stieg als erste ein, dann der Russe mit Koffer und Radio und Tutuma als letzter. Er stieß den Einbaum mit einer Stange vom Ufer, tauchte das Paddel ein und gab Dikeledi das andere.

Landeinwärts hörte er, wie der Motor des Landrovers angelassen wurde. Tutuma blickte zurück, kaum länger als eine Sekunde. »Er hätte wenigstens *good bye* sagen können.«
»Jetzt kann er keinen Schaden mehr anrichten«, sagte Wolodja, dem allmählich verklingenden Motorengeräusch nachlauschend. Seit er vor vier Stunden den Funkspruch empfangen hatte, war er mißgelaunt wie ein bissiger Köter. Er hielt sich zwischen Dikeledi und Tutuma in der Mitte des schwankenden Mocoros und starrte unverwandt auf das andere Ufer, dem sie sich langsam näherten.
Die Schmerzen waren zurückgekehrt, heftiger denn je. Wolodja fand nicht mehr die Kraft, gegen die aufkommende Welle des Selbstmitleids anzukämpfen, er ließ sich einfach von ihr treiben. Warum hatten sie ausgerechnet ihn für dieses dreckige Geschäft ausgesucht? General Korotkow kannte doch seine Achillesferse, schließlich hatte er ihm oft genug vorgeworfen, Pflicht und private Gefühle nicht immer auseinanderhalten zu können. Aber dies war ja immer seine Schwäche gewesen und gleichzeitig seine Stärke. Ein Keiler, der keine persönliche Bindung zu dem Objekt schaffen kann, ist nur die Hälfte wert.
Warum hatten sie ihn nicht aus der Partie genommen, so wie sie es früher getan hatten, immer dann, wenn das Objekt härter angefaßt werden mußte? Verrat an Freunden gehörte nicht zu seinen Pflichten, für so etwas gab es beim KGB Spezialisten.
Tutuma tauchte behutsam das Paddel ein, und Dikeledi korrigierte mit dem zweiten den Kurs.
»Schmerzen?« fragte Tutuma leise.
Wolodja preßte seine Hände auf den Unterleib. Er vertraut mir, *tschort wosmi*, warum vertraut er mir, dieser Idiot! Er glaubt noch, das Rad der Geschichte bewegen zu können, dieser verdammte Idealist. Sein Volk befreien, etwas aufbauen. Mit 30 habe ich so was auch geglaubt.
Wie eine Welle brandete der Schmerz über Wolodja zusammen, nahm ihm für Momente die Luft. Er bettete den Kopf auf das schwarze feuchte Holz.

Tutuma hörte zu paddeln auf und beugte sich besorgt über den Russen. Er sprach etwas in Kalanga zu Dikeledi. Sie legte ihr Paddel beiseite und betastete Wolodjas Stirn.
»Kehrt um«, brachte der Russe mühsam hervor.
»Noch ein paar Minuten, Wolodja, dann ist es geschafft.«
»Ich hab's hinter mich gebracht. Aber du glaubst noch daran, was du tust.«
»Bleib ganz still liegen. Gleich sind wir da.«
»Dabei wirst du genauso enden wie ich...«
»Jetzt nicht reden, Wolodja.«
»Aber du sollst eine Chance haben.«
»Sag's mir nachher, Wolodja, wenn wir drüben sind in Sambia.«
Wolodja richtete sich halb auf. »Du wirst nie in Sambia ankommen. Es ist eine Falle.«
»Was sagt er?« fragte Dikeledi.
»Wirres Zeug. Er hat Fieber.«
»Ich bin noch nie so klar gewesen, Tutuma.« Es ist der Schmerz, der das Bewußtsein verändert, dachte er. »Schlag mich zusammen!«
Als Tutuma sich nicht rührte, flehte er: »Oder tu wenigstens so!« Es muß echt aussehen, dann werden sie es mir als Versagen anrechnen und nicht als Landesverrat. »Du meinst, es sind deine Freunde, die auf uns warten. *Nje chuja*. Es sind die Südafrikaner.«
»Aber der Funkspruch..«
»Da hab' ich es auch erst erfahren.« Wolodja griff nach Tutumas T-Shirt, hielt es fest. »Frag nicht lange, kehr um!« Er hatte aufgehört zu flüstern, er sprach jetzt laut, als gäbe es nichts mehr zu verbergen.
Tutuma zögerte noch. »Warum hast du uns erst rübergeschickt?«
»Befehl. Meine Leute haben ihren Handel mit den Buren gemacht. Sie brauchen dich nicht mehr. January ist der neue Mann.«

»January?«
»Kehr um!« drängte jetzt auch Dikeledi. »Schnell, schnell!«
Tutuma wendete das Mocoro und paddelte zurück. »Ich hätte es wissen müssen, daß man keinem Weißen trauen darf«, murmelte er.
Er drehte sich um. Am anderen Ufer war Bewegung entstanden. Halblaute Rufe in Afrikaans ertönten, Scheinwerfer flammten auf, irrten über die Wasseroberfläche, griffen mit weißen Fingern nach dem Mocoro und hielten es zitternd fest in ihrem Strahlenbündel.
Leuchtkugeln stiegen in die Luft, und die Geräusche von Motorbooten, die von hinter einer Landzunge drüben auftauchten, zerrissen die Stille. Sie schossen bedrohlich auf das Mocoro zu, einäugigen Krokodilen gleich mit ihren Bugscheinwerfern.
Wolodja hielt sich geblendet die Hand vor das Gesicht. Jetzt, bei dem Feuerwerk, tat es ihm leid, dem Moment seiner Schwäche nachgegeben zu haben, sicher nur ein Reflex seiner Schmerzen. Bis vor einer Minute hatte Tutumas Schicksal noch in seiner Hand gelegen, nun hatten die Südafrikaner die Situation unter Kontrolle. Oder doch nicht ganz?
Während Wolodja sich auf den Boden des schwankenden Einbaums duckte, tauchten Dikeledi und Tutuma ihre Paddel wie besessen ins aufgewühlte Wasser. So gewannen sie Meter um Meter.
Schüsse peitschten das Wasser, gefährlich nahe, die Spritzer flogen ihnen in die Gesichter. Das erste Motorboot war auf fünfzig Meter heran, flankiert von den beiden anderen, die dem Mocoro von links und rechts den Fluchtweg abzuschneiden versuchten.
Der Einbaum stieß hart gegen das Ufer. Tutuma und Dikeledi ließen die Paddel fallen und sprangen an Land. Als die Besatzung des ersten Motorboots das Ufer erreichte, hatte der Dschungel die beiden Afrikaner schon verschluckt.
Eine Weile jagten die Strahlen der Scheinwerfer am Ufer entlang,

ziellos wie Bluthunde, die die Witterung verloren hatten; versuchten, in das Dickicht einzudringen und blieben stecken in der dunklen Blätterwand.

Die Männer mit ihren umhängenden Maschinenpistolen streiften Wolodja mit ihren Blicken und rannten weiter. Während er an Land kroch, erkannte Wolodja im Lichtkegel, daß es weiße Zivilisten waren.

Einer trat an ihn heran, stieß ihn mit dem Fuß in die Seite und fragte etwas in Afrikaans. Ein anderer zog den Südafrikaner weg. Dann rannten beide den anderen nach in den dornigen Dschungel.

Der Russe blieb eine Weile allein, er hörte ihre Rufe aus immer weiterer Entfernung. Vom anderen Ufer wurde nicht mehr geschossen.

Wolodja rappelte sich auf und kroch auf allen vieren auf den Affenbrotbaum zu, stieß mit dem Kopf gegen die harte Rinde, fünfmal, sechsmal, bis ihm das Blut über die Stirn lief.

Es tut nicht einmal weh, dachte er, bevor er das Bewußtsein verlor.

Epilog

Ein paar Kilometer stromabwärts, am Vierländereck, wo Chobe und Sambesi zusammenfließen, hörten die Grenzposten diesseits und jenseits der Fähre die Schüsse. Da niemand wußte, warum eigentlich geschossen wurde, fielen die Südafrikaner, Rhodesier, Sambier und Botswana erst einmal in den Schußwechsel ein. Daraus entwickelte sich ein kurzes nervöses Gefecht, bei dem niemand verletzt wurde, und dementsprechend beiläufig fielen auch die Zeitungsmeldungen über den Zwischenfall am Chobe aus.

Im Krankenhaus von Kasane hörte Dieter Hahn tags darauf von dem Zwischenfall. So was passiere hier öfter, meinte Dr. Keiser, dem sei weiter keine Bedeutung beizumessen.

Vom Zeckenfieber geheilt, machte Dieter Hahn sich bald auf den Weg zu seinem Entwicklungsprojekt in Ghanzi, um den Afrikanern auf seine Weise zu helfen, ihre Unabhängigkeit zu gewinnen, und um die Pläne für das Buschmann-Projekt voranzutreiben – bis heute von BOSS-Agenten beschattet.

Oberst Wolodja Dimitrowitsch Naumow erhielt nach seiner Rückkehr in Moskau einen strengen Verweis, weil er es bei der Erfüllung seines Auftrags in Botswana an revolutionärer Wachsamkeit hatte fehlen lassen. Im entscheidenden Augenblick hätte sich ein so erfahrener Offizier nicht von Tutuma und Dikeledi einfach niederschlagen lassen dürfen, befand das KGB und schickte Wolodja vorzeitig in Pension.

Auch BOSS reagierte verstimmt; denn Erik van Zyl nahm seinem sowjetischen Kollegen die Behauptung nicht ab, der Fehl-

schlag am Chobe sei nur auf das Versagen eines erkrankten KGB-Agenten zurückzuführen.
So gewannen bei BOSS die Falken wieder die Oberhand, die vorläufig ein striktes Verbot weiterer Sondierungen mit der Sowjetunion durchsetzten.
Keine verläßlichen Nachrichten liegen über Moses Nkala vor, Tutumas Komplizen beim Hijacking. Ein aus der Strafkolonie Robben Island entsprungener Gefangener will ihn dort erkannt haben, in einem separaten Trakt für Einzelhäftlinge.
Etwas glücklicher scheinen es Tutuma und Dikeledi getroffen zu haben. Es gelang ihnen, sich nach Südwestafrika abzusetzen, wo sie vorübergehend bei den schwarzen Freiheitskämpfern der SWAPO Unterschlupf fanden. Inzwischen versucht Tutuma, unter einem neuen Kriegsnamen in Sambia eine Unabhängigkeitsbewegung aufzubauen. Aber ohne Basis und ohne sowjetische Waffen wird er es schwerer haben als Moskaus neuer Günstling Mr. January, der jetzt von einem versteckten Buschcamp in Botswana aus die Befreiungsarmee ZLA auf den Endkampf in Rhodesien vorbereitet.
Die Gedächtnisskizze von dem Versteck in der Kalahari, in dem die vierhunderttausend Karat Rohdiamanten versteckt liegen, hatte Tutuma noch in jener Nacht am Chobe vernichtet. Er wollte nicht, daß das Papier den Südafrikanern in die Hände fiel. Die Diamanten hatten für ihn jede Bedeutung verloren; für einen so großen Posten hätte er ohnehin keinen Abnehmer gefunden.
De Beers hat den Verlust von vierhunderttausend Karat, nach vorsichtiger Schätzung mindestens 12 Millionen Dollar wert, längst verschmerzt. Am 1. April 1977 hob die Verkaufsorganisation CSO den Weltmarktpreis für Diamanten um 15 Prozent an.